大家講堂

學術・民國選書

西方美學史（下）

朱光潛／著

張炳陽／導讀

五南圖書出版公司 印行

學識之法門・智慧之淵藪

——序五南「大家講堂」

曾永義

五南圖書陸續推出一套叢書叫「大家講堂」。這裡的「大家」，固然不是舊時指稱高門貴族的「大戶人家」，也不是用來尊稱漢代才女班昭「曹大家」的「大家」；但也包含兩層意義：一是指學藝專精，歷久彌著，影響廣遠的人物，如古之「唐宋八大家」，今之文學、史學、藝術、科學、哲學等等之「大家」或「大師」；二是泛指眾人，有如「大夥兒」。而這裡的「講堂」，雖然還是一般「講學廳堂」的意思，只是它已改變了實質的形式，既沒有講席，也沒有聽席；因爲這講席上的大師已經化身在書本之中，只要你打開書本，大師馬上就浮現在你眼前，對你循循善誘；而你自然的也好像坐在聽席上，悠悠然受其教誨一般。於是這樣的講堂，便可以隨著你無遠弗屆，無時不達。只要你有心向學，便可以隨時隨地學習，受益無量。而由於這樣的「講學廳堂」是由諸多各界大師所主持的講席，是大夥兒都可以入坐的聽席，所以是名副其實的「大家講堂」。

長年以來，我對於五南出版公司創辦人兼發行人楊榮川先生甚爲佩服。他行年已及耄耋，猶以學術文化出版界老兵自居，認爲傳播知識、提升文化是他矢志的天職。他憂慮網路資訊，擾亂人心，占據人們學識、智慧、性靈的生活。使往日書香繚繞的社會，呈現一片紛亂擾攘的空虛。於是他親自策畫「經典名著文庫」，聘請三十位學界菁英擔任評議，自民國一〇七年，迄今已出版一一〇種。他卻發現所收錄之經典大多數係屬西方，作爲五千年的文化中國，卻只有孔孟老莊哲學十數種而已，實屬缺憾，爲此他油然又興起淑世之心，要廣設「大家講堂」，再度興起人們「閱讀大師」的脾胃，進而品會大師優異學識的法門，探索大師智慧的無盡藏。潛移默化的，砥礪切磋的，再度鮮活我們國民的品質，弘揚我們文化的光輝。

我也非常了解何以榮川先生要策畫推出「大家講堂」來遂他淑世之心的動機和緣故。我們都知道，被公認的大家或大師，必是文化耆宿、學術碩彥。他們著作中的見解，必是薈萃自己畢生的眞知卓見，或言人所未嘗言，或發人所未嘗發；任何人只要沾溉其餘瀝，便有如醍醐灌頂，頓時了悟；而何況含茹其英華！或謂大師博學深奧，非凡夫俗子所能領略，又如何能夠沾其餘瀝、茹其英華？是又不然，凡稱大家大師者，必先有其艱辛之學術歷程，而爲創發之學說，而爲建構之律則；但大師之學養必能將其象牙塔之成果，融會貫通，轉化爲大眾能了解明白之語言例證，使人如坐春風，趣味橫生。

譬如王國維對於戲曲，先剖析其構成爲九個單元，逐一深入探討，再綜合菁華要義，結撰爲人人能閱讀的《宋元戲曲史》，使戲曲從此跨詩詞之地位而躐之，躋入大學與學術殿堂。魯迅和鄭振鐸也一樣，分別就小說和俗文學作全面的觀照和個別的鑽研，從而條貫其縱剖面、組織其橫剖面，成就其《中國小說史略》、《中國俗文學史》，使古來中國之所謂「文學」，頓開廣度和活色。又如胡適先生《中國古代哲學史大綱》，誠如蔡元培在爲他寫的〈序〉中所言，他能夠先解決先秦諸子材料眞僞的問題。又能依傍西洋人哲學史梳理統緒的形式；因而在他的書裡，才能呈現出「證明的方法」、「扼要的手段」、「平等的眼光」、「系統的研究」等四種特長，要言不繁的導引我們進入中國古代哲學的苑囿，聆賞先秦諸子的大智大慧。

也因此榮川先生的「大家講堂」一方面要彌補其「經典名著文庫」的不足，便以收錄一九四九年以前國學大師之著作爲主。凡其核心之學術代表著作，既爲畢生研究之精粹，固在收錄之列；而其具有普世之意義與價值，經由大師將其精粹轉化爲深入淺出之篇章者，其實更切合「大家講堂」之名實與要義，尤爲本叢書所要訪求。

記得我在上世紀八〇年代，也已經感受到「學術通俗化、反哺社會」的意義和重要，曾以此爲題，在《聯副》著文發表，並且身體力行，將自己在戲曲研究之心得，轉化其形式而爲文建會製作之「民間劇場」，使之再現宋元「瓦舍勾欄」之樣貌，並據此規畫「民俗技藝園」（今之宜蘭傳統藝術中心），作爲維護薪傳民俗技藝之場所，並藉由展演帶動社會及各級學校重視民俗技藝之熱潮，乃又進一步以「民俗技藝」作文化輸出，巡迴演出於歐美亞非中美澳洲列國，可以說是一個很成功的例證。近年我的摯友許進雄教授，他是世界甲骨學名家，其學術根柢之深厚、成就之豐碩無須多言，他同樣體悟到有如「大家講堂」的旨趣；乃以通俗的筆墨，寫出了《字字有來頭》七冊和《漢字與文物的故事》四冊，頓時成爲兩岸極暢銷之書。其《字字有來頭》還要出版韓文翻譯本。

已經逐步推出的「大家講堂」，主編蘇美嬌小姐說，爲了考量叢書在中華學識和文化上的意義和價值，因此其出版範圍先以「國學」，亦即以中國文史哲爲限。而以作者逝世超過三十年以上之著作爲優先。而在這裡我要強調的是：「大家」或「大師」的鑑定務須謹嚴；其著作最好是多方訪求，融會學術菁華再予以通俗化的篇章。如此才能眞正而容易的使「大家」或「大師」在他主持的「大家講堂」上，如「隨風潛入夜，潤物細無聲」的春雨那樣，普遍的使得那熱愛而追求學識的一大夥人，都能領略其要義而津津有味。而那一大夥人也像蜜蜂經歷繁花香蕊一般，細細的成就，釀成自家學識法門的蜜汁；而久而久之，許許多多大家或大師的智慧，也將由於那一大夥人不斷的探索汲取，而使之個個成就爲一己的智慧淵藪。我想這應當更合乎策畫出版「大家講堂」的遠猷鴻圖。

榮川先生同時還策畫出版「古釋今繹系列」和「中華文化素養書」做爲「大家講堂」的姐妹編，爲此使我更加感佩他堅守做爲「出版界老兵」的淑世之心。

二〇二〇年元月二十九日晨
於台北森觀寓所

目錄

第二部分　十七、八世紀和啓蒙運動

下卷

第三部分　十八世紀末到二十世紀初

甲　德國古典美學

笑、詼諧、遊戲和藝術，依康德的看法，都有相通之處，它們都標誌著活動的自由和生命力的暢通。這個觀點是值得特別注意的，因爲康德一向被認爲是靜觀觀點的代言人，彷彿他只看到審美活動和藝術活動的靜的一面，但是他的關於自由活動的言論足以證明他也看重欣賞與創造的動的一面。生命就是活動，活動才能體現生命，所以生命的樂趣也只有在自由活動中才能領略到，美感也還是自由活動的結果。

第三部分 十八世紀末到二十世紀初

甲　德國古典美學

第十二章　康　德

一、康德的哲學思想體系

康德（Kant, 1724-1804）處在德國啓蒙運動的高潮，他的歷史背景和溫克爾曼與萊辛的基本上還是一樣。但是由於當時德國政治分裂狀況下各小國和小城市的閉塞孤陋，康德突出地脫離了現實，再加上當時德國大學在萊布尼茲、沃爾夫派理性主義哲學統治之下，哲學的研究一直充滿著玄學思辨的經院氣息。在這種學風影響之下，康德一直就只坐在書齋裡玄想，幾乎不很感覺到當時歐洲正在發生的重大變動。儘管他不滿德國封建制度，他並不贊成用即將到來的法國革命那種暴力方式去改革現狀，只傾向於改良妥協，而且對十八世紀法國啓蒙思想的唯物方面和革命方面都是拒抗的。所以他雖生在啓蒙運動的高潮中，他的思想基本上卻是與啓蒙運動背道而馳的。他承認神、靈魂不朽，自由意志之類傳統概念都是無法證實的，卻又主張爲著使實踐道德活動具有最高的指導原則，還必須假定它們的存在，他雖然承認物自體的存在，承認物質世界是經驗和感性知識的來源，卻又認爲要使知識可能，就必須假定人心中先天就有一些先驗範疇，而知識所能達到的只是現象而不是本體或物自體，本體卻是不可知的。所以他在哲學上的基本立場是以主觀唯心主義爲主要方面的二元論、不可知論以及理性化的有神論。但是他也受到當時自然科學的影響，對天體形成的星雲說是他的重要貢獻。他的思想中也有一些積極因素，違背了他本人的意旨，終於促進了啓蒙運動而使他成爲浪漫運動在哲學方面的奠基人。這些因素主要地是他關於天才、自由、主觀創造、人性尊嚴的見解。這些見解符合當時資產階級個性發展的要求，所以起了推動歷史前進的作用。

康德處在近代西方哲學發展中的關鍵性的轉捩點。前此西方哲學思想分爲兩大派，一派以先天的先驗的理性爲客觀世界和人類知識的基礎，這就是以德國萊布尼茲和沃爾夫爲代表的**理性主義派**；另一派承認物質的獨立存在，主張一切知識都從感性經驗開始，這就是以英國洛克和休謨爲代表的**經驗主義派**。這兩派的對立是鮮明的，鬥爭是尖銳的。近代西方哲學史可以說主要是這兩派的鬥爭史。這種鬥爭在大體上是唯物主義與唯心主義的鬥爭，爭執的基本問題在於經驗派只承認感性世界，理性派卻主張更爲基本的是超感性的理性世界。這個基本分歧表現於認識論方面，則爲經驗派認爲一切知識都以感性經驗爲基礎，而理性派卻認爲沒有先驗的理性基礎，知識就不可能；表現於方法論方面則爲經驗派只用因果律來解釋世界，而因果（如休謨所主張的）只是在經驗中所發現的先後承續的一致性，而理性派則把原因概念列在先天的理性範疇，而且在解釋世界中還須加上另一個理性概念，即目的論，世界以及其中一切事物彷彿都是經過設計的（無意安排的），在研究它們時就不但要追問它們的原因，還要追問它們的目的。這兩派不無互相影響之處，但就總的趨勢來說，對立仍是鮮明的。到了康德，近代西方哲學思想就達到了關鍵性的轉變，他企圖從主觀唯心主義的基礎上來調和理性主義與經驗主義。現在先對康德美學的哲學基礎作一番簡賅的說明。

關於康德的哲學體系，首先應該指出的一點就是，他的研究對象不是客觀存在而是主觀意識，是人對現實世界的認識功能和實踐功能。依傳統的分類，他把人的心理功能分爲知、情、意三方面，他雖承認這三方面的互相聯繫，而在研究中卻把它們嚴格割裂開來，分別進行分析。在他的三大批判之中，第一部《純粹理性批判》實際上就是一般所謂哲學或形而上學，專研究知的功能，推求人類知識在什麼條件之下才是可能的，第二部《實踐理性批判》實際上就是一般所謂倫理學，專研究意志的功能，研究人憑什麼最高原則去指導道德行為；第三部《判斷力批判》前半實際上就是一般所謂美學，後半是目的論，專研究情感（快感或不快感）的功能，尋求人心在什麼條件之下才感覺事物美（美學）和完善（目的論），這三大批判合在一起就組成了一套完整的體系。

在方法上康德認為「批判」是和「教條主義」對立的。假定知識可能就是「教條主義的」，「批判」就要追問知識是否可能和如何可能。在解決這個問題時，康德並不曾考慮到知識在實際經驗中情形如何，只考慮就理性分析來說，知識的情形應該如何。換句話說，他所追問的不是知識的內容而是它的形式。因此，知識在他的哲學系統中失去了一切現實聯繫和歷史發展過程所帶來的特殊性質。他用形式邏輯的方法，單純從形式方面，去考察人的知情意三方面的功能。這種「批判」方法和他哲學上的主觀唯心主義和不可知論是密切相關的。

康德的總目的是在知情意（即在哲學、倫理學、美學）三方面都要達到理性主義與經驗主義的調和；用邏輯術語來說，他要證明這三方面的共同基礎在「先驗綜合」，「先驗」是與「後驗」對立的，分別在於前者根據先天理性而後者根據後天經驗。他認為如果要使知識成為可能，一方面要有感性材料（內容）即後驗因素，另一方面也要有先驗因素，才能使後驗的感性材料具有形式。這種先驗因素是超越感性的（即理性的），先天存在的。例如康德所說的「範疇」就是從邏輯判斷的質（肯定、否定等）量（普遍、個別等）關係（因果、目的等）和方式（必然、偶然等）四方面分析出來的，不下判斷則已，要下判斷，就必先假定肯定、否定、普遍、個別之類概念。這些概念是推理和經驗知識的基礎，所以都是超驗的。它們叫做「範疇」，因爲它們都像鑄造事物的模子，經驗材料（像是麵粉）經過它們一鑄，就取得形式（像是糕餅）。從此可見，要使知識成爲可能，判斷的性質必然既是綜合又是先驗的。

「先驗綜合」就體現出理性主義與經驗主義的調和。表面上康德列感性與理性並重，實際上三大批判都足以證明康德所側重的還是理性，因爲他的推論的方式總是：沒有先驗的理性因素，經驗知識、實踐道德和審美活動都不可能；康德從來沒有考慮到，沒有感性經驗的基礎，理性認識、實踐道德和審美活動是否可能。由於偏重理性主義，康德的方法雖號稱「批判」而實際上還是「教條主義」的，因爲「批判」據康德的了解是反對假設，而三大批判最後都還建立在假設上，《純粹理性批判》建立在「物自體」的假設上，《實踐理性批判》建立在「神、靈魂不朽和意志自由」的假設上，《判斷力批判》建立在「共同感覺力」和「目的」的假設上，而整個體系則建立在一條中世紀流傳下來的神學教條上，即精神界與自然界的各自的秩序和彼此之間的由於神意安排所見出的目的性。

對於康德系統的大致理解是理解他的美學觀點所必不可少的先決條件。在這方面作了一些介紹和說明之後，我們就來介紹他的有關美學的專著——《判斷力批判》。

二、《判斷力批判》

這是康德晚年的作品（一七九〇年出版）。這部批判在他的哲學系統中占著特別重要的地位。他的意圖是要使這部批判在較早寫成兩大批判之中起橋樑作用，或則用他的術語來說，要使判斷力在知解力與理性之中起橋樑作用，情感（快感和不快感）在認識與實踐活動（道德活動）之中起橋樑作用，審美的活動在自然界的必然與精神界的自由之間起橋樑作用。要了解《判斷力批判》，就要了解康德的這個主要意圖。

但是康德的著作對於初學者有一個首先要克服的大障礙。這就是他所用的一些術語，例如「想像力」、「知解力」、「理性」、「判斷力」、「目的」、「符合目的性」、「必然」、「自由」等等，都不是用我們一般人通常所了解的意義。如果我們用常用的意義去理解它們，就會覺得不可解或是發生誤解。康德的術語一定要從他著作的上下文聯繫中才能摸索到比較正確的理解。原來康德把認識侷限在現象界（「物自體」不可知），把認識功能侷限在想像力和知解力①，想像力只能掌握事物的形式或形象，例如一眼看到一朵花的形狀，用的就是想像力。知解力包括形式邏輯的推斷，分析、綜合和推理的能力，它也只能掌握自然界現象的某些部分，不能窺到無限和整體。像「無限」、「整體」、「神」、「物自體」，「靈魂不朽」、

① 一般把德文Verstand譯為「悟性」，不妥，因為「悟性」在禪宗用語裡指「一旦豁然貫通」的能力，不符合康德的原義，原義只是認識功能，原譯「理解力」，現一律改為「知解力」，以避免憑「理性」去認識。

「意志自由」之類概念，康德稱之爲「理性概念」，只有通過理性才能掌握。康德的理性是與知解力（我們所了解的理性）對立的。它並不屬於認識功能，所謂理性掌握某些概念，不過是說要使現象世界成爲可理解的或合理的，就必須假定那些理性概念，康德的第一部批判雖然叫做《純粹理性批判》，實際上它所討論的是人如何認識自然界的必然（即規律，例如充足理由律、同一律、因果律等），心理方面主要地只涉及認識功能，即知解力。至於和知解力對立的理性則主要地用在肯定精神界的自由（即憑自由意志發出道德行爲）方面，所以它主要地屬於《實踐理性批判》範圍。康德的頭兩個批判一個只涉及知解力和自然界的必然，一個只涉及理性和精神界的自由，各自成爲一個獨立封閉的系統，所以二者之間就留下一條彷彿不可跨越的鴻溝，自然界的秩序和精神界的道德秩序彷彿就彼此漠不相關。但是人的道德理想必須在自然界才能實現，精神界的道德秩序必須符合自然界的秩序，因此在理論上就必須找到一個溝通二者的橋樑。

經過長期的摸索，康德認爲「判斷力」就是所需要的橋樑，於是他寫出《判斷力批判》。康德對「判斷力」一詞所了解的意義是從來沒有第二個人用過的，它不是知解力所用的邏輯判斷，即康德所說的「定性判斷」，而是「反思判斷」。「反思判斷力」（即《判斷力批判》中所討論的判斷力）就是審美和審目的的兩種判斷力。在這裡就須把康德所常用的「目的」和「符合目的性」兩詞弄清楚。康德所說的「目的」如上所述，是指造物主在造物時設計安排中所存的目的。這「目的」分兩種，一種是事物的形式符合我們的認識功能（想像力與知解力），它們具有某種形式，才便於我們認識到它們的形象並且感到愉快。這是對於人（主體）而言，所以是主觀的目的；因為這「目的」不是作為概念而明確地認識到，只是從情感上隱約地感覺到，康德為著顯示出它和第二種目的有別，把它叫做「主觀的符合目的性」，第二種目的是自然界有機物（即動植物）各有本質，如果它們的結構形式符合它們的本質，它們就是「完善」的而不是畸形的或有缺陷的，就顯出「客觀的目的」。對於一種有機物按本質應該具有何種結構形式，我們先須有一個概念，才能判定它是否完善，所以和前一種主觀的符合目的性（不涉及概念）有明顯的區別。從情感上感覺到事物形式符合我們認識功能，這就是審美判斷；從概念上認識到事物形式符合它們自己的目的，因而顯得是「完善」的，這就是審目的判斷。這兩種判斷都不同於邏輯判斷，都是對個別對象所起的感覺（即「反思判斷」），而在對象是美的或完善的時候，這感覺都是愉快的。

為什麼說這種判斷力在知解力與理性之間起橋樑作用呢？因為這種判斷力既略帶知解力的性質（因為涉及知解力的概念，這在審美判斷中是暗含的，在審目的判斷中是顯露的），又略帶理性的性質（因為「目的」本身就是一種理性概念）；這與情感（快感和不快感）既略帶認識的性質，又略帶意志（欲念）的性質，因而在認識與意志之間造成橋樑是一致的。這也和審美活動既見出自然界的必然，又見出精神界的自由，因而在這兩種境界之中造成橋樑是一致的。就是在這個意義上，《判斷力批判》填塞了《純粹理性批判》和《實踐理性批判》所留下來的鴻溝。

《判斷力批判》關係到美學的只是第一部分，即「審美判斷力的批判」。這又分兩部分：第一部分是「審美判斷力的分析」，下面又分「美的分析」和「崇高的分析」，在「崇高的分析」部分康德還著重地討論了天才、藝術和審美意象等問題。第二部分是「審美判斷力的辯證」，篇幅較短，只討論審美趣味既不根據概念，又要根據概念的矛盾或「二律背反」，本文將不完全遵照原書次第，只提出康德美學中幾個主要的觀點來介紹。

在分點介紹之前，需說明一下康德在美學領域裡的基本立場。他既不滿意以鮑姆嘉通爲代表的德國理性主義的美學觀點，也不滿意以博克爲代表的英國經驗主義的美學觀點，他要求達到經驗主義和理性主義的調和，英國經驗主義派把「美的」和「愉快的」等同起來，審美活動只帶來感官的快感；德國理性主義派則把「美的」和「完善的」等同起來，審美活動只是一種低級認識活動，要涉及概念，儘管它還是朦朧的。康德認爲這兩派都把美和相關的概念混淆起來，沒有認識到美自身應有特質。他把審美活動歸於判斷力而不歸於單純的感官，這就是反對經驗主義派的看法；同時，他認爲審美判斷的主要內容是情感（快感）而不是概念。「完善」概念應該歸在審目的判斷範圍裡，這就是反對理性主義派的看法。他拿經驗主義派的快感結合上理性主義派的「符合目的性」，這就形成他在美學領域裡的經驗主義與理性主義的調和。記得他的這個基本立場，就便於理解他所作的美的分析。

1. 美的分析

康德一開始就花了很大篇幅來分析審美判斷和美的特質。他根據形式邏輯判斷的質、量、關係和方式四方面來分析審美判斷。審美力或鑒賞力在傳統術語裡叫做「趣味」（Geschmack，本章一律譯爲「審美趣味」），所以康德往往把「審美判斷力」又叫做「趣味判斷力」，爲著簡便，本文將一律用「審美判斷力」。

(1)從質的方面看審美判斷

通常邏輯判斷都離不開概念，例如「這朵花是美的」如果作爲一個邏輯判斷來看，主詞「花」和賓詞「美」都有一種抽象的涵義，即都是概念。康德把審美判斷和邏輯判斷嚴格分開，認爲在肯定「這朵花是美的」這個審美判斷中，「花」只涉及形式而不涉及內容意義，所以不涉及概念，「美」也不是作爲一種概念而聯繫到「花」的概念上去，如邏輯判斷那樣，而只是作爲一種主觀的快感而與這快感的來源，即花的形式，聯繫在一起的，這朵花的形式引起我的快感，我就是從這個快感來判定花的美。所以審美判斷不是一種理智的判斷，而是一種情感的判斷。這裡主詞「花」只作爲單純的形象而存在，賓詞「美」也只作爲主觀的快感而存在，從審美判斷中我們所得到的不是一種知識而是一種感覺，所以「美」不是對象（花）的一種屬性，屬性是以概念的形式而認識到的。

但是如果認爲美感只是一種快感，那就要落回到經驗派的感覺主義。這是康德所力求避免的。美感自身如有特質，就不能與一般快感完全相同。康德認爲分別在於一般快感都要涉及利害計較，都只是欲念的滿足，主體對滿足欲念的東西只關心到它的存在而不關心到它的形式，換句話說，它的形式不能滿足欲念（望梅並不眞正能解渴），只有它的存在才能滿足欲念（吃梅就要消滅梅的存在）。單純的快感，作爲欲念的滿足，還是實踐方面的事（以梅止渴要牽涉到吃的行動）。審美活動卻不能涉及利害計較，不是欲念的滿足，對象只以它的形式而不是以它的存在來產生美感。審美只對對象的形式起觀照活動而不起實踐活動。美感即起於對形式的觀照而不起於欲念的滿足。所以美感不等於一般快感，美在性質上也不等於愉快。

美也不等於善，因爲善是意志所嚮往的目的，要涉及利害計較的實踐活動，和愉快的東西還是類似的。用康德自己的話來說：

要把一個對象看作善的，我們就必須知道這對象是應該用來做什麼的，對它就必須有一個概念。在對象中見到美，就無須對它有什麼概念，花卉、自由的圖案畫，以及沒有目的地交織在一起的線條（即所謂「葉狀花紋」）都沒有意義，不依存於明確的概念，但仍產生快感。

——第四節②

康德把愉快的、善的和美的三類不同事物所產生的情感也嚴格分開：

愉快的東西使人滿足，美的東西單純地使人喜愛，善的東西受人尊敬（贊許），即被人加上一種客觀價值，無理性的動物也可以感到愉快；美卻只是對人才有效，「人」指既具有動物性又具有理性的東西，不單純作爲理性的東西（例如精靈），也作爲動物性的東西；善則一般只對具有理性的人才有效……在這三種快感之中，審美的快感是唯一的獨特的一種不計較利害的自由的快感，因爲它不是由一種利益（感性的或理性的）迫使我們讚賞的。所以我們可以說，在三種快

② 引文由編者據原文譯出，下仿此。

感之中，第一種涉及欲念，第二種涉及恩愛，第三種涉及尊敬。只有恩愛才是自由的喜愛。一個欲念的對象，以及一個由理性法則強加於我們，因而引起行動意志的對象都不能讓我們有自由去把它變成快感的對象。一切利益都以需要爲前提或後果，所以由利益來做讚賞的原動力，就會使對於對象的判斷見不出自由。

——第五節

這裡康德所提出的「自由」一個概念是重要的，所謂「自由」就是審美活動不受欲念或利害計較的強迫，完全自發。這個概念是和下文還要談到的「遊戲」概念是密切相關的，也和「無私」的概念密切相關的。康德又說：

一個審美判斷，只要是摻雜了絲毫的利害計較，就會是很偏私的③，而不是單純的審美判斷，人們必須對於對象的存在持冷淡的態度，才能在審美趣味中做裁判人。

——第二節

說明了審美不涉及概念和利害計較以及美與感官的愉快和善都有分別之後，康德就審美判斷

③「很偏私的」原文Sehr parteitish，有人據俄譯作「具有強烈的黨派性」的，來論證康德反對審美的黨派性，似不免牽強。

的質的方面，對美下了如下的定義：

審美趣味是一種不憑任何利害計較而單憑快感或不快感來對一個對象或一種形象顯現④方式進行判斷的能力。這樣一種快感的對象就是美的。

——第五節

所以就質來說，美的特點在於不涉及利害計較，因而不涉及欲念和概念。

(2) 從量的方面看審美判斷

審美的對象都是個別事物或個別形象顯現，所以審美判斷在量上都是單稱判斷。一般單稱判斷都不能顯示出普遍性。例如我說「這種酒是令人愉快的」，我只是憑個人主觀味感來判斷，因爲它使我得到感官上的滿足，旁人對它也許有不同的感覺。足見單純的感官滿足沒有普遍性。審美判斷卻不然，它雖是單稱判斷，卻仍帶有普遍性。我覺得美的東西旁人也會覺得美。康德的理由是這樣：

如果一個人覺得一個對象使他愉快，並不涉及利害計較，他就必然斷定這個對象有理由教一切人都感到愉快。因爲這種愉快既不是根據主體的欲念（或是其他意識到的利害計較），而是感

---

④ 德文Vorstellung過去譯為「表象」，欠醒豁，它指把一個對象的形象擺在心眼前觀照，亦即由想像力掌握一個對象的形象，這個詞往往用作Idee（意念、觀念）和Gedanke（思想）的同義詞，含有「思維」活動的意義。

> 覺到在喜愛這個對象中自己完全是自由的，他就會看不出有什麼只有他才有的私人特殊情況，作爲他感到愉快的理由，因此，他就必然認爲可以設想：產生這種愉快的理由對一切人都該有效，相信他有理由去假定一切人都能感到同樣的愉快。因此，他會把美說成彷彿是對象的一種屬性，把審美判斷也看成彷彿是邏輯判斷（即通過對象的概念來得到對於對象的認識），儘管它只是審美判斷，只涉及對象的形象顯現和主體之間的關係，他之所以這樣看，是由於審美判斷畢竟和邏輯判斷有些類似，可以假定它對於一切人都有效，但是這種普遍性不能來自概念，因爲不能由概念就轉到快感或不快感……因此審美判斷既然在主體意識中不涉及任何利害計較，就必然要求對一切人都有效。這種普遍性並不靠對象，這就是說，審美判斷所要求的普遍性是主觀的。
>
> ——第六節

這就是說，審美的快感須有原因，這原因既然不在私人的欲念或利害計較，就只能在一切人所共有的某一點上（這一點是什麼，待下文說明），所以審美判斷雖只關個人對個別對象的感覺，卻仍可假定爲帶有普遍性。這種普遍性不是客觀的（即不是對象的一種普遍屬性），而是**主觀**的（即一切人的共同感覺），就對象的性質來作普遍性的判斷，這是邏輯判斷的事，就對象在主體心中所引起的感覺來假定這感覺的普遍性，這才是審美判斷的事。前者能供給關於對象的知識，後者卻不能，所以康德不把審美活動當作認識活動，也不把美看作認識的對象，而只把它看作情感的對象。但是就具有普遍性一點來說，審美判斷和邏輯判斷仍有類似點。康德認爲這個事實可以說明人們爲什麼把審美判斷誤認作邏輯判斷，把美誤認作對象的一種屬性。

談到這裡，康德提出了一個問題：是對象先使我們感到快感而後我們對它下審美判斷呢？還是我們先對它下審美判斷而後才感到快感呢？他認爲「這個問題的解決對於審美判斷力的批判是一把鑰匙，所以值得聚精會神地去探討」（第九節），他的解答是：快感不能在判斷之先，否則它就只能是純粹的感官滿足，只能限於私人的主觀感覺，而不能有普遍有效性，因而也就不能使美感和一般快感見出分別，這問題確實是理解康德美學的關鍵。要把這問題弄清楚，就要先了解康德所謂普遍的可傳達性之中可傳達的是什麼。他認爲一般只有知識的對象才是客觀的，才有可能使一切人對它都有同樣的理解（這就是一種客觀的普遍可傳達性或「普遍有效性」）。審美判斷既然只是主觀的，不涉及概念，所以普遍可傳達的便不能是認識的對象，而只能是審美判斷中的心境。這心境有什麼特徵呢？它就在於對象的形象顯現的形式恰好符合兩種認識功能（即想像力和知解力），可以引起它們和諧地自由活動，就是這種心境是審美判斷的主要內容，也就是它才是普遍可傳達的。其所以可普遍傳達，是根據人類具有「共同感覺力」的假定，即所謂「人同此心，心同此理」，有這種「共同感覺力」，一切人對認識功能的和諧自由活動的感覺就會是共同的，所以我對某種形象顯現起這種感覺時，這感覺雖然是個人的、主觀的，我仍可假定旁人對這同一個形象顯現也會引起這種感覺，康德把這種同一感覺的可共用性叫做**主觀的**普遍可傳達性。就是對這種普遍可傳達性的估計或判定才是審美判斷中快感的來源。美感之所以有別於一般快感的，正在於它有而一般快感沒有這種對心境的普遍可傳達性的估計，作爲快感的根源。康德的原文是這樣說的：

這種形象顯現所發動的各種認識功能在審美判斷裡是在自由活動中，因爲沒有確定的概念迫使它們受某一特定的認識規律的限制。因此，看到這種形象顯現時的心境必然就是把某一既定形象聯繫到一般人認識它時各種形象顯現功能（即想像力和知解力，康德有時把它們叫做「認識功能」——引者注）在自由活動的感覺。反映一個對象的形象顯現，如果要成爲認識的來源，就要涉及想像力和知解力，想像力用來把多種感性觀照因素綜合起來，知解力則用來把多種形象顯現統一起來⑤，反映一個對象的形象顯現活動，所伴隨的這種認識功能在自由活動的心境必然就是可以普遍傳達的，因爲關於這對象的一切形象顯現（無論主體是誰）都要和認識（作爲對這對象性質的確定）一致，所以認識就是對每一個人都適用的唯一的一種形象顯現方式。

——第九節

總之，人類在認識功能上有一致性，所以在認識上也就有一致性。某種形象顯現在形式上既然適合我的認識功能，因而引起它們在我心裡的自由活動的快感，它對和我在心理組織上相類似的人也就應產生同樣的效果。審美快感的來源並不是單純的感官滿足，而是對審美心境

⑤ 想像力形成形象或具體意象，知解力綜合許多具體意象成為抽象概念（邏輯的）或典型（藝術的集中化和概念化）。

（即認識功能的自由活動）的普遍可傳達性的估計。這種估計不是推理的結果，只是一種朦朧的舒適的感覺，具體表現爲意識可以察覺到的快感。所以康德說，這種普遍的可傳達性是由審美判斷所「假定爲先行條件的」，「它可以從它的心理效果上感覺得出」，除此以外，「不可能對它有其他的意識」（第九節）。這種看法的根據當然還是普遍人性論。

最後，從審美判斷的量方面看，康德替美下了如下的定義：

> 美是不涉及概念而普遍地使人愉快的。
>
> ——第九節

這樣，康德認爲就可以解決審美判斷雖是單稱的、主觀的，而仍有普遍有效性的矛盾。

(3) 從關係方面看審美判斷

「關係」指的是對象和它的「目的」之間的關係。上文已提到康德對於「目的」的看法以及對於「客觀的目的性」（完善）和「主觀的目的性」（美）所作的分別，這些都是他從關係方面看審美判斷所得的結論。他所要說明的關於這方面的矛盾是：美的事物雖沒有明確的目的而卻有「符合目的性」。沒有明確的目的，因爲審美判斷不涉及概念；有符合目的性，因爲對象的形式適合於主體的想像力與知解力的自由活動與和諧合作，這彷彿是由一種「意志」（康德沒有明說「天意」）來預先設計安排的。

就是從關係方面看審美判斷，康德提出了他的著名的「純粹美」與「依存美」的分別，只有這種不涉及概念和利害計較，有符合目的性而無目的的純然形式的美，才算是「純粹的美」或「自由的美」；如果涉及概念、利害計較和目的之類內容意義，這種美就只能叫做「依存的美」，即依存於概念、利害計較和目的之類內容意義，康德替這兩種美下了如下的定義：

有兩種美，自由的美和只是依存的美。前者不以對象究竟是什麼的概念為前提，後者卻要以這種概念以及相應的對象的完善為前提；前者是事物本身固有的美，後者卻依存於一個概念（有條件的美），就屬於受某一特殊目的概念約制的那些對象。

——第十六節

具體地說，究竟哪些事物屬於純粹美，哪些事物屬於依存美呢？典型的純粹美就只有「花卉、自由的圖案畫，以及沒有目的地交織在一起的線條」（第四節）。此外，「單純的顏色，例如一片草地的青色，以及單純的音調，例如小提琴的某一單音」雖是「多數人所認為本身就美的」，實際上卻「僅依存於感官，只能叫做愉快的」（第一四節），這就是說，它們只是單純地滿足感官。如果要真正見到顏色和聲音的美，那就須是它們能在形式上使人愉快，音樂本來是側重形式的藝術，似乎可以列入純粹美，但是康德仍認為它依存於感官方面的吸引力和主體方面的情緒，而這些因素畢竟與欲念有關⑥，所以除掉無主題的幻想曲和不與歌詞結合的樂曲之外，音樂還只能列入依存美。至於造型藝術都有所表現，即都有內容意義，就都只能屬於依存美。要正確地欣賞這類藝術，也應只注意到它們的形式。

在繪畫、雕刻和一切造型藝術裡，在建築和庭園藝術裡，就它們是美的藝術來說，本質的東西是圖案設計，只有它才不是單純地滿足感官，而是通過它的形式來使人愉快，所以只有它才是審美趣味的最基本的根源。

——第十四節

康德在「美的分析」裡根本沒有提到詩和一般文學（他把這些歸到「崇高的分析」裡），就純粹美不能涉及內容意義來說，詩和文學當然不能列入純粹美。

藝術美如此，自然美如何呢？康德從兩方面排斥自然美於純粹美之外。第一，他反對鮑姆嘉通把「美」和「完善」等同起來。「完善」須據目的概念來量衡，所以夾有「完善」概念的美都只能是依存的，康德曾舉人和馬爲例。例如說一個女人美，就是說「自然在她的形狀上很美地體現了女性形體構造的目的」（第四十八節），所以女人的美不能是純粹的。康德雖承認花卉和貝殼之類東西屬於純粹美，但是也有所保留，主張植物學家在欣賞花卉美

⑥ 康德認為顏色和音調可以象徵心境（見第五十三節），因此就有內容意義，不能屬於純粹美。

時，不應聯想到花是植物的生殖器官。其次，康德認爲純粹美只在形式上，不能沾染感官的吸引力，也不能聯繫到人的情緒，而自然風景正和上文所說的音樂一樣，都不免多少要沾染這類因素，所以它只能屬於依存美。

從此可見，眞正可以列入康德所謂「純粹美」的事物在數量上是微乎其微的，絕大部分的自然美和藝術美都要歸到依存美。這種看法最突出地表現出康德美學觀點中形式主義的一方面。不過康德並不曾把純粹美看作最高的理想的美。他是把兩個問題分開來看的：第一，什麼樣的美才是純粹的，其次，什麼樣的美才是最高的、理想的。爲著要顯出審美判斷力作爲一種特殊心理功能的特質，他主張要在審美的快感和一般的快感與理智的快感之間見出分別。依他分析的結果，審美只涉及形式而不涉及單純的感官滿足以及基於利害計較、目的概念和道德觀念等方面的滿足。因此，他指出了純粹美與依存美的分別。但是另一方面，他也明確他說過，「審美的快感與理智的快感二者的結合對於審美趣味確實有益處。」，而且「當我們借助於概念，來拿反映對象的形象顯現和這對象的本質進行比較時，我們不免也要拿這形象顯現和主體的感覺擺在一起來看（即把它聯繫到人的感情——引者注），這對於形象顯現的全部功能是有益處的，如果上述兩種心境（即單憑形式判定對象美和憑目的概念判定對象完善時的兩種心境——引者注）是協調一致的」（第十六節）。孤立地看，這番話還不免欠明確；但就康德在全書所發揮的總的觀點來看，他的總的口吻是：從分析的角度看，純粹美是只關形式的，有獨立性的；但從綜合的角度看，美畢竟要涉及整個的對象和整個的人（主體）。所以緊接著純粹美與依存美的嚴格區分之後，他就著重地討論到理想美的問題

（這一點留待下文介紹他的典型說時詳論），明確地指出理想美要以理性為基礎，所以只有依存美才能是理想美。（第十七節）

最後，從關係方面，即從目的方面，康德對美下了如下的定義：

> 美是一個對象的符合目的性的形式，但感覺到這形式美時並不憑對於某一目的的表現（即主體意識不到一個明確的目的——引者注）。
>
> ——第十七節

這就是美沒有明確目的而卻有符合目的性的矛盾或二律背反。

(4)從方式方面看審美判斷

判斷的方式指的是判斷帶有可然性、實然性或必然性，形象顯現都有產生快感的可然性，說一件東西產生了快感，那就是實然的。美的東西產生快感卻是必然的。

在什麼意義上說審美判斷也具有必然性呢，康德回答說，「它只能算是範例的必然性。」，也就是「一切人對一個用範例來顯示出一種不能明確說出的普遍規律的判斷，都要表示同意的那種必然性」（第十八節）。這種判斷就是審美判斷，它用範例（某一具體的形象顯現）所顯示的普遍規律就是上文所說的美的形式引起知解力和想像力的自由活動與和諧合作那種「主觀的符合目的性」。這普遍規律之所以不能明確說出，因為它是不涉及概念，只憑主觀情感（快感）來肯定的。一切人對這種用範例顯示不能明確說出的普遍規律的判斷何以必然都要同意呢？康德承認這種審美的必然性要建立在是人都有的「共同感覺力」的假設上，例如我覺得這朵花美，我就有理由要求一切人都感覺它美，因為在判斷它美時，我們根據的就是盡人皆有的「共同感覺力」而不是個人所特有的癖性或幻想；這種「共同感覺力」此時碰巧在我身上發揮作用，在旁人身上也就必然發揮作用。如果承認康德這種假設，他從這假設出發所提出的論點是可以理解的。有沒有理由來假設「共同感覺力」的存在呢？康德說，如果不作這種假設，認識便不可能傳達，人與人就不可能互相了解。「我們都假定一種共同感覺力作為知識的普遍可傳達性的一個必然條件，這是一切邏輯和一切認識論（只要它不是懷疑主義的）都要假定的前提。」（第二十一節）

從審美判斷的方式看，康德替美下了如下的定義：

> 凡是不憑概念而被認為必然產生快感的對象就是美的。
>
> ——第二十二節

(5)「美的分析」的總結

綜合康德從質、量、關係和方式四方面分析審美判斷中所得到的四點關於美的結論，我們可以作如下的概括敘述：

審美判斷不涉及欲念和利害計較，所以有別於一般快感和功利的以及道德的活動，這也就是說，它不是一種實踐活動；審美判斷不涉及概念，所以有別於邏輯判斷，這也就是說，它不是一種認識活動；它不涉及明確的目的，所以與審目的判斷有別。美不等於「完善」。

審美判斷是對象的形式（不是存在）所引起的一種愉快的感覺。這種形式之所以能引起快感，是由於它適應人的認識功能即想像力和知解力，使這些功能可以自由活動並且和諧合作。這種心理狀態雖不是可以明確地認識到的，卻是可以從情感的效果上感覺到的。審美的快感就是對於這種心理狀態的肯定，它可以說是對於對象形式與主體的認識功能的內外契合，見出宇宙秩序的巧妙安排（即「主觀的符合目的性」）所感到的欣慰。這是審美判斷中的基本內容。

審美的快感雖是個別對象形式在個別主體心裡所引起的一種私人的情感，卻帶有普遍性和必然性，它是可以普遍傳達的，是人就必然感到的，因爲是人就具有「共同感覺力」，這「共同感覺力」既可以在某一人身上起作用，就必然也能在一切人身上都起作用。

審美判斷因此現出一系列的矛盾或二律背反現象，它不涉及欲念和利害計較，不是實踐活動，卻產生類似實踐活動所產生的快感；它不涉及概念，不是認識活動，卻又需要想像力與知解力兩種認識功能的自由活動，要涉及一種「不確定的概念」或「不能明確說出的普遍規律」；它沒有明確的目的，卻又有符合目的性，它雖是主觀的、個別的，卻又有普遍性和必然性。最重要的還是它不單純是實踐活動而卻近於實踐活動，它不單純是認識活動而卻近於認識活動，所以它是認識與實踐之間的橋樑。就是因爲這個道理，《判斷力批判》是《純粹理性批判》和《實踐理性批判》之間的橋樑。

符合審美判斷的上述條件的就是純粹美，凡是在單純形式之外還涉及欲念、利害計較、概念和目的（即帶有內容意義）的美都只是依存美，但理想美只能是依存的。

從上面的概述看，康德比從前人更充分地認識到審美問題的複雜性以及審美現象中的許多矛盾對立，而他的企圖不是忽視或否定矛盾對立的某一方面，而是使對立雙方達到調和統一。

就康德的個別論點來說，它們大半是從前人久已提出過的。姑舉幾個基本論點爲例：美不涉及欲念和概念的說法，中世紀聖·托馬斯就已明確提出，近代英國哈奇生和德國的曼德爾生也都有同樣的看法，美僅涉及形式的說法，從古希臘的畢達哥拉斯學派，通過新柏拉圖派一直到文藝復興，已有悠久的歷史，康德的直接先驅溫克爾曼和萊辛也都基本上接受了美在形式的看法。審美活動中內外相應的觀點也是新柏拉圖派的遺產，德國萊布尼茲把它納到「預定和諧」說裡，就和目的論接合起來了。至於審美判斷的普遍有效性則實質上就是承認美的普遍吸引力和普遍標準以及這二者所由來的普遍人性，這是古典主義者的基本信條。所以康德的個別論點大半是由過去繼承來的。康德的獨創性在於把過去一些零散的甚至互相矛盾的觀點綜合成爲一個整體，納在一套完整的哲學系統裡面去。

儘管它表現出形式主義的傾向，康德的「美的分析」對美學思想發展卻仍是很重要的貢獻。第一，他把審美現象中的許多矛盾很清楚地揭示出來了，揭露矛盾是解決矛盾的前提，康德自己雖然沒有很好地解決矛盾，卻向後來人指示出問題的複雜性，其次，康德鄭重提出美的本質或特性問題，一方面糾正了經驗派美感等於快感的看法，另一方面也糾正了理性派美等於「完善」的看法，眞善美是既互相區別而又互相聯繫的，康德見到了這一點，只是對於聯繫說得不夠清楚，而對於區別卻說得非常清楚，不免使人誤解他只著重它們之間的區別。第三，美感雖是一種感性經驗，卻有理性基礎，這個基本思想是首先由康德特別突出地提出來的。這是他的美學觀點中的合理內核，後來對黑格爾的美學觀點發生了有益的影響。第四，處在德國資產階級發展的初期，康德還沒走到後來資產階級所走到的那種極端的個人主義（在文藝方面表現爲自我中心的消極浪漫主義和純憑個人主觀感覺的印象主義）。他所強調的「共同感覺力」和美感的「普遍可傳達性」雖是植根於未經科學分析的人性論，卻也有它的正確的進步的一方面，即對於美感的社會性的重視。康德說得很明白：

> 從經驗角度來說，美只有在社會中才能引起興趣。如果我們承認向社會的衝動是人類的自然傾向，承認適合社會和嚮往社會的要求，即適應社會性，對於人（作爲指定在社會中生存的動物）是一種必須，也就是人性的特質，我們也就不可避免地要把審美趣味看作用來審辨凡是便於我們藉以互相傳達情感的東西的判斷力，因而也就是把它看作實現每個人自然傾向所要求的東西所必用的一種媒介⑦。
>
> 如果一個人被拋棄在一個孤島上，他就不會專爲自己而去裝飾他的小茅屋或是他自己，不會去尋花，更不會去栽花，用來裝飾自己。只有在社會裡，人才想到不僅要做一個人，而且要做一個按照人的標準來說是優秀的人（這就是文化的開始），要被看作優秀的人，他就須有把自己的

⑦ 康德在這裡把藝術、美的事物和語言一樣看作社會交際工具。

快感傳達給旁人的願望和本領，他就不會滿足於一個對象，除非他能把從那對象所得到的快樂拿出來和旁人共用。同時，每個人都要求每個旁人重視這種普遍傳達——這彷彿是根據人性本身所制定的一種原始公約。在最初涉及到的東西當然還只是些小裝飾品，例如紋身用的顏料（西印度群島中加利比人所用的橙黃，北美印第安人所用的銀朱），或是花卉、貝殼，色彩美麗的羽毛，後來又加上一些形狀美好的東西（如小船、衣服之類），這些東西本身本不足以給人什麼滿足或享受，在社會中卻變成重要的東西，引起很大的興趣。等到文化發展到高峰的時代，上述傾向就幾乎變成有教養的愛好中的主要項目．對各種感受的估價高低，也要以它們能否普遍傳達爲準。到了這個階段，每個人從一個對象中所得到的快感是微不足道的，就它本身來說，不能引起多大興趣，但是它的普遍可傳達性的感覺就幾乎無限度地把它的價值提高。

——第四十一節

從此可見，康德是從社會的角度來看美感的普遍可傳達性。一個人的美感有無價值或有多大價值，就要看這種美感能否普遍傳達給旁人，供旁人共享，應該說，這種思想是健康的、正確的，只是由於資產階級社會文化日趨墮落，康德的美學思想中這一方面被拋棄掉了，還應該說，康德一般是缺乏歷史發展觀點和鄙視從經驗出發去分析哲理問題的，但是上段引文中卻流露了一點（儘管是微乎其微的）歷史發展觀點和對經驗事實的信任。如果他朝這個方向發展，他的貢獻會大得多。只是由於他嚴重地脫離現實，受經院派理性主義側重玄想的學風束縛，他的思想中一點有希望的萌芽可惜沒有得到充分的發展。

2. 崇高的分析

(1) 康德的崇高分析的重要性

從中世紀到文藝復興，朗吉弩斯的《論崇高風格》一書久經埋沒，一直到十六世紀由布瓦洛譯成法文，才在歐洲學術界得到流傳。當時新古典主義理想是和崇高精神不很契合的，所以新古典主義的思想家們不可能對崇高有眞正的體會或進行深入的分析。十八世紀英國文藝理論家對崇高問題有些零星的討論，例如艾迪生在《想像的樂趣》諸文裡指出偉大——崇高的特質——只有在自然中才可以見出，博克在《論崇高與美兩種觀念的根源》一書裡著重地談到崇高，指出崇高的對象不像美的對象只產生純粹的快感，而是令人起威脅到「自我安全」的感覺或是恐懼，所以是一種痛感；但是這種痛感之中帶有快感，因爲它是「自我安全」的保障，凡是能保障自我安全的——即使是恐懼——也會產生快感。對崇高的日趨重視主要由於浪漫運動的興起帶來了審美趣味的轉變，人們開始對精緻完善和小巧玲瓏的東西感到膩味，比較愛好奇特的甚至有些醜陋的「哥德」風格，以及粗獷荒野的自然。這種新風氣是由英國傳到德國的。溫克爾曼在《古代藝術史》的序論裡曾指出大海景致首先使心靈感到壓抑，接著就使心靈伸張和提高，這就指出了崇高感中心裡矛盾的現象。這些零星討論可能對康德都有所啓發，但是他對崇高問題所進行的探討比起過去任何美學思想家都遠較深入。在欣賞方面他提出崇高，正和在創造方面他強調天才一樣，都反映出浪漫運動的興起，而對浪漫運動的發展也起了深刻的影響。

康德把審美判斷分爲「美的分析」和「崇高的分析」兩部分。「崇高的分析」具有特殊重要意義，主要在於兩點：第一，康德在「美的分析」中所得到的關於純粹美的結論基本上是形式主義的：美只涉及對象的形式而不涉及它的內容意義、目的和功用；而在「崇高的分析」中，他卻不僅承認崇高對象一般是「無形式」的，而且特別強調崇高感的道德性質和理性基礎，這就是放棄了「美的分析」中的形式主義，因而等到繼分析崇高之後再回頭進一步討論美時，康德對美的看法就有了顯著的轉變，「美在形式」轉變爲「美是道德觀念的象徵」，美的基本要素畢竟是內容。在寫作《判斷力批判》的過程中，康德的思想在發展，所以其中有許多前後矛盾的地方。其次，康德對於美學思想的重要貢獻在於對天才、審美意象和藝術創作的討論，這部分的結論也突出地顯得與「美的分析」背道而馳，而這部分卻是擺在「崇高的分析」裡的。康德沒有說明這種安排的理由，可能是由於在涉及理性內容上，崇高與藝術天才有它們的共同點。

(2) 崇高和美的異同

崇高與美是審美判斷之下的兩個對立面，但是就它們同屬於審美判斷來說，它們卻有些相同：它們都不僅是感官的滿足。都不涉及明確的目的和邏輯的概念，都表現出主觀的符合目的性，而這種主觀的符合目的性所引起的快感都是必然的、可普遍傳達的。（第二十四節）

但是康德更著重的是崇高和美的差異：第一，就對象來說，美只涉及對象的形式，而崇高卻涉及對象的「無形式」。形式都有限制，而崇高對象的特點在於「無限制」或「無限大」。康德說，「自然引起崇高的觀念，主要由於它的混茫，它的最粗野最無規則的雜亂和荒涼，只要它標誌出體積和力量」（第二十三節）。因此，美更多地涉及質，而崇高卻更多地涉及量。其次，就主觀心理反應來說，美感是單純的快感，崇高卻是由痛感轉化成的快感。用康德自己的話來說：

美的愉快和崇高的愉快在種類上很不相同，美直接引起有益於生命的感覺，所以和吸引力與遊戲的想像很能契合。至於崇高感卻是一種間接引起的快感，因爲它先有一種生命力受到暫時阻礙的感覺，馬上就接著有一種更強烈的生命力的洋溢進發，所以崇高感作爲一種情緒，在想像力的運用上不像是遊戲，而是嚴肅認眞的，因此它和吸引力不相投，心靈不是單純地受到對象的吸引，而是更番地受到對象的推拒。崇高所生的愉快與其說是一種積極的快感，無寧說是驚訝或崇敬，這可以叫做消極的快感。

——第二十三節

這番話對於崇高現象可以說是很好的經驗性的描述。

但是在指出崇高與美的「最重要的分別」時，康德顯示出他的主觀唯心主義。他認爲「最重要的分別」還在於美可以說是在對象，而崇高則只能在主體的心靈。美可以說在對象的形式，因爲這種形式彷彿經過設計安排，恰巧適合人的想像力與理解力的自由活動與和諧合作，因而產生快感，而崇高的對象「在形式上卻彷彿和人的判斷力背道而馳，不適應人的認識形象的功能。對人的想像力彷彿在施加暴力」（第二十三節），所以崇高的對象不可能由它的形式來產生快感：

我們只能說，這種對象適宜於表現出心靈本身固有的崇高，因爲眞正的崇高不是感性形式所能容納的，它所涉及的是無法找到恰合的形象來表現的那種理性觀念；但是正由這種不恰合（這卻是感性形象所能表現出的），才把心裡的崇高激發起來。例如暴風浪中的大海原不能說是崇高的，只能說是形狀可怕的。一個人必須先在心中裝滿大量觀念，在觀照海景時，才能激起一種情感——正是這情感本身才是崇高的，因爲這時心靈受到激發，拋開了感覺力⑧而去體會更高的符合目的性的觀念。

——第二十三節

這裡所謂「更高的符合目的性的觀念」就是上文所提到的生命力先遭到阻礙而後洋溢進發，因而精神得到提高或振奮時所表現的人的道德精神力量的勝利。因此，崇高並不在於對象而在於心靈，比起美來，它更是主觀的。此外，康德還指出，美感始終是單純的快感，所以觀賞者的心靈處在平靜安息狀態；崇高感卻由壓抑轉到振奮，所以觀賞者的心靈處在動盪狀態。

⑧ 感覺力即感性功能。

(3)兩種崇高：數量的和力量的

康德把崇高分爲兩種：一種是數量的崇高，特點在於對象體積的無限大；另一種是力量的崇高，特點在於對象既引起恐懼又引起崇敬的那種巨大的力量或氣魄。

關於數量的崇高，所涉及的主要是體積。關於體積，感官所能掌握的只是有限大，大之上還有大，伸展是無窮的，感官或想像力對巨大體積的掌握終須達到一個極限，不能達到無限大。數學式的或邏輯式的掌握都須假定某一種單位尺度作爲比較的標準，來估計某物比其他物大或小，這種單位尺度還是一種概念，所以這種掌握不是審美的。至於對崇高事物進行體積方面的審美的估計，所見到的卻是「無限大」或「無比的大」，即不根據某種外在的單位尺度或概念來進行比較，我們就在對象本身上見出無限大，它本身的無限就是估計的標準。爲著說明這句話的意義，康德指出在這種估計或判斷過程中，有兩種矛盾的心理活動，一方面人的理性在認識對象中要求見到對象的整體；另一方面崇高對象的巨大體積卻超過想像力（對形象的感性認識功能）所能一霎掌握的極限，想像力不足以達到理性所要求的整體。這是矛盾。正是想像力的這種無能或不適應終於喚醒人心本有的一種「超感性功能的感覺」（理性觀念）。這理性觀念是什麼呢？康德對這問題的回答始終是很模糊的，他說：「只是把對象作爲一個整體來想的能力就表明人心中有一種超越一切感官標準的功能。」（第二十六節）。「理性觀念」可能就是「把對象作爲一個整體來想」的要求。這種觀念是「不確定的」，所以崇高感只是一種沒有具體內容的抽象的感覺。它可以說是理性功能彌補感性功能欠缺的勝利感。感性功能（想像力）不足以見到崇高對象的整體，理性功能就起來支援，就在這對象本身見出無限大，見出它所要求的整體。崇高與美都要見出「主觀的符合目的性」，美的主觀的符合目的性見於想像力和知解力的和諧合作，崇高的主觀的符合目的性則見於想像力遭到「推拒」而理性起來解圍。康德假定理性是人類認識功能的共同基礎：所以崇高感雖是個人主觀的感覺，卻仍是必然的，可普遍傳達的（以上簡括第二十五至二十六節的要義）。康德沒有說明這種崇高感可普遍傳達的看法如何可以和他的認識到崇高須先有「大量觀念」（第二十三節）和「較高程度的文化修養」（第二十九節）的看法相調和。

康德認為「對崇高的純粹審美的判斷不以關於對象的概念作為決定根據」，所以崇高不能在藝術作品（例如建築雕刻等）中見出，因為「這裡有人的目的在決定作品的形式和體積」，也不能在動物界見出，因為「這些自然物在概念上要涉及一種明確的目的」；崇高只能在「只涉及體積的粗野的自然」中見出（第二十六節）。但是康德所舉的數量的崇高實例之中不僅有暴風浪中的大海和荒野的崇山峻嶺，也有埃及的金字塔和羅馬的聖彼得大教堂，這裡也顯然是自相矛盾的。

關於第二種崇高，力量的崇高，康德也把它侷限在自然界。他所下的定義是這樣：

> 威力是一種越過巨大阻礙的能力，如果它也能越過本身具有威力的東西的抵抗，它就叫做支配力。在審美判斷中如果把自然看作對於我們沒有支配力的那種威力，自然就顯出力量的崇高。
>
> ——第二十八節

所以就對象說，力量崇高的事物一方面須有巨大的威力，另一方面這巨大的威力對於我們卻不能成爲支配力。就主觀心理反應來說，力量的崇高也顯出相應的矛盾，一方面巨大的威力使它可能成爲一種「恐懼的對象」，另一方面它如果眞正使我們恐懼，我們就會逃避它，不會對它感到欣喜，而事實上它卻使我們欣喜，這是由於它同時在我們心中引起自己有足夠的抵抗力而不受它支配的感覺，康德舉例說明：

好像要壓倒人的陡峭的懸崖，密布在天空中迸射出迅雷疾電的黑雲，帶著毀滅威力的火山，勢如掃空一切的狂風暴，驚濤駭浪中的汪洋大海以及從巨大河流投下來的懸瀑之關景物使我們的抵抗力在它們的威力之下相形見絀，顯得渺小不足道。但是只要我們自覺安全，它們的形狀愈可怕，也就愈有吸引力：我們就欣然把這些對象看作崇高的，因爲它們把我們心靈的力量提高到超出慣常的凡庸，使我們顯示出另一種抵抗力，有勇氣去和自然的這種表面的萬能進行較量。

——第二十八節

這「另一種抵抗力」是什麼？它就是人的理性方面使自然的威力對人不能成爲支配力的那種更大的威力，也就是人的勇氣和自我尊嚴感。這可以從康德下面一段話中見出：

自然威力的不可抵抗性迫使我們（作爲自然物）自認肉體方面的無能，但是同時也顯示出我們對自然的獨立，我們有一種超過自然的優越性，這就是另一種自我保存方式的基礎，這種方式不同於可受外在自然襲擊導致險境的那種自我保存方式。這就使得我們身上的人性免於屈辱，儘管作爲凡人，我們不免承受外來的暴力。因此，在我們的審美判斷中，自然之所以被判定爲崇高的，並非由於它可怕，而是由於它喚醒我們的力量（這不是屬於自然的），來把我們平常關心的東西（財產、健康和生命）看得渺小，因而把自然的威力（在財產、健康和生命這些方面，我們不免受這種威力支配）看作不能對我們和我們的人格施加粗暴的支配力，以致迫使我們在最高原則攸關，須決定取捨的關頭，向它屈服。在這種情況下自然之所以被看作崇高，只是因爲它把想像力提高到能用形象表現出這樣一些情況，在這些情況之下」心靈認識到自己的使命的崇高性，甚至高過自然。

——第二十八節

這種主觀心理反應在情感上所以是矛盾的：一方面想像力的不適應引起生命力遭到抗拒的感覺，這種感覺近似恐懼而又不同於恐懼，因爲另一方面理性觀念的勝利卻使心靈在對自己的估計中提高到感到一種崇敬或驚羨。所以崇高感是一種以痛感爲橋樑而且就由痛感轉化過來的快感。在恐懼與崇敬的對立中，崇敬克服了恐懼，所以崇敬是主要的。在這一點上康德對博克的崇高感起於恐懼的片面說法作了重要的糾正。究竟什麼才是崇敬的對象呢？它像是自然對象，而骨子裡卻是人自己的能憑理性勝過自然的意識。所以崇高不在自然而在人的心境，康德對這一點不厭其煩地反覆申述。他說：

對自然的崇高感就是對我們自己的使命的崇敬，通過一種「偷換」（Subreption）的辦法，我們把這崇敬移到自然事物上去（對主體方面的人性觀念的尊敬換成對對象的尊敬）。

——第二十七節

趁便指出，這種看法已經具有移情作用說的雛形。

崇敬是一種道德的情操，很顯然，康德所說的「理性觀念」實際上就是道德觀念：在「最高原則攸關，須決定取捨的關頭」不向「外來的暴力」屈服，也就要靠康德在《實踐理性批判》裡所說的「至上命令」。他說，「實際上自然崇高的感覺是不可思議的，除非它和近似道德態度的一種心理態度結合在一起」（第二十九節）。所以他所舉的力量崇高的實例都有關道德觀念，例如他指出無論在野蠻社會還是在文明社會，最受人崇敬的都是不畏險阻、百折不撓的戰士，這種崇敬就是一種崇高感。足見康德所理解的力量的崇高主要是指勇敢精神的崇高。這種勇敢精神是一定社會文化修養的結果。康德說得很對，「如果沒有道德觀念的發展，對於有修養準備的人是崇高的東西對於無教養的人卻只是可怕的」（第二十九節）。如果沿這條思路想下去，他應該能認識到崇高感起於經驗基礎和社會的根源。由於他的主觀唯心主義的哲學系統建立在「先驗的理性」基礎上面；他對經驗性的東西畢竟鄙視和猜疑，所以在美學上他始終企圖以先驗的理性解釋一切，包括崇高感。他對「主觀的符合目的性」的說明極模糊，以及許多論點的前後矛盾，都是由這個總的病根產生出來的。

(4) 康德的崇高說的缺點

康德的崇高說缺點很多，例如崇高與美在他心目中始終是對立的，他沒有看到二者如何統一，使崇高成爲一種審美的範疇。就崇高本身來說，數量的崇高和力量的崇高也始終處於對立而沒有達到統一。但是他的崇高說儘管有許多缺點，卻是後來一切關於崇高的討論的基礎。在康德的影響之下，黑格爾提出另一種看法，以爲崇高起於感性形象不足以表現精神方面的無限（這一點受了康德的啓發），並且以此爲象徵型藝術（東方原始藝術）的特徵，特別是希伯來民族對於神的觀念的特徵。他放棄了康德的藝術作品不能崇高以及崇高與美對立的看法。崇高是象徵型藝術的特徵；作爲理念的一種不充分的感性顯現，它畢竟還是一種美。法國美學家巴希（Basch）在《康德美學評判》裡反對把崇高分爲數量的和力量的兩種，認爲崇高只有力量的偉大一種，數量偉大之所以能產生崇高感，實際上還是因爲它表現出力量的偉大。英國勃拉德萊（Bradley）在《牛津詩學講義》裡也提出同樣的看法，他舉屠格涅夫在散文詩裡所寫的麻雀抗拒獵狗爲例，說明麻雀之所以令人感到崇高，正由於它的英勇和它的體積不相稱，所以體積的大小在崇高感中不是主要的因素。主要因素是力量或氣魄。

3. 天才和藝術

《判斷力批判》好像只涉及欣賞而不涉及創造，但是事實上這部書只有前部分，即關於美與崇高的分析部分涉及欣賞，而後部分，即關於天才和藝術的部分，卻著重地討論了藝術創造。

(1)藝術的特徵：藝術與遊戲

在著手討論藝術時，康德首先指出藝術與自然的分別。「藝術有別於自然，正如製作有別於一般動作；藝術產品或結果有別於自然的產品或結果，正如作品有別於作用或效果。」（第四十三節）這就是說：藝術須有所創作，須產生作品，而自然只是在動作（在運動中發展變化）中發生作用。藝術創作須通過自由意志和理性。所以康德接著替藝術下定義說，「照理，我們只應把通過自由，即通過以理性爲活動基礎的意志活動的創造叫做藝術」。藝術創造不能像蜜蜂營巢那樣完全出於本能。在創造藝術作品時，藝術家心中「須先懸想一個目的，然後按照這個目的去想作品的形式」。從此可見，藝術創造與單純的審美活動不同，不能不涉及意志、目的乃至於概念。

其次，康德指出藝術與科學兩種活動的分別。「藝術作爲人的技術本領，也有別於科學，正如能有別於知，實踐功能有別於認識功能，技術有別於理論」。因此，在藝術創作中，「知」不一定就保證「能」，首要的還是技術訓練方面的本領。但是康德同時也指出「能」卻要有「知」爲基礎。「對於美的藝術來說，要達到高度完美，就需要大量的科學知識，例如須熟悉古代語言、古典作家以及歷史、考古學等等」（第四十四節），從此可見，康德所理解的「知識」限於書本知識，他沒有考慮到實際生活。

第三，康德指出藝術與手工藝的分別。這牽涉到藝術與遊戲問題，值得特別注意，康德的原話是這樣：

> 藝術還有別於手工藝，藝術是自由的，手工藝也可以叫做掙報酬的藝術。人們把藝術看作彷彿是一種遊戲，這是本身就愉快的一種事情，達到了這一點，就算是符合目的：手工藝卻是一種**勞動**（工作），這是本身就不愉快（痛苦）的一種事情，只有通過它的效果（例如報酬），它才有些吸引力，因而它是被強迫的。
>
> ——第四十三節

從此可見，康德把自由看作藝術的精髓，正是在自由這一點上，藝術與遊戲是相通的。康德還不僅把遊戲概念運用到藝術創造上，而且在欣賞美方面，上文已提到過，他也認爲「想像力與知解力的自由活動」是主要的心理內容。「自由活動」在原文是freispiel，其中spiel含有「活動」和「遊戲」兩個雙關的意義，所以「自由活動」也就是「自由遊戲」。他曾用遊戲概念來說明許多審美方面的現象，例如在藝術分類裡，他把詩看成「想像力的自由遊戲」，把音樂和「顏色藝術」列入所謂「感覺遊戲的藝術」。自由活動或遊戲（包括藝術在內）何以能產生快感呢，康德給了一種生理學的解釋。他說，「滿足感彷彿總是人的整個生命得到進展的一種感覺，因而也是身體舒暢或健康的感覺」。「各種感覺常在變化的自由遊戲經常是滿足感的來源，因爲它促成健康的感覺」（第五十四節）：從這個觀點出發，康德對喜劇性或笑作了一個有趣的解釋，他舉一位印度人在一位英國人家裡初次看到一瓶啤酒打開時迸出泡沫而感到驚奇爲例。英國人問他爲什麼驚奇，印度人回答說，「啤酒泡沫流出來我倒不奇怪；我感到奇怪的是你們原先怎樣把這些泡沫塞進瓶裡去」，這話就惹起一場大笑。依康德看，這笑的原因在於看到印度人驚奇時，期望知道他爲什麼驚奇的心情達到高度的緊張，等到聽到他的解釋，和所期望的毫不相干，於是期望突然消失，這突然的鬆弛就引起身體上各器官的激烈動盪。這就有助於恢復各器官的平衡，因而有助於健康，所以產生快感。康德替笑所下的定義是：「笑是一種情感激動，起於高度緊張的期望突然間被完全打消」（第五十四節）。他還說，這種打消只是「一種形象顯現方面的遊戲，能造成身體方面各種活力的平衡」。

笑、詼諧、遊戲和藝術，依康德的看法，都有相通之處，它們都標誌著**活動的自由和生命力的**暢通，這個觀點是值得特別注意的，因爲康德一向被認爲是靜觀觀點的代言人，彷彿他只看到審美活動和藝術活動的靜的一面，但是他的關於自由活動的言論，足以證明他**也看重欣賞與創造的動的**一面。生命就是活動，活動才能體現生命，所以生命的樂趣也只有在自由活動中才能領略到，美感也還是自由活動的結果。

另外一點值得注意的是康德把遊戲看成與勞動對立的，因而也就是把藝術看成與勞動對立的。從馬克思主義者所瞭望的共產主義社會來說，康德的這種看法是錯誤的，因爲在共產主義社會裡，勞動將成爲人生第一需要，亦即成爲康德所想望的自由活動，它本身就含有藝術性，能給人以眞正的美感。但是從康德所處的剝削的資產階級社會來說，他的看法卻是社會現實的眞實反映。因爲勞動在當時確實是強迫的活動而不是自由的活動，用馬克思的話來說，它是「異化了」的勞動。馬克思對於勞動和藝術在資產階級社會裡互相脫節的看法，正足以證明康德的藝術與勞動對立觀點是符合資產階級社會實際情況的。康德的錯誤在於把某一歷史階段中的勞動的性質加以普遍化。

康德雖然把自由看作藝術的精髓，卻也不把自由看成毫無拘束。精神界的自由和自然界的必然（規律）在藝術領域裡是應該統一起來的，康德指責了當時否定一切規律約束的「新派領袖」（狂飆突進中的代表人物——引者注）說：

> 在一切自由的藝術裡，某些強迫性的東西，即一般所謂「機械」（套規），仍是必要的（例如須有正確的豐富的語言和音律），否則心靈（在藝術裡必須**自由**的，只有心靈才賦與生命於作品）就會沒有形體，以致消失於無形。
>
> ——第四十三節

就是因爲在藝術裡自由須與必然統一，藝術雖有別於自然，卻仍須妙肖自然，不要露出循規蹈矩，矯揉造作的痕跡：「**自然只有在貌似藝術時才顯得美**，**藝術也只有使人知其爲藝術而又貌似自然時才顯得美**」（第四十五節——重點引者加），自然貌似藝術，就是見出藝術的自由；藝術貌似自然，就是見出自然的必然。不單是藝術摹仿自然，自然也摹仿藝術；藝術向自然摹仿的是它的必然規律，自然向藝術摹仿的是它的自由和目的性。康德對於藝術與自然的關係的看法也比過去美學家們較深入了一層。

(2)天才

康德認爲「美的藝術必然要看作出自天才的藝術」。他先替天才下定義說：

> 天才是替藝術定規律的一種才能（天然資稟），是作爲藝術家的天生的創造功能。才能本身是屬於自然的，所以我們也可以說，天才就是一種天生的心理的能力，通過這種能力，自然替藝術定規則。
>
> ——第四十六節

自然通過天才替藝術定規則的說法乍看不免費解，其實懂得了藝術的自由與自然的必然（規律）相結合，也就會懂得這句話的意義，藝術須貌似自然，因而就不能沒有規則。這規則從何而來呢？一般規則是由旁人「定成公式，作爲方劑來應用的」，也就是說，可使人摹仿的，並且作爲概念而存在的。審美判斷既不取決於概念，就不能運用預定的外來的規則，藝術的規則就不能從摹仿來，而要具體地體現於作品本身，也就是說，要通過藝術家的天才在創造作品中來決定。在替藝術定規則時，天才一方面符合自然（由於天才本身就屬於自然），一方面也顯出創造的自由。天才替藝術制定的規則，也「不能定成公式，作爲方劑來應用」，而是「必須從作品中抽繹出來，旁人可以藉這作品來考驗自己的才能，用它作爲範本，目的不在摹仿而在追隨」。這就是說，從作品中窺見天才所制定的規則，不是通過對公式的掌握，而是通過對精神實質的心神領會與從中所得到的潛移默化，能否做到這一點，就是才能的考驗。自己須有天才，才可向天才學習。

康德強調藝術的不可摹仿性以及天才與「摹仿精神」的對立（「摹仿」是作爲「套用公式」來理解的）。他就根據這個觀點來看藝術和科學的分別。藝術不能通過摹仿去學習，科學卻可以通過摹仿去學習：只有在藝術的領域裡才有天才，在科學的領域卻沒有。例如牛頓可以把他的最重要的科學發明傳授給旁人，而荷馬卻無法教會旁人寫出他的那樣偉大的詩篇，因爲他自己「並不知道他的那些想像豐富而思致深刻的意象，是怎樣湧上他的心頭而集合在一起的」。康德因此斷定：「在科學領域裡，最偉大的發明者和最勤勉的摹仿者或學徒之間，只有程度上的分別，而在他和對美的藝術具有天賦才能者之間，卻有種類性質上的分別。」（第四十七節）

經過分析，康德把天才的特徵總結爲四點：(1)基本的特徵是創造性，天才不是通過摹仿或套用規則來創作的；(2)其次是典範性，「獨創的東西可以毫無意義」，「天才的作品卻必同時成爲範本」或「評判的標準」；(3)第三是自然性，「天才不能科學地指出它如何產生作品，它是作爲自然才爲藝術定規律」，這就是一般所謂「自然流露」；(4)天才限於美的藝術領域，「自然通過天才定規則，只是爲藝術而不是爲科學，而爲藝術定規律，也只限於美的藝術。」（第四十五節）

後來在說明「審美意象」之後，康德又進一步分析了天才。天才就是「表達審美意象的功能」，這功能需要「想像力與知解力的結合」。從這個觀點出發，康德重新指出天才的四種特徵，和他原先所指出的四種不盡相同：

1. 天才是藝術的才能，不是科學的才能。在科學領域裡，明確認識到的規律必須是先決條件，對方法程序起約制作用；

2. 作爲藝術的才能．天才須先假定對於作品的目的有一個明確的概念，這就要先假定有知解力，此外還要先假定對用來表達那個概念所需要的材料或直覺要有一種觀念（儘管是不確定的），總而言之，要先假定想像力和知解力之間有一定的關係；

3. 天才不僅見於替某一確定概念找到形象顯現，實現原先定下的目的，更重要地是見於能替審美意象（這包含便於達到上述目的的豐富材料）找到表達方式或語言。因此，天才一方面使想像力獲得不受制於一切規律的自由，另一方面就表達既定概念來說，又顯出符合目的性；

4. 如果要想像力與受規律約制的知解力之間的自由協調，現出不假尋求的不經作意安排的主觀符合目的性，就須先假定想像力與知解力之間的比例和協調不是由服從規律（無論是科學的還是機械摹仿的規律）所能造成的，而是只由主體的自然本性才能造成的。

按照這些須假定的前提，天才是主體的天資方面的典範的獨創性，表現在他對認識功能的自由運用上。

——第四十九節

如果拿這裡所提的四特徵和原先第四十五節所提的四特徵作一比較，可以見出原先所提的獨創性、典範性、自然性以及運用限於藝術四點都還保留在新的提法裡：新的提法有兩個特點，一點是強調想像力與知解力的自由協調，另一點是指出天才與其說是見於形成審美的意象，無寧說是見於把審美意象描繪或表達出來。這第二點是值得注意的。康德的重點不在審美意象的形成而在審美意象的表達，即不在胸有成竹而在把胸中成竹畫成作品，他對原先所提出的問題（藝術作品的靈魂是什麼？）作回答說：「這種才能（即表達審美意象的才能——引者注）才眞正可以叫做靈魂。」這種看法和後來克羅齊的藝術活動在直覺不在傳達的看法是相反的。毫無疑問，康德對具體作品的重視是正確的、符合常識的。但是從第四十九節的文章脈絡看，他一直在強調審美意象本身的高度概括性和豐富性，以及在形成這種意象中想像力與知解力的自由協調，彷彿是把重點擺在審美意象的**形成**上，以致後來他用寥寥數語點明**表達**重要時，使人覺得有些突然，沒有足夠的說服力。這說明他對這個問題在思想上畢竟還有些矛盾。矛盾在於先把表現的內容和表現的形式割裂開來，其實也就是先把思想和語言割裂開來，而後追問其中哪一個更重要。在問題的這種提法之下，說語言還比思想更重要（即審美意象的描繪或表達還比審美意象本身更重要），這就還是不妥的，露出形式主義傾向的。

(3)天才與審美趣味的分別和關係

康德把欣賞和創造看成對立的，因此把欣賞所憑的審美趣味和創造所憑的天才也看成對立的，他說：

> 爲著評判美的對象（單就它們是美的對象來說），所需要的是審美趣味，但是爲著美的藝術本身，即爲著創造這類對象，所需要的是天才。
>
> ——第四十八節

這個分別實際上涉及自然美與藝術美的分別，這兩種美的分別首先在於對象：

一項自然美就是一種美的事物，藝術美卻是對於一個事物所做的美的形象顯現或描繪。

——第四十八節

這裡值得注意的是：康德在美的藝術中並不要求所表現的事物本身美，只要求事物的形象顯現美。他從這裡見出藝術美高於自然美：

美的藝術顯示出它的優越性的地方，在於它把在自然中本是醜的或不愉快的事物描寫得美。例如復仇女神、疾病、戰爭的毀壞等等（本是些壞事）可以描寫得很美，甚至可以由繪畫表現出來。

——第四十八節

但是康德又認為藝術如果表現在自然中惹人嫌惡的事物就會破壞美感，因為在自然中惹人嫌惡的事物在藝術中仍會惹人嫌惡。他舉雕刻為例說，「由於在雕刻作品中，藝術幾乎與自然相混，所以雕刻創作向來排斥直接描繪醜的事物。」這裡似乎流露出萊辛的《拉奧孔》的影響，也流露出他對於藝術美在事物本身還是在事物的形象顯現問題的看法有些自相矛盾。

康德認為自然美與藝術美的分別還可以從評判上看出：

> 爲著要評判一項自然美，我無須對那對象究竟是爲什麼的先有一個概念，即無須知道它的物質方面的符合目的性（即目的），而是那單純的形式本身，不夾雜對目的的知識，在評判過程中就足以引起快感。但是對象如果是當作一件藝術作品而被宣稱爲美的，由於**藝術總要假定一個目的作爲它的本原（即成因），它究竟是爲什麼的概念就勢必首先定作它的基礎**。而且由於一件事物的雜多方面與它的內在本質（即目的）的協調一致就見出那件事物的完善，**在評判藝術美時也就必然要考慮到那件事物的完善**——這對於評判自然美卻是不相干的。（重點引者加）
>
> ——第四十八節

這段引文是很重要的，因爲從此可以看出康德在「美的分析」裡所說的一切都只適用於自然美而不適用於藝術美，因爲他在那裡明確地否認審美判斷涉及概念、目的以及關於完善的考慮，而在這裡卻承認判斷藝術美必然要涉及這些。如果藝術美和自然美確實是兩回事，我們就不能責備康德前後矛盾。但是藝術美與自然美的對立究竟如何可以統一？它們如果是不可統一的兩對立面，爲什麼卻都叫做美？這些問題康德卻未充分考慮過。因此，自然美與藝術美、創造與欣賞、天才與審美趣味在康德的思想中始終都是對立的。

在接著上段引文所作的附帶說明裡，康德對於評判自然美所作的保留和他在「美的分析」裡所作的結論卻是前後矛盾的。他承認在評判有生命的自然事物（例如人或馬）美時，也「往往要考慮到客觀目的性」。他雖然認爲這種判斷已不純粹是審美的，而同時也是審目的的（即考慮到事物在符合本質目的上是完善的），卻加以解釋說，在這裡「**審目的判斷成**

為**審美判斷的基礎和條件**」（重點引者加），他舉例說，「在說『那是一個美女』時，意思只是說，自然在她的形狀上很美地表現出女性身體結構的目的。」康德把這種判斷叫做「受邏輯約制的審美判斷」。這番話就否定了他在「美的分析」中，嚴格區分審美判斷與邏輯判斷以及肯定美僅涉及形式而不涉及內容意義的看法了。毫無疑問，康德在寫書過程中，思想是在發展的，後來的看法是比較正確的。

康德的矛盾還見於他對審美趣味和天才在藝術創作中的作用的看法。在「美的分析」裡他把形式提到獨尊的地位，在談到審美趣味和天才在藝術創造中的作用時，他仍然認為「只有審美趣味才能使美的藝術作品具有形式」，而天才卻沒有這種能力（第四十九節），「天才所能做的只是向美的藝術作品提供豐富的**材料**，而這材料的加工和它的**形式**卻需要一種由學校訓練出來的才能，才可以運用得恰好能經過判斷力的考驗」（第四十七節），然則天才和審美趣味究竟是哪一個更重要呢？康德說，這就等於問：想像力和判斷力究竟是哪一個重要，他的回答是判斷力比想像力更重要，因為「判斷力能使想像力與知解力協調」，「給天才引路」，「使豐富的思想具有明晰性和秩序，因而使思想具有穩定性，能搏得長久普遍的讚賞，備旁人追隨，有助於不斷地促進文化」（第五十節）。因此，在天才（想像力）與審美趣味（判斷力）不可得兼時，應該割愛的倒不是審美趣味而是天才。這些話的總的論點是天才供給材料而審美趣味決定形式，藝術形式既比內容重要，所以審美趣味仍比天才重要。這種論點與康德在「美的分析」中所表現的形式主義的傾向仍是一致的。**矛盾**在於他在分析天才時一直強調天才的優越性，說「美的藝術只有作為天才的產品才是可能的」（第四十六節），又說藝術作品有無生命或靈魂，要靠它是否表現出」審美的意象」（關於這一點，下文還要結合典型問題詳談），而表現審美意象的能力則特屬於天才（第四十九節），但是他同時又把天才看作次於審美趣味，彷彿是可有可無的。矛盾的根源在於：(1)康德把天才窄狹化到想像力，把它看作和判斷力與知解力都是對立的⑨（因此他得出科學領域裡沒有天才的荒謬結論）；(2)他對想像力的了解是不澈底的、不正確的。他一方面說「想像力是一種強大的能力，能根據現實自然所提供的材料，創造出彷彿是一種第二自然來」，另一方面卻又說天才（想像力）「只能向美的藝術作品提供豐富的材料」，至於形式則有待於審美趣味。應該指出：根據自然提供的材料創造第二自然，和向作品提供材料不應看作是一回事，材料（內容）不應看作可以和形式分開，想像力所創造的第二自然不應只是一堆無形式的材料，想像力不應看作僅表現在提供材料上而不同時也表現在鑄造形式上。康德的病根在美學上和在哲學上是一致的，都在於內容和形式的割裂。在哲學的知識論方面，由於把內容和形式割裂開來，於是內容就只由感性經驗提供，形式就只由先驗範疇鑄造，因而知識就僅限於現象而不涉及本體，這就導致主觀唯心主義與不可知論的結局。在美學方面，也由於把內容和形式割裂開來，於是內容就只由天才（想像力）提供，形式就只由審美趣味（判斷力）鑄造，因而美就僅在於形式而不涉及內容，但是內容（天才所提供的）卻又爲美的藝術所不可缺少。這個矛盾沒有得到合理的解決。康德的意圖是傾向於辯證的，但是他處處只見出對立而

⑨ 在這問題上他也前後不一致，後來他又承認天才要有「想像力與知解力的結合」（第四十九頁）。

沒有達到眞正的統一，理性主義派所傳下來的形而上學的思想方法始終在康德腦裡作祟。

康德在天才與審美趣味問題上所表現的徘徊和矛盾，也可以看作他對於浪漫主義與新古典主義的態度的徘徊和矛盾。康德處在新古典主義和浪漫運動交替的時代。這新舊兩派的爭執之一就在於內容重要還是形式重要，天才重要還是審美趣味重要，新古典主義側重藝術形式與審美趣味（理性、判斷力），浪漫運動側重內容與天才（想像力）。康德在文藝方面的教養是貧乏的（從他很少談到文藝作品，而偶爾談到時又談得很膚淺的事實可以見出）。他的保守性使他不能完全脫離久占勢力的新古典主義的影響。因此，他要求理性和審美趣味，要求規則和學習，把形式抬到獨尊的地位。但是另一方面，狂飆突進時代的新風氣，或則說，上升資產階級對個性自由的要求，由於衝擊力較爲猛烈，對康德的影響似較深刻。因此，他頌揚天才，推崇想像力與獨創性，視自由爲美的藝術的精髓。把這兩方面的觀點合在一起來看，人們會感到康德的觀點是很辯證的：但是細加分析，也就會認識到其中隱藏著上文所指出的一些深刻的矛盾。這些矛盾反映出當時資產階級的不澈底性和時代的過渡性。

4. 美的理想和審美的意象：典型問題

康德在《審美判斷力的分析》第一部分《美的分析》裡，結合到美的符合目的性以及純粹美和依存美的分別，提出了「美的理想」問題，後來在第二部分《崇高的分析》裡，又結合到天才和藝術創造，提出了「審美的意象」問題。他自己不曾指出這兩個問題的聯繫，它們在全書安排中所占的互不相關的地位，不免使人誤認它們爲兩個互不相關的問題，其實他們所涉及的只是一個問題——典型問題——的兩個方面。「美的理想」（第一七節）部分是從審美趣味方面看典型問題，「審美的意象」（第四十九節）部分是從藝術創造方面看典型問題。爲著顯示出這兩個問題密切關聯，我們把它們放在一起來介紹。

(1) 美的理想

康德在《美的分析》裡立專節（第一七節）討論了「美的理想」。這一節糾正了「美的分析」中形式主義的基本傾向，原來美只在形式，現在「美的理想」卻主要地涉及內容意義。這一節也可以糾正一般人認爲康德美學思想全是形式主義的那個片面的看法。

「美的理想」也就是「美的標準」．標準都要涉及客觀規則。康德首先指出，審美判斷不涉及概念，而客觀規則卻必通過概念來規定，所以「審美趣味方面沒有客觀規則」，由於這個理由，他認爲不能有研究美的科學，只能有對審美判斷力的批判（第六〇節）。審美既不能憑客觀規則，所以「如果想尋找一種審美原則，通過明確的概念來提供美的普遍標準，那就是白費氣力」（第一七節，下同）。但是康德又承認「在感覺（快感或反感）的普遍可傳達性裡——這種可傳達性也還是不涉及概念的——即在一切時代和一切民族對於某些事物形象顯現的感覺所常顯出的一致性裡，我們仍可找到一種審美趣味的經驗性的標準。」（重點引者加）這種標準是「由範例證實的，以根深柢固的一切人所共有的東西（即「共同感覺力」——引者注）爲依據的」，總之，公是公非就可以看作一種經驗性的美的標準。

經驗性的標準來自大多數人對某些對象或作品的共同鑒定，它是範例性的，但又不能取範例的方式而存在，因爲審美趣味須有獨創性，而「範例的摹仿者只是作爲這範例的批評家而表現出的審美趣味」。美的標準既不能以概念形式存在，又不能以範例形式存在，然則它究竟以什麼方式存在呢？康德回答說：

審美趣味的最高範本或原型只是一種觀念或意象⑩，要由每個人在他自己的意識裡形成，他須根據它來估價一切審美對象，一切審美判斷的範例，乃至每個人的審美趣味。觀念在本質上是一種理性概念，而理想（Ideal）則是把個別事物作爲適合於表現某一觀念的形象顯現。因此，這種審美趣味的原型一方面既涉及關於一種最高度（Maximum）⑪的不確定的理性概念；另一方面又不能用概念來表達，只能在個別形象裡表達出來，它可以更恰當地叫做美的理想。我們雖然原來不曾有這種理想，卻努力在自己心裡把它形成。但是它只能是一種想像力方面的理想，因爲它不基於概念而基於形象顯現，而形象顯現的功能就是想像力。

從此可見，美的理想只以個別的具體的形象顯現方式由每一個人憑想像力在自己的心裡形

---

⑩ 康德在《審美判斷力的批判》裡所用的Idee，在漢語中一般譯為「觀念」，而「觀念」在漢語中近於概念，是抽象的，不符合康德的原義，康德在涉及審美時所用的原義是一種帶有概括性和標準性的具體形象，所以依Idee在希臘文的本義譯為「意象」較妥，下文在涉及美的理想或典型時一律用「意象」，這意象一般暗含某一種「不確定的概念」，但有別於概念。但在涉及理性概念時仍譯觀念。

⑪ 「最高度」作為名詞用，就是最高範本、原型或理想。

成，它又暗含著對「最高度」的理性要求，因而涉及一種「不確定的理性概念」，是「以根深柢固的一切人所共有的東西爲依據的」。

這樣看來，理想美不能只在感性形式或空洞的形象顯現，同時也要涉及理性概念。康德明確地指出：「要找出理想的那種美不是一種游離不定的美，而是要由一種『客觀的符合目的性』的概念來固定下來的美。」這就是說，要根據對象的由本質所規定的目的來判斷這對象是否達到了理想美，康德在這裡放棄了美不涉及目的概念的說法，回到了鮑姆嘉通的立場，主張判斷對象是否達到理想美，畢竟要看它（就由它的本質所規定的目的來說）是否是「完善」的。因此，理想美只能是「依存的」，而不是「純粹的」。

由於「只有人才能按照理性來決定他的目的」，才能「拿這些目的來對照本質的普遍的目的，而且進一步用審美的方式來判斷這二者之間的協調一致」，所以「在世間一切事物之中，只有人才可以有一個美的理想，正如只有在他身上的人性，作爲有理智的東西，才可以有『完善的理想』」。這種只有人才有理想美的看法後來由黑格爾加以發揮，黑格爾說得比較清楚，只有人才能達到理想美，因爲人不單是「自在」的，而且是「自爲」的，即自己意識到自己的存在和目的。因此，只有人才能顯出理想美所要求的「道德精神的表現」。

接著康德在美的理想之中分析出兩個因素：一個是「審美的規範意象」，另一個是「理性觀念」。所謂「審美的規範意象」是從經驗中用想像力總結得來的平均印象，例如在經驗中見過一千個身體發育完全的人，就憑想像力把這一千人的印象疊合在一起（類似高爾頓[12]所說的複合照像），就可以得到人的平均身材，這就是美的人身材。從此可見，康德所說的「規範意象」就是「類型」或同類事物的共性，亦即賀拉斯和布瓦洛等所理解的「典型」．康德對這種類型作了兩點很重要的說明。第一，在總結經驗時須通過比較，比較的範圍不同，所得到的平均印象也就不同。例如關於身材的理想，各時代各民族可以有不同的看法。所以這理想，因爲只是經驗性的，還是相對的，不能作爲絕對標準。其次，縱使就同一民族來說，「規範意象」是由每個人憑自己的經驗總結出來的，只能是「對全類事物的一種游離不定的印象」，事實上沒有哪一個身材能恰合這種平均印象。因此，它還不是眞正的理想美，只是美的一種必不可少的條件，還不就是美本身。它「只能見出全類事物的形象顯現的正確性」，「不能包含足以區別種類的特性」。例如「一個完全端方四正的面孔也許是畫家想用來作模特兒的，通常卻無所表現。這是因爲缺乏任何足以見出特性的東西。」從此可見，康德並不滿足於把類型當作典型或理想。他對特性的要求反映出當時由新古典主義到浪漫主義風氣的轉變，後來黑格爾也融合希爾特的「特性」說和歌德的「意蘊」說於他所下的美的定義中[13]。

---

⑫ 高爾頓（F. Galton, 1822-1911），英國自然科學家，常用許多人的照像疊合在一起，想從此得到一般人的標準形狀。

⑬ 見黑格爾：《美學》，人民文學出版社一九五八年版，第一卷，第二〇至二三頁。

美的理想中第二個因素是「**理性觀念**」。康德說這種理性觀念「用人性的目的——就這些目的不能用感性形象來表現的方面來說——作爲批判人的形狀所依據的原則，人性的目的就通過這種形狀現出，作爲它們（人性的目的）在現象界（人體形狀——引者注）所產生的效果。」應該注意的是這種理性觀念只限於人類。康德說：「它只能在人的形體上見出，**在人的形體上**，理想是**道德精神的表現**（重點引者加），離開這種道德精神，對象就不能既是普遍地又是正確地（不只是消極地通過按經院常規看來是正確的形象）給人快感。」也就是說，不能達到理想美。康德把美的人的形體叫做「統治著人內心的那些道德觀念的可以眼見的表現」。在舉例說明這些道德觀念時，他提到慈祥、純潔、剛強、寧靜等等，這些也就是他所說的「人性的目的」。這種能表現道德精神的人體美才眞正是康德所要求的「美的理想」。很顯然，「按照美的理想所作的判斷不能是一種單純的審美趣味的判斷」，眞正美的東西，從道德觀念看，也要是「完善」的。

讀《美的分析》讀到「美的理想」部分，人們可能覺得康德在這裡來了一個一百八十度的大轉彎，從形式主義轉到對人道主義內容的偏重，覺得這是一個未經解決的矛盾。但是事實是：康德在分析美的本質時是把審美判斷力**假想**爲一種獨立的抽象的心理功能而尋求它之有別於其他心理功能的**特質**，認爲它是不涉及欲念、利害計較、目的、概念等內容意義，而只涉及形式的一種超然的單純的令人愉快的觀照。同時，他也認識到這種獨立性、超然性和純粹性畢竟是假想的，或則說，爲分析方便而設立的，事實上人是有機整體，審美功能不但不能脫離其他功能，取抽象的純粹的形式而獨立存在，而且必然要結合其他功能才好發揮它的作用：考慮到這個事實時，理想美就不能是「純粹的」，就必然是「依存的」，必然是在於能表現道德精神的外在形體，這也必然就是人的形體。康德的思想線索大致如此，所以表面上雖似前後矛盾，實際上還是說得通的。

(2) 審美的意象⑭

在《崇高的分析》裡討論到藝術天才時，康德提出了一個問題：究竟是什麼一種心理功能組成了天才？他的回答是：**天才**「**不過是表達審美意象的功能**」（第四十九節）。在說明「審美的意象」之中，他對於典型提出了一個和他在討論「美的理想」時所提的不完全相同，或許比較成熟的看法。

康德指出：有些藝術作品，儘管從審美觀點看，無瑕可指，卻是「**沒有靈魂的**」。這「靈魂」究竟是什麼呢，康德說，它就是「心靈中起灌注生氣作用的本原」，或「表現審美的意象的功能」，也就是天才。接著他說明審美的意象如下：

> 我所說的審美的意象是指想像力所形成的一種形象顯現，它能引人想到很多的東西，卻又不可能由任何明確的思想或概念把它充分表達出來，因此也沒有語言能完全適合它，把它變成可以理解的……

---

⑭ 原文是Asthetische Idee，指審美活動中所見到的具體意象，近似我國詩話家所說的「意境」，亦即典型形象或理想。

想像力（作爲創造性的認識功能）有很強大的力量，去根據現實自然所提供的材料，創造出彷彿是一種第二自然。在經驗顯得太平凡的地方，我們就借助於想像力來自尋娛樂，將經驗的面貌加以改造。這當然要根據類比規律，卻也要根據植根於理性中的更高原則……通過這種辦法，我們就覺得有不受制於聯想律（屬於想像力的經驗性的運用）的自由；因此，我們可以根據聯想律去從自然中吸收材料，在這上面加工，造出和自然另樣的，即超越自然的東西。

想像力所造成的這種形象顯現可以叫做**意象**，一方面是由於這些形象顯現至少是力求摸索出越出經驗範圍之外的東西，也就是力求接近理性概念（即理智性的觀念）的形象顯現，使這些理性概念獲得客觀現實的外貌⑮：但是主要的一方面還是由於這些形象顯現（作爲內心的直覺對象）是不能用概念去充分表達出來的。例如詩人就試圖把關於不可以眼見的事物的理性概念（如天堂、地獄、永恆、創世等）翻譯成爲可以用感官去察覺的東西。他也用同樣的方法去對待在經驗界可以找到的事物，例如死亡、憂傷、罪惡、榮譽等等，也是越出經驗範圍之外，借助於想像力，追蹤理性；力求達到一種「最高度」。使這些事物⑯獲得在自然中所找不到的那樣完滿的感性顯現。特別是在詩裡，這種形成審美意象的功能可以發揮到最大限度。單就它本身看，這種功能在實質上只是想像力方面的一種才能。

——第四十九節

⑮ 理性概念即表現於感性形象，就彷彿變成客觀現實。

⑯ 上述「死亡」、「憂傷」等。

康德在這裡所要說明的主要有下列三方面：

1. 就成因說，審美意象是由想像力形成的，但是也要根據理性觀念（超經驗界的，例如永恆、創世、神、自由、靈魂不朽等；經驗界的，例如死亡、罪惡、堅強、寧靜等）。形成審美意象的想像力是「**創造的**」想像力，不同於「複現的」想像力，複現的想像力主要根據對經驗的記憶，根據經驗性的「聯想律」（包括「類比規律」）來把從自然界所吸取的材料（印象）複現出來。創造的想像力則除此以外，還要根據更高的理性原則，即人的理性要求，來把從自然界所吸取的材料加以**改造**，使它具有新的生命，成爲「第二自然」，這才是藝術。這樣由創造的想像力所造成的形象顯現才是審美的意象。

2. 就性質說，審美意象是理性觀念的感性形象。就其爲感性形象來說，它是個別的、具體的；就其顯現出理性觀念來說，它卻帶有普遍性，因而帶有高度的概括性。一個理性觀念（例如永恆或榮譽）可以有無窮的感性形象來顯現它，其中卻沒有哪一個足以充分地顯現它，它們彼此之間在顯現力的強弱上可以千差萬別，而配稱爲「審美意象」那一種感性形象卻具有在可能範圍內的最高度的顯現力，能把既定的理性觀念在可能範圍內最完滿地最充分地顯現出來，它在顯現理性觀念中所達到的高度是一般自然事物所不能達到的，所以它是理想，也是「第二自然」。康德在談「美的理想」和「審美意象」時都常提到「最高度」，「最高度」也就是「理想」。康德認爲要達到「最高度」的要求本身就是一種理性要求。

現在我們綜合康德的意思，可以把審美意象界定爲「一種理性觀念的最完滿的感性形象顯現」。唯其如此，它具有最高度的概括性和暗示性。康德的「審美意象」說顯然已包含黑格爾的「美是理念的感性顯現」說的萌芽。因此，儘管康德的哲學基礎是主觀唯心主義，他在美的理想問題上卻接近客觀唯心主義。

3. 由於具有最高度的概括性，審美意象在作用上能以有盡之言（個別具體形象）表達出無窮之意（理性觀念內容以及其可能引起的無數有關的思致），能引人從有限到無限，從感性世界到超感性世界：能使人感覺到超越自然限制的自由。康德認為這審美意象的這個特徵在詩裡表現得最清楚。下面一段對詩的頌讚是著名的：

> 在一切藝術之中占首位的是詩。詩的根源幾乎完全在於天才，它最不願意受陳規和範例的指導。詩開拓人的心胸，因為它讓想像力獲得自由，在一個既定的概念範圍之中，在可能表達這概念的無窮無盡的雜多的形式之中，只選出一個形式，因為這個形式才能把這個概念的形象顯現聯繫到許多不能完全用語言來表達的深廣思致，因而把自己提升到審美的意象。詩也振奮人的心胸，因為它讓心靈感覺到自己的功能是自由的，獨立自在的，不取決於自然的；在觀照和評判自然（作為現象）中所憑的觀點不是自然本身在經驗中所能供給我們的感官或知解力的，而是把自然運用來彷彿作為一種暗示超感性境界的示意圖。詩用它自己隨意創造的形象顯現（Schein）來遊戲，卻不是為著欺騙，因為它說明自己只是為著遊戲，但是知解力卻可以利用這種遊戲來達到它的目的。
>
> —第五十三節

用簡單的話來說．詩不僅用所選的特殊形象來表現出一般，而且可以暗示出無數的其他相關的特殊形象；自然在詩裡只是一種跳腳板，幫助人從自然跳到超感性境界即理性世界。這就是詩的無限和自由。詩使人在「形象」中「遊戲」，但畢竟可以爲知解力服務。這是關於詩的本質的浪漫主義的看法。康德在這裡首先提出「形象」或「顯現」⑰的概念，這個概念是後來德國美學家們（例如席勒和黑格爾）所不斷加以發揮的，其要點在於把事物的單憑感官接受的方面抽象出來，但是在消極的浪漫主義者（例如叔本華）的頭腦裡，「形象」便和「存在」（Sein）完全對立，藝術既只關形象，理性內容就完全消失了。這並不是康德的本意。

「審美意象」是與邏輯概念對立的，因爲前者是形象思維的對象，後者是抽象思維的對象。但是在具有最高度的概括性這一點上，「審美意象」卻「力求接近理性概念」，和邏輯概念有些類似。它們都是一般與特殊的統一，都要揭示事物的本質和規律。因而都帶有普遍性，所以都起著一種橋樑作用，可以引起無數相關的或類似的觀念或意象。

不難看出，康德所說的「意象」正是藝術典型，也正是他在「美的分析」中所說的「美的理想」，在討論「美的理想」時，他把「規範意象」或類型當作一個因素，雖然並不重視它，卻也沒完全拋棄它。在討論「審美意象」時，他拋棄了規範意象或類型的看法，只就

⑰ Schein有人譯為「幻相」，不妥，原文只有古漢語「相」或「象」的意思，沒有「幻」的意思。本編譯為「顯現」或「形象顯現」。

原先所提的理性觀念加以發揮，特別提出它是創造的想像力的作品，強調它的最高度的概括性。所以這是康德對典型的比較成熟的看法。

也不難看出，康德的這個典型說和亞理斯多德的看法，以及以後的黑格爾的看法，在實際上都是一致的，都建立在一般與特殊的統一、理性與感性的統一的大原則上。康德的獨創在於兩點，第一，他突出地提出典型的理性基礎，而且把這理性基礎結合到精神的自由、道德觀念以及隨浪漫運動亦即隨資產階級上升所發展出來的人道主義概念，因而賦予典型以更深廣的內容；使美和善統一起來。其次，在明確地肯定典型的個別性與具體性的同時，康德提出「最高度」的概念，典型在表現能力上，即在概括性和暗示性上，要達到可能的最高度，應該是既根據自然而又超越自然的「第二自然」。這個觀點一方面強調藝術的豐富性，另一方面也強調藝術的創造性。這是與浪漫運動的藝術理想相符合的。

在說明「審美意象」之後，康德替美重新下了一個定義：

> 美（無論是自然美還是藝術美）一般可以說是審美意象的表現：所不同者在美的藝術裡，這個意象須由關於對象的概念引起（即須先對作品的目的有一個概念——引者注），而在美的自然裡，只須對既定的觀照對象加以反思，不須對這對象究竟是爲什麼的先有一種概念，就足以引起以這對象作爲表現的那個意象，並且把它傳達出去。
>
> ——第五十一節

這裡有兩點值得注意：

1. 這個定義顯然不同於他在《美的分析》裡所下的「美在形式」的定義。形式和表現在美學思想史裡一直是兩個對立的概念。形式主義者只顧感性形式，表現主義者則認爲感性形式如不表現理性內容，那就還是空洞的，不能看作美的。毫無疑問，從內容與形式的統一體上來看美，才是正確的看法，康德是由形式主義轉到表現主義的，雖然轉得還不很澈底。

2. 在《美的分析》裡，康德所理解的純粹美只限於極小部分的自然和藝術，而且自然美和藝術美在他的心中還是兩個對立的概念，沒有統一。在這裡，他卻把自然美和藝術美統一在審美意象的表現裡，並且指出分別在於創造者對藝術作品的目的須胸有成竹，而欣賞者則只對有所表現的自然對象的形象進行觀照，所表現的內容都是理性觀念的感性形象顯現。康德對這一點只從藝術美方面詳談過，卻很少從自然美方面談過。如果依據他的前提來推論，結論就應該是：自然美也還是「道德精神的表現」⑱。從他對崇高（他認爲只限於自然）的分析來看，這個結論也是與他對崇高的基本看法一致的。

三、結束語

關於康德美學的幾個基本觀點，我們在介紹中爲著說明的方便已略加評論，現在只須就他的成就和失敗描繪出一個總的輪廓。

---

⑱ 在第五十九節裡康德討論到自然美可以作為「道德精神的象徵」。

康德處在經驗主義美學與理性主義美學鬥爭尖銳的時代，看出經驗派混淆美感與快感，理性派混淆美感與對「完善」的朦朧認識。都沒有抓住美的本質，於是把美的本質問題突出地提出來，促使後來的美學家們不得不對這個基本問題要求遠較過去爲精確的理解。同時，他看出理性派在強調美的理性基礎，經驗派在強調美的感性基礎方面，各有其片面的正確性，企圖通過批判，把它們統一起來，形成了理想美在於理性與感性的統一觀點。他的思想是趨向辯證的，他所指出的統一的方向也基本是正確的。後來歌德、席勒和黑格爾等人所發展出來的美學觀點，也正是朝著康德的所指出的這個方向走，這是一個不小的功績，所以他無愧於德國古典美學開山祖的稱號。

在討論「美的理想」中，康德指出理想美是「道德精神的表現」，斷定只有人才能有理想美，因而賦予美的理性方面以人道主義的內容。在分析審美的意象中，他要求藝術形象成爲理性概念的最完滿的感性顯現，能「從有限見無限」，並且指出在藝術創作中想像力根據自然所提供的材料，創造出一種「第二自然」，即「超越自然的東西」，因此見出藝術的無限與自由。在「天才」的分析中，他指出天才的獨創性和自然性，反對單純的摹仿和呆板的正確性。在《崇高的分析》裡，他把審美範圍從過去一向所強調的優美和諧擴大到自然界粗獷雄偉的方面，並且指出崇高事物之所以能成爲審美的對象，在於它能引起人的自我尊嚴感。在這些論點上，他都替當時的浪漫運動建立了理論基礎。他的美學思想對當時發生了巨大的影響，正足以見出他充分反映出浪漫運動時期的文藝理想。

康德從理性派所接受過來的東西遠比從經驗派所接受過來的爲多，所以在方法上側重理性的超驗性的解釋，只有在這種理性的解釋行不通時，他才被迫採取經驗性的解釋。也正是在這種時候，他的見解特別富於啓發性。例如按照理性的解釋，美不涉及概念，不可能有客觀規則，因此也就不可能有客觀標準。但是美的客觀標準是無可否認的，於是康德終於被迫承認「在一切時代和一切民族對於某些事物形象顯現的感覺所常顯出的一致性裡，我們可以找到審美趣味的經驗性的標準」（第十七節）。所謂「一致性」如果看成絕對的，當然就會否定歷史發展所造成的分歧，不過承認在經驗中可以找到標準，這畢竟還比從「先驗」理性裡去找要勝一籌。此外，他還承認「從經驗的角度來說，美只有在社會裡才能引起興趣」，並且從美感的普遍可傳達性裡窺測到美的社會性。這在當時還是帶有進步意義的。他從資產階級社會中勞動的強迫性，得出勞動與自由活動（遊戲）對立，因而與藝術對立的結論。這樣把資本主義社會情況作爲對藝術與審美活動下普遍論斷的根據，顯然表現出歷史發展觀點的缺乏；但是把藝術、勞動、遊戲和自由活動聯繫在一起來看，並且把自由活動看作藝術與審美活動的精髓，這裡畢竟可以見出康德思想的深刻處，而且對後來席勒和黑格爾對藝術和勞動所作的對比，發生過顯著的影響。

康德在《審美判斷力的批判》裡揭露出審美與藝術創造中的許多矛盾現象，這就指出了美學中的一些複雜問題。在西方美學經典著作中沒有哪一部比《判斷力批判》顯示出更多的矛盾，也沒有哪一部比它更富於啓發性。不理解康德，就不可能理解近代西方美學的發展。他的毛病在於處處看到對立，企圖達到統一，卻沒有達到眞正的統一，只做到了調和與嵌合。從社會根源看，康德的失敗原因在於當時德國知識份子的「庸俗市民」的妥協性和不澈底性。從思想方法的淵源看，他的許多矛盾都起於他的主觀意圖雖傾向辯證，而實際上他沿用了理性派的側重分析理性概念的形而上學的思想方法。他經常把本來統一的東西拆開，抽象地去考慮它的對立面，把對立加以絕對化，然後又在弄得無法調和的基礎上設法調和。單就美學來說，在純粹美與依存美、美與崇高、自然美與藝術美、審美趣味與天才（即欣賞與創造）、美與善這一系列的對立面問題上，康德的方法程序都是如此。

對這一點的理解對於康德美學觀點的正確估價是必不可缺少的，爲著理解這一點，檢查一下康德哲學的架子仍然是必要的。康德繼承了笛卡兒的心物對立的二元論，把必然（規律）歸於自然界（物質），把自由歸於精神界（心靈），這樣把自然界的必然（「純理性批判」的對象）和精神界的自由（「實踐理性批判」的對象）絕對地對立起來以後，又設法在審美和藝術創造活動（「審美判斷力批判」的對象）的基礎上把這兩對立面重新嵌合起來。

同樣的伎倆也用在他的認識論裡。他把知識的內容和形式絕對地對立起來，內容（材料）來自物質（自然），形式來自心靈（精神），心靈憑著理性的先驗範疇賦予形式於物質，才有所謂「先驗綜合」，才有經驗知識，也才有現象世界，這現象世界據說出自本體（物自體），而這本體又不可知，只能憑理性去假定或揣測。人們所常提到的康德的主觀唯心主義（人在認識世界中也創造了世界）和不可知論（知識限於現象，達不到本體）就是這樣起來的。

這裡有必要檢查一下康德所推崇的實踐「理性」，我們知道，認識能力只有兩種，感性的和理性的，理性認識只能在感性基礎上進行邏輯的分析和綜合。康德的「知解力」相當於我們了解的理性認識能力，而他所謂實踐「理性」卻是「知解力」以外的事，不以感性認識爲基礎，而且根本不是一種認識能力，它是「先驗的」、「超感性的」，由上帝在造物時設立來幫助人窺探本體和精神界的自由，揭示宇宙的和諧秩序，指導人發出道德意志的，這一切都還不能給人任何認識的內容。⑲這種「理性」實質上是反理性的，只是神祕主義和不可知論的基礎。據說按照這種理性，事物不僅有原因，而且有自身的「目的」，即上帝在造它時對它所進行的設計安排：特別是研究有機物和人時，因果律的解釋據說還不夠，還只是機械的，還要加上「目的論的解釋」，說明爲什麼有某些事物，某些事物何以有它們本來的那樣形狀，才能見出宇宙間的理性秩序。這種看法說近一點，是理性派哲學的傳家衣缽，說遠一點，是中世紀基督教神學的殘餘。

就是這個理性目的概念在很大程度上造成了康德美學觀點的中心支柱，也造成了我們讀《判斷力批判》時所必然遇到的困難和障礙。所謂客觀事物形式符合主觀認識功能的那種「主觀的符合目的性」，美沒有目的而又有符合目的性，不涉及概念而又涉及「不確定的概念」，不涉及欲念和利害計較而本身又是可令人愉快的，審美時先估計到「主觀符合目的

---

⑲ 本章沿用中國一般西方哲學史的術語，稱康德哲學為「先驗的」，並不確切，應該用「超驗的」。「超驗主義」（Transcendentalism），固然也是一種先驗主義（Apriorism），都不從經驗出發而以假定為據；但是超驗主義並不完全等於先驗主義，因為它包括「不可知論」，即主張現象可憑感官去認識而物自體卻不可知，只能憑理性去假定。「先驗主義」卻不包括不可知論，而且先驗公理（如數學所用的）還是可由經驗來證實。

性」的普遍可傳達性而後才有快感隨著來；美的普遍性起於按照理性所必假設的人類的「共同感覺力」等等，都是康德美學的中心觀念，也都是讀者所最感頭疼的觀念。它們之所以費解，正由於它們是玄秘的、片面的。

康德在認識論方面錯誤的根源在於把知識的內容和形式割裂開來，已如上述，康德在美學方面的矛盾也正起於這種割裂。最突出的矛盾是他在《美的分析》部分，表現出明顯的形式主義傾向，而在《崇高的分析》部分，卻從「美在形式」轉到「美是道德精神的表現」，又走到「道德主義」。這也就是純粹美與依存美的矛盾，這個矛盾的根源也還是在形式與內容的割裂。在《美的分析》部分，康德專就審美判斷的形式去分析美，所以得出「美只在形式」的結論：在《崇高的分析》部分，他側重從內容意義方面去分析崇高和藝術創造，發現美的最基本要素還是在人道主義的內容，所以得出「美是道德精神的表現」的結論。康德在全書中的重點顯然是在後部分。在一般美學史中，康德常被指責爲形式主義的宣揚者，而近代資產階級無論在藝術實踐還是在美學理論方面，都日益走向形式主義的極端，有些人把這個現象也追溯到康德的影響。這種估價在很大程度上起於誤解或曲解：資產階級的讀者往往只注意到《美的分析》部分而沒有充分注意到全書的後部分，就連對這「美的分析」部分也只注意到康德所否定的東西（如美不涉及欲念、利害計較、目的、概念等），而沒有充分理解康德所肯定的東西（例如美的理性基礎和普遍有效性）；只注意到純粹美與依存美的嚴格區分，沒有充分認識到康德從來沒有把純粹美看作理想美，恰恰相反，他說理想美只能是依存美。資產階級的學者只吸收康德美學觀點中投其所好的部分，拋棄了合理的部分，這正反映出資產階級社會中的藝術被迫脫離現實以及審美趣味的墮落，主要的責任不能說是在康德。但是康德也不能完全辭其咎，因為他的思想確實顯出深刻的矛盾，他確實鄭重其事地單從形式方面來分析美，而且沒有很清楚地指出從形式分析所得的結論和從內容分析所得出的結論如何能協調一致，其原因正在我們上文所說的康德思想傾向辯證，由於背上了先驗理性那一套累贅包袱，終於只做到嵌合，沒有達到眞正的統一。

第十三章　歌德

歌德（G. W. Goethe, 1749-1832）在近代美學思想家中幾乎是唯一的具有深廣的文藝修養和科學修養，豐富的創作經驗，在詩藝上達到高峰的大詩人。和一般美學家從哲學系統和概念出發不同，歌德的美學言論全是創作實踐與對各門藝術的深刻體會的總結，是理論結合實際的範例，所以是特別值得學習的。他的全集有一百四十三卷之多，是美學思想的一個極豐富和極珍貴的寶庫。不過這個寶庫還有待於進一步的發掘。到現在爲止，西方的一些美學史著作和關於歌德的文藝理論的選本可以說明一般學者對歌德美學思想的了解大半還是零星的、片面的。這種情況的原因在於歌德的美學言論大半是些零星片段的感想、談話和通信，散見於卷帙浩繁的著作中，不易加以條分縷析和系統化，而且歌德活的年齡很長，當時文藝風氣在激烈轉變中，他個人的創作風格和文藝見解也經過幾度轉變，我們很難在其中截取一個橫斷面，說這就足以完全代表他的美學思想。他的美學思想必須順著歷史發展線索才可以整理清楚，如他自己在闡明生物發生學觀點時所要求的。這個工作不是我們目前在這裡所能做到的，我們現在只能約略介紹他的美學思想中一些基本觀點。

一、歌德的時代和他早年的文化教養

首先須回顧一下歌德的時代。在政治經濟方面，德國還是由於許多封建小朝廷統治著的，經濟落後、政治分裂和資產階級軟弱的局面還基本未變。但是法國資產階級大革命和接著起來的拿破崙戰爭對這個死水似的局面曾發生過一些衝擊。德國知識界，包括歌德在內，對於法國革命起初是熱情歡迎的，希望德國封建統治和政治分裂從此可以得到一些改變；但是等到看見雅各賓黨人暴力專政的情況，就都被嚇倒了，對法國革命起了不同程度的仇視態度。在拿破崙戰爭中，德國遭到了法軍的占領。拿破崙的軍隊在德國對破壞封建制度和加速資本主義發展起了一些作用，但是他們的強取豪奪也激起了德國人民對外國統治者的仇恨。等到拿破崙在莫斯科挫敗之後，普魯士就利用這種民族情緒，發展軍事力量，朝軍國主義的方向走。歌德長久服務的魏瑪公國就是親普魯士的。歌德親身經歷了這些巨大的歷史轉變。他渴望通過文化去達到德國的統一，但是總的來說，他和席勒對現實政治都表示厭惡。

在精神文化方面，歌德處在啓蒙運動高潮之後，經歷了對法國新古典主義的批判、狂飆突進運動以及接著起來的古典主義運動與浪漫運動的發展。他自己在這些運動裡都起過推動的和領導的作用。他早年在萊比錫當學生的時代曾有一度染上法國新古典主義的文藝趣味，醉心於法國戲劇，欣賞纖巧的螺鈿式藝術風格而鄙視哥德式藝術風格。接著他轉到斯特拉斯堡大學求學，在赫爾德的影響之下，培養起對德國民間文學、莎士比亞和荷馬的愛好。著名的中世紀建築傑作史特拉斯堡大教堂使他認識到德國建築粗獷而雄健，細節繁複奇特而整體和諧的美。這些不同於新古典主義的文藝傑作對於青年歌德是個新天地，擴大了他的眼界和胸襟，使他從法國新古典主義的束縛中解放出來，在他心中播下了狂飆突進和浪漫主義的種子。在《論德國建築》、《莎士比亞紀念日的演講》以及《詩與眞》一系列著作裡，歌德自己曾生動地敘述過這個轉變的過程。

歌德的文學活動吸引了一批青年人到他的周圍，和赫爾德在一起，他發動了十八世紀七〇到八〇年代的狂飆突進運動，要求衝破一切約束，獲得澈底的精神解放與無限自由，建立一種嶄新的德國民族文學。歌德的歷史劇《葛茲・封・柏利欣根》（一七七三）和愛情小說《少年維特之煩惱》（一七七四）都充分體現了這種精神和理想。他在這時期的創作推動了浪漫運動。接著他在魏瑪宮廷服務了十二年（一七七五—一七八六），積極推動文化的發展。在此期間歌德像恩格斯所說的：「心中經常進行著天才詩人和法蘭克福市議員的謹慎的兒子、可敬的魏瑪的樞密顧問之間的鬥爭，前者厭惡周圍環境的鄙俗氣，而後者卻不得不對這種鄙俗氣妥協、遷就」①。他對此感到苦悶，終於在一七八六年毅然決然地暫時擺脫了魏瑪宮廷的局促的庸俗生活，到義大利去遊歷了將近三年，細心研究了古希臘羅馬的雕刻以致文藝復興時代的繪畫，用溫克爾曼和萊辛的著作作為指南，同時還進行了自然科學的研究，觀察義大利各名城的人情風俗。

歌德的義大利遊歷在他的文藝思想發展中是一個轉變的關鍵。他從此把狂飆突進時代的狂放不羈遠遠地抛在後面，回到了在認識上遠比過去較深化的古典主義，他接受了溫克爾曼的古典藝術「莊嚴的單純和靜穆的偉大」理想。在回到魏瑪以後。在一七九四年歌德開始和席勒訂交，此後這兩大詩人親密合作了十年，一直到席勒死時（一八〇五）為止，這是德國文學發展中一件大事，因為由於兩人合作，有意識地走古典主義的道路，不但把各自的文藝創作推進到高度的成熟，而且也替德國建立了一種輝煌的民族文學。席勒是康德的信徒，可

① 見《馬克思恩格斯全集》，第四卷第二五六、二二三到二五七頁。

能是通過他，歌德晚年也受到康德的影響。②

二、歌德美學思想中的幾個中心概念

敘述了歌德早期的思想轉變和師友淵源，我們現在就可以撮要敘述歌德美學思想中幾個中心概念。

1. 浪漫的與古典的

歌德和席勒都是由浪漫主義轉到古典主義的。一般文學史家大半只把他們看成德國古典主義的領袖，其實即使在他們中晚年的古典主義時代，他們也同時是浪漫主義的最有力的推動者和體現者，因爲當時時代精神基本上是浪漫主義的。他們可以說是做到古典主義（在實質上近於現實主義）與浪漫主義的結合。歌德在《浮士德》下卷所寫的浮士德和古希臘海倫后的結婚就象徵這兩種創作方法和諧結合的理想。

但是歌德在許多言論裡對浪漫主義是持對立態度的，其中主要的有下列兩段。

> 我說古典的就是健康的、浪漫的就是病態的。就這個意義來說，《尼泊龍根之歌》之爲古典的，並不亞於《伊利亞德》。因爲這兩部詩都是強旺的、健康的。近代許多作品之所以是浪漫

② 參看艾克曼的《歌德談話錄》，一八二五年五月十二日。據德文原文本，以下引歌德的言論，除特別注明外，均依德文全集譯出。

的，並非因爲它們是新的，而是因爲它們是軟弱的、感傷的、病態的，古代作品之所以是古典的，也並非因爲它們是古的，而是因爲它們是強壯的、新鮮的，歡樂的、健康的。

——《歌德談話錄》一八二九年四月二日

古典詩和浪漫詩的概念現在已傳遍了全世界，引起了許多爭執和糾紛。這個概念原來是由席勒和我兩人傳出去的。**我主張詩要從客觀世界出發的原則**，認爲只有這種詩才是好的。但是**席勒卻用完全主觀的方式**寫作，認爲他走的才是正路。爲了針對我而辯護他自己，席勒寫了一篇論文，叫做〈論素樸的詩和感傷的詩〉，他要向我證明：我違反了自己的意願，實在是一個浪漫主義者，說我的《伊斐琪尼亞》由於感傷氣味太重，並不是古典的或符合古代精神的，如某些人所想的那樣。施萊格爾兄弟拾取了這個概念把它加以發揮，以致它在全世界都傳遍了，人人都在談古典主義和浪漫主義，這是五十年前根本沒有人想到的問題。（重點引者加）

——《歌德談話錄》一八三〇年三月二十一日

歌德爲什麼這樣反對浪漫主義呢？應該注意到上引兩段話都在歌德晚年才發表，正當浪漫運動由積極的轉變爲消極的乃至於反動的之後，「軟弱的、感傷的、病態的」之類貶辭正是針對這種消極的反動的浪漫主義而加以斥責。這種消極的反動的浪漫主義正是和歌德自己的「詩要從客觀世界出發」的原則背道而馳，是對德國民族文學發展不利的。他要挽救文藝界的頹風，所以提出「強壯的、新鮮的、歡樂的、健康的」古典主義，作爲對症下藥。所以不

古典的	純樸的、異教的、英雄的、現實的、必然、職責；
近代的	感傷的、基督教的、浪漫的、理想的、自由、意願。

能把歌德的這兩段話理解爲他反對一切浪漫主義的文藝。

古典的與浪漫的之分大體上就是席勒所說的純樸詩與感傷詩之分。在《說不完的莎士比亞》（一八一三—一八一六）一文裡，歌德結合席勒所指出的分別，對古典主義與浪漫主義之分作了一個表：

在說明中他指出：「在古代詩中突出的是職責與完成之間的不協調；在近代詩中突出的卻是意願與完成之間的不協調」，而「莎士比亞的獨特處在於以充沛的方式把古代詩和近代詩結合起來，在他的劇本中始終力求意願與職責達到平衡，在這二者的強烈鬥爭中，意願總是處於劣勢」，所以莎士比亞既是近代的，也是古典的。從此可知，歌德並不一律否定近代的浪漫的創作方法，而是要求它與古典主義達到結合，像莎士比亞所做到的。在這一點上他和席勒在〈論素樸的詩與感傷的詩〉裡的主張是一致的。另外一點值得注意的是歌德把古典的與浪漫的之分看作表現現實與表現理想之分，這也還是和席勒一致的。

但是歌德和席勒的分歧畢竟是存在的，而且是重要的。上文已提到歌德所指出的從客觀出發與從主觀出發之分，這個分別與歌德所指出的另一個分別，「爲一般而找特殊」與「在特殊中顯出一般」的分別是密切相聯繫的。弄清楚這個分別，我們也就會掌握歌德的美學思想的中心。現在就這個分別進行一番較詳細的闡述。

2. 由特徵到美，「顯出特徵的整體」

歌德晚年在編輯他自己和席勒的通信集時，曾寫下一段極重要的感想：

> 我和席勒的關係建立在兩人的明確方向都在同一個目的上，我們的活動是共同的，但是我們設法達到這目的所用的手段卻不相同。
>
> 我們過去曾談到一種微細的分歧，席勒的通信中有一段又提醒我想起這個分歧，我現在提出以下的看法。
>
> 詩人究竟是**爲一般而找特殊**，還是**在特殊中顯出一般**，這中間有一個很大的分別。由第一種程序產生出寓意詩，其中特殊只作爲一個例證或典範才有價值。但是第二種程序才特別適宜於詩的本質，它表現出一種特殊，並不想到或明指到一般。誰若是生動地把握住這特殊，誰就會同時獲得一般而當時卻意識不到，或只是到事後才意識到。
>
> ——《關於藝術的格言和感想》（一八二四）

此外，他對艾克曼也說過：「詩人應該抓住特殊。如果其中有些健康的因素，他就會說這種特殊中表現出一般」。[3] 究竟爲一般而找特殊和在特殊中顯出一般這「一個很大的區別」應該怎樣理解呢？所謂「爲一般而找特殊」就是從一般概念出發，詩人心裡先有一種待表現的

③《歌德談話錄》，一八二五年六月十一日。

普遍性的概念，然後找個別具體形象來作爲它的例證和說明；至於「在特殊中顯出一般」則是從特殊事例出發。詩人先抓住現實中生動的個別具體形象，由於表現眞實而完整，其中必然要顯出一般或普遍的眞理。所以這個分別其實就是在和艾克曼談話裡所說的「用完全主觀的方式寫作」和「從客觀世界出發」的分別。歌德還把這個分別看作「寓意」和「象徵」的分別：

> 寓意把現象轉化爲一個概念，把概念轉化爲一個形象，但是結果是這樣：概念總是侷限在形象裡，完全拘守在形象裡，憑形象就可以表現出來。
>
> 象徵把現象轉化爲一個觀念，把觀念轉化爲一個形象，結果是這樣：觀念在形象裡總是永無止境地發揮作用而又不可捉摸，縱然用一切語言來表現它，它仍然是不可表現的。
>
> ——《關於藝術的格言和感想》（一八二四）

這裡首先應弄清楚的是「概念」與「觀念」之分，概念是邏輯推理的概括，是抽象的；「觀念」是形象思維的概括，是具體的。④「寓意」「爲一般而找特殊」，特殊就只能表現這一般，而無言外之意，一般就侷限在這特殊裡，不能衝破這侷限而另發揮作用。「象徵」「在特殊中顯出一般」，從有限見無限，言有盡而意無窮，所以歌德說觀念性的一般是「不

---

④ 觀念（Idee），原義為感覺印象。

可捉摸」和「不可表現」的，意思也只是指它不是一覽無餘的，而不是指它不能藉形象顯出，因爲他在《關於藝術的格言和感想》另一段裡又說過：

如果特殊表現了一般，不是把它表現爲夢或影子，而是把它表現爲奧祕不可測的東西在一瞬間的生動的顯現，那裡就有了眞正的象徵。

這裡所謂「奧祕不可測的東西」就是一般、普遍眞理或理性內容，「一瞬間的生動的顯現」就是一般在個別具體形象中突然顯現於感官，歌德自己懸這種「象徵」的表現手法爲理想，認爲席勒所達到的只是「寓意」。從表面看，無論是「爲一般找特殊」，還是「在特殊中顯出一般」都彷彿是一般與特殊的統一，爲什麼歌德說這中間有「一個很大的分別」呢，歌德說「第二種程序（在特殊中顯出一般）特宜於詩的本質」，足見寓意的方式並不宜於詩的本質，究竟這「詩的本質」何在呢？這些問題牽涉到藝術的典型化問題，最後還要牽涉到藝術家對藝術與現實關係的看法的問題。

先說典型問題。典型在實質上就是一般與特殊的統一這個大原則之下的一個特殊事例。這個道理曾經由亞理斯多德在《詩學》中論詩的眞實時首次明確地提出，說詩雖是寫個別事物（同於歷史），卻要同時見出一般或普遍性（不同於歷史）。在西方古典理想日漸窄狹化和公式化的過程中，亞理斯多德的這個正確的典型觀就被人遺忘了，代之而起的是賀拉斯把典型窄狹化爲「類型」的看法，把典型看成同類事物的共同性或「常態」。所謂共同性或常態只是同類事物屬性在數量上的一種平均數，這就模糊了事物的本質和偶然屬性的分別，結果不免造成文藝上的抽象化和公式化，這就是爲一般而犧牲特殊，忽視個別具體情境對共同性所必然帶來的個別差異。經過法國新古典主義者在理論上的宣揚和在創作實踐上的運用，這種類型說或常態說長期在西方文藝思想中占著統治的地位。到了啓蒙運動時期，隨著近代資產階級對個性伸張的要求日漸強烈，類型說才漸動搖，文藝表現個性和特徵的要求才漸占勢力。鮑姆嘉通在美學中是新風氣的開創者之一，也就因爲他是較早的一個人提出了文藝表現個性和特徵的要求。但是新古典主義的類型說相當根深柢固，也不是可以立即完全摧毀的。例如啓蒙運動時期在德國文藝理論方面發生影響最大的要推溫克爾曼，他所標榜的古典藝術的「理想的美」仍只是在抽象形式中所顯出的「莊嚴的單純和靜穆的偉大」，他認爲這種「理想的美」「用不著顧到情緒和情緒的表現」，要像「沒有顏色的清水」。所以個性和特徵乃至於內容都被視爲對「理想的美」起妨礙作用的。溫克爾曼的「理想」在實質上仍近於新古典主義的「類型」，爲一般而犧牲特殊，是與新的時代精神背道而馳的，所以在德國引起激烈的爭論。對立陣營的代表是另一位藝術史家希爾特。希爾特提出「特徵」來代替溫克爾曼的「理想」，斷定「古代藝術的原則不在客觀的美（指形式方面的美——引者注）和表情的沖淡，而是只在個性方面有意義的或顯出特徵的東西」⑤，他的論文發表在席勒主編的《季節女神》雜誌（DieHeren）裡，曾引起爭論。邁約提出一種理想與特徵的調和說。

---

⑤ 據鮑桑葵的《美學史》中歌德章的引文。

德國文藝界當時特別關心理想與特徵的對立，這是可以理解的，因爲這是文藝應從主觀概念還是應從客觀現實事物出發的問題，是典型應理解爲抽象化和普泛化，還是應理解爲具體化和個性化的問題，古典主義和浪漫主義的文藝理想也就在這個問題上見出分水嶺，所以歌德對文藝的思索也集中在這個中心問題上。

在他的最早的理論著作《論德國建築》（一七七二）裡歌德就提出了特徵概念，他指出野蠻人的作品在形式上儘管隨意任性，卻仍「見出協調，因爲有一個單整的情感把它們造成一**種顯出特徵的整體**」。接著他下了這樣的斷語：

> **這種顯出特徵的藝術才是唯一眞實的藝術**。只要它是從內在的、單整的、自然的、獨立的情感出發，來對周圍事物起作用，對不相干的東西毫不關懷甚至意識不到，那麼，不管它是出於粗獷的野蠻人的手，還是出於有修養的敏感的人的手，它都是完整的，有生命的。（重點引者加）

在這段早年言論裡，歌德已把特徵和有生命的整體兩個概念聯繫在一起，要排除「不相干的東西」，也多少見出特徵與本質的關係，不過他還以主觀情感作爲衡量事物的標準，對於特徵與美的關係也沒有明確提出。在從義大利遊歷回來所發表的第一篇論文〈對自然的單純摹仿，特別作風和風格〉（一七八八）裡，歌德把創作方式分爲三種，最初階段是忠實地臨摹自然的表面現象，是完全客觀的，甚至是自然主義的；進一步則爲「特別作風」，由藝術家「自出心裁地找到一種方式，創造一種語言，以使按照他自己的方式把他所心領神會的東西表現出來」，由於偏重主觀方面的作用，所以這種作風因人而異；藝術最高的成就是「風格」，這要憑藉「人類最辛苦的努力」，「要依賴最深湛的知識的基礎，要依賴事物的本質」，要「創造出一種普遍的語言」，「知道怎樣去參較和摹仿不同的顯出特徵的形式」，因而使對象的「本質從可用感官把握的形象方面使我們能認識到」，這其實也就是理想的古典藝術的形式。在這裡主觀因素與客觀因素在較高的水準上達到了應有的統一。在這裡歌德已把特徵和語言形式聯繫在一起來考慮，這也就是說，觸及了內容與形式的聯繫。後來在《搜藏家和他的夥伴們》中一段對話裡，歌德對特徵與美的關係表示了他的較成熟的意見。他不滿意於新古典主義者所標榜的類型，認爲按照鷹的類型來雕一隻鷹去象徵天神並不合適，「還必須加上藝術家所賦予給天神的東西，才能使天神成其爲天神」，這就是說，類型不能表現出本質。但是他也不滿意於溫克爾曼在古典藝術中所見到的「理想」，那種「無色的清水」似的抽象形式美，因爲它缺乏個別事物的那種有血有肉的生動性和豐滿性：

> 類型概念使我們漠然無動於衷，理想把我們提高到超越我們自己；但是我們還不滿足於此；我們要求回到個別的東西進行完滿的欣賞，同時不拋棄有意蘊的或是崇高的東西。這個謎語只有美才能解答，美使科學的東西具有生命和熱力，使有意蘊的和崇高的東西受到緩和。因此，一件美的藝術作品走完了一個圈子，又成爲一種個別的東西，這才能成爲我們自己的東西。
>
> ——《搜藏家和他的夥伴們》，第五封信

個別的東西不拋棄有意蘊的崇高的東西，就是既要顯出特徵，又要保持古典的理想。這是一個矛盾（「謎語」），而這矛盾只有美才能解決，因爲美使抽象的本質（「科學的東西」）獲得具體感性形象，使理想不只是冷靜而嚴峻的抽象形式，而變成有血有肉的東西。這其實也就是理性與感性以及一般與特殊的統一。所謂美的藝術「走完了一個圈子」也就指它達到了這種統一，成爲既顯出特徵而又見出理想的個別形象。應該注意的是歌德在這段話裡所側重的還是活生生的「個別的東西」，因爲只有它才給人「完滿的欣賞」，「才能成爲我們自己的東西」。

歌德在這部論著裡所得到的結論是：「我們應該從顯出特徵的開始，以便達到美的」。黑格爾還引過歌德的一句名言：「古人的最高原則是意蘊，而成功的藝術處理的最高成就就是美」。這兩句話總結了歌德的美學思想，應該合在一起來看，這裡的「特徵」和「意蘊」都是內容，內容經過「成功的藝術處理」才達到美，所以美是藝術處理的結果，表現在既已完成的那個顯出意蘊或特徵的整體，亦即內容與形式的統一體上，歌德的這兩句話前半吸收了希爾特的側重內容的特徵說，後半吸收了溫克爾曼的側重形式的理想美說，可以說是兩極端之中的一種調和。黑格爾在《美學》序論裡敘述了希爾特與溫克爾曼的爭執，對歌德的調和作了這樣總結：

> 按照這種理解，美的要素可分爲兩種：一種是內在的，即內容；另一種是外在的，即內容所藉以現出意蘊或特性（即特徵——引者注）的東西。內在的顯現於外在的；就藉這外在的，人才

可以認識到內在的，因爲外在的從它本身指引到內在的。⑥

黑格爾自己的美的定義（「美是理念的感性顯現」）就是從批判溫克爾曼和希爾特以及發揮歌德的思想得來的。我們知道了特徵說的這段淵源，就可以明白歌德的美學觀點在近代美學思想發展中所處的地位和重要性。

爲著說明上文所已提到的歌德和席勒的分歧，還有必要對歌德的「在特殊中顯出一般」以及「從顯出特徵的開始，以便達到美的」這些基本觀點作進一步的分析，先須研究一下歌德所理解的「特徵」，他說在藝術裡：「一切都要依靠把對象認識清楚，而且按照它的本質加以處理」。⑦他推薦古代希臘藝術作品，也就因爲「這些崇高的藝術作品，同時也是人按照眞實的自然規律創造出來的最崇高的自然作品，一切隨意任性的幻想的東西（偶然的東西——引者注）全拋開了，這裡就是必然，就是上帝」，⑧上帝在歌德心目中是理性的體現，一切符合規律的必然的東西也就是理性的，所以歌德又說：「藝術並非直接摹仿人憑眼睛看到的東西，而是要追溯到自然所由組成的以及作爲它的活動依據的那種理性的東西。」⑨

⑥ 黑格爾：《美學》，第一卷，第二十二—二十三頁。
⑦《關於藝術的格言和感想》（一八二四）。根據格爾維鶩斯（Gervinus）編的《歌德論文藝》譯出，以下仿此。
⑧《義大利遊記》，一七八七年九月六日。
⑨《關於藝術的格言和感想》（一八二四）。

從此可見，說藝術要顯出事物的特徵，也就是說它應抓住事物的本質和必然規律，顯出它們的理性。

是否同類事物中每一件都能同樣充分地顯出特徵呢？歌德並不這樣想，他對艾克曼說得很明確：「我並不認爲自然在所有的表現上（即在一切個別代表上——引者注）都是美的」。「因爲要使自然達到完滿表現（充分顯出特徵或本質——引者注）的條件並非永遠存在」。他舉橡樹爲例，生在密林裡一直朝上長的橡樹以及生在低窪地，土壤過於肥沃，長得茂盛，經不住風吹雨打的橡樹，都顯不出橡樹所特有的那種堅實剛勁的美。艾克曼從此得出結論：「事物達到了自然發展的頂峰就顯得美。」歌德卻補充了一句：「要達到這種性格的完全發展，還需要一種事物的各部分肢體構造都符合它的自然定性，也就是說，符合它的目的。」⑩這番話顯然受到理性派的美學家關於「完善」的看法以及康德關於美符合目的性的看法的影響。不過歌德在這裡所要說明的主要是，一般（類或種）在無數不同的情況下顯現爲無數不同的特殊（個別），它們不是都能同樣充分地顯出同類事物的特徵或本質，這中間只有最充分最有效地顯出同類事物特徵的那一種才適合於藝術表現。歌德在另一場合對艾克曼所說的「詩人須抓住特殊。如果這特殊是一種健全的東西（重點引者加），他就會在它裡面表現出一般」，這裡所謂「健全的」也就是條件具備能按照本質而完滿顯現的東西。這也就是歌德所說的「顯出特徵的東西」，他有時也把它叫做「意蘊」或「內容」（Gehalt）。

⑩《歌德談話錄》，一八二七年四月十八日。

黑格爾在上引一段話裡則把它叫做「內在的」，問題在於這種「顯出特徵的東西」怎樣才能抓住。傳統的類型說都以爲統計全類事物而求得其平均數，就可以得到「類型」或「常態」。在歌德看，這樣把必然的和偶然的性質混在一起來平均，不但抓不住特徵，而且適足以模糊或歪曲特徵。特徵是最本質的東西，只能在表現得最完滿的個別代表上才可見出，也就因爲這個道理，歌德認爲藝術應從顯出特徵的個別的東西出發，而不應從主觀理想或概念出發，主觀理想或概念總不免是抽象的，或多或少是平均式的概括化的結果；從這種主觀理想或概念出發，去找足以表現它的個別事例或具體形象，結果那個別事例或具體形象不但是矯揉造作、削足適履，而且至多也只能表現預存的理想或概念，不能達到藝術所要求的「從有限見無限」。席勒恰恰採取了第二種方法，這就是他和歌德的根本分歧所在。這個分歧是深刻的，因爲它涉及藝術的最基本問題之一，即典型問題。馬克思和恩格斯在分別寫給拉薩爾的信中都提到「莎士比亞化」和「席勒化」兩種不同的創作方法，並且勸拉薩爾要多在「莎士比亞化」方面下功夫。歌德始終強調「從客觀現實出發」、「在特殊中顯現一般」、「有生命的顯出特徵的整體」，所以他的理想正是「莎士比亞化」，而席勒則用馬克思的話來說，「把個人作爲時代精神的單純號筒」，也就是歌德所說的「爲一般而找特殊」，特殊只是一般的例證。在這兩種典型觀之中，歌德的當然更符合詩的本質。

3. 藝術與自然

典型就是一般與特殊的統一。歌德與席勒都主張要達到統一，分歧在於出發點：歌德主張從特殊出發，席勒主張從一般出發。用歌德的方法，藝術形象才容易成爲豐滿的有血有肉的整體；用席勒的方法，藝術形象就容易流爲公式概念的說明。這種分歧最後要溯源到對藝術與現實關係的看法，亦即世界觀的問題。在這上面歌德和席勒是有很大分歧的。席勒性愛沉思，始終徘徊於文藝與哲學之間，在哲學上接受了康德的影響，雖然對康德的哲學和美學於發揮之中也做了重要的糾正，卻沒有完全擺脫唯心主義。歌德則於文藝之外，還關心自然科學，在這方面不但進行過深入的鑽研，而且作出重要的貢獻。自然科學的研究使他基本上站在唯物主義的立場，並且認識到實踐對於認識的重要性，所以他在文藝方面強調從感性經驗出發，從個別具體事物出發。

唯物主義和現實主義是歌德美學思想的基調。⑪他一則說：「對天才所提出的頭一個和末一個要求都是：愛眞實。」⑫再說，「對藝術家所提出的最高的要求就是：他應該遵守自然，研究自然，摹仿自然，並且應該創造出一種畢肖自然的作品。」⑬「一部重要的作品是生活的結果」。⑭他對艾克曼談自己創作經驗的話值得特別注意：

世界是那樣廣闊豐富，生活是那樣豐富多彩，你不會缺乏做詩的動因。但是寫出來的必須全

⑪ 關於這一點格爾維駑斯（W.Gervinus）在《歌德論文藝》選集的序文裡有較詳細的討論。

⑫ 《關於藝術的格言和感想》（一八二四）。

⑬ 〈《古希臘神廟的門樓》的發刊詞〉。

⑭ 《文學上的無短褲主義》。「無短褲者」是法國革命中貴族給雅各賓黨人所取的諢號，「無短褲主義」就是過激主義。

> 是即興的詩，這就是說，現實生活必須既提供詩的機緣，又提供詩的材料。一個特殊具體的情境通過詩人的處理，就變成帶有普遍性和詩意的東西。**我的全部詩都是應景即興的詩，來自現實生活，從現實生活中獲得堅實的基礎**。我一向瞧不起空中樓閣的詩。
>
> ——《歌德談話錄》一八二三年九月十八日

「即興」在原文是「趁時機」，意思是「從現實出發」，歌德自己解釋得很明白。他的詩作品雖大半取材於古代和中世紀，實際上卻「來自現實生活」，借古喻今，重點還是在今，例如浮士德就是象徵浪漫運動時代的奮發進取，尋求無限的精神和歌德自己的改造自然的理想。

由於堅持從客觀現實出發的原則，歌德特別強調顯出特徵的理性內容必須獲得個別具體的感性形象。他說，「凡是沒有從藝術中獲得感性經驗的人最好不要去和藝術打交道」⑮；「誰若是不會向感官把話說清楚，誰也就不能向心智把話說清楚」⑯。他要求「作品對於感官是明白易曉的，愉快的，可喜愛的，而且具有一種溫靜的魔力，使人感到非有它不可」，他認為作為藝術最高成就的「風格」須使事物的「本質從可用感官把握的形象方面使我們能

---

⑮《關於藝術的格言和感想》（一八二四）。

⑯〈《古希臘神廟的門樓》的發刊詞〉。

認識到」⑰，正是這感性方面在一般與特殊的統一體中組成顯出一般的特殊。

但是歌德雖強調藝術須根據自然，卻也提醒人們不要忘記「自然與藝術之間有一條巨大的鴻溝把它們分開」，「對自然的全盤摹仿在任何意義上都是不可能的」⑱所以歌德一方面崇奉自然，一方面也反對自然主義。他的態度在〈論狄德羅對繪畫的探討〉一文裡表現得很清楚：「藝術家努力創造的並不是一件自然作品，而是一種完整的藝術作品。」「藝術並不求在廣度和深度上和自然競賽」。自然只是藝術的「材料寶庫」，藝術家只從中「選擇對人是值得願望的和有味道的那一部分」，加以藝術處理，然後「拿一種第二自然奉還給自然，一種感覺過的，思考過的，按人的方式使其達到完美的自然」。⑲反對自然主義可以說是〈《古希臘神廟的門樓》的發刊詞〉中的主題之一，在這篇裡歌德這樣描繪了理想的藝術家：

> 他既能洞察到事物的深處，又能洞察到自己心情的深處，因而在作品中能創造出不僅是輕易的只產生膚淺效果的東西，而是能和自然競賽，具有在精神上是完整有機體的東西，並且賦於他的藝術作品以一種內容和一種形式，使它顯得**既是自然的，又是超自然的**。

---

⑰〈論對自然的單純摹仿，特別作風和風格〉。

⑱〈論狄德羅對繪畫的探討〉。

⑲ 兩段引文均見〈《古希臘神廟的門樓》的發刊詞〉。

藝術爲什麼是超自然的，歌德在另一段裡這樣解釋過：

> 藝術家一旦把握住一個自然對象，那個對象就不再屬於自然了；而且還可以說，藝術家在把握住對象那一頃刻中就是在創造出那個對象，因爲他從那對象中取得了具有意蘊，顯出特徵、引人入勝的東西，使那對象具有更高的價值。因此，他彷彿把更精妙的比例分寸，更高尚的形式，更基本的特徵，加到人的形體上去，畫成了停勻完整而具有意蘊的圓。（「圓」指圓滿形體。）

從此可見，歌德理想的藝術作品，不只是對自然的摹仿，而且也是從自然出發的創造，不但要揭示事物的本質，而且也要顯出藝術家「自己的心情深處」。他所謂「感覺過的，思考過的，按人的方式使其達到完美的自然」就是體驗之後概括化、集中化和理想化的結果。他所謂「把握住對象」也就是對對象進行過這些創造活動，所以說「藝術家在把握住對象那一頃刻中就是在創造出那個對象」，「對象就不再屬於自然了」。經過這些創造活動，藝本家才把比自然「更精妙的比例分寸，更高尚的形式，更基本的特徵」加到自然上去，這樣才造成一個美的有生命的顯出特徵的整體，一種既根據自然而又超越自然的第二自然。

所以歌德所見到的藝術與自然的關係是一種主客觀由對立而統一的辯證關係，他隨時都提到這種關係，說得最簡明的是在和艾克曼談美的那一次：

> 藝術家對於自然有著雙重的關係：他既是自然的主宰，又是自然的奴隸。他是自然的奴

> 隸，因爲他必須用人世的材料來工作，才能使人理解；同時他又是自然的主宰，因爲他使這種人世間的材料服從他的較高的意旨，並且爲這較高的意旨服務。
>
> 藝術要通過一種完整體向世界說話。但這種完整體不是他在自然中所能找到的，而是他自己的心智的果實，或者說，是一種豐產的神聖的精神灌注生氣的結果。
>
> ——《歌德談話錄》一八二七年四月十八日

這段話除掉說明了藝術與自然的辯證關係之外，還有兩個概念是歌德美學思想中的重要組成部分，一個是「較高的意旨」，一個是「完整體」。

什麼叫做使自然的材料爲藝術家的較高的意旨服務呢？所謂「較高」是較自然爲高。這裡自然是看作和人對立的，較自然爲高的意旨就是人作爲社會的人所特有的意旨，也就是道德的意旨。讓自然材料服從人的較高的意旨也就是上文已引過的「按人的方式使自然達到完美」。在《論德國建築》裡歌德提到野蠻人的藝術在形式上儘管是隨意任性的，卻仍見出協調，就「因爲有一種單整的情感把它們（作品）創造成爲一種顯出特徵的整體」。這裡「單整的情感」也還是指人的理想和願望的結晶，具有道德的性質。應該指出，歌德所理解的「道德的」（Sittlich）不是狹義的，而是指顯出人的精神實質或社會性的，所以它和單純的自然（包括原始的動物性的人性）是對立的。歌德在倫理思想和美學思想中始終把單純的自然和與人類社會發生關係的自然分得清楚，而且特別重視後一種自然，他說，「我們不認識任何世界。除非它對人有關係；我們也不想要任何藝術，除非它是這種關係的摹仿」、

「現實的東西如果沒有道德的關係，我們就把它叫做平凡的東西」、「造型藝術所涉及的是可以眼見的東西，是自然的東西的外在現象。純然自然的東西只要同時是在道德上使人喜愛的，就叫做純樸的，所以純樸的對象才是藝術領域的」。「藝術應該是自然的東西的道德表現。同時涉及自然和道德兩方面的對象才是最適宜於藝術的」。[20]用我們現在的慣用語來說，自然的東西單就它的自然性來說，還不是藝術的對象；要成爲藝術的對象，它就必須同時具有社會性，即必須顯出它和人的關係。

整體概念是歌德美學思想中另一個重要的概念。從上引一些段落中已可看出歌德經常強調藝術的完整性。作爲一個自然科學家，他經常愛拿藝術作品和生物相比擬，他所用的「有生命的」、「顯出特徵的」、「健全的」和「完整的」等詞都多少帶有生物學的涵義。從生物學的觀點看，完整就等於健全。一件事物如果能按照它的本質最完滿的來表現出來，那就是完整的，也就是健全的，也只有完整或健全的東西才能充分地顯出它的特徵。[21]歌德把「健康的」看作古典主義的特色，這裡「健康的」涵義之一也就是「完整」或「健全」。不過歌德的整體概念還不僅限於生物學的有機體概念，其中還含有在當時德國特別顯得活躍的辯證思想，整體就是統一體。它包括理性與感性的統一，主觀與客觀的統一，自然性與社會性的統一以及藝術與自然的統一。

---

⑳ 以上引文均見《關於藝術的格言和感想》（一八二四）。

㉑ 參看上引《歌德談話錄》，一八二七年四月十八日。

從亞理斯多德以後，整體概念就成爲美學思想中一個重要的傳統概念。但是在過去，所謂「雜多中的整一」或「寓變化於整齊」基本上只是從形式方面著眼。歌德的整體概念也有這形式的一方面，上文已提到他要求藝術作品比自然事物要有「更精妙的比例分寸，更高尚的形式」，他並不看輕形式，認爲「材料是每個人面前可以見到的，意蘊只有在實踐中須和它打交道的人才能找到，而形式對於多數人卻是一個祕密」。㉒在他看，「音樂最充分地顯出藝術的價值，因爲它沒有材料須考慮，它完全是形式和意蘊，凡是它所表現的東西它都加以提高和改進。」㉓但是歌德所了解的形式從來不是抽象的、獨立的，而是要「生氣貫注的」、「顯出特徵的」，也就是與內容融成一片的。他說得很明白：

> 如果形式特別是天才的事，它就須是經過認識和思考的；這就要求靈心妙運，使形式、材料和意蘊互相適合，互相結合，互相滲透。
>
> ——《東西合集》的注釋

㉒《關於藝術的格言和感想》。歌德把藝術作品分成三個因素：「材料」（Stoff）就是取於自然的素材；「意蘊」（Gehalt）亦可譯為「內容」，指人在素材中所見到的意義；「形式」（Form）指作品完成後的完整模樣，一般把頭兩個因素合稱「內容」。

㉓《關於藝術的格言和感想》（一八二四）。

在《搜藏家和他的夥伴們》裡，歌德進一步闡明藝術的最高成就是「風格」，認爲純然嚴肅的藝術和純然遊戲的藝術都是片面的。而理想的藝術則是嚴肅與遊戲的結合；他把他的看法總結成一個表：

純然嚴肅	嚴肅與遊戲結合	純然遊戲
個別傾向（僅表現個別）	一般的形成（即概括化）	個別傾向
特別作風	風格	特別作風
臨摹者	藝術真實	幻想者
特徵主義者	美	波紋曲線畫家
雜藝家	完整化	速寫者

這個表裡中間一欄代表「風格」或理想的藝術，「純然嚴肅」的藝術大體上側重內容，「純然遊戲」的藝術大體上側重形式。值得特別注意的是歌德把美看作「特徵主義者」（實即表現主義者）和「波紋曲線畫家」（實即形式主義者）相結合而克服各自的片面性的產物，而且與「藝術眞實」和「完整化」是聯繫在一起的，由此可見，他把美擺在內容與形式相結合的整體上。

歌德還把整體概念運用到藝術的創造和欣賞方面，他一方面強調創造想像力的重要性，另一方面也指出想像力須依靠感覺力、知解力和理性，「才會被引到眞實和現實的領域，感覺力把謄寫清楚的形象交付給它，知解力對它的創造力加以約束，而理性則使它具有完全的確實性，不是戲弄夢中幻象，而是根據觀念」㉔。不像當時消極的浪漫主義者片面強調想像，他認爲「想像力只有通過藝術，特別通過詩，才受到節制。沒有東西比沒有審美趣味的想像力

㉔〈給瑪麗亞·泡洛娜公爵夫人的信〉（一八一七）

更爲可怕」[25]。他指出近代側重理智的文化對藝術不相宜，「我們的這個世紀在理智方面固然是很開明了，但是極不善於把明晰的感覺和理智結合在一起，而眞正的藝術作品卻只有憑這種結合才創造得出來。」[26]從此可見，歌德並不認爲藝術單靠形象思維或是單靠抽象思維就行，藝術家須以整個的人格進行創作。在欣賞方面也是如此。他說，「人是一個整體，一個多方面的內在聯繫著的能力的統一體。藝術作品必須向人的這個整體說話，必須適應人的這種豐富的統一體，這種單一的雜多」[27]。

總觀以上所述，歌德的「顯出特徵的整體」說著重從客觀現實和具體事物出發，要求理性與感性的統一，主觀與客觀的統一，自然性與社會性的統一，藝術與自然的統一，內容與形式的統一，以及古典主義與浪漫主義的統一，所以他的文藝思想含有辯證的因素。在美與典型的問題上，他比溫克爾曼、萊辛、康德以及他的朋友席勒都前進了很遠。後來黑格爾從他那裡得到啓發，發展出「美爲理念的感性顯現」說，但是黑格爾從抽象理念出發，而歌德卻從客觀現實出發，這裡有客觀唯心主義與唯物主義的基本分歧。

4.民族文學與世界文學：歷史發展觀點

在自然科學中歌德著重發生學和生物進化的觀點，在文藝研究中他也著重歷史發展觀

[25]《關於藝術的格言和感想》（一八二四）。

[26]《藝術與手工藝》。

[27]《搜藏家和他的夥伴們》，第五封信。

點，這就是不把研究的對象看成孤立的現象，而要把它聯繫到自然環境和社會環境的影響以及由開始到完成的發展過程。歌德曾自道經驗說，「有一個情況對我很有利，在觀察事物之中，我總是注意它們的發生學的過程，從而對它們得到最好的理解」㉘。「我們不能就自然作品和藝術作品既已完成時去認識它們，應該趁它們正在發生的過程中去把握它們，才能對它們多少有些了解」㉙。他對英、法、塞爾維亞以及古代希臘文學的評論，大半都聯繫到自然環境、社會背景和民族特點。他晚年所寫的自傳（《詩與眞》）就是從發生學觀點出發，揭示他自己的思想發展和文學發展的過程以及在各個時代所受到的外來的影響。

像他的啓蒙運動的前輩一樣，歌德的希望是通過民族文學的建立去達到德意志民族的統一。他對於建立民族文學的路徑的看法也是建立在他的發生學觀點和歷史發展觀點之上的。在著名的《文學上的無短褲主義》一文裡他著重地討論了這個問題：

一個古典性的民族作家是在什麼時候和什麼地方生長起來的呢？是在這種情況下：他在他的民族歷史中碰上了偉大事件及其後果的幸運的有意義的統一；他在他的同胞的思想中抓住了偉大處，在他們的情感中抓住了深刻處，在他們的行動中抓住了堅強和融貫一致處；他自己被民族精神完全滲透了，由於內在的天才，自覺對過去和現在都能同情共鳴；他正逢他

㉘ 給雅各比（Jacobi）的信，一八〇〇年一月二日。

㉙ 給澤爾托（Zerter）的信，一八〇三年八月四日。

的民族處在高度文化中，自己在教養中不會有什麼困難；他蒐集了豐富的材料，前人完成的和未完成的嘗試都擺在他眼前，這許多外在的和內在的機緣都匯合在一起，使他無須付很高昂的學費，就可以趁他生平最好的時光來思考和安排一部偉大的作品，而且一心一意地（重點原文有）把它完成。只有具備這些條件，一個古典性的作家，特別是散文作家，才可能形成。

這裡歌德總結了西方從古希臘以後各民族文學的歷史經驗。可注意的有這幾點：第一，民族文學的建立不能只靠一些孤立的各走各路的個別作家，而要靠全民族，它須反映全民族思想的偉大、情感的深刻以及行動的堅強和融貫一致；其次，民族文學的建立是要和一個民族的偉大歷史時代聯繫起來的，這民族要處在高度文化中而且在進行著偉大的歷史運動，所謂「偉大的事件及其後果的幸運的有意義的統一」就是指歷史運動順著規律進展，產生推動歷史前進的效果；第三，民族文學要植根於本民族的過去文學傳統和歷史遺產，有前人的成功的和失敗的經驗可以作爲教訓，而且能更深刻地體現民族特點。有了這些條件，具有天才的作家才容易培養起來，不會在教養方面感到貧乏或困難，而且安定的物質生活也可以保證他們專心致志地進行創作。

在這篇論文裡歌德還根據這些建立民族文學所必須的條件來檢查當時德國情況，指出德國政治的分裂造成地理上的侷促，沒有一種固定的文學傳統作爲「社會生活教養的中心點」，「廣大的群衆沒有審美趣味」，作家們得不到適當的教養和鼓勵，「受各種不同情境的影響擺佈」，而且迫於生計，須做自己所不愛做的工作，不能專心創作。這是一幅酸辛的寫照。歌德寄與他的作家同僚以深刻的同情，並且斥責過激派（「無短褲主義者」）對他們的吹毛求疵。我們現在如果把歌德時代德國民族文學的輝煌成就，和歌德所描寫的當時不利於德國民族文學發展的情況作一個對比，就會體會到這個成就實在來之不易，歌德的功勞也就會更令人崇敬。

歌德並不是從一個狹隘的民族主義者的觀點去提倡民族文學，他是第一個人瞭望到「世界文學」的產生，並且號召「每個人都應該努力促使它快一點來臨」㉚。他所理解的「世界文學」不是把某一「優選」民族的文學強加於世界，把各被統治的民族的文學全壓下去，如帝國主義者為著侵略，在「世界主義」的口號之下所宣傳的。世界文學是由各民族文學互相交流，互相借鑒而形成的；各民族對它都有所貢獻，也都從它有所吸收，所以它和民族文學不是對立的，也不是在各民族文學之外別樹一幟。歌德對於世界文學的主張是辯證的：他一方面歡迎世界文學的到來，另一方面又強調各民族文學須保存它的特點。懂得這種辯證觀點，我們就可以理解歌德在這問題上一些貌似自相矛盾的言論，例如他一方面說：「我愛用旁的民族的鏡子來照自己，我勸旁人也都這樣辦。」，「每一國文學如果讓自己孤立，就會終於枯萎，除非它從參預外國文學來吸取新生力量。」；另一方面他又說當時德國「上層階級從異方習俗和外國文學所受到的教養，固然也替我們帶來了很多好處，卻也妨礙了德國文

㉚《歌德談話錄》，一八二七年一月三十一日。

學作爲德國文學，得到較早的發展」；㉛一方面說，「一種普遍的世界文學正在形成，其中替我們德國人保留著一個光榮的角色」㉜；另一方面又說，「現在一種世界文學正在形成，德國人會蒙受最大的損失，德國人考慮一下這個警告會是有益的」。實際上這些話裡並沒有矛盾，世界文學愈能吸收各民族文學的特點，它也就會愈豐富，不應爲一般而犧牲特殊。歌德在另一個場合說得很明白，「我們重複一句：問題並不在於各民族都應按照一個方式去思想，而在他們應該互相認識，互相了解；假如他們不肯互相喜愛，至少也要學會互相寬容」㉝。世界文學的產生，像馬克思在《共產黨宣言》裡所指出的，是資本主義時代交通貿易發展的必然結果。歌德值得欽佩處在嗅覺靈敏，在世界文學剛露頭角時，就已嗅得出它將要到來，並且提出正確的方針，有意識地指導它走上正常發展的路徑。

三、結束語

歌德的文藝理論和美學見解遠不限於本文所介紹的這幾點。他結合自己的創作經驗以及自己對於各民族文藝作品的體會，討論到許多關於藝術創作的實際問題，對於美學理論的建設具有無比的重要性，但是限於筆者的知識範圍和所能支配的篇幅，在這裡只能介紹涉及歌

㉛《文學上的無短褲主義》。
㉜ 評他的《塔索》法文改編本（一八二七）。
㉝ 評英國刊物《愛丁堡評論》。

德美學思想中一些關鍵性的觀點。總的說來，由於他的理論來自豐富的實踐經驗，一般是深刻的、正確的，特別是他的文藝應從現實生活出發這條基本原則。他對於近代西方文化思想的形成起了很大的影響，這種影響，我們相信，在社會主義文化中還將繼續發揮比過去更大的作用。

歌德作爲一個歷史人物，當然也免不掉他的歷史侷限性。他有庸俗市民的一面，這一點恩格斯已說得很透闢。[34]我們在這裡只提兩點：一點是他畢竟是一個歷史唯心論者，認爲僅僅通過文藝就可造成人類的理想境界，他不夠重視政治，害怕巨大的變革。在《文學的無短褲主義》裡，他在指出德國政治分裂不利於民族文學形成之後，接著就坦白地說：「我們不希望有一次翻天覆地的變革，儘管這種變革可能爲德國古典性的作品作準備」。這就充分暴露了他的保守的心情。另一點是他和康德、席勒等思想家一樣，幾乎把全部文藝理論都建立在普遍人性的信念上。他說：「只有一種眞正的詩，它既不專屬於普通人民，也不專屬於貴族，既不專屬於國王，也不專屬於農民；誰若是覺得自己是個眞正的人，誰就會在這種詩上下功夫。」[35]在當時，他當然還不可能有階級觀點。[36]

---

[34] 見《馬克思恩格斯全集》，第四卷，第二三三至二五七頁。

[35] 《歌德全集》，第三八卷，第五十五頁。據韋勒克《近代文學批評史》的引文。

[36] 艾克曼的《歌德談話錄》已由編者選譯出，由人民文學出版社出版，其中譯後記可彌補本章缺陷，可參看。

第十四章　席勒

席勒（Schiller, 1759-1805）在德國文壇出現，約比歌德遲十年，像歌德一樣，他也經歷了由狂飆突進時代浪漫主義的傾向（這時期的代表作：劇本《強盜》，一七八一；劇本《陰謀與愛情》，一七八三）到古典主義（這時期的代表作，劇本《華倫斯坦》三部曲，一七九八－一七九九；劇本《威廉．泰爾》，一八〇四）的轉變。他的作品始終表現出反封建的強烈情緒和對民族獨立自由的熱烈願望，但也同時暴露出他在政治上的妥協性與改良主義。

自從一七九四年起一直到他死，他和歌德進行了親密的合作。這兩位詩人在文藝創作中主觀與客觀關係問題以及一般與特殊關係問題上雖有分歧，但是在合作之中他們互相影響，不僅在走古典主義道路去建立德國民族文學的總目標上相同，而且在許多文藝問題上的見解也還是一致的。這一點歌德在談話中曾經明白指出過。①

席勒和歌德有一點顯著的不同：歌德頗厭惡抽象的系統的哲學思考，他的思想始終是從感性的具體的東西出發；席勒卻性好沉思，他的思想大半是從抽象的概念出發，始終徘徊於詩與哲學之間，哲學有時妨礙他的詩，詩也有時妨礙他的哲學。他的朋友韓波爾特（Humboldt）有一次向他說，「沒有人能說你究竟是一個進行哲學思考的詩人，還是一個做詩的哲學家」。在給歌德的一封信裡，席勒自己就意識到這種矛盾。

① 《歌德談話錄》，一九二八年十二月十六日。

我的知解力是按照一種象徵方式進行工作的，所以我像一個混血兒，徘徊於觀念與感覺之間，法則與情感之間，匠心與天才之間。就是這種情形使我在哲學思考和詩的領域裡都顯得有些勉強，特別在早年是如此。因爲每逢我應該進行哲學思考時，詩的心情卻占了上風；每逢我想做一個詩人時，我的哲學的精神又占了上風。就連在現在，我也還時常碰到想像干涉抽象思維，冷靜的理智干涉我的詩。

——給歌德的信，一七九四年八月三十一日

這段自白對於理解席勒的文藝創作和美學理論都是有益的。不過自從認識歌德以後，歌德的影響使席勒逐漸離開抽象的思考而更多地注意現實中和文藝中感性的具體的東西。

席勒從早年就從事哲學研究。在這方面他最早受到影響的是法國啓蒙運動者狄德羅和盧梭。從他們那裡席勒獲得了關於自由平等以及自然與社會對立的概念。萊辛和溫克爾曼引導他到古希臘文藝的領域。和歌德一樣，席勒對於古希臘文藝精神的認識是從溫克爾曼那裡來的，他全盤接受了「高貴的單純，靜穆的偉大」那個著名的公式，把它看作德國民族文學所應追求的理想。在美學方面，他接觸到鮑姆嘉通，從而吸收了一些萊布尼茲派的理性主義。不過他所受到的最大的影響卻來自康德。一般美學史都把席勒看作康德的門徒。席勒接觸到康德，是從一七九一年他移居耶拿時起，那時《判斷力批判》才發表了一年。前此席勒所發表的一些理論文，例如〈論劇院作爲一種道德的機關〉（一七八四），〈喜劇女神刊物的發刊詞〉（一七八四），〈論歌德的悲劇《厄格蒙特》〉（一七八八）等，雖然已顯示出他對美學的興趣，但是他的主要美學著作，例如〈論悲劇題材產生快感的原因〉（一七九一）、《給克爾納論美的信》（一七九三）、《論激情》（一七九三）、《論秀美與尊嚴》（一七九三）、《審美教育書簡》（一七九三—一七九四）、《論崇高》（一七九三—一七九四）、《論運用美的形式所必有的界限》（一七九三—一七九五），以及〈論素樸的詩與感傷的詩〉（一七九五），都在接觸到康德之後五年之內發表的。這就足以說明康德的著作引起了他對美學問題進行辛勤的認真的思考，康德在哲學上所揭示的自由批判的精神，他的本體與現象，理性與感性等對立範疇的區分，以及他把美聯繫到人的心理功能的自由活動和人的道德精神這些基本概念，都成爲席勒美學思想的出發點。但是康德把一些對立概念雖然突出地揭示出來而未能達到眞正的統一，以及他從主觀唯心主義觀點去解決美學問題，都是席勒所深爲不滿而力求糾正的。席勒並不是康德的恭順的追隨者，他不但發揮了康德的一些觀點，而且在一定程度上糾正了康德的主觀唯心主義。在德國古典美學發展中，他做了康德與黑格爾之間的一個重要的橋樑，他推進了由主觀唯心主義到客觀唯心主義的轉變。

席勒的主要的美學著作大致可分三類：第一類關於美的本質和功用，包括《給克爾納論美的信》七篇，給一位丹麥親王的《審美教育書簡》二十七篇；第二類關於古代詩和近代詩，亦即古典主義詩和浪漫主義詩，在精神實質上的分別，主要的是〈論素樸的詩與感傷的詩〉；第三類關於悲劇，包括《論悲劇題材產生快感的原因》、《論激情》、《論崇高》以及《論合唱隊在悲劇中的用途》。這三類之中最主要的是《審美教育書簡》和《論素樸的詩和感傷的詩》。本文將著重地介紹與美學關係較密切的《論美書簡》、《審美教育書簡》和

〈論素樸的詩與感傷的詩〉。這些著作在大體上組成了席勒的全部美學思想系統。

一、《論美書簡》和《審美教育書簡》

《論美書簡》就是《給克爾納論美的信》的別名（一七九三）。當時他正在研究康德的《判斷力批判》，而且受過歌德的薰陶已六、七年。歌德在論風格等文中所強調的藝術的客觀性對他已留下深刻的影響，因此他對康德的主觀唯心主義的美學觀點有些格格不入，就想寫一篇論美的對話來闡明他自己的看法。在一七九二年十二月二十一日他寫信給他的朋友克爾納（C. G. Körner）說：「我看我已找到了美的客觀概念，這是康德所找不到因而感到絕望的，按照它的本質，它就是審美趣味的客觀標準。我想把我的思想寫成一篇『論美』（Kallias）的對話，把它加以系統的闡述。」這篇對話並沒有寫出，寫出的是給克爾納的七封信，其中最重要的是一七九三年二月二十八日寫的，題爲《論藝術美》的一封。他贊成康德所說的「自然美是一個美的事物，藝術美是一個事物的美的形象顯現或表現」，不過認爲應加上一句：「理想美是一個美的事物的美的形象顯現或表現。」他認爲藝術美不在表現什麼（材料）上見出而在怎樣表現（形式）上見出。不過席勒所了解的「形式」不是康德所了解的事物的外在形式，而是想像力所掌握的完整的具體形象。這形象應該「自由地表現出」或「由自己決定」，意思就是說「在一件藝術作品中找到的只是被表現的那個對象的性質」，既不受材料或媒介的限制，也不受藝術家的主觀性質的干預。不受材料或媒介的限制，指的就是被表現的對象的形式（形象）能完全征服材料，雕的人像應完全征服用爲媒介的石頭。席勒把他對藝術中材料與形式關係的看法總結爲一句話：

在一件藝術作品裡，材料（摹仿媒介的性質）必須消融在形式（被摹仿對象的形式）裡，軀體必須消融在觀念（或意象）裡，現實必須消融在形象顯現裡。

他舉例說明他的意思說：「形式在一件藝術作品裡只是一種形象顯現，例如大理石在形象上顯現爲一個人，而在現實界卻仍然是一塊大理石。」「本來硬而脆的大理石的性質必須沉沒到軟而韌的膚肉的性質裡去，無論是情感還是眼睛都不應回到石頭上去。」

關於藝術家和被表現的對象的關係，席勒接受了歌德的「對自然的單純摹仿，特別作風和風格」的分別，而給與「特別作風」以「矯揉造作」的意思，認爲「特別作風」是藝術家用自己的特性和癖好來影響對象性質的結果。他反對這種主觀的創作手法說：「如果待表現的對象的特性由於藝術家的精神特性而遭受損失，我們就說，那種表現就會是矯揉造作的」（或具有特別作風的）。接著他指出理想的風格是表現純粹客觀性的：

特別作風的對立面是風格，風格不是別的，就是表現具有最高度的獨立性，不受一切主觀的和客觀的偶然性所影響。

表現上的純粹客觀性是好的風格的特質，是藝術的最高原則。

他舉當時演莎士比亞的《哈姆雷特》的演員為例來說明他的意思。演哈姆雷特的艾克霍夫「正像一塊大理石，從這塊大理石裡他的天才刻畫出一個哈姆雷特，他自己（演員的人身）完全沉沒到哈姆雷特的藝術的人身裡去，因為要引人注意的只是形式（哈姆雷特的性格）而絕不是材料（演員的人身）」。反之，演國王的布魯克「在每一個動作裡都笨拙而討嫌地顯示出他自己」，他「缺乏真知灼見，不會按照一種觀念（意象）去就材料（演員的軀體）造型」。趁便指出，席勒對表演的看法和狄德羅的很相近。

席勒的藝術作品不應受媒介材料和藝術家性格影響的看法當然還帶有片面性，是與萊辛的《拉奧孔》裡的詩畫界限的觀點背道而馳的，不過他要強調藝術和美的客觀性，來對抗康德的材料來自客觀世界，形式來自藝術家的主觀創造的看法，在當時對糾正主觀唯心主義卻起了很好的作用。

在這封信裡席勒著重地討論了詩，指出詩人在用形式征服材料中所遇到的特殊困難。詩人所用的媒介是文字，文字作為抽象符號「具有通向一般的傾向」，即引起訴諸知解力的概念，而詩人的任務卻在表現具體的個別的事物形象，使它通過感官而呈現於想像力。「語言把一切擺在知解力的面前。而詩人卻應把一切帶到想像力的面前（這就是表現）；詩所要求的是觀照（對形象的感覺——引者注），而語言卻只提供概念」．為著克服這種矛盾，席勒提出下列的辦法：

> 如果要使一種詩的表現成為自由的，詩人就必須憑他的藝術的偉大去克服語言的通向一般的

傾向，憑形式（即材料的運用）去征服材料（即文字以及構詞法和造句法）。語言的性質（即通向一般的傾向）必須完全沉沒到給與它的那種形式裡，軀體必須消融在觀念（意象）裡，符號必須消融在它所標誌的對象裡，現實必須消融在形象顯現裡。被表現的對象必須從表現的媒介中自由地勝利地顯現出來，不管語言的一切桎梏，仍能以它的全部的眞實性、生動性、親切性站到想像力面前。總而言之，詩的表現的美就在於自然（本性）在語言桎梏中自由的自動。

這裡「自然」指被表現對象的本性，「語言的桎梏」指「通向一般的傾向」，「自由的自動」指對象的本性不受藝術家主觀特性與媒介的特性影響，而以獨立自決的方式表現出來，這也就是詩應表現出對象的「純粹客觀性」。席勒在這裡觸及了形象思維與抽象思維的關係問題。他說，「待表現的對象先須經過抽象概念的領域走一大段迂迴的路，然後才被輸送到想像力面前，轉化爲一種觀照的對象」。足見詩必須假道於抽象思維，同時也必須克服抽象思維而終於達到形象思維。這在詩論中是一個值得注意的創見。

席勒的最主要的美學著作《審美教育書簡》是他的美學思想最集中最有系統的表現。上文提到過席勒的主要美學著作的寫作年代都集中在一七九一到一七九五的五年裡，顯而易見的原因是康德的《判斷力批判》對他的啓發，但是更深刻的原因還在於當時歐洲政局的轉變以及它在知識界所引起的反響。那是正緊接著法國資產階級大革命之後，當時一般要求改革封建制度來保障個人自由和民族獨立統一的德國知識界起初對法國革命都表示歡迎，等到他們看到雅各賓黨人的暴力專政以後都被嚇倒了，轉過來對革命失望甚至仇視。歌德如此，席勒也是如此。有人說席勒脫離現實，這是不很恰當的。他的著作，包括美學論著，都是針對當時現實而提出他自己的看法的。問題在於他的看法是改良主義的。他渴望自由，但是不滿意於法國革命者所理解的自由，而要給自由一種新的唯心主義的解釋：自由不是政治經濟權利的自由行使和享受，而是精神上的解放和完美人格的形成；因此達到自由的路徑不是政治經濟的革命而是審美的教育，至少是須先有審美教育，才有政治經濟改革的條件。這就是《審美教育書簡》的主題思想。

這個主題思想在頭十封信中就明確地提出。席勒意識到在法國大革命後避開政治來談美學，可能引起反對，他首先就問：「正當時代情況迫切地要求哲學探討精神用於探討如何建立一種眞正的政治自由（這在一切藝術作品中是最完善的一種藝術作品）時，我們卻替審美世界去找出一部法典，這是否至少是不合時宜呢？」接著他爲「讓美走在自由之前」辯護說：「這個題目不僅關係到這個時代的審美趣味，而且也關係到這個時代的實際需要；人們爲了在經驗界解決那政治問題，就必須假道於美學問題，**正是因爲通過美，人們才可以走到自由**。」（第二封信，重點引者加）理由是國家代表「純粹理想的人」或「公民胸中的純粹的客觀的人性」，它「對公民的主觀的人性尊重到什麼程度，要以那主觀的人性提高到客觀的人性的程度爲準」。這就是說，國家給個人自由，要看個人的主觀性格是否符合社會集體按理性所要求的理想性格。這種理想的人格必須是完整的人格，讓自然的感情和「社會道德結構」所必有的理性都得到和諧的發展，讓必然和自由統一起來。「只有在有能力，有資格把必然的國家變成自由的國家的那種民族裡，才可以找到性格的完整。」

接著席勒拿完整性格的標準來衡量當時的實際社會情況，一方面暴露出他對革命的畏懼，另一方面對當時資本主義社會的病態卻也下了很中肯的診斷。他指責「用暴力奪取他們認爲被無理剝奪去的東西」或「他們的不可侵犯的權利」的人們，想「把人終於當作本身自有目的來尊重，把眞正的自由變成政治結合的基礎」。說這是「一場夢想」，因爲「物質的可能性彷彿出現了」，而「道德的可能性還不存在」。他指責剛「擺脫繩索」的下層階級「正以無法控制的狂怒，忙著要達到他們的獸性的滿足」。至於上層的「文明的階級則現出一幅更令人作嘔的懶散和性格腐化的景象，這些毛病正起於文化本身，所以更令人厭恨」。「自私自利已在我們的高度文明的社會中建立起它的系統，我們經受到社會生活的一切傳染病和一切災禍，卻沒有帶來一顆向社會的心。」（以上第五封信）

他拿古希臘社會和近代社會進行對比，認爲古希臘社會組織單純，「結合一切的自然」還在發揮作用，還沒有造成社會與個體的分裂以及個體自身的人格內部的分裂，所以古希臘人能「把想像的青春性和理性的成年性結合在一種完美的人性裡」。至於近代則「劃分一切的理智」在社會與個體以及個體內部都造成了分裂。「給近代人性以這種創傷的正是文化本身」。這文化本身的毛病有兩個，一個是科學技術的嚴密的分工制，另一個是「更複雜化的國家機器使得各等級和各職業之間更嚴格的割裂成爲必然的」，結果是「人性的內在聯繫也就被割裂開來了，一種致命的衝突就使得本來處在和諧狀態的人的各種力量互相矛盾了」，知解力和想像力就不能合作了。席勒也認識到要使近代社會回到像古希臘那樣的單純的自然的社會已不可能，但是他指出近代社會組織畢竟是不合理的，下面一段話可以說是對近代資本主義社會的一針見血的控訴：

〔近代社會〕是一種精巧的鐘錶機械，其中由無數眾多的但是都無生命的部分組成一種機械生活的整體。政治與宗教、法律與道德習俗都分裂開來了；欣賞和勞動脫節，手段與目的脫節，努力與報酬脫節。永遠束縛在整體中一個孤零零的斷片上，人也就把自己變成一個斷片了；耳朵裡所聽到的永遠是由他推動的機器輪盤的那種單調無味的嘈雜聲音，人就無法發展他的生存的和諧：他不是把人性印刻到他的自然上去，而是變成他的職業和專門知識的一種標誌，就連把個體聯繫到整體上去的那個微末的斷片所依靠的形式也不是自發自決的……，而是由一個公式無情地嚴格地規定出來的。這種公式就把人的自由智力捆得死死的。死的字母代替了活的知解力，熟練的記憶還比天才和感受能起更好的指導作用。

——第六封信

席勒認識到資本主義社會中的階級對立是一種「致命的衝突」，他的錯誤在於不能把它的病根推原到經濟基礎，而把它推原到人性的分裂和墮落。由於他懸「完整人格」或「優美心靈」爲最高理想，他對資本主義社會分工制對人格發展所造成的危害的認識更爲透澈。他所說的人只是鐘錶機械中「一個孤零零的斷片」，「變成他的職業和專門知識的一種標誌」，「欣賞與勞動脫節，手段與目的脫節，努力與報酬脫節」。那些現象正是馬克思在《經濟學——哲學手稿》中討論分工制和「勞動異化」時所詳加闡明的。馬克思把病源診斷爲私有制，把私有制的消滅定爲唯一的根本治療方劑。席勒把病源診斷爲人心腐化，於是就把審美教育定爲治療社會的方劑。這個對比就可以見出席勒思想的積極方面（認識到資本主義社會的病象）和消極方面（診斷和治療都錯了）。席勒有時也彷彿意識到他自己的矛盾，因爲他提出過這樣的問題：「政治領域的一切改善都要來自人的性格的高尚化，但是在一種野蠻的國家制度的影響之下，人的性格怎樣能夠得到高尚化呢？」這正是問題的癥結所在。席勒的庸俗市民方面的意識使他不能正視這個問題。他認爲可以避開國家工具而乞靈於美的藝術。（第九封信）

過分誇大藝術和美的作用是浪漫運動時期的一種通病，「始作俑者」正是席勒。席勒之所以走入迷途，主要由於上文已提到過的德國歷史情況，同時也由於他的藝術觀點與美學觀點中有一個深刻的矛盾：在主觀意圖上他想證實康德所無法證實的美的客觀性質和客觀標準，而他用來證實的出發點，卻仍是康德的感性與理性對立的唯心主義的觀點，以及盧梭的自然與社會文化對立的也是唯心主義的觀點。這個基本矛盾在《審美教育書簡》中討論藝術本質和審美教育途徑的部分（第十一封信至第二十七封信）暴露得最明顯。

依他看，「若是讓抽象作用盡可能地上升」，就可以在人裡面辨別出兩個對立的因素，一個是持久不變的「人身」（人的身分），另一個是經常改變的「情境」。這兩個因素在「絕對存在」（又叫做「神性」即理想的完整人格）中是統一的，而在有限存在（即經驗世界）中則「永遠是兩個」。抽象的「人身」就是主體、理性和形式；抽象的「情境」就是對象、「世界」、感性、物質、材料或內容。這兩個抽象的對立面都不能獨立存在，須互相依存，才能成爲完整的統一體。因此，人就有兩種自然要求或衝動，一個是「感性衝動」另一個是「形式衝動」，又叫做「理性衝動」：

這就在人身上產生出兩個相反的要求，也就是人的感性兼理性本質的兩個基本法則。第一個要求是要有絕對的實在性：他要把凡只是形式的東西轉化爲世界，使他的一切潛在能力表現爲現象。第二個要求是要有形式性：他須把他本身以內的凡只是世界的東西消除掉，把和諧導入它（凡是世界的東西）的一切改變裡：換句話說，他須把一切內在的東西變成外在的，把形式授給一切外在的東西。

——第十一封信

第一個要求就是「感性衝動」．第二個要求就是「形式衝動」。席勒把話說得非常抽象，用簡單的話來說，人一方面要求使理性形式獲得感性內容，使潛能變爲實在，也就是使人成爲一種「物質存在」，這就是「感性衝動」；另一方面人也要求感性內容或物質世界獲得理性形式，使千變萬化的客觀世界現象見出和諧和法則。這就是「形式衝動」。前一個衝動要「把我們自身以內的必然的東西轉化爲現實」，後一個衝動要「使我們自身以外的實在的東西服從必然的規律」（第十二封信）。不難看出，席勒在這裡已隱約窺測到馬克思在《經濟學——哲學手稿》中所闡明的「人的對象化」和「對象的人化」的辯證關係，但是他錯誤地隨著康德把本須在統一體裡才能眞實的兩對立面（內容和形式、感性和理性等）看成本來可各自獨立而後才結合爲統一體，並且認爲這兩對立面還不能因互相依存和互相轉化而達到統一，還須有第三種衝動來恢復它們的統一，他問道：「人的本性的統一好像完全被這種原始的根本的對立破壞掉了，我們怎樣才能把它恢復過來呢？」他回答說：

> 監視這兩種衝動，確定它們的界限，這就是文化教養的任務；文化教養……不僅要對著感性衝動維護理性衝動，而且也要對著理性衝動維護感性衝動，所以文化教養的任務是雙重的：第一，防備感性功能受到自由（即理性功能——引者注）的干涉；其次，防備人格受支配於感覺的威力，要實現第一個任務，就要培養情感的功能；要實現第二個任務，就要培養理性的功能。
>
> ——第十三封信

總之，感性和理性都要藉文化教養而得到充分的發展，從而達到統一，於是「人就會兼有最豐滿的存在和最高度的獨立自由」。（第十三封信）「假若這種情況能在經驗裡出現，它們就會在人身上喚起一種新的衝動」，即「遊戲衝動」。「遊戲」在席勒的術語裡和在康德的術語裡一樣，是與「自由活動」同義而與「強迫」[②]對立的，感性衝動使人感到自然要求的強迫，而理性衝動又使人感到理性要求的強迫；遊戲衝動卻要「消除一切強迫，使人在物質方面（即感性方面）和精神方面（即理性方面——引者注）都恢復自由」。席勒曾用一個具

② 「強迫」亦可譯「壓力」。

體的例子來說明他的這種抽象概念：

> 當我們懷著情欲去擁抱一個理應鄙視的人時，我們就痛苦地感到自然的壓力。當我們仇視一個值得尊敬的人時，我們也就痛苦地感到理性的壓力。但是如果一個人既能吸引我們的欲念，又能博得我們的尊敬，情感的壓力和理性的壓力就同時消失了，我們就開始愛他，這就是同時讓欲念和尊敬在一起遊戲。
>
> ——第十四封信

所謂「同時讓欲念和尊敬在一起遊戲」，就是讓欲念和尊敬這兩種心情都能自由活動，我們既感覺不到感性的自然要求是強迫，也感覺不到理性法則是壓力，魚水相得，所以是一種遊戲狀態。席勒把這種遊戲衝動與藝術和美聯繫起來：

> 用一個普通的概念來說明，感性衝動的對象就是最廣義的生活③；這個概念指全部物質存在以及凡是呈現於感官的東西。形式衝動的對象，也用一個普通的概念來說明，就是同時用本義與引申義的形象；這個概念包括事物的一切形式方面的性質以及它對人類各種思考功能的關係。遊戲衝動的對象，還是用一個普通的概念來說明，可以叫做活的形象；這個概念指現象的一切審美

③ 注意席勒所說的「生活」是廣義的，包括感性世界。

的性質，總之，指最廣義的美。

——第十五封信

所以遊戲衝動的對象就是美，而美就是活的形象。這活的形象就是感性與理性的統一體，物質世界的存在（生活）與它的形象顯現的統一體，內容與形式的統一體。依這個看法，「美既不擴張到包括整個生物界，也不只限於生物界，一塊大理石儘管是而且永久是無生命的，卻能由建築家和雕刻家把它變成活的形象；一個人儘管有生命和形象，卻不因此就是一個活的形象。要成爲活的形象，那就需要他的形象就是生命而他的生命也就是形象。……只有在他的形式（即形象——引者注）在我們的感覺裡活著，而他的生命在我們的認識裡取得形式的時候，他才是活的形象」（第十五封信），用我國古代藝術理論術語來說，活的形象可以說是「形」與「神」的統一（不過相當於生活或物質材料的是「形」，相當於形象或理性形式的是「神」）。

在當時美學家中，英國經驗派（例如博克）把美和生活等同起來，而形式派（席勒舉德國藝術家拉斐爾．孟斯爲例）則把美和形式等同起來。席勒的「活的形象」是這兩種都是片面的看法的辯證的統一。他指出必須統一的理由說：「人不只是物質，也不只是精神。所以美，作爲他的人性的完滿實現來看，既不能只是生活，也不能只是形象。」生活受制於需要，形象受制於法則。「在美的觀照中，心情是處在法則與需要之間的一種恰到好處的中途」。用孔子的話來說，藝術和美的欣賞所由起的「遊戲衝動」是「從心所欲，不逾矩」。

只有在達到這種境界時，人才能達到生活與形象的統一，感性與理性的統一，物質與精神的統一，也才能達到「人格的完整」與「心靈的優美」。所以席勒說：「只有當人充分是人的時候，他才遊戲，只有當人遊戲的時候，他才完全是人。」（第十五封信）

就性質說，「美的最高理想要在實在與形式的儘量完善的結合與平衡裡才可以找到」；就效果說，理想的美也應產生鬆弛與緊張的結合與平衡，所以「一件眞正的藝術品所應引起的心情正是精神的這種高尙，寧靜和自由與剛健和靈活相結合的心情，這是檢查眞正美的品質的最精確的試金石」（第二十二封信）。但是在經驗界裡理想的美是找不到的。最卓越的藝術品也「只能接近純美的理想」。在性質上經驗界的美不是偏於內容，就是偏於形式；在效果上經驗界的美不是偏於鬆弛，就是偏於緊張。所以席勒說：「理想的美儘管是不可分割的，而在不同的情況下卻顯出不同的特性：熔煉性與振奮性；在經驗界裡熔煉性的美和振奮性的美卻分別存在」（第十六封信）。用中國文論的術語來說，理想的美是「陽剛」與「陰柔」的統一，而經驗界的美卻往往偏於「陽剛」或「陰柔」。席勒的理想可以說還是溫克爾曼的古典理想，即「高貴的單純，靜穆的偉大」。他認爲各種藝術到了接近理想時，彼此之間的界限雖未消失，而產生的效果卻大致相同：

> 到了各種藝術達到完美時，必然的和自然的結果就會是：它們對我們心境所產生的效果逐漸互相類似，儘管它們的客觀界限並沒有改動。音樂到了具有最高度的說服力時，就必須變成形

象，以古典藝術④的靜穆的力量來影響我們：造型藝術到了最高度完美時，就必須成爲音樂，以直接的感性的生動性來感動我們；詩發展到最完美的境界時，必須一方面像音樂那樣對我們有強烈的感動力，另一方面又像雕刻那樣把我們擺在平靜而爽朗的氣氛中。正是這種情形顯出每門藝術的完美的風格；這種風格既能擺脫那門藝術所特有的限制，而又不至於失去它所特有的便利；通過聰明地運用它的特點，來使它具有一種較普遍的性格。

——第二十二封信

從克服藝術種類的限制，席勒進一步提出藝術家應以形式克服藝術材料（內容）的限制。他說，「在一件眞正美的藝術品裡，內容應該不起作用，而起一切作用的只是形式，因爲只有形式才能對人的整體起作用，而內容只能對個別功能起作用。」藝術大師的眞正的藝術祕密，就在於用形式來消除材料（第二十二封信）。這個觀點席勒在《給克爾納論美的信》裡早已提出過，在這裡他進一步說明了理由：內容只能對個別功能（感性或理性）起作用，只有形式（活的形象，感性內容與理性形式的統一）才能對人的整體（感性和理性）起作用；這也就是說，藝術感動人，須憑完成的藝術作品，不能憑藝術所處理的原始材料。我們不能把席勒的話理解爲否定內容而肯定藝術單靠形式，因爲他所謂「形式」是廣義的（「活的形象」），而且在他的理論著作裡有無數例證都可以說明他堅持內容與形式的統一。《審美教

④ 古典藝術特別指希臘雕刻。

育書簡》實際上就是發揮這個主題思想：美的藝術作品就是活的形象，而活的形象就是生活（材料的來源，感性世界）與形象（康德所說的「形式」或理性法則的產品）的統一。

活的形象或審美對象的形成是一個辯證發展的過程，經歷了這個過程，人就從「感性的人」變成「審美的人」。即由自然力量支配的人變成不受自然力量支配的自由的人。只有自由的人才能下一個判斷或定一個意向，即發揮思考或意志的主動性於科學探討或實際行動，轉變爲「理性的人」。這樣，席勒就把人的發展分爲三個階段……

> 人的發展可以分爲三個不同的狀況或階段，不管是個人還是全人類，如果要完成自我實現的全部過程，都必按照一定程式經歷這三個階段……人在他的物質（身體）狀態裡，只服從自然的力量；在他的審美狀態裡，他擺脫掉自然的力量；在他的道德狀態（即理性狀態——引者注）裡，他控制著自然的力量。
>
> ——第二十四封信

所以審美狀態是一個中間狀態，是人「從感覺的被動狀態到思想和意志的主動狀態」的轉變之中一個必不可少的橋樑。「**如果要把感性的人變成理性的人，唯一的路徑是先使他成爲審美的人**」（第二十三封信——重點引者加）。按照當時歷史情境把這句話翻譯爲普通話來說，這就是：要把自私自利的腐化了的人變成依理性和正義行事的人，要把不合理的社會制度變成合理的社會制度，唯一的路徑是通過審美教育；審美自由是政治自由的先決條件。

在分析「審美的自由」這個中間狀態時，席勒進一步闡明了他所理解的美的本質。他還是從康德的感性與理性的對立出發。感性因素（接受外界印象的感覺以及外界印象在人心上所產生的情感）被認為由自然或物質所決定的，因而是被動的；理性因素（思想和意志的活動）被認為社會人所特有的本性，是要使自然或物質世界見出理性法則的或顯出「形式」的，因而是主動的，席勒拿審美活動和科學的抽象活動來對比，認為抽象活動是要把感性世界拋到後面的，是要依靠思想的主動性而同時卻仍維持完全客觀態度，「絲毫不夾雜被動成分（『物質的偶然的東西』）的自我活動」。我們對科學的認識固然也感到樂趣，即夾雜有主觀情感，但是這種主觀情感是「偶然的，丟開它也不致就使認識消失，或是使真理失其為真理」。在審美活動中卻不然，對美的形象的認識和美的形象所引起的情感之間的關係是不能割斷的。我們「必須把這兩項看作串連一氣，互為因果」；「反思和情感完全融成一片」，我們「分辨不出主動（指『反思』）和被動（指『情感』——引者注）的交替」。接著席勒對美的本質作如下的定義：

因此，美對於我們固然是一個對象，因為要以反思為條件，我們才能從美得到一種感覺[⑤]；但是美也同時是我們主體的一種情況，因為要以情感為條件，我們才能從美得到一種觀念

⑤ 指主體憑反思活動（主動因素）認識到對象的美，或是美是從對象來的。

（或形象顯現）⑥。所以美固然是一種形式，因爲我們對它起觀照；但是美也同時是生活（指物質內容——譯者注），因爲我們對它起情感。⑦總之，美既是我們的情況，也是我們的作爲。

正因爲美同時是這兩方面，它就確鑿地證明了被動並不排斥主動，材料並不排斥形式，侷限並不排斥無限！因此，人也並不因爲他在物質（身體）方面的必然依存而就消除了他在道德（精神）方面的自由。……在對美或審美的統一體的欣賞中，材料和形式以及被動和主動之間卻發生實在的統一和互相轉換，這就足以證明這兩種本性是可相容的，無限是可以實現在有限中的，因此，最崇高的人道⑧是可能的。

——第二十五封信

從此可見，席勒所見到的美是感性與理性的統一，內容與形式的統一，也是客觀（對象）與主觀（審美的主體）的統一。完成了這種統一，人才「能對純粹的形象顯現進行無所爲而爲的自由的欣賞」，才擺脫物質需要的束縛，「才顯出人道的開始」。美的欣賞是一種「自由的欣賞」。也就是對一種「物質以上的盈餘」（過剩）的欣賞。結合到這個「盈餘」概念，

⑥ 審美要根據主體的情感（被動因素），所以美也標誌「主體的一種情況」和「作為」。

⑦ 唯其是形象，美是觀照的對象；唯其是生活，美是情感的對象；合而言之，美是活的形象。作為生活，美須服從物質界的必然規律（被動）；作為形象，美須顯出精神界的自由（主動），所以美是二者的統一。

⑧ 最崇高的人道即必然與自由以及感性與理性的統一。

席勒又回到審美活動與遊戲的密切聯繫，舉例說：

> 獅子到了不爲饑餓所迫，無須和其他野獸搏鬥時，牠的閒著不用的精力就替自己開闢了一個對象，牠使雄壯的吼聲響徹沙漠，牠的旺盛的精力就在這無目的的顯示中得到了享受。……動物如果以缺乏（需要）爲牠的活動的主要推動力，牠就是在工作（勞動）；如果以精力的充沛爲牠的活動的主要推動力，如果是綽有餘裕的生命力在刺激牠活動，牠就是在遊戲。
>
> ——第二十七封信

這種把藝術結合到遊戲以及把遊戲看成與勞動對立的理論還是來自康德，不過席勒加進去過剩精力的概念，對康德說有所發揮。這一理論後來經過英國哲學家斯賓塞的進一步的發揮⑨，獲得了「席勒．斯賓塞說」的稱號。朗格和谷魯斯又進一步發展爲審美幻相說和內摹仿說。⑩

過剩精力首先表現於動物性的身體器官運動的遊戲，由此上升爲人所特有的想像力的遊戲，「想像力在探索一種自由形式中就飛躍到審美的遊戲」。從此以後，「凡是人所占有的東西和所製造的東西，就不能再只帶著實用的痕跡以及它因遷就實用目的而採取的那種不自

⑨ 見斯賓塞的《心理學原理》第八部分，第十一章《論審美的情操》。參看本書第十八章。

⑩ 參看本書第十八章和第二十章（二）。

在的形式，在實用之外，它還要能同時反映出把它構思成的那種才智，把它製造成的那雙顯出喜愛的手以及把它選定和展出的那種爽朗而自由的精神」。總之，想像力對自由形式的要求產生了藝術。正如「審美的人」處在「感性的人」和「理性的人」之間，藝術的王國也處在自然暴力的王國與道德法律的王國之間，作爲前者過渡到後者所必經的橋樑：

> 在令人恐懼的力量的王國（即原始人的自然狀態——引者注）與神聖的法律的王國之間，審美的創造形象的衝動不知不覺地建立起一個第三種王國，即歡樂的遊戲和形象顯現的王國，在這個王國裡它使人類擺脫關係網的一切束縛，把人從一切物質的和精神的壓力中解放出來。
>
> 如果在權利的**力量**的王國裡，人和人以力相遇，他的活動受到了限制，如果在職責的**倫理**的王國裡，人和人憑法律的威嚴相對，他的意志受到了束縛；在美的社交圈子裡，在**審美**的王國裡，人就只須以形象的身份顯現給人看，只作爲自由遊戲的對象而與人對立。**通過自由去給與自由**，這是審美的王國中的基本法律。
>
> ……如果需要迫使人進入社會生活，理性在人身上栽種社會原則的根苗，拿一種**社會的性格**交給人的卻只有美。只有審美趣味才能給社會帶來和諧，因爲它在個別成員身上建立起和諧。
>
> ——第二十七封信

席勒在這裡拿事物的物質存在及其效用和事物的形象顯現對立起來，認爲人只有從形象顯現的觀照中才能獲得完全的自由，這種思想仍然是發揮康德的「不涉及利害的觀照」說，席勒的獨到見解在於把審美的自由看作政治的自由的基礎。這個思想是《審美教育書簡》中的基本思想。它反映出當時德國知識界的一種相當普遍的心理傾向：對德國現實的庸俗鄙陋深爲厭惡，想逃到一種幻想的烏托邦裡去求安身立命之所。席勒的這種心情在他給歌德的一封信裡表明得很清楚：

> 依我看來，我們的思想和衝動，我們的社會、政治、宗教和科學的現實情況都顯然是散文氣的，與詩對立的。在我們的全部生活中這種散文壓倒詩的形勢我看是巨大的，帶有決定性的，以至詩的精神不但不能統治散文而且不可避免要傳染得散文的病。因此我看不出天才有什麼脱險的辦法，除非拋棄現實的領域，努力避免和現實建立危險的聯繫，和它完全斷絕關係。因此我想詩的精神要建立它自己的世界，通過古希臘神話來和遼遠的不同性質的理想的時代維持一種因緣，至於現實則只會用它的汙泥來濺人。
>
> ——給歌德的信，一七九五年十一月四日

這是鴕鳥把頭埋到沙裡去避獵人的辦法，它是古今中外「遁世者所共同採用的，他們一般都把這種避難所美化爲天堂。恩格斯在〈詩歌和散文中的德國社會主義〉一文裡曾提到席勒，說他「到康德的理想裡去逃避鄙陋」，「歸根到底不過是用誇張的鄙陋來代替平凡的鄙

陋」。⑪這對席勒是一針見血的批評。

《審美教育書簡》出現在《季節女神》刊物上之後，立即引起哲學家費希特的批駁。費希特站在康德的主觀唯心主義的立場，指責席勒的「感性衝動」還承認外在事物的存在，這恰好可以說明席勒對於康德的主觀唯心主義畢竟還有所糾正。此外，費希特從他的較嚴肅的政治立場，指責席勒誤認爲通過審美教育可以達到社會的政治的自由，這卻是打中了席勒的要害。

《審美教育書簡》對德國古典美學的發展起過重要的作用，它形成了由康德的主觀唯心主義轉到黑格爾的客觀唯心主義之間的橋樑。黑格爾在《美學》序論第三部分裡對德國古典美學的發展作了一個簡要的述評。在敘述康德之後，他緊接著就討論席勒，對他作了很高的評價。他說，「席勒的大功勞就在於克服了康德所了解的思想的主觀性與抽象性，敢於設法超越這些侷限，在思想上把統一與和解作爲眞實來了解⑫，並且在藝術裡實現這種統一與和解。」提到《審美教育書簡》時，黑格爾特別讚揚席勒把美看作「理性與感性的統一」。⑬康德本來也曾企圖進到這兩對立面的統一，卻沒有眞正地達到，據黑格爾看，其原因在於康德所理解的統一是主觀的和抽象的，而席勒則克服了這些毛病，所以比康德前進了一大步。

---

⑪ 參看《馬克思恩格斯全集》，第四卷，第二五六頁。

⑫ 康得還只能把統一作為抽象概念來了解，而且作為主觀思想活動的結果來了解。

⑬ 黑格爾：《美學》，第一卷，第七十三至七十五、一三七頁。

黑格爾的「美是理念的感性顯現」一條基本思想實際上就是席勒觀點的進一步的發展。

二、〈論素樸的詩與感傷的詩〉

在發表《審美教育書簡》的第二年（一七九五），席勒又發表另一篇重要論文：〈論素樸的詩與感傷的詩〉。在《審美教育書簡》裡（第五、六信），席勒已就近代文化與古代希臘文化進行了對比。指出在古希臘社會的單純情況裡，個人與社會以及個人內部的感性功能與理性功能都還處在諧和的統一體裡，利於審美活動和藝術活動的發展。而在近代社會裡則階級對立和分工製造成人與人的矛盾以及人格內部的分裂和腐化，極不利於審美活動和藝術活動的發展。他還指出要使近代文化危機得到解救，須通過審美教育去恢復人的完整性，即感性與理性的統一，從而恢復社會的和諧和團結一致。這種古代人與近代人在心理情況上的對比一直是席勒在長期中深思熟慮的一個問題。這個問題從溫克爾曼和萊辛提倡研究古希臘文藝以後，特別是在浪漫運動逐漸露苗頭以後，就日漸顯得尖銳。人們逐漸意識到近代人的心理習慣、道德習俗、文學藝術乃至於一般文化和古希臘的都大不相同，因而誰優誰劣的問題以及如何繼承古典遺產的問題也都跟著起來了。這是一種新喚醒的歷史意識，這種歷史意識在席勒心裡比在當時任何思想家心裡都顯得更活躍，因爲他素性愛沉思反省，對自己的理想與當時德國現實的矛盾以及對自己心中哲學思維與創造想像的矛盾，都特別感到尖銳，有時甚至感到苦痛。他在上文已經引過的給歌德的那封信裡就已經道出了這種苦痛。歌德的比較單純的一切從感性出發的藝術性格和席勒的徘徊於詩與哲學之間的性格的對比，也使席勒自覺相形見絀。他從他自己的缺陷去診斷近代詩人的病根，他羨慕歌德，他羨慕古希臘，認爲回到他們所表現的那種人格與自然的統一，感性與理性的統一，是近代詩的唯一出路。〈論素樸的詩和感傷的詩〉就是在這種認識和信念之下寫成的。

這篇論文之所以重要，在於它在近代是第一篇論文，認眞地企圖確定古典主義文藝與浪漫主義文藝的特徵和理想，給予它們以適當的評價，並且指出這兩種創作方法統一的可能性。我們從下文將可以看出，席勒的「素樸詩」就是古典主義的詩，也就是現實主義的詩，他的「感傷詩」就是近代詩，也就是帶有浪漫主義色彩的詩。歌德在〈近代哲學的影響〉一文裡⑭，談到席勒的這篇論文起於席勒和他自己由於對自然和對古希臘文藝的看法不同而引起的爭論，並且對這篇論文作了這樣的評價：「席勒在這篇論文裡奠立了美學的全部新發展的基礎；因爲『古希臘的』和『浪漫的』，以及所有其他可能發現的同義詞，都是由這個討論中派生出來的，原來討論的主題是現實更重要還是理想的處理更重要。」從此可見，歌德也把這篇論文看作古典主義（即現實主義）與浪漫主義之爭的出發點。

在這篇論文裡，席勒從分析人對自然的愛出發。他所理解的自然是廣義的，包括外在自然（現實）和內在自然（人的本性）。人對著自然風景以及還在自然狀態的人性（例如兒童和原始民族）都感到一種喜愛。這種喜愛不是由於對象本身，而是由於「它們所表現的一種觀念」，「我們在它們身上愛那種寂靜的在發展過程中的生命。……那種按照自己特有規律

⑭《歌德全集》，第三十卷。

的生活，那種內在的必然性和永遠和自己一致[15]的統一。」這些特性爲什麼使我們愛自然的對象呢？席勒回答說：

這些對象就是我們自己曾經是的東西，而且還要再是的東西。我們曾經是自然，像它們一樣；我們的文化修養將來還必須循著理性與自由的道路，把我們帶回到自然。所以這些對象就是一種意象，代表著我們的失去的童年，這種童年對於我們永遠是最可愛的；因此它們在我們心中就引起一種傷感。同時它們也是一種意象，代表著我們的理想的最高度的完成，所以它們激發起一種崇高的情緒。

這就是說，人類在童年時代是與自然一體的。近代社會情況使人類與自然分裂對立。失去了童年。自然之所以引起我們的喜愛，一方面是由於它表現我們失去的童年，失去的那種純潔天眞的自然狀態，那種「完整性」和「無限的潛能」，因此喜愛之中不免夾雜「傷感」；另一方面也是由於它表現我們的理想，即通過「文化教養」（審美教育），又回到自然，恢復已經遭到近代文化割裂和摧殘的人性的完整和自由，因此喜愛之中帶有「一種崇高的情緒」。在這段話裡席勒指出了感傷詩人的產生原因和心理特徵[16]。

⑮「和自己一致」即沒有內部分裂。

⑯參較馬克思關於古希臘文藝的吸引力與童年回憶所說的話，見《馬克思恩格斯選集》，第二卷，第一一四頁。

席勒指出近代感傷詩人的這種對自然的嚮往在古代素樸詩中是找不到的。「古代希臘人在描寫自然方面固然極精確，極忠實，極詳細，但是這也不過像描寫衣服、盾、盔甲、傢俱或任何機械的作品一樣，並不對自然事物感到更深厚的同情。」「他們還就個別現象對自然加以人格化和神化，把自然的作用效果表現爲自由存在（神或人——引者注）的行動⑰，因此他們把自然中的平靜的必然性取消掉了，而這正是對於我們近代人特別有吸引力的地方。他們奔放的想像只穿過自然就跳到人生戲劇上去，只有活的和自由的東西，只有人物和行動以及命運和道德習俗才能滿足他們。」接著席勒解釋這種現象的原因說：

古希臘人在人道中還沒有喪失掉自然，所以在人道以外遇見自然，並不使他們驚奇，他們也沒有迫切的需要，要去尋找足以見出自然的對象。他們還沒有自己與自己分裂（即內部分裂——引者注），因而自覺爲人是快樂的，所以他們必然堅守人道爲他們的大原則，努力使一切其他都接近這個原則。

這就是說，在古希臘時代，人與外在自然還處在統一體，所以能如魚與水之「相忘於江湖」（用莊子語）：人的內在自然（感性與理性功能）也還沒有分裂，人體驗到爲人的快樂，在自己身上就可以認識到自然，所以人所關心的不是自然而是人道本身，是人物和行動。這是

---

⑰ 例如把太陽看作日神放射的光輝。

他們的人道主義。他們看自然，也「努力使它接近這個原則」，所以把自然加以人格化和神化，把平靜的必然轉化爲活動的自由。這正是產生素樸詩的心理情況。

近代人恰和古希臘人相反。人與自然已由分裂而對立，成爲主體與對象的關係，自然對於人已不是與人結成一體的直接現實，而是已成爲一種「觀念」，由於近代社會職業分工以及其他因素，人自己與自己也分裂了，想像力與思考力互相衝突（像席勒自己所深切感到的）。所以「自然已從人道中消失了，我們只有在人道以外，在無生命的世界裡，才能認識到自然的眞相」。我們依戀自然，是「由於在社會關係、生活情況和道德習俗各方面，我們違抗自然」。這種「依戀自然的情感是和我們追悼消逝的童年和兒童的天眞的那種情感密切相關的」，也就像「一個病人想望健康的情感」。就是這種情感產生了感傷詩，趁便指出，歌德認爲古典主義是健康的，浪漫主義是病態的，這個分別在席勒的這篇論文裡可以看得更清楚。

在就古代人和近代人對自然的態度進行比較之後，席勒作出一個簡賅的結論：

詩人或則就是自然，或則追尋自然，二者必居其一。前者使他成爲素樸的詩人，後者使他成爲感傷的詩人。

這兩種詩人由於社會情境所造成的心理類型不一致，在藝術創作方法上也就不同。在討論這種不同時，席勒在西方美學史中首次明確地指出古典主義（實即現實主義）的摹仿現實與浪漫主義的表現理想的分別。他說當人「還是純粹的自然」，「還作爲一個和諧整體而發揮作用」時，「他的感覺是從必然規律出發的，他的思想是從現實出發的」。這就是說，從印象到感覺，從現實到思想，都依據客觀世界的必然規律，都是直接的，不假道於反思，所以不參入主觀態度。「但是一等到人進入文化狀態落到人巧的掌握中，他原有的那種感性的和諧就被消除了，從此他就只能作爲道德的⑱統一體（這就是說，作爲向統一體的努力）而表現自己了。在前一種情況中還作爲現實而存在的那種感覺與思想的協調一致現在只能作爲觀念而存在了……，只是一種有待實現的意念，而不是他的生活中的一件事實了。」用較易懂的話來說，人既已與現實對立，又要追求與現實統一，所達到的就不復是素樸人的那種人與自然的天眞的協調（「感性的和諧」），而是在既已失去協調之後努力恢復協調的有意識的道德的行爲（「道德的統一體」）；換句話說，在人就是自然時，這種協調是現實；在人追尋自然時，這種協調就只是一種理想或觀念（這兩詞在西文裡往往只是一事）。因此素樸詩人所反映的是直接現實，感傷詩人所反映的是由現實提升的理想，前者是純粹客觀的，後者是透過主觀態度來反映客觀世界的。席勒的原話是這樣說的：

> 詩不過是對人道作盡可能完滿的表現。如果把詩的這個概念運用到上述兩種情況，那就可以見出：在自然的單純情況中，人還能運用他的一切功能，作爲和諧的統一體而發揮作用，因此他

---

⑱ 德文moralische包含「道德的」和「精神的」兩個意義。

的全部自然（本性）就會在現實中完滿地表現出來，這就是盡可能完滿的對現實的摹仿：至於在開化的情況中，上述人的全部自然（本性）的和諧協作已只是一種觀念，於是使詩人成其爲詩人的任務就在把現實提升到理想，或則說，表現理想。

因此，席勒有時把素樸詩與感傷詩的對立看作「現實主義」與「理想主義」的對立，例如他說：

如果現實主義者在他的政治傾向上把目的定在幸福上面，這就須使人民的道德（精神）方面的獨立性有所犧牲，理想主義者則處在幸福的危機，把自由看作他的目的。

在文學方面席勒是較早的一個人運用「現實主義」這個名詞的。他還指出現實主義有蛻化到「自然主義」（用這個名詞的席勒也是較早的一個人）的危險，前者以「眞實的自然」爲對象，後者則以「實在的自然」或「庸俗的自然」爲對象。「實在的自然到處都存在著，而眞實的自然則是遠較稀罕的，因爲它需要一種內在的必然來決定它的存在。」可見席勒對於「現實主義」的本質是看得很清楚的。他沒有用「古典主義」和「浪漫主義」這一對名詞，但是歌德在援用席勒的素樸詩與感傷詩的分別時，曾舉過「古典的」與「浪漫的」作爲「素樸的」與「感傷的」同義詞。席勒在指出素樸詩直接反映現實，感傷詩表現理想之後，接著就指出這兩種創作方法是可以統一的：

但是還有一種更高的概念可以統攝這兩種方式。如果說這個更高的概念與人道觀念疊合為一，那是不足為奇的。

席勒說這個道理當另作專文討論，卻沒有實踐這個諾言；揣測他的意思，大概是說無論是反映現實還是表現理想，都是從人道主義的原則出發，亦即從感性與理性的統一出發，這個較高的概念就可以作為兩種創作方法統一的基礎。

席勒在說明素樸詩與感傷詩的分別時，曾舉出過一些生動的事例。例如荷馬在《伊利亞德》卷六中寫特洛伊方面的將官格羅庫斯和古希臘方面的將官第阿麥德兩人在戰場上相遇，在挑戰交談中發現彼此有主賓的世交，就交換了禮物，相約此後在戰場上不交鋒。後來文藝復興時代義大利詩人阿里奧斯陀在《羅蘭的瘋狂》裡所寫的一段情節頗與此類似。回教騎士斐拉古斯和基督教騎士芮那爾多原是情敵，在一場惡戰中都受了傷，聽到他們所同愛的安傑里卡在避險中，兩人就言歸於好，在深夜裡同騎一匹馬去追尋她。席勒指出這兩段詩「都很美地描繪出道德感對激情的勝利，都憑心情的素樸使我們感動」。但是兩位詩人的描寫手法卻大不相同。阿里奧斯陀是一位近代的感傷詩人，他「在敘述這件事之中，毫不隱藏他自己的驚羨和感動」，「突然拋開對對象的描繪，自己插進場面裡去」，以詩人的身分表示他對「古代騎士風」的讚賞。至於荷馬卻絲毫不露主觀情緒，「好像他那副胸膛裡根本沒有一顆心似的，用他那種冷淡的忠實態度繼續說：『格羅庫斯迷了心竅，把值一百頭牛的金盔甲贈給第阿麥德換回一副青銅盔甲，只值九頭牛。』這樣就處理了他的故事。席勒指出像荷馬這樣素樸的詩人的特點是：

他所用來處理題材的那種冰冷的眞實簡直近於無情，他專心致志地對著他的對象。……他隱藏在他的作品後面，他自己就是他的作品，他的作品就是他自己。一個讀者對於他的作品或是沒有本領去了解，或者已感到厭倦，才會追問到他本人如何。

從這個事例以及其說明來看，素樸詩與感傷詩的最明顯的分別在於前者是純粹客觀的，後者是要表現詩人主觀態度和情感的。這個分別的根源還在於素樸詩人還沒有把主體（人）和對象（現實）看成對立，而感傷詩人則相反，要透過已分裂獨立的主體來看已分裂獨立的對象，這就是所謂「把現實提高到理想」來看。這中間還可看出自發與自覺（「反思」）的分別。

就一般說，素樸詩屬於尙在自然狀態的古代，感傷詩屬於已開化的近代。但是席勒承認古代也可能有感傷詩，例如羅馬「賀拉斯那位開化而又腐化的時代的詩人歌頌他的台伯河畔的寧靜的快樂生活，他就可以稱爲這種感傷詩的眞正的開山祖」。近代也可能有素樸詩，莎士比亞是一個顯著的例子。席勒談到他早年初次接觸到莎士比亞的情形說，「我簡直氣憤，看到他那樣冷酷無情，居然在最高度的激情中開起玩笑，用小丑的戲謔來破壞《哈姆雷特》、《李爾王》、《馬克白》等劇中的那些驚心動魄的場面。」在多年的仔細硏究之後，他才學會喜愛莎士比亞。他追究「這種幼稚判斷」的根源說：「對一些近代詩人的認識把我引入迷途，使我先從作品中去找詩人，去探望他的心，去和他在一起來就他的題材進行思索，總之，從主體去看對象。使我難以忍受的是這位詩人絕不讓人去捉摸到他，絕不肯回答我的問題。」此外，在席勒的心目中，歌德完全從感官和客觀世界出發，頗接近素樸詩人。他認爲《少年維特之煩惱》就是以素樸的方式來處理感傷的題材。這些事例似可說明素樸詩和感傷詩的分別（實即現實主義與浪漫主義的分別）並不是絕對的，它們是可以統一的。上文已經提到，席勒看到了統一的可能性，可惜他沒有詳加闡明。

素樸詩只有一種處理方式，因爲它「追隨單純的自然和感覺，侷限於對現實的摹仿」。至於感傷詩人則「要應付兩種互相衝突的東西」，現實和理想，這雙重原則究竟是哪一個占優勢，就決定在處理方式上可以有分歧：

> 詩人所側重的是現實還是理想？他是把現實寫成引起反感的對象，還是把理想寫成令人嚮往的對象？所以他的表現不是諷刺的，就是哀挽的，在這兩種感受方式之中，每個感傷的詩人必居其一。

感傷詩不外諷刺詩或哀挽詩兩種。諷刺詩是「把現實寫成引起反感的對象」。現實之所以引起反感，是因爲它與作者的理想發生矛盾，諷刺詩是作者憑理想對現實的批判。諷刺詩在性質上可分兩種：懲罰的和嘲笑的。懲罰的諷刺詩須具有崇高的性質。最好的例子是斯沃夫特和盧梭。嘲笑的諷刺詩須具有美的性質，最好的例子是賽凡提斯和費爾丁。前一種不應流於

「報復」或誹謗，否則就會失去審美的自由。後一種不應流於「玩笑」，否則就會失去對無限的嚮往。哀挽詩是「把理想寫成令人嚮往的對象」。「如當詩人拿自然和藝術對立，拿理想和現實對立，使得對自然和理想的描繪占優勢，而這種描繪所生的快感也是占統治地位的情感，我就把它叫做哀挽的詩人」，哀挽詩也有兩種：「自然和理想或則是哀傷的對象，即自然是描繪爲已經喪失去的，理想是描繪爲尚未達到的；或則是欣喜的對象，即自然和理想都表現成爲現實。前一種是狹義的哀挽的詩，後一種是最廣義的牧歌性的詩。」換句話說，哀挽的詩是對現實缺陷的惋惜，牧歌性的詩是把理想表現爲已成現實而加以欣賞，它所寫的是處在童年狀態的「天眞而快樂的人類」。英國麥克浮生所僞造的〈奧森詩〉就是一種哀挽的詩，盧梭也是一位哀挽詩的作者，但是席勒嫌他還沒有達到哀挽詩所必有的感覺與思想的和諧。牧歌性的詩在席勒的心目中是感傷詩的最高類型，因爲在這種詩裡「一切現實與理想的對立都已完全消除」。但是席勒所指的並不是西方傳統的牧歌和田園詩，因爲那些「美麗的虛構」還不足以表現理想，其中生活的平靜來自靜止不動，而理想所要求的平靜卻須來自完善。在這一點上後來黑格爾的看法也有些類似，他也不滿意牧歌性的藝術，因爲它缺乏重大意義的內容⑲。席勒和黑格爾都指責瑞士牧歌作家格斯納，但是席勒認爲彌爾頓所寫的《失樂園》卻是「最美的牧歌性的詩」。論感傷詩部分是全文的重點所在，對近代詩特別是德國詩作了一些深刻的批評，這裡不能詳細介紹。

---

⑲ 參看黑格爾：《美學》，第一卷，第二三七頁。

三、結束語

〈論素樸的詩和感傷的詩〉是席勒的最成熟的美學著作。它是作者根據自己的創作實踐和對古今優秀文藝作品的深刻體會，對文藝與一般社會文化背景的關係進行深思熟慮的結果。在當時所能達到的思想水準上，他企圖對歐洲文化與文藝的發展作一種高度概括化的總結，從而替當前德國民族文學的發展指出一個以古典主義的客觀性來糾正浪漫主義的主觀性的方向。

席勒雖然推崇古典文學，對近代文學有些不滿，但也承認：(1)古今社會結構不同，文化不同，文學的性質也就不能強求一致；(2)素樸詩雖以完美見長，近代詩能表現無限，產生崇高感，卻也非素樸詩所能趕上。這裡可以見出他的歷史意識。他的出發點仍是康德的感性與理性的對立以及自然與理想的對立，他對抽象的理想加以過分的宣揚，仍然流露出一些唯心主義。但是他畢竟不同於康德：(1)康德也看出感性和理性須達到統一，所見到的統一卻只是主觀的（停留在人的思想裡）抽象的（統一只作爲一種觀念），席勒則企圖證明感性與理性可以在現實世界裡，特別是在藝術與審美活動裡，統一起來，所以辯證的思想在席勒手裡得到進一步的發展。這就啓發了黑格爾轉到客觀唯心主義。(2)康德把現象世界看作主體認識功能賦予形式於物質的結果，席勒在主觀意圖上卻力求糾正這種主觀唯心主義的觀點，強調藝術和美的客觀性，素樸詩固然是從現實出發，感傷詩所表現的理想也還是「由現實提高」來的。從此可見，比起康德，席勒的思想具有較多的唯物主義的因素。

席勒在美學和文藝理論上的最大功績，在於首次指出現實主義的素樸詩與浪漫主義的感傷詩的分別，在於前者反映現實而後者表現理想（「更高的現實」），前者重客觀而後者重主觀，並且指出這兩種創作方法應該統一而且可能統一，儘管他對如何統一還沒有看得很清楚。他首次在文學領域裡確定了「現實主義」的涵義，而且指出它與自然主義不同：自然主義所處理的是「庸俗的自然」，現實主義所處理的是顯出「內在必然性」的「眞實的自然」。他對自然主義斥責不遺餘力。他的文藝觀點基本上是現實主義的。

和歌德在一起，席勒在《審美教育書簡》以及其他論文裡建立了浪漫運動時期的人道主義的理想：理想的人是全面得到和諧自由發展的「完整的人」。這個理想是在文藝復興時期早就提出的。席勒的功勞在於給予這個理想以一種更具體更深刻的內容：人的完整性在於感性與理性的統一，必然與自由的統一以及現實與理想的統一。他認識到這種理想在近代資本主義社會中由於階級的劃分和嚴密的分工制而遭到破壞，並且指出近代文化危機的解救在於力求恢復已經割裂的統一。應該說，這種認識是深刻的。但是在尋求恢復統一的道路之中，他迷失了方向。從唯心史觀出發，他沒有看出近代文化危機的根源在於社會政治經濟基礎，妄想避開改革社會政治經濟基礎的任務，單從人的精神世界來尋求挽救文化危機的辦法。他錯誤地自信在文藝和審美教育裡找到了這種辦法，依他看來，在這個精神領域裡。已經失去的統一可以恢復，具體地見於「感性衝動」和「理性衝動」統一於「形式衝動」，統一於所謂「活的形象」。就強調文藝須兼備感性形式與理性內容來說，他的美學觀有它的正確的積極的一方面。但就強調「存在」（Sein）與「顯現」或「形象」（Schein）的對立，因而避開社會實踐而把人的精神世界看作孤立和獨立的世界來說，他的美學觀點仍然是形而上學的，反映當時德國知識界「庸俗市民」習氣，而且隱含著消極浪漫主義和頹廢主義萌芽的。施萊格爾、叔本華和尼采等消極浪漫主義者思想中有些因素都可以溯源到席勒。

席勒的美學思想是充滿著矛盾的。要認識這種矛盾，最好的辦法之一是就席勒的《審美教育書簡》和馬克思的《經濟學——哲學手稿》來進行一番仔細的比較。馬克思在這部名著裡所討論的問題，如「勞動的異化」，人的全面發展，人與自然的統一，最高的人道主義以及藝術在人的全面發展中所占的地位之類重大問題，正是席勒所接觸到而且努力要求解決的。馬克思在一些論點上可能受到席勒的啓發，但是馬克思和席勒有唯物史觀和唯心史觀的基本分歧。讀者會發現這種比較對於美學史的研究者是一種深刻的教育。

第十五章　黑格爾

一、黑格爾的客觀唯心主義哲學體系和辯證法，它與過去哲學傳統的關係以及它的內在矛盾

黑格爾（Hegel, 1770-1831）處在法國資產階級大革命的時代，像當時許多德國知識份子一樣，在法國革命由右翼吉倫特黨領導的階段，他熱烈地表示歡迎，但是到了左翼雅各賓黨領導的階段，民衆掀起了暴力革命，他就表示厭恨。在他看，革命只是主觀精神發展的低級形式，而主觀精神發展的高級形式則是主觀理想與現實的調和。他的「凡是現實的都是理性的，凡是理性的都是現實的」一個公式就有跟現實妥協的一面。所以到了晚年，他頌揚普魯士君主專制爲最完善最合理性的政體形式，顯出了當時在德國流行的庸俗市民的氣息。但是比起康德，他較關心現實問題。在哲學中他運用了前此哲學家們很少用過的歷史發展的辯證觀點，這是當時西方歷史中巨大變革在他頭腦裡的反映。他處在德國古典哲學發展的高峰，曾自命是過去一切哲學流派的集大成者。在馬克思主義哲學出現以前，黑格爾在哲學中確實達到超過前此一切哲學家的成就。在美學方面也是如此。

黑格爾的美學是建築在他的客觀唯心主義哲學體系和辯證法的基礎上的。《美學》第一卷講原理，其中有很大一部分講他的哲學體系和辯證法。爲著對他的美學思想獲得比較正確的理解和進行比較正確的評價，我們還須進一步說明他的哲學體系和辯證法以及這二者之間所存在的矛盾。

黑格爾有一句名言：「凡是現實的都是理性的，凡是理性的都是現實的。」，就是肯定理性世界與感性世界的統一。他之所以走到這個結論，多少受了康德的範疇說的啓發，康德的十二範疇全是邏輯性的，即人心要認識事物，在邏輯上（即照理而論）就必須假定先有這

些先驗的範疇。這裡所謂「先」是就於理必先來說，並不指時間上在先，黑格爾從範疇說見出了這幾點道理：(1)哲學可以從一些普遍的範疇（相當於他的「理念」，爲數要比康德所舉的多得多）邏輯地把整個宇宙中的萬事萬物推演出來，這樣就可以說明萬事萬物的理性或必然性；(2)正如範疇結合感性材料產生了人的認識，也就同時產生了現象世界，這種邏輯推演的過程是思想發展的過程，同時也就是客觀世界發展的過程（邏輯與歷史的統一）。這樣，眞實世界的演變也就是哲學的演變，世界愈向前進展，知識也就日漸深化。因此，康德的不可知的「物自體」就不復存在了。這樣，黑格爾就批判了康德的二元論和不可知論。

　　在說明如何從理念或範疇邏輯地推演出宇宙之中，黑格爾吸收了而且發展了從古希臘就早已有之、而康德在「先驗綜合」說裡也應用過的辯證發展的觀點，亦即對立面由矛盾而統一的觀點。我們就舉「理念」本身這個範疇來說明黑格爾的辯證法，因爲這樣最便於下一步介紹黑格爾對於藝術美的基本思想。「理念不是別的，就是概念，概念所代表的實在，以及這二者的統一」（第一三〇頁）①。這裡統一的過程是一個辯證發展的過程。定義中含著三項：首先是概念，是「正」，其次是概念所代表的實在，是「反」；最後是這二者的統一，是「合」。概念就是理念處在抽象狀態（例如「人」或「人之所以爲人」），只涉及普遍性，所以還是片面的，不眞實的；它是於理應有而於事尚未實有的一種抽象品，一種「渾然太一」，沒有有限事物的任何定性。但是既是概念，它就是一種整體，它本身就已潛含它

① 本章引文凡是只標頁數的都引自編者所譯的黑格爾《美學》第一卷（人民文學出版社一九五八年版）。

所代表的實在（即黑格爾所謂「自然」或「另一體」），作爲它的對立面（例如與「人之所以爲人」相對立的個別具體的人），這種實在既是概念的個別事例，它就否定了概念的抽象的普遍性。用黑格爾的術語來說，概念在它自身「設立」了它的對立面來「自否定」。但是這種對立並非永遠處於對立，否定也不等於消滅。對立是爲著統一，否定還要經過再否定而提升到高一級的肯定。實在（即個別事例本身）如果抽象地看，看成只有個別性，那也就還是片面的、不眞實的：它與概念結合，得到了概念的普遍性，因而否定了它原有的片面的、抽象的個別性，這就是「否定的否定」。經過這否定的否定，概念的普遍性與實在的個別性統一起來了，在統一體中二者又重新肯定了自己（例如人的某些普遍性體現於浮士德或哈姆雷特）。「否定的否定」說明辯證過程中兩個程式：第一是否定，即概念在它自身裡設立對立面（實在），來否定它自身的抽象性和片面性；其次是否定的否定，即由概念與實在的統一來否定這對立。這兩個程式只是爲說明的方便，才加以區分，實際上並不存在時間上可分先後的兩個程式。概念在設立對立面時，同時就已否定了自己，同時也就已由統一而否定了否定，重新肯定了自己。所謂兩個程式只是同一運動中的兩個方面。從此可知，黑格爾所說的由否定的否定所達到的統一就是一般與特殊的統一在這個辯證過程中，用黑格爾的術語來說，概念借實在的「中介作用」（Vermittled）②，在「自否定」之中就是在「自確定」

② Vermittled：列寧在《哲學筆記》裡把這字解釋為「聯繫」，編者在《美學》譯文中譯為「調和」，英俄譯本都譯為「間接」。

（得到定性）。也就是在「自生展」。

這裡要特別注意的是，黑格爾把理念的辯證發展過程看成是自否定即自確定、自生展的過程，就是因爲這個緣故，黑格爾把理念看成是「無限的」、「絕對的」、「自由的」、「獨立自在的」。這幾個詞所指的其實只是一回事。

我們不妨單提「無限」來說明。「無限」是對「有限」而言。「限」就是「限定」或「約制」。我們所看到的現象世界叫做「有限世界」，其中每一事物叫做「有限事物」。何以叫做「有限」呢？因爲自然界每一事物都與它周圍的許多其他事物對立，和那些事物處在一種由必然規律統治著的關係網裡，這一事物就要受它和那些事物的關係所限定或約制。就是這種限定或約制使它成爲它那樣的事物，即使它得到定性。比方說一棵麥子，它要受種子、土壤、水分、陽光、種麥人、技術、生產和分配的關係，以及許多其他自然關係和社會關係的限定，它才成其爲麥子。麥子因此是「有限的」，與其他事物「相對的」，受外來影響約制的而不是「自由的」、「獨立自在的」或「自生展的」。依黑格爾看，理念卻不如此，因爲理念的發展過程，不像有限事物那樣受與它對立而相關聯的事物自外來的限定，而是在自身設立對立面，自否定亦即自確定、自生展的過程。就是在這個意義上理念是「無限的」（不受外來事物的限定），「絕對的」（不與外來事物對立），「自由的」或「獨立自在的」（不受對立事物的必然關係的限定）。

在黑格爾的體系中，整個眞實界是一個絕對理念，它是抽象的理念或邏輯概念和自然由對立而統一的結果。絕對理念就是「絕對精神」或「心靈」（Geist），是最高的眞實。

「絕對精神」是概念與存在的辯證的統一（即近來哲學界所爭論的思維和存在的同一），也就是主觀精神與客觀精神的辯證的統一。首先是主觀精神，即主觀方面的思想情感和理想。它的特點是內在的即潛伏於內心的，所以還是片面的、有限的。它外現於倫理、政治、法律、家庭、國家等等，這就成為它的對立面，即客觀精神，客觀精神是外在的、不自覺的，所以也還是片面的、有限的。只有主觀精神與客觀精神由對立而統一，才產生絕對精神。在絕對精神階段，精神（主體）才認識到它自己（客體或對象），認識主體同時是認識對象，所以它是主觀與客觀的統一。絕對精神顯現於藝術、宗教和哲學三階段。到了哲學，精神就發展到了它的頂峰，也就是眞實世界發展到了它的終點。

與此相關的還有「存在」的三種不同形式，須順帶地說明一下。理念在邏輯的抽象階段的那種存在只是「潛在」、「虛有」或「抽象的有」（sein），在自然的階段的那種存在是「自在」或「實有」（Ansichsein），而體現於人類精神的那種存在就是「自在又自為的」（**Ansich und fursich sein**）。所謂「自為」就是「自覺」、「自己認識到自己」。只有在自在自為的狀態，精神才是眞正「絕對的」、「無限的」、「自由的」、「獨立自足的」。

以上是黑格爾哲學的粗略的輪廓。他的客觀唯心主義的哲學體系和辯證法之間的基本矛盾主要地可以從兩點上見出：

第一，馬克思主義者從唯物觀點出發，首先肯定自然與社會存在的第一性。自然和社會（總而言之，客觀世界）依矛盾統一的辯證過程發展著，這辯證過程反映於人的意識，於是人對自然和社會的發展就有了主觀方面的認識，就有了科學和哲學。黑格爾卻不然。他從唯心觀點出發，首先肯定理念的第一性。他所謂矛盾統一的過程不是自然和社會的發展過程，而是理念的「自生發」過程，就是理念「生發」了自然，還生發了社會制度以及藝術、宗教和哲學等等。社會制度、科學、哲學、宗教、藝術等不是自然與社會發展的反映，而是絕對精神的顯現。哲學的發展本身就是眞實世界的發展，他雖然承認理念須經過與自然對立而達到統一，才變成具體的、眞實的。但是問題的關鍵正在於理念如何轉變爲自然，這也就是說，邏輯概念如何產生物質世界。馬克思在《神聖家族》裡對黑格爾想從理念產生自然的企圖作過極精闢的批判，其中有一句話是一針見血的：「要從現實的果實得出『果實』這個抽象的觀念是很容易的，而要從『果實』這個抽象的觀念得出各種現實的果實就很困難了。」③從現實的果實得到「果實」的抽象概念，這是人認識世界的正常程式，而黑格爾卻把這種本來由人用理智從事物抽象得來的概念定爲不依存於人的客觀存在的理念，以爲從這種抽象的理念就可以推演出可吃的果實以及整個客觀世界。這正是「首足倒置」。他的門徒費爾巴哈曾指出，這種倒置是由於把人的思維發展過程對象化爲客觀世界發展過程，彷彿它就是一種不依存於人的客觀存在，這正如宗教把人的理想對象化爲神一樣，都是幻想的結果。嚴格地說，黑格爾不但沒有達到理性世界和感性世界的統一，而且感性世界在他的體系裡根本不能存在，他始終沒有跳出他在《邏輯學》裡所描繪的那個理性世界的圈子。

其次，辯證發展的道理本來是他的哲學的支柱，合理的內核，但是由於要推演出一套完

③ 見《馬克思恩格斯全集》，第二卷，第七十一至七十五頁。

滿自足的理念體系，作爲推演出感性世界的根據，他就不得不要求有一種涵蓋一切的絕對的理念，成爲發展的終點，因此他的辯證發展是有止境的、只能應用於過去而不能應用於未來的。這就根本破壞了辯證發展的觀點，所以黑格爾的思想中不但存在著客觀唯心主義哲學體系與辯證法之間的嚴重的矛盾，而且就在他的辯證法本身也還存在著嚴重的矛盾。

但是這並不是說，黑格爾的哲學因此就應全盤推翻。辯證法的合理內核畢竟是不容抹煞的。恩格斯對於黑格爾作過最公允的評價。他說：「黑格爾的體系作爲體系來說，是一次巨大的流產……它還包含著不可救藥的內在矛盾。」，但是「他的巨大功績在把整個自然的、歷史的和精神的世界描寫爲一個過程，即把它描寫爲處在不斷的運動、變化、轉變和發展中，並企圖揭示這種運動和發展的內在聯繫。」④

黑格爾所作的是對於理念的抽象的邏輯的演繹，但是他所得的結論往往可以應用到自然和社會現象上去。所以馬克思和恩格斯說：「黑格爾常常在思辨的敘述中，作出把握住事物本身的、眞實的敘述。」⑤甚至黑格爾的有些錯誤的言論，如果從另一個角度去看，可以包含很深的眞理。例如黑格爾對於由理念產生自然的說法，我們在上文已經批判過，是極端錯誤的，列寧在《哲學筆記》裡對這個說法卻記下了這幾句話：「觀念的東西轉化爲實在的

④ 見《馬克思恩格斯選集》，第三卷，第六十四頁和六十三頁。

⑤ 見《馬克思恩格斯全集》，第一卷，第七十六頁。「思辯的敘述」指對於邏輯推演的論斷；「眞實的敘述」指對於眞實界的論斷。

東西，這個思想是深刻的，對於歷史是很重要的，並且就是從個人生活中可看到。這裡有許多眞理……」⑥列寧是從「意識反過來影響存在」或「精神轉化爲物質」那個馬克思主義觀點，在黑格爾的錯誤的言論中發現眞理的。這些評語對我們啓示了讀黑格爾（乃至於過去一切古典著作）的方法，即在錯誤體系中發現合理內核的方法。這就是毛主席所說的「去僞存眞，去粗取精」的方法。只有用這種方法，我們讀黑格爾的哲學（包括美學在內），才能「披沙揀金」。沙在那裡，金也在那裡；不應讓金把沙蒙蔽住，也不應讓沙把金蒙蔽住。

二、黑格爾美學的幾個基本觀點

我們既已就黑格爾的哲學體系和辯證法作了簡略的說明。現在進一步來說明他的美學就比較容易了。黑格爾美學的內容是極豐富的，這裡只能介紹他的下列七個比較關鍵性的觀點。

1. 美是理念的感性顯現

黑格爾的全部美學思想都是從一個中心思想生發出來的。這就是他的美的定義：

> 眞，就它是眞來說，也存在著。當眞在它的這種外在存在中是直接呈現於意識，而且它的概念是直接和它的外在現象處於統一體時，理念就不僅是眞的，而且是美的了。美因此可以下這樣

---

⑥ 列寧：《哲學筆記》，人民出版社，一九五七年版，第九十一頁。

的定義：「美就是理念的感性顯現。」——第一三八頁⑦

理念就是絕對精神，也就是最高的眞實，黑格爾又把它叫做「神」、「普遍的力量」、「意蘊」等等。這就是藝術的內容，就內容說，藝術、宗教和哲學都是表現絕對精神或「眞實」的；三者的不同只在於表現的形式。藝術表現絕對精神的形式是直接的，它用的是感性事物的具體形象，哲學表現絕對精神的形式是間接的，即從感性事物上升到普遍概念，它用的是抽象思維；至於宗教則介乎二者之間，它所藉以表現絕對精神的是一種象徵性的圖像思維（Vorstellung）⑧，例如用父子的圖像來表現神與基督一體，是用既含有個別形象又含有普遍概念的東西來表現普遍眞理。美的定義中所說的「顯現」（schein）有「現外形」和「放光輝」的意思，它與「存在」（sein）是對立的。比方說畫馬只取馬的外在形象，不把馬當作實際存在的可騎行的東西來看待。如果捨形象而窮究「存在」的實質，那就成爲哲學的抽象思考，就失去藝術所必有的「直接性」了。這種「顯現」就是一種自否定即自生發的辯證過程。「顯現」的結果就是一件藝術作品。在藝術作品中，人從一種有限事物的感性形象直接認識到無限的普遍眞理。人們常說，藝術寓無限於有限。這種說法其實

⑦ 本章引文頁碼均據黑格爾《美學》，第一卷。
⑧ 一般譯作「表象」或「觀念」。

就是黑格爾的美是理念的感性顯現的說法。黑格爾的定義肯定了藝術要有感性因素，又肯定了藝術要有理性因素，最重要的是二者還必須結成契合無間的統一體。拿中國目前文藝爲例來說，大多數文藝作品都體現社會主義建設總路線的精神，這種精神就是黑格爾所理解的「理念」或理性內容，這普遍的理性內容體現於不同作品的不同的感性形象。每一部成功的作品都是這個理念（總路線精神）的具體的感性顯現，都是理性與感性的辯證的統一。

黑格爾的這種理性與感性統一說在美學史上是帶有進步性的。西方美學自從一七五〇年鮑姆嘉通創立Aesthetik（美學）這門科學的稱號起，經過康德、施萊格爾、叔本華、尼采以至於柏格森和克羅齊，都由一個一線相承的中心思想統治著，這就是美只關感性的看法。美學的名稱Aesthetik這一詞的原義就是研究感覺的學問，是與邏輯對立的；這就是說，美只在感性形象上，美的享受只是感官的享受。這種思想發展到最後，就成爲克羅齊的直覺說。在這個潮流之中，黑格爾可以說是一個中流砥柱，他把理性提到藝術中的首要地位。他說得很明確：

> 藝術作品卻不僅是作爲感性的對象，只訴之於感性領會的，它一方面是感性的，另一方面卻基本上是訴之於心靈的，心靈也受它感動，從它得到某種滿足。
>
> ——第四十二頁

這裡的「心靈」，依黑格爾慣用的意義，是自覺的心靈活動，主要指「心智」（德文Geist

本有此義）。黑格爾這樣強調理性，意義是重大的。他肯定了思想性在藝術中的重要性，但是他同時也反對另一極端，即藝術的抽象公式化。他說：

藝術作品所提供觀照的內容，不應只以它的普遍性出現，這普遍性須經過明晰的個性化，化成個別的感性的東西。如果藝術作品不是遵照這個原則，而只是按照抽象教訓的目的突出地揭出內容的普遍性，那麼，藝術的想像的和感性的方面就變成一種外在的多餘的裝飾，而藝術作品也就被割裂開來，形式與內容就不相融合了。

——第六十頁

所以抽象的思想在藝術作品中雖是重要的，卻不應只是以抽象的思想出現，而應化成有血有肉的感性形象，這樣才能達到藝術所要求的理性與感性的統一。這一點在下文討論人物性格時還要談到。

其次，理性與感性的統一也就是內容與形式的統一，內容或意蘊就是理性因素，形式就是感性形象。⑨黑格爾說：

⑨ 把感性形象看作「形式」，與一般人把比例對稱變化整齊等看作「形式」不同。這是沿用席勒的用法。後來別林斯基也沿用這個用法。

遇到一件藝術作品，我們首先見到的是它直接呈現給我們的東西，然後再追究它的意蘊或內容。前一個因素——即外在的因素——對於我們之所以有價值，並非由於它所直接呈現的；我們假定它裡面還有一種內在的東西，——即一種意蘊，一種灌注生氣於外在形狀的意蘊。那外在形狀的用處就在指引到這意蘊。

——第二十二頁

這段話可以看作對康德的形式主義的批判。依康德，「純粹的美」只是「直接呈現」的外在因素，即藝術的外在形式。美的東西最好不帶意蘊，如帶意蘊，美就不是「純粹的」而是「依賴的」。這種學說其實就是「爲藝術而藝術」的文藝觀的哲學基礎。歐洲美學一直是由康德思想中形式主義一方面統治著的。黑格爾是孤立的，儘管他費盡氣力闡明理性內容在藝術中的首要地位，而在資產階級的美學和藝術實踐中，他的學說沒有發生多大影響，感性主義和形式主義一直在氾濫著。

另一點值得注意的是：黑格爾一方面強調內容與形式的一致，另一方面也強調內容的決定作用：

形式的缺陷總是起於內容的缺陷。……藝術作品的表現愈優美，它的內容和思想也就具有愈深刻的內在眞實。

——第八十九頁

第三，理性與感性的統一其實也就是主觀與客觀的統一。這裡有兩點需要說明。第一點是黑格爾把理性因素看作是主觀方面的。這與他強調理念的客觀性（客觀唯心主義的基礎）在表面上好像是互相矛盾的。但是這裡含著一個辯證的道理。就其作爲客觀世界的根源來說，理念是普遍的邏輯範疇，是萬事萬物後面的理，所以是客觀的，就其作爲人的生活理想和生活的推動力來說，絕對精神即理念同時也是主觀的。第三點是存在於人心中的理念（眞理認識、理想、願望）必須在現實世界中實現，否定它原來的片面性，才能變成統一的整體，這就是黑格爾的下面一段話的意思：

> 內容本來是主觀的，只是內在的；客觀的因素和它對立，因而產生一種要求，要把主觀的變爲客觀的，……而且只有在這完滿的客觀存在裡才能得到滿足。……按照它的概念，主體就是整體，不只是內在的，而且要在外在的之中，並且通過外在的，來實現這內在的。……只有藉取消這種自身以內的否定，生命才能變成對它本身是肯定的。經歷這種對立、矛盾和矛盾解決的過程是生物的一種大特權；凡是始終都是肯定的東西，就會始終都沒有生命。生命是向否定以及否定的痛苦前進的，只有通過消除對立和矛盾，生命才變成對它本身是肯定的。如果它停留在單純的矛盾上面，不解決那矛盾，它就會在那矛盾上遭到毀滅。
>
> ——第一一九至一二〇頁

一切有生命的東西都需經過主觀與客觀（即內在與外在）的矛盾和統一，包含藝術在內。

總觀以上三點，「美是理念的感性顯現」這句定義包括理性與感性的統一，內容與形式的統一以及主觀與客觀的統一三個基本原則，足見它有豐富的內容和高度的概括性。但是由於它的基礎是客觀唯心主義，它就必然具有客觀唯心主義在精神與物質的關係上所犯的首尾倒置的基本錯誤。如果我們回想起歌德所指出的「爲一般而找特殊」和「在特殊中顯出一般」的分別，黑格爾的美的定義所包含的缺點就更顯而易見，因爲他的出發點是一般而不是特殊，是抽象的理念而不是具體的現實生活，即歌德所說的「爲一般而找特殊」而不是「在特殊中顯出一般」，儘管他在討論人物性格時，也強調過人物性格應具有生動鮮明的個性，反對過抽象化。他的客觀唯心主義的出發點是抽象的理念，在這種哲學基礎上他就無法克服這個基本缺點。後來車爾尼雪夫斯基在《藝術與現實的審美關係》裡批判了黑格爾的美的定義，提出「美是生活」的定義來代替它，就把美學移置到唯物主義的基礎上，這是一個極大的功績，但是車爾尼雪夫斯基把理性內容與感性形式的統一這個合理內核也一併拋棄掉，卻是不正確的。他堅持藝術從生活出發，在這一點上他和歌德是一致的，但是他沒有理解歌德的「在特殊中顯出一般」的道理，所以他不能理解典型化在藝術中的重要性，而這一點黑格爾卻是理解得很清楚的。

2. 美學中實踐觀點的萌芽

黑格爾的主客觀統一的觀點包含著美學中實踐觀點的萌芽，這是應該特別提出的。爲著理解這個觀點，我們首先就要克服一般人在主客觀關係上所持的形而上學的看法。在一般人看來，我和外在現實世界是絕對對立的：是我就只是我，裡面不能有外在現實世界；是外在現實世界就只是外在現實世界，因其外在於我，裡面就不能有我。我們是依兩物體不能同時占同一空間那個機械律來看這問題的。所以這種看法是機械唯物論或二元論的看法。黑格爾卻不這麼看，他認爲外在現實世界是人的認識和實踐的對象；人在認識和實踐之中，就在外在現實世界打下了人的烙印，人把他的「內在的」理念轉化爲「外在的」現實；同時，人作爲心靈，就是他的認識活動和實踐活動的總和，也就是和外在世界由矛盾對立而轉化成的統一體。用他自己的話來說：

> 理想的完整中心是人，而人是生活著的。……屬於生活的主要地是周圍外在自然那個對立面，因而也就是和自然的關係以及在自然中的活動。……但是正如人本身是一個主觀性的整體，因而和他的外在世界隔開，外在世界本身也是一個首尾貫串一致的完備的整體。但是在**這種互相隔開的情況，這兩種世界卻仍保持著本質性的關係，只有在它們的關係中，這兩種世界才成爲具體的現實，表現這種現實就是這種藝術理想的內容**。
>
> ——第三〇五至三〇六頁

可見脫離外在世界的人，和脫離人（主體）的外在世界，都是抽象的，不眞實的，只有二者的統一體才是眞實的。統一的聯繫是「生活」，而「生活」就是認識活動和實踐活動。下面兩段話說得更清楚：

> 有生命的個體一方面固然離開身外實在界而獨立，另一方面卻**把外在世界變成爲他自己而存在的**：**它達到這個目的**，**一部分是通過認識**，即通過視覺等等，**一部分是通過實踐**，使外在事物服從自己，利用它們，吸收它們來營養自己，因此在他的「另一體」裡再現自己。
>
> ——第一五五頁

> 只有在人把他的心靈的定性納入自然事物裡，把他的意志貫徹到外在世界裡的時候，自然事物才達到一種較大的單整性。因此，**人把他的環境人化了**，使那環境可以使他得到滿足，對他不能保持任何獨立自在的力量。
>
> ——第三一八頁

這裡特別值得注意的是「人把他的環境人化了」這個深刻的概念。在成了人的認識和實踐的對象時，自然就已不復是單純的生糙的自然，而是與人結成統一體的自然了。另一方面，人在「人化」他的環境的過程中，就是把他的能力、理想和意志（理念）體現在那「人化」的環境中，使他自己得到「實現」、「生展」或「肯定」。因此，人也不復是單純的抽象的人，而是與自然結成統一體的人了。黑格爾是這樣說明這個道理的：

> 人還通過實踐的活動，來達到爲自己，因爲人有一種衝動，要在直接呈現於他面前的外在事物之中實現他自己，而且就在這實踐過程中認識他自己。人通過改變外在事物來達到這個目的，在這些外在事物上面刻下他自己內心生活的烙印，而且發現他自己的性格在這些外在事物中複

現了。

——第三十六至三十七頁

在這裡黑格爾所說的顯然就是人在改造世界的同時也改造自己的道理，也就是在這種過程中黑格爾見出藝術的根源：

例如一個男孩把石頭拋在河水裡，以驚奇的神色去看水中所現的圓圈，覺得這是一個作品，在這作品中他看出他自己活動的結果。這種需要（把內在的理念轉化爲外在的現實，從而實現自己——引者注）貫串在各種各樣的現象裡，一直到藝術作品裡的那種樣式的在外在事物中進行自我創造。

——第三十七頁

很顯然，黑格爾在這裡是把藝術和人的改造世界從而改造自己的勞動實踐過程聯繫在一起的。在這裡我們看到美學的實踐觀點的萌芽。這是黑格爾美學思想的最基本的合理內核。馬克思在〈爲神聖家族寫的準備論文〉裡就特別指出了這一點：

黑格爾把人的自我產生（即「自我實現」、「自我創造」或「自肯定」——引者注）看作一種過程……這就是說，他看出了勞動的本質，他把對象性的人，眞正現實的人，看作他自己勞動

的產品。

這就是說，黑格爾見出勞動的本質在於人在自然中實現自己。但是馬克思也指出黑格爾在這個問題上的侷限性：「黑格爾只知道而且只承認勞動的一種方式，即抽象的心靈的勞動。」黑格爾在談到英雄時代時，也屢次提到物質生產的體力勞動，但是他基本上是把人的自我實現看成是「理念」的自生展或「外化」，所以馬克思說他只承認「抽象的心靈的勞動」，是符合黑格爾思想的基本精神的。因爲站在客觀唯心主義基礎上，不能把實踐理解爲物質生產的體力勞動，黑格爾就無法充分發展他所隱約見到的美學上的實踐觀點。只有到馬克思在《經濟學——哲學手稿》和《資本論》裡把藝術和物質生產的體力勞動聯繫在一起，美學上的實踐觀點才眞正建立起來，⑩這樣，美學便由客觀唯心主義的基礎上，移置到堅實的辯證唯物主義的基礎上。在這個新的基礎上，黑格爾美學中一些重要的思想，例如對於人與自然、理性與感性，以及認識與實踐的辯證的看法，就通過批判而獲得了新的生命。

3. 藝術美與自然美

黑格爾在《美學》裡一開始就宣布他「所討論的並非一般的美，而只是藝術的美」，並且認爲美學的正當名稱應該是「藝術哲學」。把美學的範圍這樣界定，他「就把自然美除開了」。資產階級美學家們批評到黑格爾時，大半都責備他忽視自然美。其實黑格爾並沒有忽

---

⑩ 參看本書第二十章（二）。

視自然美，在第一卷討論美的基本原理的三章之中就有一章（第二章）專講自然美；而且從「美是理念的感性顯現」這個定義看，黑格爾所了解的藝術必然要有自然爲理念的對立面，才能造成統一體（「自然」在他的美學裡有各種別名，例如「感性因素」、「外在實在」、「外在方面」等）。不過黑格爾輕視自然美，這確是事實。他說得很明確：

> 我們可以肯定地說，**藝術美高於自然**。因爲藝術美是由心靈產生和再生的，心靈和它的產品比自然和它的現象高多少，藝術美也就比自然美高多少。（重點引者加）
>
> ——第二頁

他並且聲明這裡說的高低還不僅是一種量的分別，而是一種質的分別，因爲

> 只有心靈才是眞實的，只有心靈才涵蓋一切，所以一切美只有涉及這較高境界而且由這較高境界產生出來時，才眞正是美的。就這個意義來說，**自然美只是屬於心靈的那種美的反映**，它所反映的是一種不完全、不完善的形態。（重點引者加）
>
> ——第三頁

從此可知，黑格爾對於自然美的輕視，是從「理念的感性顯現」這個美的定義所產生出來的。據定義，美是顯現理念即絕對精神的，所以它是無限的、自由的、獨立自在的；而自然

卻是有限世界，它是相對的、沒有自由和獨立自在性的。所以單純的自然根本就納不進美的定義裡去。這個分別的根源在於：自然只是「自在」的，它認識不到它自己的存在，而理念作爲絕對精神，特點就在「自在自爲」，就在自己認識到自己，自然的自在的存在只是「直接的、一次的」，「人作爲心靈，卻複現他自己，因爲他首先作爲自然物而存在，其次他還爲自己而存在，觀照自己、認識自己、思考自己，只有通過這種自力的存在，人才是心靈」（第三十六頁）。藝術美正是心靈的這種「觀照自己」的「自爲」活動所產生的，他所說的「藝術美是由心靈產生和再生的」，指的就是既自在（產生）而又自爲（再生）。只是「自在」而不能「自爲」的自然，也就當然不能有符合上述定義的美了。因此，黑格爾說：「任何一個無聊的幻想，它既然是經過了人的頭腦，也就比任何一個自然的產品要高些，因爲這種幻想見出心靈活動和自由。」（第二頁）

但是黑格爾也並非完全否認自然美，自然既然是邏輯概念的「另一體」，是精神這個統一體裡的一個否定面，它就有不同程度的抽象的精神或理念的顯現，也就有不同程度的美，儘管這種美還是不完善的。自然界有限事物是由低到高，逐漸上升的。最低的是無機物，即礦物界，其次是有機物，而有機物之中又由植物界上升到動物界，動物界之中又由低級動物上升到人。在這逐級上升的過程中，精神的作用顯現得愈多，單純物質的作用就愈少，美的程度也就愈高。這裡所謂精神的作用，是指灌注生氣於各個別部分使它們顯出是一個統一體的那種作用。黑格爾把這種作用叫做「內在的」、「主觀的」、「觀念性的統一」，實即有機體之所以成爲有機體的內因。

姑且從無機物說起。比如一堆石頭只是雜多的石頭堆集在一起，每塊石頭是獨立的，與全堆無必然的內在聯繫，添上幾塊或是拿去幾塊，並不能影響石堆之爲石堆，這石堆就缺乏生命或是靈魂（內在的、主觀的、觀念性的統一），來使這堆亂石形成一種生氣灌注的不可分解的整體，而只是單純的物質在起作用，所以不能有美。

有機物就不如此。比如一匹馬也現出雜多的部分如四肢五官等，但是這些雜多的部分卻不像一堆亂石，而是令人一眼就看到它們是一個有機體之中的彼此分立而又互相緊密聯繫的部分。它們是一個統一體，一匹完整的馬。馬之有別於石堆的就在它有生命，生命就是它的「觀念性的統一」，它灌注生氣於全體和每一部分，因此每一部分是統一體的不可少的一部分。用黑格爾的話來說：

> 只有在這種有機組織裡，概念（上文「生命」）的觀念性的統一才出現在各個部分裡（如馬的四肢五官），作爲它們的支柱和內在的靈魂。到了這步，概念才不沉沒在實在裡（例如上文的石堆），而是作爲內在的同一和普遍性（抽象概念的生命）而轉化爲存在（實在的馬在全體各個部分所現出的生命）。（括弧中注是引者加的）
>
> ——第一四八頁

生命是有機體的概念，是內在的統一。這種內在的統一既然不能「沉沒在物質裡」，就須顯現爲外在的統一。黑格爾說：

這種主觀的統一在有機的生物身上表現爲情感。在情感和情感表現裡，靈魂顯出自己是靈魂……在發生情感的靈魂及其情感的表現流露於這些部分（身體各部分——引者注）時，無處不在的內在的統一就顯現爲對各部分只是實在的獨立自在性的否定，這些獨立自在的部分現在就不只是表現它們自己，而是表現灌注生氣給它們的發生情感的靈魂。

——第一六〇頁

只有在有機物的階段，自然才現出灌注生氣於全體各部分的「觀念性的統一」，因此才可以有美。因此，黑格爾替自然美所下的定義是：

我們只有在自然形象的符合概念的客觀性相之中（即概念與實在的統一體之中）見出受到生氣灌注的互相依存的關係時，才可以見出自然的美。這種互相依存的關係是直接與材料（即感性素材，如形狀、顏色、聲音等）統一的，形式就直接生活在材料裡，作爲材料的本質和賦予形狀的力量。（括弧中注是引者加的）

——第一六四頁

從此可知，黑格爾採取了美是「寓雜多於整一」的看法，石堆只是雜多，有生命的東西才見出整一（如馬），使雜多成爲整一的正是「生命」、「精神」或「理念」的通體貫注，即黑格爾所說的內在的觀念性的統一。

「自然美的頂峰是動物的生命」（第一六六頁）。但是縱然達到了頂峰，自然美還是有缺陷的，原因在於動物只是「自在」的而不是「自為」的，還沒有自己對自己的認識。「動物的生命不能看到自己的靈魂……動物的靈魂不是自為地成為這種觀念性的統一，假如它是自為的，它就會把這種自為存在的自己顯現給旁人看」（第一六七頁）。換句話說，動物只能使旁人見出它的不完全的美，還不能自覺美，還不能由自己創造美的形象給旁人看。所以黑格爾說：

由於理念還只是在直接的（自在的非自為的——引者注）感性形式裡存在，有生命的自然事物之所以美，既不是為它本身，也不是由它本身，為著要顯現美而創造出來的。自然美只是為其他對象而美，這就是說，為我們，為審美的意識而美。

——第一五六頁

由於自然美有這種缺陷，藝術美才有必要。「藝術的必要性是由於直接現實有缺陷」（第一九一頁）。藝術才是由心靈自為地把理念顯現於感性形象，才真正見出自由與無限。黑格爾很形象化地說：「藝術也可以說是把每一個形象的看得見的外表上的每一點都化成眼睛或靈魂的住所，使它把心靈顯現出來……人們從這眼睛裡就可以認識到內在的無限的自由的心靈。」（第一九三頁）

黑格爾還提到像寂靜的月夜、雄偉的海洋那一類「感發心情和契合心情」的自然美，只淡淡地解釋了一句說：「這裡的意蘊並不屬於對象本身，而是在於所喚醒的心情」（第一六六頁）。這就是後來幾乎統治德國美學思想的「移情作用」。黑格爾並沒有在這上面再做文章，足見他對此並不重視。他的門徒費肖爾父子才發揮這個觀點，成爲移情說。

如上所述，黑格爾對自然美的輕視是「理念的感性顯現」那個定義的必然的結論。此外還有一個很深刻的原因：他所處的時代是浪漫主義興起的時代，而浪漫主義的特徵之一是崇拜自然，對自然的崇拜特別是在反動的浪漫主義者的心目裡，含有濃厚的泛神主義的神祕色彩。黑格爾輕視自然美，是與他一貫反對反動的浪漫主義的鬥爭分不開的。他的藝術理想是希臘古典藝術的理想，而希臘古典藝術的基本精神是人本主義的。黑格爾美學的基本精神也是人本主義的。我們應該從這上面認識他的進步性。

黑格爾的人本主義表現在他把人看成幾乎是藝術的唯一對象。藝術在表現自然美時，也不是因爲自然本身而是因爲自然表現了人的活動和人的性格。這個觀點他在談荷蘭畫時說得最明確。荷蘭畫所表現的是平凡的自然，但是這種平凡的自然並不是因爲它本身而有價值，它之所以成爲藝術創造和欣賞的對象，是因爲它反映出荷蘭人民對自己經過英勇鬥爭而獲得的自由與繁榮所感到的快慰與驕傲（第二一〇至二一一頁）。所以荷蘭畫所表現的自然美畢竟還是「屬於心靈的那種美的反映」。

這個看法是與上文所說的實踐觀點一致的。與此密切相關的是黑格爾反對用自然主義的方式去「摹仿自然」，他責備這種創作方法說：

總是那些老故事，夫妻、子女、工資、開銷、牧師的依賴性、僕從祕書的陰謀詭計，以致主婦和廚房女傭人的糾葛，女兒在客廳裡多情善感的勾當——這一切麻煩和苦惱，每個人在他自己家裡都可以看到，而且比在戲劇裡所看到的還更好更眞實些。

——第二〇二頁

藝術並不是這樣毫無選擇，原封不動地把日常生活搬上舞臺，「它要把現象中凡是不符合事物眞正概念的一齊拋開，只有通過這種清洗，它才能把理想表現出來」（第一九五頁），「理想就是從一大堆個別的偶然的東西之中所揀回來的現實」（第一九六頁）。藝術要「抓住事物的普遍性」（第二〇六頁），要對事物加以「觀念化」（第二〇九頁）或理想化。「詩所提煉出來的永遠是有力量的、本質的，顯出特徵的東西，而這種富於表現性的本質的東西正是理想性的東西」。這樣把帶有普遍性的本質的東西「提煉」出來，把偶然的無關要旨的東西「清洗」出去，結果才會使作品中一切個別方面都能完全體現出「基本意蘊」，「不剩下絲毫空洞無意象的東西」（第二一五頁）。這樣塑造出的人物就是「活的個性」。從這一切看，黑格爾所提出來的基本上符合現實主義的文藝觀點，對當時初露萌芽的自然主義的傾向進行了批判。

4. 藝術的發展史：類型與種類的區分

黑格爾對於藝術發展史的看法也是由「理念的感性顯現」那個美的定義推演出來的。藝術是普遍理念與個別感性形象，即內容與形式，由矛盾對立而統一的精神活動。但是這兩對立面的完全吻合只是一個理想，而事實上它們之間卻有不同程度的吻合。因此藝術就分成三種類型（Kunstform），即象徵型、古典型和浪漫型：每個類型之下又分若干種類（如建築、雕刻、音樂、詩歌等）。在歷史發展中每個階段都有它的獨特的藝術類型和藝術種類。

最初的類型是象徵型藝術，在這個階段，人類心靈力求把它所朦朧認識到的理念表現出來，但是還不能找到適合的感性形象，於是就採用符號來象徵，例如基督教以三角形這個符號來象徵神的三身一體的概念，符號和它所象徵的概念之間有些相同，否則就不能起象徵作用：也有些不相同，否則內容與形式恰相吻合，就失其爲象徵。由於有些不相同，從形式就不能明確地見出內容，所以象徵藝術都有些曖昧，有些神祕的性質。典型的象徵藝術是印度、埃及、波斯等東方民族的建築，如神廟、金字塔之類。這種藝術的一般特徵是用形式離奇而體積龐大的東西來象徵一個民族的某些抽象的理想，所產生的印象往往不是內容與形式諧和的美，而是巨量物質壓倒心靈的那種崇高風格（sublime）。

形式總是由內容決定的，象徵藝術的物質形式和精神內容之所以不調和，正由於它的精神內容本身還不是具體的而是抽象的，例如印度婆羅門教的「梵」是一種沒有任何定性的渾然太一，由它本身推演不出任何具體形象來，於是就憑偶然的聯繫，把牛猴之類動物當作「梵」的體現來崇拜。原始東方民族對於精神內容之所以沒有具體的認識，是由於他們還沒有完全達到絕對精神既是認識主體又是認識對象那種自覺階段。只有在精神（或心靈）由主體轉到客體或對象，再由主客體的對立而回到主客體統一時，對精神內容的具體認識才有可能，因此藝術理想也才有可能實現，象徵藝術在這方面還有缺陷，所以到了一定發展階段，它就要解體，讓位給較高類型的藝術。

這較高類型就是古典藝術，到了古典藝術，精神才達到主客體的統一，精神內容和物質形式才達到完滿的契合一致（這就是說，精神內容中沒有什麼沒有表現出來的，而物質形式中也沒有什麼是無所表現的）。因此，認識到感性形象也就同時很明確地認識到它所顯現的理念。典型的古典型藝術是古希臘雕刻。這種藝術恰恰符合黑格爾的美的定義，所以他把古典藝術看作最完美的藝術。古希臘雕刻所表現的神不像埃及、印度的神那樣抽象，而是非常具體的。神總是作爲人表現出來的，因爲人首先是從他本身上認識到絕對精神，而同時人體既是精神的住所，也就是精神的最適合的表現形式。在人體形象裡，神由普遍性而轉入個別形體，但是雖在個別形體裡，神還要保持他們的普遍性，所以古典藝術的特點在於靜穆和悅，雕刻最適宜於表現這種靜穆和悅，因爲它只表現靜態而不表現動作。

但是精神是無限的、自由的，而古典藝術所藉以表現神的人體形狀畢竟是有限的、不自由的。這個矛盾就導致古典藝術的解體。接著來的是浪漫型的藝術。在浪漫藝術裡，無限的心靈發現有限的物質不能完滿地表現它自己，於是就從物質世界退回到它本身，即退回到心靈世界。這樣，浪漫藝術就達到與象徵藝術相反的一個極端，象徵藝術是物質溢出精神，而浪漫藝術則是精神溢出物質。這也就是說，浪漫藝術在較高的水準上又回到象徵藝術的內容與形式的失調。所以就無限精神的伸展來說，浪漫藝術處於藝術的最高的發展階段，但是就藝術的內容與形式一致來說，古典藝術終於是最完美的藝術。

典型的浪漫藝術是近代歐洲的基督教的藝術（注意：黑格爾所謂浪漫藝術比一般文學史

家所說的浪漫主義意義較廣，起來也較早。狹義的浪漫主義起於十八世紀末，黑格爾的浪漫藝術起於中世紀），在浪漫藝術裡，精神回到它本身，這就是說，有自意識的人回到他的「自我」，所以浪漫藝術的特點之一是把「自我」抬到很高的地位，它的主觀性特別突出。近代藝術中的人物性格不像古代人物那樣體現普遍的倫理、宗教或政治的理想，而主要地是體現私人的意志和願望。近代藝術中的衝突主要地是性格本身分裂的衝突，即內心方面的衝突。它所表現的不是古典藝術的那種靜穆和悅，而是動作和情感的激動，浪漫的靈魂是一種分裂的靈魂，所以古典藝術經常避免的罪惡、痛苦、醜陋之類反面東西在浪漫藝術裡卻找到了地位。

總觀黑格爾關於藝術史發展的看法，其中有一個總的概念，是和他的客觀唯心主義哲學系統分不開的，這就是藝術愈向前發展，物質的因素就逐漸下降，精神的因素就逐漸上升。象徵藝術是物質超於精神，古典藝術是物質與精神平衡吻合，浪漫藝術則轉到精神超於物質。就浪漫藝術本身的發展來說，也是精神逐漸超於物質。浪漫藝術的主要種類是繪畫、音樂和詩歌。繪畫比起雕刻受物質的束縛已較少，因爲它只表現平面而不表現立體，但究竟還不能脫離空間的限制。音樂就前進了一步，它不表現空間而只表現時間，就更多地脫離物質的束縛了，但在時間上先後承續的音調究竟還是物質的現象。至於詩歌——最高的浪漫型藝術——則更前進了一步，它不用事物形體而用語言，語言並不直接圖繪事物形象，像圖畫那樣，而是起一種符號作用，間接喚起「心眼」中的意象和觀念，所以詩歌所表現的主要是觀念性或精神性的東西，物質的因素已消滅到最低限度。但是詩歌畢竟還未脫藝術範圍，因爲它畢竟還是對世界的感性掌握，感性對象畢竟只是事物形象，還不是抽象概念。精神超於物質畢竟是內容與形式的分裂。依黑格爾看，這種分裂不但導致浪漫藝術的解體，而且也要導致藝術本身的解體。到了浪漫時期，藝術的發展就算達到了高峰，人就不能滿足於從感性形象去認識理念，精神就要再進一步脫離物質，要以哲學的概念形式去認識理念。這樣，藝術最後就要讓位給哲學。

藝術是否從此就要達到發展的止境，宣告滅亡呢？黑格爾的回答是這樣：

> 我們儘管可以希望藝術還會蒸蒸日上，日趨於完善，但是藝術的形式已不復是心靈的最高需要了，我們儘管覺得古希臘神像還很優美，天父、基督和瑪利亞在藝術裡也表現得很莊嚴完美，但是這都是徒然的，我們不再屈膝膜拜了。
>
> ——第一二七頁

這個答案並不像一般哲學史家和美學史家說得那麼絕對（他們認爲黑格爾斷定藝術終要滅亡），而是有些含糊。這種含糊顯出他的矛盾。從一方面看，他的不澈底的辯證邏輯把發展看成是有止境的，同時，如下文還要談到的，他對資產階級社會情況不利於藝術發展有銳敏的認識，這也使他推論到藝術會從此一蹶不振。但是從另一方面看，他也認爲歌德和席勒的早年的詩歌是「在近代現實情況中恢復已經喪失的藝術的形象的獨立自足性」而加以讚賞（第二四二頁），而且在討論史詩發展時，他看到小說這個新起的形式代表「近代社會的史詩」，前途有「無限的機會」，「在旨趣、情境、人物性格和生活關係各方面顯得豐富多彩，具有整個世界的廣大背景」（《美學》第三卷）。從此可知，他也彷彿見到已喪失的東西有恢復的可能，而且每個新的時代都有相應的新的藝術形式，來代替舊形式。他的三種藝術類型的代謝本來就可以使他把這個道理看得更清楚些。但是由於他受了他的不澈底的辯證邏輯的束縛，而且對於資本主義社會以後的社會毫無預見，所以在藝術將來命運問題上露出他的深刻的矛盾。

黑格爾對於藝術史的最大功績在於他不但肯定藝術是發展的，而且把這種發展和經濟、政治、倫理、宗教等「一般世界情況」聯繫在一起來看，認爲是有規律可尋的，他以前的藝術史家還不曾有人有過這樣廣闊的視野和深刻的分析。但是由於客觀唯心主義哲學系統的限制，由於他的辯證邏輯不澈底，由於當時德國文化中庸俗市民傾向，他的見解有時不但是死板的，錯誤的而且是反動的，他把藝術的黃金時代擺在過去，對藝術未來的遠景存在著悲觀，把自然和藝術的演變都看成精神逐漸克服物質的演變，這些都是他的基本錯誤。他的死板處見於他對三種類型藝術的劃分，彷彿藝術發展都是按照他的正反合的公式進行的。其實他自己也承認，古典時代可以有象徵時代的建築，浪漫時代可以有象徵時代的建築和古典時代的雕刻，較後階段的藝術類型也可以出現於較早的時代，例如圖畫、音樂和詩歌在象徵時代和古典時代也都久已具備。從此可知藝術的豐富的史實不能盡納入簡單的刻板的公式。黑格爾的反動處特別表現於他的狹隘的民族主義。他對東方藝術是輕視的，在他看來，歷史的發展彷彿是東方爲西方作準備，而西方又爲普魯士作準備，不但普魯士的君主專制是理想的政體形式，普魯士的哲學在他自己身上達到世界哲學的高峰，而普魯士的詩歌也是世界文藝發展的頂點和止境。這種思想對德國軍國主義和法西斯主義的發展是有直接影響的。

5. 人物性格與環境的辯證關係：情致說

黑格爾把人看作藝術的中心對象，所以人物性格的描寫成爲藝術創作的主要部分，他在《美學》第一卷第三章裡著重地討論了人物性格的問題。

與當時資產階級的個人主義和唯我主義的文藝思想潮流相反，黑格爾從來不把文藝中的人物當作孤立的個人看待，總是把他們看作社會歷史環境的產品，人物行動的推動力不是什麼個人的幻想和癖性，而是每個時代的社會力量。

這裡有三個重要的術語先須交代明白，這就是「一般世界情況」、「情境」和「情致」。「一般世界情況」（Der Weit zustand）是「藝術中有生命的個別人物所藉以出現的一般背景」（第二四四頁），是「把心靈現實的一切現象都聯繫在一起的」，即「教育、科學、宗教乃至於財政、司法、家庭生活以及其他類似現象的情況」；總之，它就是某特定時代的一般物質生活和文化生活的背景。從客觀唯心主義出發，黑格爾特別著重某特定時代所流行的倫理、宗教、法律等方面的信條或理想，把它們叫做「普遍力量」，其實也就是他所了解的抽象的「理念」。這種「一般世界情況」是普泛的，對於同一歷史時代的大多數人是共同的，如果要它在某個別人物身上起作用，它就要經過「具體化」，「在這種具體化過程中，就揭開衝突和糾紛，成爲一種機緣，使個別人物現出他們是怎樣的人物」（第二四五頁）。黑格爾把這種「特殊的」，揭開衝突，引起動作，顯現性格的「機緣」叫做「情境」

（Die Situation）。「情境」是「一般世界情況」具體化成的推動人物行動的客觀環境，可以說是人物行動的「外因」，「一般世界情況」中的「普遍力量」還要在個別人物身上具體化爲推動行動的「內因」，即「普遍力量」或人生理想所形成的主觀情緒，或人生態度，黑格爾把它叫做「情致」（Pathos）。「情致」就是「存在於人的自我中而充塞滲透到全部心情的那種基本的理性的內容」（第二八八頁）。這種內容爲數不多，就是「戀愛、名譽、光榮、英雄氣質、友誼、親子愛之類的成敗所引起的哀樂」（第二九〇頁）。以莎士比亞的《哈姆雷特》爲例來說，這部悲劇所表現的「一般世界情況」是文藝復興時代的文化背景（儘管這位丹麥王子是中世紀的人物），「情境」是王子的母親和叔父通姦，把父親謀殺了那一個具體事件，「情致」是王子在計畫報仇中由於他的人生觀和倫理觀念所形成的那種複雜的心情。就是外在的「情境」引起內在「情致」的矛盾和衝突，構成了這部悲劇情節發展的推動力。這種「情致」說後來在別林斯基的美學思想裡得到了進一步的發展，詳見下章。

黑格爾的功績在於指出個人性格與一般社會力量的具體的統一，人物性格的發展起於矛盾衝突，以及在這種發展中內因與外因的辯證關係。但是他的辯證觀點和他的客觀唯心主義的哲學系統之間的矛盾在這裡顯得很突出。他一方面承認個人的「情致」決定於「一般世界情況」中的「普遍力量」，而「一般世界情況」是隨歷史發展的，另一方面卻認爲這種「情致」或「理性內容」是些普遍永恆的理念。這就是自相矛盾。如果從馬克思主義的階級觀點和發展觀點去看，黑格爾的錯誤當然就更明顯。黑格爾的永恆理念說就是文藝理論中的「人性論」的來源之一。

「一般世界情況」具體化爲客觀方面的「情境」，「普遍力量」具體化爲主觀方面的「情致」，這樣就引起矛盾衝突，激起行動，推動人物性格的發展。黑格爾把「獨立自足性」看作是理想的人物性格所必有的主要特徵，所謂「獨立自足」並非脫離社會而孤立，而是能掌握環境，能憑自己的力量去發出行動，能對自己的行動負責，能決定自己的命運。這樣的人物性格才能既鮮明而又堅強有力。這種具有「獨立自足性」的理想的人物性格只有在理想的環境裡才能形成。依黑格爾看，理想的環境是「英雄時代」即史詩時代的一般世界情況。在「英雄時代」，人物是比較獨立自由的。首先就個人對社會的關係來說，「英雄時代」的文化還處在生長期，社會上的道德觀念還沒有僵化爲刻板式的法律秩序，「個人自己就是法律」（第二三一頁），這就是說，他可以憑自己的判斷，抉擇自己所要做的事。同時，他也「意識到自己與他所隸屬的那個倫理的社會整體處於實體性的統一」（第二三五頁），這就是說，他認識到自己是一定社會的成員，能把這社會中所流行的道德理想作爲自己的道德理想。因此他一方面依存於社會，接受社會的理想。另一方面又不受社會限制，能憑自己的認識對行動是否符合這種理想下判斷，能憑自己的意志去實現這種理想。例如古希臘大力士海克力士就是一個具有這種「獨立自足性」的性格的。他是一個「維護正義與公道的戰士，具有完備的獨立自足的能力和精力，爲著實現正義與公道，他出於自己意願的自由選擇，承擔了無數辛苦的工作」（第二三二頁）。

其次，在「英雄時代」，就人對周圍物質世界的關係來說，生產方式還是原始的，主要是單幹的，每個人都要進行體力勞動，來生產自己的生活必須品。黑格爾從荷馬史詩裡舉過一系列的例子證明當時一些著名的英雄都進行生產勞動：

例如阿伽門農的王杖就是他的祖先親手雕成的傳家寶，尤利西斯親自造成他結婚用的大床，阿基里斯的著名的武器雖不是他自己的作品，但也還是經過許多錯綜複雜的活動，因爲那是火神赫斐斯托斯受特提斯的委託造成的。總之，到處都可見出新發明所產生的最初歡樂，占領事物的新鮮感覺和欣賞事物的勝利感覺，一切都是家常的，在一切上面人都可以看出他的精力，他的雙手的伶巧，他的心靈的智慧或是他的英勇的結果。只有這樣，滿足人生需要的種種手段才下降爲僅是一種外在的事物；我們還看到它們的活的創造過程以及人擺在它們上面的活的價值意識。

——第三二四頁

換句話說，通過勞動實踐來生產自己所需要的東西，人「就感覺到它們（外在事物）都是由他自己創造的，因而感覺到所要應付的這些外在事物就是他自己的事物，而不是在他主宰範圍以外的疏遠化了的事物」（第三三三頁）。「人把他的環境人化了」（第三一八頁）。這樣，人才能是自然的主宰，而不受制於自然，人與自然的關係是調和統一的。在這種關係中，人才有獨立自足性。

黑格爾的這番關於「英雄時代」的理論是極端重要的。第一，他是把「英雄時代」經濟落後狀態和文藝的繁榮聯繫在一起來看的。就從這一點，馬克思後來發展出文藝與經濟發展不平衡的規律⑪，其次，他是把藝術活動和勞動實踐聯繫在一起來看的。可惜這個觀點受到他的唯心主義哲學的限制，沒有得到發揮。一般地說，像馬克思所指出的，黑格爾是把勞動限於腦力勞動的。其三，他在討論人與自然的關係時，提出了人所創造的事物對於人不是「疏遠化的」，以及「人把他的環境人化了」兩個重要觀念。馬克思在《經濟學——哲學手稿》裡所闡明的「勞動異化」（「異化」即「疏遠化」，馬克思指出在資本主義社會，人的勞動體現於產品，隨著產品而「異化」到資本家那裡去，成爲自己的敵對力量，這是私有制的起源，也是近代文化衰朽的根源）和「人化的自然」（在生產勞動起來以後，自然經過人的改造，就體現了人的本質力量和人的願望）兩個重要的原則就是批判地接受了而且發揮了黑格爾在這裡約略提到的「疏遠化」與「人化」的觀念。

與「英雄時代」對立的有兩種世界情況，黑格爾認爲都不適宜於形成具有「獨立自足性」的人物性格，因而不利於文藝。一種是「牧歌式的情況」，即西方從古希臘羅馬以來牧歌體詩人和作家們所描寫的那種空想樂園的情況。在這種情況裡，自然能「滿足人所感到的一切需要，無須人去費什麼勞力」。黑格爾說：

對於一個完全的人來說，他必須有較高尚的要求，不能滿足於與自然相處相安，滿足於自然

---

⑪ 參看《馬克思恩格斯選集》，第二卷，第一一二至一一四頁。

的直接產品。他不應降低到這種牧歌式的生活，他應該工作（勞動）。——第三二一頁

「這種鄉村牧歌式的生活和人生一切意義豐富深刻的複雜的事業和關係，都失去了廣泛的聯繫」，所以「不能引起多大興趣」，儘管人在這種生活情況裡可以有若干「獨立自足性」，卻不適宜於藝術，因爲它所形成的人物性格顯不出較高尚的理想，沒有理想的人物性格所應有的那種頑強堅定。

另一種是「散文氣味的現代情況」，即資產階級的社會情況。在這種情況裡，一切個人與社會的關係都已凝定而且僵化爲刻板式的「法律秩序」，孤立的個人在這種社會中是渺小的，不自由的。他「須服從這種不依存於主觀意圖的國家所表現的客觀理性」，他的行動大半取決於外因，不能見出他自己的自由選擇，因此自己對它也不能負多大責任，成不是他的功，敗也不是他的過。因此，在這種社會裡，個人與社會處於對立地位，不能體現個人行動與社會理想的統一，所以不適宜於充當文藝作品中的理想的人物性格。黑格爾在這裡見出資本主義社會中個人與社會的脫節，但尤其重要的是他還見出近代生產方式與文藝之間的矛盾。他對資本主義社會作了如下的描繪：

需要與工作以及興趣與滿足之間的寬廣關係已完全發展了，每個人都失去了他的獨立自足性而對其他人物發生無數的依存關係。他自己所需要的東西或完全不是他自己工作的產品，或是只

有極小一部分是他自己工作的產品，還不僅此，他的每種活動並不是活的，不是各人有各人的方式，而是日漸採取按照一般常規的機械方式，在這種工業文化裡，人與人互相利用，互相排擠，這就一方面產生最酷毒狀態的貧窮，一方面產生一批富人。

——第三二二頁

但是無論是窮人還是富人，都感覺到「自己周圍的東西都不是自己創造的」，都失去了對外在世界的主宰，因而都失去了藝術中理想性格所必須具有的「獨立自足性」，他在這裡指出了剝削制以及資本主義生產方式中的分工制對於藝術的惡劣影響。

在上一節研究黑格爾關於藝術發展史的看法時，我們見過，他認爲藝術到了浪漫型出現以後，由於精神溢出了物質，理念溢出了感性形象，就要導致藝術本身的解體，藝術就要讓位於哲學。在考察「一般世界情況」時，黑格爾又從近代資本主義社會的具體事實來論證他的藝術衰亡論。在這裡我們一方面可以見出黑格爾的思想深刻處，他見出近代資本主義社會與藝術發展之間的矛盾，正是根據這種矛盾，馬克思闡明了他的著名的論斷：「資本主義生產對於某些精神生產部門是敵對的，例如對於藝術和詩歌就是如此。」[12]但是另一方面我們也可以見出黑格爾的局限性，他所認識到的歷史發展到了資本主義社會就算到了盡頭，他沒有看出還有更高階段的社會要代替資本主義社會而興起，因此他把資本主義社會的矛盾加以

⑫《馬克思恩格斯論藝術》，第一冊，第二七三頁。

絕對化，認爲這種矛盾是永遠得不到解決的，所以把藝術在資本主義社會的衰亡就看成藝術的永遠衰亡。

6. 衝突論和悲劇論

與「一般世界情況」這個概念密切相關的是黑格爾的人物性格的衝突說。衝突是人物性格在某具體情境中所遭受到的兩種普遍力量（人生理想）的分裂和對立。普遍力量本是抽象的，渾整的，結合到具體的情境與具體的人物，它才「得到定性」。就在這「得到定性」或「具體化」過程中，它才「現出本質上的差異面，而且與另一方面相對立，因而導致衝突」，推動情節（人物動作）的發展，經過否定的否定，終於消除衝突而達到調和統一。黑格爾討論衝突是聯繫導致衝突的情境來談的。情境有三種，最簡單的一種是普遍力量還處於渾整未分裂的狀態，因而還是沒有定性的，例如古代雕刻所表現的就是這種沒有定性的情境，所以現出一種「靜穆中泰然自足的神情」。其次是所謂「平板狀態」或「無害狀態」的情境，雖有定性而還沒有見出矛盾對立，黑格爾舉早期古希臘雕刻中的神像和抒情詩爲例。但是理想的情境是第三種，即見出矛盾對立的一種，在這裡才開始有衝突。只有在導致衝突的時候，「情境才開始見出嚴肅性和重要性」（第二五三頁）。不僅如此，人物性格的高度和深度也要藉衝突來衡量。「人格的偉大和剛強只有藉矛盾對立的偉大和剛強才能衡量出來」（第二二二頁），衝突是「動作的前提」，「充滿衝突的情境特別適宜於劇藝」（第二五三頁），因爲戲劇主要地是表現動作的。

衝突是對本來和諧的情況的一種破壞，但「這種破壞不能始終是破壞，而是要被否定掉」，使衝突消除，又回到和諧。衝突可能有多種。一種起於「自然所帶來的疾病、罪孽和災害」，例如索福克勒斯的悲劇《斐羅克特提斯》的衝突起於主角被一條毒蛇咬傷。另一種起於家庭出身和階級關係，例如莎士比亞的《馬克白》的衝突起於主角是國王的最近親屬，有繼承王位的優先權。但是這兩種衝突或是不合理或是不公平，不能成為理想的情境。理想的衝突的情境卻起於「人的行動本身」，起於兩種同是普遍永恆的力量的鬥爭，「衝突所揭露的矛盾中每一對立面還是必須帶有理想的烙印，因此不能沒有理性，不能沒有辯護的道理」（第二九一頁）。

結合到這種理想的衝突，黑格爾提出了他的著名的悲劇論。悲劇所表現的正是兩種對立的理想或「普遍力量」的衝突和調解，就各自的立場來看，互相衝突的理想既是理想，就都帶有理性或倫理上的普遍性，都是正確的，代表這些理想的人物都有理由把它們實現於行動。但是就當時世界情況整體來看，某一理想的實現就要和它的對立理想發生衝突，破壞它或損害它，那個對立理想的實現也會產生同樣的效果，所以它們又都是片面的、抽象的、不完全符合理性的。這是一種成全某一方面就必犧牲其對立面的兩難之境。悲劇的解決就是使代表片面理想的人物遭受痛苦或毀滅。就他個人來看，他的犧牲好像是無辜的；但是就整個世界秩序來看，他的犧牲卻是罪有應得的，足以伸張「永恆正義」的。他個人雖遭到毀滅，他所代表的理想卻不因此而毀滅。所以悲劇的結局雖是一種災難和苦痛，卻仍是一種「調和」或「永恆正義」的勝利。因為這個緣故，悲劇所產生的心理效果不只是亞理斯多德所說的「恐懼和憐憫」，而是愉快和振奮。我們最好援引黑格爾自己所舉的實例來說明他的意思。

頭一個例子來自實際生活。蘇格拉底是一位令人崇敬的獻身於眞理的哲學家，卻被雅典法庭以破壞宗教信仰和毒害青年的罪狀判處死刑。依黑格爾看，蘇格拉底是一位革新者，代表雅典社會精神生活的新理想，在這一點上他在歷史上是有功績的。但是他所代表的新理想和當時雅典社會的法律秩序發生衝突，他破壞了那種同樣有理由要維持自己的法律秩序，所以他所代表的理想還是片面的，他的死亡畢竟是罪有應得的、合理的。黑格爾的結論是這樣：

在世界史中凡是開創新世界的英雄們的情況一般都是如此，他們的原則和舊原則發生矛盾，把舊原則破壞了。他們代表著暴力破壞法律者。所以作爲個人，他們遭受到死亡，但是在懲罰中遭到毀滅的只是他們個人而不是他們的原則……蘇格拉底的命運之所以是眞正悲劇性的，並非把一切不幸都看成悲劇性的那種膚淺的意義，……例如說，蘇格拉底的命運之所以是悲劇性的，就因爲他被判處死刑。無辜的災難只是悲慘的而不是悲劇性的，因爲這種不幸是無理性的。只有在產生於主體的無限的（自由的——引者注），合法的道德的意志時，那種不幸才是有理性的。

——《哲學史講義》，第二卷

總之，蘇格拉底的命運之所以是悲劇性的，因爲他的死亡還是罪有應得的、合理的。

另一個例子來自悲劇作品，就是索福克勒斯的《安提戈涅》。在這部悲劇裡，女主角安提戈涅的哥哥因爭王位，借外兵進攻自已的祖國忒拜，兵敗身死，忒拜國王克瑞翁下令禁人收屍，違令者死。安提戈涅不顧禁令，收葬了哥哥，國王於是下令把她燒死。但是她死之後，和她訂過婚的王子，即克瑞翁的兒子，也自殺了。⑬依黑格爾看，這裡所揭露的是照顧國家安全的王法與親屬愛兩種理想之間的衝突，這兩種理想都是神聖的、正義的，但是處在當時那種衝突的情境裡，卻都是片面的、不正義的，國王因維持他的威權而剝奪死者應得到的葬禮，安提戈涅因顧全親屬愛而破壞王法，每一方面都把一種片面的理想推到極端，因而使它轉變成爲一種錯誤，所以互相否定，兩敗俱傷，衝突才得解除，又恢復到衝突以前的平衡。在這種衝突中遭到毀滅或損害的並不是那兩種理想本身（王法和親屬愛此後仍然有效），而是企圖片面地實現這些理想的人物。⑭

從這些例子看，黑格爾的悲劇論還是從「凡是現實的都是理性的」那個基本原則出發的。這個看法的合理內核是把悲劇看成一種矛盾由對立而統一的辯證過程，這就排斥了西方學者用命運來解釋古希臘悲劇的傳統看法。命運還是一種神力。黑格爾明確地反對神力說，「如果把發號施令的權力歸之於神，人的獨立自足性就要受到損害，而人的獨立自足性卻已定爲對於藝術理想是絕對必要的」（第二七八頁）。由於他強調悲劇中衝突的雙方都必代表有普遍性和理性的理想，他反對藝術表現「反面的、壞的、邪惡的力量」。他說，「如果

⑬ 參看《索福克勒斯的悲劇二種》，羅念生譯。
⑭《安提戈涅》是黑格爾的理想的悲劇，他在《美學》第一卷第二七二頁以及第三卷論悲劇章都舉它為例。

內在的概念和目的本身已經是虛妄的，原來內在的醜在它的客觀存在中也就不能成爲眞正的美」（第二七三頁），他認爲惡魔本身是「一種極端枯燥的人物」，不宜用作史詩或悲劇中的主角。米爾頓在《失樂園》裡所描寫的惡魔撒旦之所以動人，並非由於他的邪惡而是由於他顯出高貴雄偉的品質，不是完全無理性的。

黑格爾的悲劇論也暴露了他的全部哲學思想的妥協性。這在他對蘇格拉底悲劇的看法中顯得很突出。他對蘇格拉底和判他死刑的雅典法庭各打五十大板，這就混淆了眞是眞非。蘇格拉底既然是一個革新者，而「凡是開創新世界的英雄們」都應該遭受到毀滅，而這種毀滅都是罪有應得的。這就排斥了一切革命，要讓一切反動的法律秩序維持下去，正是受到黑格爾的這種悲劇論的影響，拉薩爾寫出了他的《弗蘭茨．馮．濟金根》，他也認爲「革命的悲劇」都起於革命者的主觀意圖與現實客觀條件之間的矛盾，因而必以失敗告終。馬克思和恩格斯在給拉薩爾的信裡都指出弗蘭茨之所以失敗，是由於他還是沒落的騎士階級的代言人，而不是由於他「自以爲是革命者」，這樣就批判了「革命的悲劇」就是由於革命那種反動的謬論。⑮

7. 理想的人物性格

理想的人物性格就是典型的人物性格。自在自爲的人才能眞正體現理念，所以黑格爾把人物性格看作「理想藝術表現的眞正中心」（第二九二頁）。引起動作的是「一般世界情

⑮ 參看本書第二十章（三）。

況」中流行的普遍力量或人生理想，黑格爾有時把這種普遍力量稱之為「神」，也就是理念。這種普遍力量體現於具體人物的個性中就是「情致」，「神們變成了人的情致，而在具體活動狀態中的情致就是人的性格」（第二九二頁）。

黑格爾認為藝術中理想的性格應有三大特徵。首先是豐富性，黑格爾說：

人不只具有一個神來形成他的情致；人的心胸是廣大的，一個眞正的人就同時具有許多神，許多神各代表一種力量，而人卻把這些力量全包羅在他的心裡，全體奧林帕斯（古希臘眾神所居山，代表所有的神——引者注）都聚集在他的胸中。

——第二九三頁

黑格爾常舉荷馬所塑造的人物性格作為豐富性的範例。例如阿基里斯「一方面有年輕人的力量，另一方面也有人的其他品質。荷馬藉種種不同的情境，把他的這種多方面的性格都揭示出來了」（第二九四頁）。黑格爾還舉出荷馬所寫的許多其他人物性格，替他們作了這樣的總結：

每個人都是一個整體，本身就是一個世界，每個人都是一個完滿的有生氣的人，而不是某種孤立的性格特徵的寓言式的抽象品。

——第二九五頁

因爲他要求性格的豐富性而反對抽象化，所以他推崇莎士比亞的豐富多彩，不像莫里哀在他的喜劇裡只突出地寫出人物的某一種性格，如「慳吝」、「僞善」之類。黑格爾這裡所要區分的正是馬克思在給拉薩爾的信裡所強調的「莎士比亞化」與「席勒方式」兩種創作方法的分別。其次，人物性格還須具有明確性，否則雖豐富而無重點，顯不出主要的矛盾。多方面的性格中「應該有一個主要方面作爲統治的方面」。例如莎士比亞所寫的茱麗葉是「從許多關係的整體中顯出她的性格，例如她對父母、保姆、巴里斯伯爵以及神父勞倫斯的關係。儘管有這些複雜的關係，她在每一種情境也只是一心一意沉浸在自己的情感裡，只有一種情感，即她的熱烈的愛，滲透到而且支持起她整個的性格」（第二九六至二九七頁）。第三，人物性格要有堅定性，即始終一貫地「忠實於它自己的情致」。這種堅定性是與上文已提到的「獨立自足性」密切聯繫著的。從這個標準出發，黑格爾痛斥「長久在德國統治著的那種感傷主義」。他認爲歌德的「維特」就是一個「軟弱的」性格，他特別反對反動的浪漫主義頹廢傾向，替這派作家作了如下的描繪：

他的軟弱表現於對現實世界的眞正有意義的事不但不肯去做。而且不能忍受。其所以如此，是由於他抱著自我優越感來看現實世界，以爲其中一切都值不得他關心，因而對它加以否定。這種「優美的心靈」對於人生的眞正有價值的道德方面的旨趣是漠不關心的，他只孤坐默想，像蜘蛛吐絲一樣，從自己的肚子裡織出他的主觀的宗教和道德的幻想……一點微不足道的事情就可以使這種人的心情陷於極端絕望的境界，這就產生了永無止境的憂傷抑鬱、憤憤不平、悲觀失望。……沒有人能同情這種乖戾心情，因爲一個眞正的人物性格必具有勇氣和力量，去對現實起意志，去掌握現實。

——第三〇〇至三〇一頁

這段話對於資產階級沒落時期頹廢主義文藝的病根是一針見血的。日丹諾夫所斥爲「頹廢主義祖宗」的霍夫曼在當時正風靡一時，黑格爾在《美學》裡就看出他的毒害性而痛加斥責。從這裡我們可以看出他對文藝中人物性格所提的理想是針對當時文藝病態傾向的，是健康的而且深刻的。

三、結束語

初讀《美學》的人容易發生一種不大正確的印象，以爲黑格爾彷彿只是在概念裡兜圈子，絲毫不接觸現實。其實讀者如果聯繫到當時歐洲的哲學思想，美學思想和一般文化情況來讀黑格爾，就會感覺到他是密切結合當時現實的。首先他認識到資本主義時代的一般社會情況與文藝活動之間的矛盾在於個人與社會的脫節，在於主觀主義和唯我主義的猖獗，使個人性格中不能體現有理性內容的帶有普遍性的社會理想，因此不能具有文藝理想所要求的人物性格的獨立自足性與堅強性。

他的《美學》就是針對這種情況而企圖糾正時弊，指出正確方向的。在文藝方面，當時正是浪漫主義剛興起就逐漸轉入反動的頹廢主義的轉捩點。這個反動傾向在理論方面表現於施萊格爾兄弟所提倡的滑稽說（第七十五至八十三頁），明目張膽地把「自我」提高到絕對地位，鼓吹人應以憑高俯視一切的態度去鄙視現實：在創作方面表現於雅柯比的《浮爾德瑪》和霍夫曼的《謝拉皮翁兄弟》，都盡情發洩個人的幻想與傷感，鼓吹什麼「幽暗玄祕的力量」（第三〇三至三〇五頁）。黑格爾在《美學》裡屢次對這種頹廢傾向加以斥責，他說：「在藝術的領域裡沒有什麼是幽暗的，一切都是清晰透明的，而這種不可知的力量只能是精神病的表現，而描寫它的詩也只能是晦澀的、瑣屑的、空洞的。」接觸過歐洲文藝中所謂「印象派」、「象徵派」、「近代派」、「超現實派」等等的作品的人，就會體會到黑格爾對於資產階級末期文藝病態的診斷是切中要害的。同時我們還要記得黑格爾是和叔本華與尼采兩個宣揚悲觀主義的哲學家同時代的，而且都是德國人，試看黑格爾的理性主義與他們兩人的反理性主義處於多麼尖銳的對立！黑格爾不但反對當時正在猖獗的反動的浪漫主義以及其連帶的頹廢主義，而且也反對當時初露萌芽的自然主義的傾向，反對「把逼肖自然作為藝術的標準」和「把對外在現象的單純摹仿作為藝術的目的」（第五十四頁），要求藝術把本質的東西「提煉」出來，把偶然的東西「清洗」出去，所以在基本上黑格爾的文藝主張是符合現實主義的。

在美學本身，黑格爾繼承康德而對康德進行了切中要害的批判，康德在《美的分析》裡把審美活動看成只是感性活動，認為純美只關形式，涉及內容意義便破壞了純美。這種形式主義和感性主義在當時美學界以致在現在的資產階級美學界都是占優勢的，黑格爾的全部美學思想就是要駁斥這種風靡一時的形式主義和感性主義，強調藝術與人生重大問題的密切聯繫和理性的內容對於藝術的重要性。美學從康德到黑格爾的轉變是一個很大的轉變。康德只把審美判斷作為一個孤立的現象，依據形式邏輯的範疇，加以仔細剖析，從不離題寸步，也不曾結合文藝實踐，黑格爾卻費大部分工夫討論藝術的理性內容和藝術的發展史，涉及狹義美學所不曾摸而且也不敢摸的許多與藝術貌似無關而實密切相關的問題。到了黑格爾，美學的天地開闊了。

黑格爾對美學的最重要的貢獻在於把辯證發展的道理應用到美學裡，替美學建立了一個歷史觀點。他把藝術的發展聯繫到「一般世界情況」來研究，即聯繫到人與自然以及人與社會的關係，聯繫到經濟、政治、倫理、宗教以及一般文化來研究。他認為藝術的發展是有規律可尋的。作為這種規律的基礎，他提出了一系列的辯證的對立與統一的原則，例如人與自然，精神與物質，主觀與客觀，感性與理性，特殊與一般，認識與實踐，個人性格與當時社會流行的人生理想等對立範疇的辯證的統一。他還隱約見出藝術與勞動（儘管侷限於腦力勞動）的關係，替美學上的實踐觀點種下了種子。此外，他從辯證觀點所提出的衝突說對於人物的分析與情節的發展也提供了一個重要的原則。

由於黑格爾的客觀唯心主義哲學系統與辯證法之間的深刻的矛盾，也由於他的歷史侷限性和階級侷限性，他的一些重要思想的萌芽不可能得到正確的充分的發展，而且被一些錯誤的乃至反動的思想所掩蓋起來。他的主要的錯誤根源在於馬克思和恩格斯所指出的「首足倒置」，即不把精神安在物質的基礎上，不把理性安在感性的基礎上，不把一般安在特殊的基礎上，而是把這些對立範疇的關係倒轉過來。把這些關係擺正，把頭從新安放在腳上，正是馬克思和恩格斯對於批判黑格爾所做的工作。他的另一個錯誤根源在他的歷史觀，把黃金時代擺在過去，把資本主義社會看成歷史發展的止境，看不出歷史的未來，因而也看不出藝術的未來。在這一點上也是馬克思和恩格斯指出了正確的道路，到了私有制取消，體力勞動與腦力勞動的差別消滅以後。藝術在共產主義社會裡將獲得無限深廣的發展而不是衰亡。

由黑格爾到馬克思主義創始人，美學經歷了一個翻天覆地的轉變，但是在這種轉變中馬克思主義創始人也從黑格爾那裡吸收了一些「合理內核」，把它們發展為嶄新的東西。試把黑格爾的《美學》和馬克思的《經濟學——哲學手稿》馬克思主義文藝思想主要是在這部早期著作裡建立起來的）擺在一起來研究，我們就不但可以更好地理解黑格爾的美學思想，而且可以更生動具體地理解批判繼承的意義和方法，可以從歷史發展上更清楚地理解馬克思與恩格斯的文藝理論。⑯

---

⑯ 本章主要根據黑格爾的《美學》第一卷，第二、三卷由商務印書館出版，交商務印書館付印。本章述評顯然有許多欠缺，讀者如果要深入研究，就必須讀《美學》全書，其中《譯後記》亦可參看。

乙　其他流派

第十六章　俄國革命民主主義和現實主義時期美學（上）①

① 法國現實主義留到第二十章三、四兩部分評介。

一、文化歷史背景

別林斯基和車爾尼雪夫斯基的文學活動時期大約總共有四十年左右，即十九世紀三〇年代到六〇年代。這正是俄國革命民主主義運動的上升時期，也正是俄國文學中現實主義的勝利時期。在這兩方面，別林斯基和車爾尼雪夫斯基等人都是主要的領導人。他們不但替俄國現實主義文學奠定了美學基礎，而且也替一九〇五年以前的俄國民主革命運動的高漲作了第一階段的思想準備。

俄國革命民主主義運動的任務是廢除封建的農奴制。俄國從十八世紀後期開始發展資本主義經濟以後，農奴制的生產關係和新興的資本主義生產方式之間的不適應造成了日益嚴重的危機。在西歐啓蒙運動和法國革命的影響之下，在不斷的農民暴動的直接推動之下，進步的貴族青年發動了十二月黨人革命運動，但是時機未成熟，一八二五年的彼得堡起義遭到了殘酷鎮壓。別林斯基的活動正在十二月黨人失敗之後，沙皇尼古拉一世加強反動統治的時期開始的，所以他的處境是極其艱苦的，他的活動主要是通過《祖國紀事》、《現代人》等文學刊物，以文學批評的方式宣傳反沙皇專制和反農奴制的革命民主主義思想。列寧曾把別林斯基稱作「解放運動中代替貴族的平民知識分子的先驅」。在這解放運動由貴族轉到平民知識分子手裡的時期，別林斯基和車爾尼雪夫斯基在政治思想上鬥爭的對象不僅有宣揚「正教、君主專制和民族性的基本原則」的地主農奴主以及反對一切革新的斯拉夫主義者，還有主張妥協改良的「西歐主義」的自由派。別林斯基的政治立場在一八四七年七月寫給果戈理的一封著名的信裡表現得最清楚。他指責果戈理晚期變節，宣揚「神祕主義、禁欲主義和虔信主義」，歌頌俄國統治者和人民的親密關係並且想當皇太孫的太傅。他指出當時「俄國最重要最迫切的問題是廢除農奴制」，而作家所應做的事則是「在人民中間喚醒幾世紀以來都埋沒在汙泥和塵芥中的人類尊嚴」。這樣他就向俄國文學界提出了文學為解放鬥爭服務的明確方向。

別林斯基死於一八四八年，正當西歐法、德、意、奧各國都相繼爆發了革命的一年。這個消息鼓舞了垂危的別林斯基，也鼓舞了俄國社會各個進步階層。但是這些革命都失敗了。俄國本身在這時遭到嚴重的災荒，又加上一八五六年克理米亞戰爭的大挫敗，社會內部矛盾的加劇引起了解放運動的進一步的高漲，轉入列寧所說的運動的平民知識分子的階段。車爾尼雪夫斯基是這個時期的主要領導人物，和比他年紀稍長的赫爾岑並肩作戰。②他的活動開始於五〇年代，經過二十一年的拘禁和流放（一八六二—一八八三），始終不懈地堅持著鬥爭。他不僅在文學和美學方面有卓越成就，而且研究了當時迫切需要解決的政治經濟問題。

革命民主主義者都是把政治鬥爭和文學與美學的鬥爭緊密結合在一起的。關於當時俄國文學情況，讀者很容易從俄國文學史裡去查考，這裡只能指出一點重要的事實：這個時代正是俄國文學開始繁榮的時代，是普希金、萊蒙托夫和果戈理時代，是由浪漫主義轉到現實主義的時代。在十九世紀頭二、三十年，俄國文學中占主導地位的是以茹科夫斯基、馬林斯

---

② 赫爾岑是《誰之罪？》的作者，在別林斯基的論文中以「伊斯康德」筆名出現。關於他的美學思想，可參看劉甯的《赫爾岑的美學觀和藝術觀》，《北京師範大學學報》，一九六二年第二期。

基、波列伏依和早期的普希金爲代表的浪漫主義。這個流派是在俄國社會病態既已暴露而革命形勢尚未形成的情況之下和在西歐文學影響之下形成的，所以消極的因素居多，特別是茹科夫斯基一派人的作品所提供的不是對腐朽現實的揭露和對革命要求的鼓舞，而是一種感傷憂鬱的情調和神祕主義的幻想。與這個流派密切相聯繫的還有從西歐傳來的「爲藝術而藝術」的「純藝術」論，認爲文藝的唯一目的是在創造美，是要美化現實。這種論調爲統治階級利用來痲痺人民的鬥爭意志，對解放運動是極其不利的，但是到了三〇年代，隨著社會矛盾日益尖銳化，進步的文學家開始盡情揭露農奴制下的腐朽情況，於是以果戈理爲首的「自然派」就作爲「浪漫派」的對立陣營而出現了。所謂「自然派」其實就是現實主義派，用別林斯基的話來說，自然派的目的是要「使藝術完全面對現實，不要任何理想」，或「美化現實」，要讓「藝術成爲現實以其全部眞實性的再現」。果戈理的名著《欽差大臣》和《死魂靈》等就是按照這種嚴格的現實主義精神寫成的。這些作品一出世，就遭到敵對派的攻擊，特別是波列伏依的攻擊。維護封建統治和農奴制的人們罵果戈理醜化政府官吏，留戀浪漫派溫情和幻想的人們罵他沒有美化現實，破壞了「純文藝」的規律。從別林斯基的《一八四七年俄國文學評論》以及車爾尼雪夫斯基的《果戈理時期俄國文學概觀》來看，當時這場文學界的鬥爭是激烈的。這是在現實主義與「純藝術」的浪漫主義之間誰戰勝誰的問題。這是與解放運動和農奴制之間誰戰勝誰的問題密切相聯繫的。這兩方面的鬥爭都進行得很長久。四〇年代前後堅決攻擊「純藝術」而維護果戈理和自然派的是別林斯基。他死之後，這項任務就落到車爾尼雪夫斯基身上，這兩位傑出的思想家的文學評論和美學著作都主要是爲這場鬥爭服務的。記住這一點，我們就不難了解他們何以有時持論不免偏急，片面地強調現實主義，把浪漫主義一筆抹煞，在當時鬥爭的情況下，他們這樣做是對的。由於他們的努力，現實主義在十九世紀俄國才取得了主導地位。

這時期的文學創作是與文學評論分不開的，而這時期的文學評論又和哲學思想分不開的。在哲學思想方面，當時俄國所受到的西歐影響主要來自德國，萊辛、席勒、謝林和黑格爾的影響特別顯著。在別林斯基時期，占上風的是黑格爾；在車爾尼雪夫斯基時期，反對黑格爾的潮流主要是由費爾巴哈的影響所推動的。車爾尼雪夫斯基在他的美學論文第三版序言裡以及在《果戈理時期俄國文學概觀》第六篇裡都曾扼要地敘述了俄國文藝思想與德國哲學的淵源。他說：「在四〇年代末和五〇年代初，他（黑格爾）的哲學卻支配著我國的文學界。」[③]這正是別林斯基積極活動的時期。在黑格爾的「凡是現實的都是理性的，凡是理性的都是現實的」一個公式的消極影響之下，別林斯基經歷過一段「跟現實妥協」時期，到了四〇年代，他經過了轉變，對黑格爾哲學表示過反感。車爾尼雪夫斯基對這種轉變從兩方面作了解釋。第一，就黑格爾體系本身來看，它的「內容」或結論不符合它的「原則」，它的「原則」是用思維的辯證方法去探求眞理，破除迷妄，是「深刻的、有效的、偉大的」；它的內容則是跟現實妥協的唯心主義，是「渺小的、庸俗的」。但是黑格爾的門徒（作者沒有明提費爾巴哈）已「清除教師的錯誤，拋棄一切虛僞的結論，勇敢地向前邁進了」。其

③《車爾尼雪夫斯基選集》，上卷，第一三三頁。

次，就別林斯基來說，他從莫斯科移居到彼得堡，才接觸到現實生活，使他能「檢驗黑格爾體系中那些阿諛現實的理論」，認識到「德國的庸俗的理想是和俄羅斯生活沒有什麼共通點的」。對他的這種轉變，車爾尼雪夫斯基曾經在《果戈理時期俄國文學概觀》第六篇結尾時作了簡賅的評價，說在一八四〇年以後，在他的文章中「帶著抽象觀點的議論是越來越少了；生活所表現的因素，越來越堅定地占著優勢了」④。他的轉變是否就是從唯心主義到唯物主義的澈底轉變呢？知道他最清楚的車爾尼雪夫斯基並不曾這樣提，我們在下文還要看到，資料的證據也不容許人這樣提。別林斯基到了晚期雖基本上轉到唯物主義，卻也並沒有完全擺脫掉黑格爾的影響。

至於車爾尼雪夫斯基本人，情況卻不相同。他自認費爾巴哈是他的「先師」，他的美學論文是「一個應用費爾巴哈的思想來解決美學的基本問題的嘗試」，其中「只有那些取自他的先師論文中的思想才有重要意義」，而且他的最重要的哲學著作《哲學中的人類學的原則》（一八六〇）就是根據費爾巴哈的「人類學主義」⑤的概念來發揮和命名的。費爾巴哈本屬黑格爾門徒中的左派，像施特勞斯一樣，也是從批判宗教出發，去批判黑格爾體系的，

④《車爾尼雪夫斯基選集》，上卷，第四一〇至四四四頁。

⑤ Anthropologismus一般譯為「人本主義」，不妥，因為這就與Humanismus（有時也譯為「人本主義」）相混，Anthropologie是把人作為一種動物種類來研究的科學，即人類學。「人類學的原則」或「人類學主義」把「人看作只有一種本性的生物」（車爾尼雪夫斯基自己的解釋），所謂「一種本性」即生理器官所顯示的本性，指肉體決定心靈或物質決定精神而言。

黑格爾體系的奠基石是絕對理念或神，爲一切客觀世界事物所自出。費爾巴哈在《基督教的本質》裡證明宗教所崇奉的神或上帝並不是一種眞實的客觀存在，而只是人的本質（意識和理想）的對象化或人格化，即把人的理想體現於一種想像的神上面。人有一種自然傾向，把「自己的本質」加以對象化或人格化（即「外化」），使本來在我的東西成爲一種獨立的客體，黑格爾的絕對理念也是這樣產生的。理念本是人的認識逐漸由低到高，逐漸抽象化的結果，而黑格爾卻把它看成不依存於人的意識的客觀存在，這其實是把人的思維發展過程對象化爲客觀世界發展過程，這只是一種認主作賓的幻想。黑格爾是要從客觀存在的絕對理念引導出整個感性世界；費爾巴哈卻企圖把這種首尾倒置擺正過來，認爲理念或精神世界是要從感性的物質世界引導出來。他說，「人是一種實在的感性的存在，身體全部就是人的自我，人的本質。」，「感性的東西是第一性的」，「沒有感性的東西，就無所謂精神的東西」。「感性的」在他的術語裡就是「物質的」或「肉體的」。從此可見，費爾巴哈所爭辯的正是唯物主義和唯心主義的基本區別，即物質第一性還是精神第一性的區別。黑格爾是主張物質是由精神（理念）「外化」來的，而費爾巴哈則堅持精神是由物質（人的器官）「外化」來的。他譏誚黑格爾說：「從神⑥那裡引導出自然界，就無異於從畫像中或複製品中提煉出原物或藍本，從關於某物的思想中提煉出某物本身」。這番話就挖去了黑格爾的客觀唯心主義體系的基礎，從人類學觀點建立起唯物主義。所謂「從人類學觀點」，是指從生理決定心

---

⑥ 黑格爾有時把「理念」或「普遍力量」也叫做「神」。

理，器官決定功能，肉體決定精神這個原則出發。

車爾尼雪夫斯基在《哲學中的人類學的原則》一書裡接受了費爾巴哈的這個基本思想，在美學論文第三版序言裡曾把這個基本思想作了如下的簡賅的說明：

他的結論是從費爾巴哈的下面的思想中得出來的，即想像世界僅僅是我們對現實世界的認識的改造物，而這種改造物是我們的幻想按照我們的願望而產生的；改造物同現實世界事物在我們心中所引起的印象比較起來，在強度上是微弱的，在內容上是貧乏的。

——《選集》，上卷，第一四一頁

如果用費爾巴哈的術語來翻譯這段話，「想像世界」包括基督教的上帝，黑格爾的絕對理念，乃至於藝術作品，都是人憑想像按照他的願望所作出的「改造物」，也就是人的「本質的對象化」（主觀願望的客觀體現），它只能是第二性的，所以比起現實是較微弱和貧乏的。不難看出，車爾尼雪夫斯基的這番話概括了他的基本哲學觀點和基本美學觀點，即哲學上的唯物主義的觀點，美學上的現實主義的觀點。

已經約略介紹了俄國革命民主主義時期的文化歷史背景。現在就可以分別討論這時期兩位主要領導人物的美學思想了。

二、別林斯基

1. 他的思想轉變問題

別林斯基（一八一一－一八四八）只活了三十七歲；他的文學活動只有十四年（一八三四－一八四八）的歷史，中間有一段所謂「跟現實妥協」時期（一八三七－一八三九），由此過渡到四〇年代的「向現實反抗」時期。所以他的思想發展一般被劃分為兩個時期：第一個時期在四〇年代以前，是黑格爾的影響占上風的時期，這期著作以《文學的幻想》（一八三四）、《論俄國中篇小說和果戈理的中篇小說》（一八三五）、《智慧的痛苦》（一八四〇）和《藝術的概念》（一八四一）為代表，第二個時期是他的思想成熟期，現實主義思想占上風的時期，這期著作以《論普希金》十一篇（一八四三－一八四五）、《給果戈理的信》（一八四七）和《一八四七年俄國文學評論》（一八四八）為代表。從前期到後期，別林斯基經歷過了很大的轉變，這是公認的；關於這個轉變的性質和程度，蘇聯學術界卻還有些爭論。

普列漢諾夫在〈論別林斯基的文學觀點〉⑦一文裡批判了當時流行的看法。這個看法認為別林斯基在「跟現實妥協」時期所受的黑格爾的影響是有害的，使他宣揚為藝術而藝術，只重藝術的形式，但是在「向現實反抗」時期，他的美學觀點就有「完全的轉變」。普列漢諾夫承認別林斯基早期確實相信過純藝術論，但並不主張詩只須顧形式而不顧內容，他在早

⑦《普列漢諾夫哲學選集》，一九五八年俄文版，第五卷，第一九一至二三七頁。

期從黑格爾哲學所吸取的是它的「絕對理念」一方面，忽視了它的辯證發展的歷史觀方面，因此他過分輕視藝術的主觀性而片面強調藝術的客觀性，努力尋求藝術的客觀規律作爲文學批評的基礎。普列漢諾夫把別林斯基所找到的客觀規律歸納爲五條：(1)詩用形象來思維，應顯示而不應論證；(2)詩以眞理爲對象，它的最高美在眞實與單純，不美化生活；(3)藝術所顯示的理念應該是具體的理念。應具有整一性；(4)理念與形式應互相融合；(5)藝術作品的各部分應組成一個和諧的整體。在轉變以後，別林斯基逐漸放棄了黑格爾的「絕對理念」而轉到黑格爾的辯證觀點，但是他在早期所定下來的五條客觀規律卻基本未變，只是對理念的具體性的理解有了重要的改變。從前「具體的理念」指「詩應描寫詩人周圍現實的合理性」，而現在它卻指「社會生活的一切方面」，因此他在晚期看藝術問題已不再從「絕對理念」出發，而是從俄國社會關係的歷史發展觀點出發。別林斯基的最明顯的轉變當然是從堅信純藝術觀轉到堅決反對純藝術觀，不過普列漢諾夫卻認爲他反對純藝術觀的論證沒有說服力。但是純藝術觀畢竟被打倒了。

近來蘇聯學者多半反對普列漢諾夫的看法，我們可選最近一部討論別林斯基美學最詳盡的專著⑧的作者拉弗列茨基爲代表，他的基本論點是：「別林斯基始終是一個現實主義者，不過在前期他是在唯心主義的基礎上建立現實主義，在後期他是在唯物主義的基礎上建立現

⑧ 拉弗列茨基：《別林斯基的美學》，蘇聯科學院一九五九年版。

實主義。」⑨他甚至以爲別林斯基早期美學觀點「只是在形式上而不是在內容上是唯心主義的」⑩、「唯心主義的外殼有時還扼殺現實主義的思想」⑪、「別林斯基克服唯心主義，自從他開始建立美學時就已開始，自從始終存在於他的美學中的現實主義傾向得到發展時就已開始，從此擴張，後來他就在全部世界觀裡克服了唯心主義」．在「從社會實踐去找主觀世界和客觀世界之間的橋樑」這一點上，他是朝著馬克思主義的方向走，不過由於當時俄國現實的歷史侷限，他還不能「完全達到馬克思主義」⑫。總之，拉弗列茨基企圖儘量洗刷別林斯基早期的唯心主義，論證他晚期的唯物主義思想和辯證觀點，從而證明他的思想發展是前後融貫的。

從這些分歧的意見可以見出對別林斯基美學觀點的理解，在很大程度上有賴於對他的思想轉變過程的理解，在閱讀別林斯基前後兩期的代表論著和衡量上述不同的意見之後，我們覺得別林斯基在他的思想發展中始終是一個現實主義者，也始終沒有完全擺脫黑格爾的影響。這二者之間就有從現實生活出發和從理念或理念的變相出發之間的矛盾，也就是黑格爾的客觀唯心主義理論和俄國現實以及俄國現實主義文學創作實踐之間的矛盾。這個矛盾在早

---

⑨ 同上書，第十三頁。
⑩ 同上書，第十六頁。
⑪ 同上書，第十九頁。
⑫ 拉弗列茨基：《別林斯基的美學》，蘇聯科學院一九五九年版，第三〇至三十一頁。

期表現得較尖銳，在後期得到了一些克服。但也不是完全的克服。拉弗列茨基指出別林斯基一開始就有現實主義的傾向，這是完全正確的。這個現實主義傾向起於當時俄國農奴解放運動的客觀現實需要，而以果戈理為首的「自然派」（即現實主義派）反映當時腐朽社會的作品對這個傾向也起了很大的促進作用。唯其如此，別林斯基的美學思想一開始就帶著很強烈的社會現實色彩，就有意識地要運用文學武器為農奴解放運動服務。例如他在最早的《文學的幻想》就已強調文學不能離開民族土壤，一切最好的作品都「要在精神和形式上帶有它那時代的烙印，並且滿足它那時代的要求」。他的現實主義的美學思想一開始就多少是和社會實踐觀點結合在一起的。這種社會實踐觀點在黑格爾的影響之下在早期處於劣勢，隨著俄國社會矛盾日益尖銳化而日漸發展，後來就處於優勢。這是事實。這是問題的一方面，不認識到這一方面，就不可能正確地理解別林斯基美學思想的發展和轉變。

問題的另一方面在於別林斯基也始終沒有完全擺脫黑格爾的影響，他的早期客觀唯心主義思想並不「只在形式上」，不只是一種「外殼」，而是他的藝術本質觀、典型觀以及美的本質觀的哲學基礎，他的這些美學觀點都是黑格爾的「理念的感性顯現」一個公式的發揮。這些觀點在四〇年代以後，由於俄國解放運動形勢的發展以及作者本來的現實主義傾向的加強，確實得到了一些改變，但是並沒有完全達到唯物主義，更不消說「沒有完全達到馬克思主義」。《論普希金》十一篇是他的成熟作品，在第五篇（一八四四）裡他提出了所謂「情致」說，情致說確實指出「主觀世界和客觀世界之間的橋樑」，但是主要地恐怕還不是「從社會實踐觀點」去找到的，因為他是在發揮黑格爾早已提出的一個概念。這一點在下文還要說明。此外，別林斯基從理念出發的基本觀點到晚期還沒有得到澈底的改變。如果不認識到問題的這一方面，也就不可能正確地理解他的美學思想的發展和轉變。

提出了這個基本看法以後，我們就來順次介紹別林斯基對於：(1)藝術的本質和目的；(2)主觀與客觀的關係；(3)典型；以及(4)內容與形式的關係和美的本質四個關鍵性問題的看法。這四個問題實際上只是藝術反映現實這一個基本問題的四個方面，彼此是不能分割的。現在把它們分開來，只是爲著敘述的便利。

2. 藝術的本質和目的

別林斯基的美學觀點都圍繞著藝術的本質和目的這個中心問題。依他看來，要解決這個問題，就不能憑主觀理想而要針對藝術實踐的實際情況。在評《傑爾查文的作品》第一篇（一八四一）裡，他這樣確定了美學的任務：

> 眞正的美學的任務不在於解決藝術應該是什麼而在解決藝術實際是怎樣。換句話說，美學不應把藝術作爲一種假定的東西或是一種按照美學理論才可實現的理想來研究。不，美學應該把藝術看作對象，這對象原已先美學而存在，而且美學本身的存在也就要靠這對象的存在。⑬

⑬《別林斯基全集》（蘇聯科學院，一九五三—一九五七），第六卷，第五八五頁。以下除經常易見的論著單注篇名以外，引文只注《全集》卷數、頁數。這些引文大半是編者試譯的。

他在實踐中並不能始終堅持美學任務的這個正確原則．特別是在早期，他對藝術本質問題就經常表現出既想從現實出發又想從概念或理想出發的矛盾。例如在他的最早的論著《文學的幻想》第三篇裡有這樣一段話：

> 什麼才是藝術的使命和目的呢？用語文、聲音、線條和顏色把**一般自然生活的理念描寫出來，再現出來**，這就是藝術的唯一的永恆的主題，詩的靈感是自然創造力的反映。所以詩人比任何人都應該**研究自然**（包括物質的和精神的兩方面），愛自然，對自然同情共鳴。……如果詩人用他的作品來強使我們用他的觀點去觀察生活，他就不再是詩人而是思想家，……因爲**詩本身就是目的，此外別無目的**。
>
> 對，**藝術是宇宙的偉大理念在它的無數多樣的現象中的表現**！（重點原文有）

這段話是別林斯基的全部美學思想的幼芽，後來的發展都從此出發。他在這裡顯然把藝術不是作爲對象而是作爲理想來研究。有三點須注意：第一，他的出發點是黑格爾的「理念的感性顯現」說：其次是與黑格爾無關而也是從西歐傳來的純藝術論（藝術無外在目的）；第三，研究自然和再現生活的現實主義信條也已出現了。這中間就已隱藏著他的基本矛盾。「理念」是一般，「現象中的表現」是特殊。藝術究竟應該從一般理念出發還是應該從特殊現象（現實生活）出發呢？這就是歌德所曾提出的「爲一般而找特殊」和「在特殊中顯出一般」的分別。別林斯基是比較傾向於「爲一般而找特殊」即從「理念」出發的。下面的引文可以爲證：

> 一切藝術作品都是由一個一般性的理念產生出來的，也正是歸功於這理念，它才獲得它的形式的藝術性。
>
> ——《全集》，第三卷，第四七三頁
>
> 故事情節從理念生發出來，就像植物從種子發生出來一樣。
>
> ——《全集》，第四卷，第二一九頁
>
> 詩的本質在於使無形體的理念具有生動的感性的美的形象。
>
> ——《全集》，第一卷，第五九一頁

這些言論是從不同時期論著中引來的，足見他從理念出發的觀點是前後一致的。

別林斯基的最著名的詩用形象思維，不論證眞理而只顯示眞理的論點也是根據「理念的感性顯現」說提出來的。在評《智慧的痛苦》裡他說得很清楚：

> 詩是眞理取了觀照的形式：詩作品體現著理念，體現著可以眼見的觀照到的理念。因此，詩也是哲學，也是思維，因爲它也以絕對眞理爲內容，不過詩不是取理念按辯證方式由它自身發展出來的形式，而是取理念直接顯現於形象的形式。詩人用形象來思維，他不是論證眞理，而是顯示眞理。（重點引者加）

這個論點他在評《傑爾查文的作品》（一八四三）裡又重複過一遍，可以看作他的後期中比較成熟的看法，也足見他的轉變並不如一般人所說的那麼突然或澈底。按照上下文來看，當時形象思維直接性的提法有三個用意：第一是說明理念體現於具體形象，其次是辯護純藝術論，第三是強調藝術的客觀性。別林斯基認爲詩和哲學在內容（絕對眞理，理念）上相同，所不同者哲學用抽象思維，達到概念；詩用形象思維，達到形象。這樣把形象思維和抽象思維絕對對立起來，就必然否定詩和藝術與任何理智作用有關。所謂詩人只顯示而不論證，涵義之一就是詩人沒有外在的目的。緊接著上段引文，我們就讀到：

> 但是詩沒有外在於自身的目的，它本身就是目的；因此，詩的形象不是一種外在於詩人的或次要的東西，不是手段而是目的：否則它就不會是形象而只是象徵（符號）。呈現於詩人的是形象而不是理念，離開形象，詩人就見不到理念。……詩人從來不存心要發揮這個或那個理念，從來不給自己定課題；用不著他的自覺和意志，他的形象就從想像裡湧現出來。

足見作者在這裡還是在爲純藝術論辯護：說形象不是手段（不是論證眞理）而是目的（本身顯示眞理），就是說詩作品的目的不是外在而是內在的。因此，作者反對存心勸善懲惡的教誨性的詩，因爲它所給的是抽象理念的象徵而不是藝術形象，而且存有外在的目的．作者所要求的是「具體的理念」，即理念體現於形象中，離開形象就見不出理念。這種內容與形式融合的觀點當然是正確的。但是這裡仍有一個矛盾，既然說「一切藝術作品都是由一個一般性的理念產生出來的」，何以又說「詩人從來不存心要發揮這個或那個理念」呢？從上面引文看，別林斯基是想用藝術創作的無意識性（不自覺性）來解決這個矛盾的。他的意思是說，形象暗含著理念而詩人或藝術家自己卻見不到達理念，所以他說，「呈現於詩人的是形象而不是理念。」，「用不著他的自覺和意志，他的形象就從想像裡湧現出來。」

但是矛盾不是這樣就能解決的。把「理念」和「無意識性」這兩個概念聯在一起，就是自相矛盾的：因為依別林斯基自己的看法，理念是詩和哲學所共有的內容，藝術用形象來顯示眞理，還是一種思維的結果。這個看法也不符合黑格爾對於理念的理解。因為「理念」作為一種精神存在，是「自在又自為的」（即自覺的）。

這是一個難問題。別林斯基的想法也並不很明確，有時甚至自相矛盾。例如他在討論戲劇表演時，說演戲的藝術「也和其他種類藝術一樣，在於一種習慣本領，能在體會了理念之後，找到眞實的形象去表現它」⑭。在談到俄國現實主義小說時，他指出近代現實詩是「對問題的答覆」，須有「完滿的意識」。⑮這樣看來，「理念」就不能說是「無意識的」了。

本來藝術創作過程中是否包括某些「無意識的」或「自發的」因素還是一個值得討論的問題，不過別林斯基既然強調藝術是為理念而找形象，他就不能把藝術擺在「無意識」的基礎上。他之所以陷入這個矛盾，似有兩個原因。第一個原因是他在早期往往把藝術觀照的直

⑭《全集》，第二卷，第三〇五頁。

⑮《論俄國中篇小說和果戈理的中篇小說》，以下簡稱《論俄國中篇小說》。

接性（「藝術是對眞理的直接的觀照」⑯）和藝術創作的無意識性混爲一事。其實直接的觀照畢竟還是一種認識，儘管只是感性認識，卻不能說是無意識的。在四○年代初，別林斯基開始見出「直接性」與「無意識性」的分別，因此就否定了「無意識性」：

> 現象的直接性是藝術的基本規律和必不可少的條件……無意識性卻不但不是藝術所必有的特性，而且對藝術是有害的，會降低藝術的。
>
> ——《論藝術的概念》（一八四一）

下文還要看到，別林斯基在《論普希金》第五篇中提出情致說和強調藝術家個人性格時，實際上還承認藝術創造畢竟有長期的無意識中的醞釀。這裡暫只指出，上段引文仍顯示出一種暫時還不能克服的矛盾。就否定無意識性來說，「無意識的理念」的矛盾已解決，藝術顯示理念的原則就可以保持；但是就肯定「直接性爲藝術的基本規律」來說，直接性指對形象的感性觀念，只能屬於感性認識活動，這就要排除把理性認識的對象，「理念」。作爲藝術出發點的原則了。

事實上這個矛盾的第二方面，即「現象的直接性」，在別林斯基的思想裡後來日漸取得主導的地位。在一八四三年以後，他愈來愈少地（這並非說完全放棄）談藝術顯示理念，愈

---

⑯《論藝術的概念》。

來愈多地強調藝術須面對生活和現實，從這中間揭示事物的本質。他在給巴枯寧的信裡說：「我不是按照它的**一般抽象意義**，而是按照**人與人之間的關係**來理解現實」⑰。（重點引者加）「一般抽象意義」還是「理念」，「人與人之間的關係」就是現實社會生活了。所以他愈來愈多地強調文藝須表現「現世紀的興趣和時代的精神」⑱，認爲「文學是社會生活的表現，是社會給文學以生命，而不是文學給社會以生命」⑲。下面一段話更足以表達他的較成熟的思想：

> 每個時代的詩的不朽，都要靠那個時代的理想的重要性以及表現那個時代歷史生活的思想的深度和廣度。活得最長久的藝術作品都是能把那個時代中最眞實、最實在、最足以顯出特徵的東西，用最完滿最有力的方式表達出來的。
>
> ——《全集》，第七卷，第二一四頁

這種**從理念到現實的觀點轉變**，是和當時俄國農奴解放運動的進展以及別林斯基本人對這運動的日益關心分不開的。

---

⑰《全集》，第十一卷，第三一四頁。

⑱ 同上書，第五卷，第五五二頁。

⑲《全集》，第六卷，第四五一頁。

上文我們提到，別林斯基在評《智慧的痛苦》裡對形象思維直接性的提法還有第三個用意，即強調藝術的客觀性。藝術既然是「理念直接顯現於形象」，藝術創作過程在當時既然還被視為「無意識的」，藝術家的主觀能動性就沒有多大施展的餘地了。為著較詳細地說明別林斯基這方面的思想，我們就要轉到主觀與客觀的關係這一個美學上關鍵性的問題。

3. 主觀與客觀的關係：現實詩與理想詩，「情致」說

別林斯基很早就在考慮藝術創作中主客觀關係問題，而他對這個問題的看法是長期處在矛盾中的。我們先研究一下他早期說的一段話：

> 為什麼說創作既有不依存於創作者的自由，又有對創作者的依存呢？（重點原文有）——詩人是他的對象的奴隸，因為他對選擇對象和發展對象都沒有控制權，……因此，創作是自由的，不依存於創作者。……但是為什麼在藝術家的創作裡反映出時代，民族乃至於他自己的個性呢？為什麼反映出藝術家的生活意見和教養程度呢？從此看來，藝術不是要依存於他，他對創作不是既是奴隸又是主子嗎？不錯，創作依存於創作者，正如靈魂依存於肉體。
>
> ——《論俄國中篇小說》

這段話好像揭示出主觀與客觀的辯證的統一。但是事實上別林斯基在早期所側重的是詩人是「他的對象的奴隸」一方面，即藝術的客觀性一方面。

首先，《論俄國中篇小說》中理論部分是討論「現實的詩」和「理想的詩」[20]的對立。在「理想的詩」裡，詩人「按照自己的理想來改造生活，這種理想要依存於他看待事物的方式以及他對他所處在的世界，民族和時代的態度」；而在「現實的詩」裡，詩人卻「按照生活的全部眞實性和赤裸的面貌來再現現實，忠實於生活的一切細節」。從這些定義看，「理想的詩」是著重主觀的，「現實的詩」是著重客觀的，二者彷彿是截然對立、不可調和的。在權衡這兩種詩的優劣時，作者說：「可能它們分不出優劣，如果它們都滿足了創作的條件，這就是說，理想的詩須與情感協調，而現實的詩則與所表現的生活協調。但是現實的詩因爲是由我們這個講究實證的時代所產生的，似乎更能滿足這個時代的最基本的要求。」（重點引者加）他經常提到「我們時代的口號是現實」。由此可見，別林斯基更看重的是「現實的詩」或客觀的詩，事實上他的大部分論著都是爲「現實的詩」進行熱情的宣傳。這是和他的政治態度密切聯繫著的，他所說的「這個時代的最基本的要求」指的當然是農奴解放運動。因此，我們很難贊同拉弗列茨基所說的別林斯基「在他的唯心主義時期始終表現出『主觀性』的觀念[21]」。

其次，別林斯基很早就側重藝術的客觀性。在他的早年著作裡，我們讀到這樣的話：

[20] 別林斯基在用「詩」（Поэзия）這個詞時通常沿西方傳統的用法，指一般文學，所以果戈理的小說也屬於「現實的詩」，「現實的詩」就是現實主義的文學。一般漢譯都用「詩歌」，這是不妥的。

[21] 拉弗列茨基：《別林斯基的美學》，第三〇頁。

> 客觀性是詩的條件，沒有客觀性就沒有詩：沒有客觀性，一切作品無論怎樣美，都會有死亡的萌芽。
>
> ——《全集》，第二卷，第四一九頁
>
> 詩人所創造的一切人物形象對於他應該是一種完全外在於他的對象，作者的任務就在於把這個對象表現得盡可能地忠實，和它一致，這就叫做**客觀的**描寫。
>
> ——《全集》，第三卷，第四一九頁

就在《論俄國中篇小說》裡他把客觀性說得更具體：

> 說了這番話以後，難道在我們的時代特別得到發展的是詩的這種現實方向，是藝術與生活的這種緊密結合，還足爲奇嗎？難道最近作品的特徵一般在於**無情的坦率**，彷彿要讓生活丟臉，**把生活中可怕的醜和莊嚴的美都一齊赤裸裸地顯示出來**，**彷彿用解剖刀把生活解剖開來**，還足爲奇嗎？我們所要求的**不是生活的理想而是生活本身**，**按照它本來的樣子**。它壞也罷，好也罷，我們**不願把它美化**，因爲我們認爲**在詩的表現裡**，**生活無論好壞**，**都同樣地美**，**因爲它是眞實的**，**哪裡有眞實**，**哪裡也就有詩**。

在較晚較成熟的評《智慧的痛苦》裡他又重申過這個信條：

最高的現實就是眞理；詩既然以眞理爲內容，詩作品所以就是最高的眞實。詩人並不美化現實，他寫人物並不按照他們應該有的樣子，而是按照他們實在有的樣子。

……客觀性是創作的必要條件，它否定了一切目的，一切來自詩人的訴訟。

這些話還不足以證明別林斯基早期側重藝術的客觀性嗎？在這些話裡他提出旗幟極鮮明的現實主義的信條。如果我們朝後看看車爾尼雪夫斯基，就可以看出他的「美就是生活」的原則早就已由別林斯基提出過，而且別林斯基否定了他所肯定的「應該有的樣子」，在這一點上還比他更激進。激進有時不免片面，別林斯基早期所強調的客觀性實際上是一種客觀主義，所以他早期所理解的現實主義還不免帶有片面性。

過正往往由於矯枉，別林斯基早期片面強調客觀性並不是偶然的，而是和他對俄國十九世紀二〇年代占統治地位的浪漫主義所進行的頑強鬥爭分不開的，因爲浪漫主義是片面強調主觀性的。就在上引的評《智慧的痛苦》裡他斷定浪漫主義先驅卡拉姆津的感傷主義是一個「錯誤的有害的傾向」，浪漫派大師茹柯夫斯基的神祕主義是「幻夢與妄誕的幻想的結合」，是一種「翻新的感傷主義」，並且拿浪漫主義和現實主義作對照說：

浪漫藝術把塵世搬到天上，它的追求永遠是在天上，在現實生活之外……浪漫詩是幻想的詩，是理想的漫無節制的傾瀉，而現代詩卻是生活的詩。

他對浪漫主義的鄙視在下面兩段裡表現得更露骨：

柯斯洛夫是一位情感詩人，所以不用到他那裡去找藝術作品。

——《全集》，第五卷，第七五頁

凡是不精確的、不明確的、混亂不清的，外表的意思像很豐富而實在的意思卻很貧乏的作品都應該叫做浪漫主義的。

——《全集》，第六卷，第二七六頁

他爲什麼這樣敵視浪漫主義呢？別林斯基自己在《一八四五年俄國文學評論》裡回答了這個問題，他說「浪漫主義者總是一切實踐的敵人。……他們的通病是脫離現實」，是消極的，它把人們「從塵世搬到天上」，在「幻想」和「感傷」裡過日子，放棄迫切的解放鬥爭。所謂「實踐的敵人」就是解放鬥爭的敵人。這種文學絕不能「滿足這時代的最基本的要求」，所以別林斯基對症下藥，提出文藝再現生活，對現實作無情的忠實的客觀描寫的口號，指出以果戈理爲首的「自然派」做學習的榜樣。這樣就把當時浪漫主義的頹風打下去，把俄國文學引上了現實主義的康莊大道，因而喚醒民衆，促進了解放運動，並且爲未來的革命作了思想準備。這是別林斯基的最大功績，遠遠超過了他有時矯枉過正的毛病。

他的矯枉過正表現於在片面強調藝術客觀性之中，他否定了藝術創作的一些完全合法合理的因素。第一，他因爲反對幻想而走到反對藝術虛構的極端，認爲「現實以外的一切，即作家所憑空虛構的都是虛僞，都是對眞理的譭謗」㉒。其次他因爲反對感傷主義而走到否定藝術表現情感的極端，稱讚莎士比亞「沒有同情，沒有習慣傾向和偏嗜，沒有心愛的思想，也沒有心愛的典型，他是**無情的**」㉓。第三，他因爲反對「美化」而走到否定藝術表現生活理想的極端，這在上面引文裡已不止見過一次。第四，他因爲反對作者表示主觀態度而走到否定諷刺文學的極端，說諷刺「不屬於藝術範圍」，是一種「僞體裁」。㉔如果在這幾點上藝術家都要聽從別林斯基的話，客觀性就會流爲客觀主義，藝術就不可能有思想傾向性。

但是這些只是別林斯基的美學觀點的一面，此外也還有重視主觀性，情感和理想傾向的另一面。這另一面在早期也就已存在，只是沒有和側重客觀性的一面達到辯證的統一，所以表面看來，他的言論往往顯得互相矛盾。矛盾是思想發展所必有的條件，也是思想家在發展過程中不輕於下定論的嚴肅態度的表現，而別林斯基在思想態度上正是極其嚴肅的。早在《文學的幻想》裡他就已認識到詩的思想「不是推理，不是描寫，不是三段論法，而是熱情、欣喜、絕望和呼號」：「思想消融在情感裡，而情感也消融在思想裡：**從思想和情感互相消融裡才產生高度的藝術性**」。他也很早就認識到「客觀性並不是藝術的唯一的優點」

㉒ 評《別林斯基的全集》（一八四〇）。

㉓ 《論俄國的中篇小說》。

㉔ 評《智慧的痛苦》。

[25]，「客觀性絕非不動情感，不動情感就會把詩毀滅掉」[26]。在一八四一年他寫信給波特金談心事說，「近來我對客觀的藝術作品產生了一種敵視」[27]。足見這時期是他的思想轉變中一個關鍵。現在他認識到「對生活作純然客觀的詩的描寫，……過去沒有過，將來也不會有」，「客觀詩人與主觀詩人的稱號把同一創作活動割裂成爲實際上並不存在的尖銳對立的兩半截，這種做法應該從理論中清除出去」[28]。

這些都足以說明別林斯基已逐漸認識到他自己過去側重客觀性的片面性，彷彿是在糾正早期的片面性，他在晚期就愈來愈多地強調主觀性的一面，下面幾段話可以爲證：

> 果戈理的最大的成功和躍進在於在《死魂靈》裡到處滲透著他的主觀性。我們所理解的主觀性不是由於有侷限性和片面性而對所寫對象的客觀現實性進行歪曲的那種主觀性，而是一種深刻的滲透一切的人道的主觀性。這種主觀性顯示出藝術家是一個具有熱烈心腸、同情心和精神性格的獨特性的人，——它不容許藝術家以冷漠無情的態度去對待他所描寫的外在世界，逼使他把外在世界現象引導到他自己的活的心靈裡走一過，從而把這活的心靈灌注到那些現象裡去。
>
> ——《全集》，第六卷，第二一七至二一八頁

㉕《全集》第二卷，第二九二頁。

㉖同上書，第一卷，第九〇頁。

㉗同上書，第一二卷，第七十三頁。

㉘據拉弗列茨基的《別林斯基的美學》第十七頁的引文。

> 如果一件藝術作品只是爲描寫生活而描寫生活，沒有任何**植根於占優勢的時代精神中的強烈的主觀動機**，如果它不是**痛苦的哀號或高度熱情的頌贊**，如果它不是**問題或問題的答案**，它**對於我們時代就是死的**。
>
> ——《全集》，第六卷，第二七一頁

> 分析的精神，壓制不住的研究努力，**熱烈的充滿著愛和恨的思想**在今天已變成**一切眞正詩的生命**。
>
> ——《全集》，第七卷，第三四四頁

這裡「占優勢的時代精神」就是當時俄國農奴解放運動中的革命精神，這種精神是「熱烈的充滿著恨和愛的思想」。強調這一點並不是回到消極浪漫主義的主觀性，而是肯定「不容許藝術家以冷漠無情的態度去對待外在世界」的那種主觀性。根據以上許多引文，我們似可得出這樣的結論：隨著俄國解放運動形勢的發展，別林斯基就逐漸放棄早期偏重客觀性的態度，轉到漸重視主觀性，他已認識到客觀性與主觀性統一的必要和可能，而且多少已認識到現實主義並不必然要排斥積極的浪漫主義，上引三段話無寧說是對革命的浪漫主義文學所下的定義。

問題在於客觀性和主觀性究竟如何統一。別林斯基對這個問題是用他的「情致」說來解答的。情致說是他在一八四三年評謝內依達．P—的作品裡首次提出來的，他說：「詩作品中的思想就是情致（Παφος）㉙。情致就是對某一思想的熱烈的體會和鍾情」。在一八四四年《論普希金》第五篇裡，他就情致說作了更詳盡的闡明。在這篇論文裡他首先討論了藝術家個人性格對藝術作品的重要性：

> 一個詩人的全部作品，儘管在內容和形式上每篇各不相同，卻仍有一種共同的面貌，印刻下只有他才有的那種特殊性格，因爲這些作品都是從一個人格，一個完整不可分割的「**我**」生發出來的。因此，要著手研究一個詩人，首先就要**在他的許多種不同形式的作品中抓住他的個人性格的祕密**，這就是只有他才有的那種**精神特點**。

每個詩人既然要在他的全部作品印刻下他所特有的個人性格，所以就「不能用拜倫的尺度去衡量歌德，也不能用歌德的尺度去衡量拜倫」。要研究一個詩人，單靠浮面的理智的了解還不夠，還必須「親領身受他的作品中的情感和生活」，爲其中「偉大的思想所完全掌握和滲透，以致它的骨變成自己的骨，它的肉變成自己的肉」，「爲書中的哀傷而哀傷，爲書中的歡樂、勝利和希望而感到幸福」。這才算「找到了打開詩人的人格和詩作品的祕密的鑰匙」。這把鑰匙不是抽象的思想而是「詩的理念」或「情致」：

㉙ 這個詞有譯為「熱情」或「激情」的，這裡譯「情致」，理由已在黑格爾《美學》中譯本第一卷第二八七頁的注裡說明過。

> 藝術並不容納抽象的哲學的理念，尤其不容納用理智論證的理念：它只容納詩的理念，而這種理念卻不是三段論法，不是教條，不是規則，而是活的熱情或情致。

從此可見，詩和哲學共用同一內容的看法已不聲不響地拋開了。詩自有「詩的理念」，別林斯基有時又沿用黑格爾的術語，把它叫作「具體的理念」，把它和「情致」等同起來。用通俗的話來說，情致就是情感飽和的理念，滲透詩人個人性格的理念，就是這種情致推動詩人去創作：

> 詩人如果不辭勞苦，要從事於創作的艱辛勞動，那就意味著有一股強烈的力量，一種壓制不住的熱情在推動他，鼓舞他。這種力量和熱情就是情致。詩人處在情致中就顯得鍾情於某一種理念，像鍾情於一種優美的東西一樣，熱情地沉浸到這種理念裡去。他觀照這種理念，並不是憑理智，憑推理的能力，憑感官的感受或是憑心靈中某一方面的力量，而是憑他的全部豐滿而完整的道德存在（精神生活——引者注）。所以這種理念在他的作品中顯得是……思想和形式融成一種整一的有機的作品。凡是理念都來自理智，但是創造和產生有生命的作品的卻不是理智而是愛。從此抽象的理念和詩的理念之間的區別就顯而易見了，前者是理智的產品，後者卻是一種熱情或愛的果實。

這種「詩的理念」或「情致」既然還是一種熱情，爲什麼不乾脆就把它叫做熱情呢？因爲一般熱情夾雜有私人的自私的本能的或動物性的成分，而情致卻要表現上面引文裡所說的詩人的「全部豐滿而完整的道德存在」或精神生活，它是高度發展的社會人才有的一種道德情操，㉚別林斯基的說明如下：

> 情致這種熱情卻永遠是由理念在人心靈中激發起來的，而且永遠奔向理念，因此它是一種純然精神道德方面的神明境界的熱情。這種情致把單純通過理智得來的理念轉化爲對那理念的愛，充滿著力量和熱情的奮鬥。在哲學裡理念是無形體的；通過情致，理念才轉化爲行動，爲現實的事實，爲有生命的作品。……每一部詩作品都應該是情致的產品，都應該由情致滲透。

從此可見，情致就是「思想和情感的互相融合」所形成的藝術家個人性格或精神特點。別林斯基認爲情致的表現是藝術性的重要標誌，詩人要達到藝術性，「就應該使情感產生於理念，而且就表現出那個理念」㉛。他始終強調「思想是一切詩的眞正內容」這「思想」依他在早期所理解的大半還是由理智產生的抽象的理念；自從提出情致說以後，他所理解的「思想」就有遠較豐富的涵義，即詩人的整個人格中所蘊藏的世界觀或精神傾向，是情與理的統一。這種「思想」就是「情致」，就是「理想」，也就是別林斯基所理解的傾向性。他說得

㉚ 這也是Пафос不宜譯為「熱情」或「激情」的一個理由。

㉛ 《全集》，第六卷，第四六六頁。

很明白：

傾向本身應該不只存在於作者的頭腦裡，而是要存在於他的心臟和血液裡，它首先應該是一種情感，一種本能，然後也許才是一種自覺的思想。

——《一八四七年俄國文學評論》

作爲「情感」或「本能」而「存在於詩人心腔和血液裡」的「傾向」正是「情致」或「貼心的思想」。這是存在於創作時「自覺的思想」之前的。

這種「情致」或「傾向」是如何形成的呢？它是「時代精神」或現實社會生活對藝術家的教育的結果。別林斯基有一段名言這樣描寫詩人的崇高任務：

詩人要在今天達到成功，單憑才能是不夠的，還需要在時代精神中的發展。詩人已不再能在幻想世界裡生活著：他是這時代現實王國中的一個公民；一切發生過的事物都應該在他身上活著。社會希望在他身上見到的不是一個提供娛樂的人，而是它自己的精神理想生活的代表者，是對最難問題提出答案的預言者，是首先在自己身上診斷出一般人的疾病痛苦，然後用詩作品去醫療那些疾病的醫生。

——《全集》，第六卷，第九頁

所以情致來自「時代精神中的發展」，它是「一切發生過的事物在詩人身上活著」，一般人的疾病痛苦在詩人自己身上診斷出來」的結果。別林斯基曾舉《誰之罪？》的作者赫爾岑爲例，指出赫爾岑的特長「在思想，在情感上深受感動的，完全自覺到和發展出來的思想」，換句話說，還是在情致。什麼才是赫爾岑的「貼心的思想」呢？別林斯基回答說，「作爲他的靈感來源的，以及使他在忠實描寫社會生活現象之中幾乎提高到藝術性的那種思想乃是人類尊嚴遭到屈辱，而屈辱人類尊嚴的就是偏見和愚昧，人對人的不公平以及人對自己的糟蹋。」，㉜換句話說，就是他對當時俄國社會中人壓迫人的現象的憤恨。這憤恨就是他的情致，是俄國社會現實在他身上的反映。

在這種對情致或傾向的看法之中，有兩點值得特別指出。

第一，這個看法表現出**主觀與客觀的辯證的統一**。情致不是藝術家個人的飄忽的情感，而是時代精神在他個人性格中的結晶，所以既是主觀的，又是客觀的；既是特殊的，又是普遍的。這個道理在下面兩段引文裡說得很明白：

> 偉大的詩人**在談著他自己，他的「我」時，也就是在談著一般人，談著全人類**。……所以人們從他的悲哀裡認識到他們自己的悲哀，從他的心靈裡認識到他們自己的心靈，認識到他不僅是

㉜《一八四七年俄國文學評論》，第二篇。

一個詩人，而且是一個人。

——評《萊蒙托夫的詩》（一八四一）

現在長篇和中篇小說所描寫的……是作爲社會成員的人，它們描寫了人，也就描寫了社會。

——《全集》，第九卷，第三五一頁

從此可見，像詩人所寫的人物性格一樣，詩人自己也就是當時社會的一個典型性格，從一般與特殊的統一中，別林斯基看到了客觀與主觀的統一。

其次，我們在上文見過，別林斯基早期在藝術創作的無意識性（或不自覺性）的問題上糾纏得很久，先是強調無意識性，後來又否定無意識性。自從後期提出情致說以後，他實際上已達到無意識性與自覺性的統一。就情致是個人性格的核心，是「存在於心腔和血液裡」的一種情感和本能來說，它還是不自覺的；就「在自己身上診斷出一般人的疾病痛苦，然後用詩作品去醫療那些疾病」，「成爲對最難問題提出答案的預言者」來說，詩人所表現的就須是一種「自覺的思想」，例如赫爾岑在《誰之罪？》裡的思想就是一種「在情感上深受感動的，完全自覺的和發展出來的思想」。「情致」、「傾向」和「個人性格」好比一座大水庫，是由當時現實社會各種影響匯流而成的。它是一種長期的儲備。體現情致於個別作品，這就好比開渠引水灌溉特定區域的農田，就不能不是有目的、有計畫的。

從此可見，別林斯基早期所提出的藝術是理念加形象的那個黑格爾式的老公式現在已獲得完全嶄新的意義了。從前只是詩與哲學共有的理念，現在是「對理念的愛」或「充滿著愛和恨的思想」了。從前是片面地強調客觀性，現在客觀性和主觀性卻達到統一了，從前是鄙視浪漫主義的情感，現在卻把情感提到首位了。從前否定幻想虛構，現在藝術創作中「主要的活動是想像」㉝了。從這種對比看，別林斯基在晚期確實經歷過巨大的轉變。我們不禁要問：在別林斯基的成熟的思想中，文藝在近代是否只有現實主義的一條路，如他早期所堅持的呢？現實主義和浪漫主義是否處於不可調和的對立呢？革命的浪漫主義和革命的現實主義是否有結合的可能呢？我們認爲別林斯基在情致說裡已足夠明確地回答了這些問題。認眞考慮一下這些問題是重要的，因爲別林斯基的美學思想的影響一直是深刻的，而檢查一下這種影響，就不難看出他早年片面強調現實主義而輕視浪漫主義的思想爲什麼一直得到更大的重視和更廣泛的宣揚。

別林斯基早期片面強調現實主義，主要由於當時俄國解放運動的現實需要，他在晚年發展出帶有革命浪漫主義色彩的美學思想，也主要是由於俄國解放運動進一步的發展和他本人對社會現實更密切的接觸。但是黑格爾的影響也是始終存在的。他的晚期思想體系都圍繞著「情致」說，而「情致」說恰恰是從黑格爾那裡繼承來的。黑格爾把「情致」看作「藝術的眞正中心」，「不是本身獨立出現的而是活躍在人心中，使人的心情在最深刻處受到感動的普遍力量」，「存在於人的自我中而充塞滲透到全部心情的那種基本的理性的內容」。這種「情致」並不是完全個人的，它是「一般世界情況」所形成的「普遍的精神力量（理想）在

㉝《全集》，第九卷，第一八五頁。

藝術家個人性格中的體現」。㉞別林斯基所用的名詞（$\pi o\theta as$）和對這個名詞所了解的意義基本上和黑格爾是一致的，但是他發揮了黑格爾的學說，因爲他把它結合到俄國解放運動的具體現實，使「情致」具有一個嶄新的涵義，即革命的熱情和理想。

「情致」的這個嶄新的涵義是否能證明別林斯基晚期思想已完全擺脫了黑格爾客觀唯心主義的影響呢？這問題關係到對他晚期思想的正確估價。人們的意見還是不一致的。我們認爲：別林斯基早期所理解的「理念」，仍然是黑格爾所理解的客觀存在的先於感性現象的普遍的永恆的理念，他以這種理念爲藝術的出發點，所以無疑是客觀唯心主義的；他晚期所理解的「情致」雖然仍是黑格爾所理解的由「一般世界情況」所決定的情致，但是他更明確地指出情致的根源在於現實社會生活，更清楚地認識到藝術要從現實出發，在這個意義上，他已基本上由客觀唯心主義轉到唯物主義，而且在唯物主義的基礎上認識到一般與特殊的統一，感性與理性的統一，內容與形式的統一以及客觀與主觀的統一。這是一種世界觀上的大變革。

但是這個變革不管有多麼大，仍然是不澈底的。這特別表現在他在晚期還沒有完全拋棄抽象的人性和抽象的「人類精神」。他說，「詩人不僅是一個詩人，而且是一個人。」，他把這「人」字理解爲「一般人乃至全人類」，所以詩人的主觀性是「滲透一切的人道的主觀性」，詩人的職責在「體現認識到的人類尊嚴的生活理想」，赫爾岑所要表達的也是關於

㉞ 參看黑格爾的《美學》，第一卷，第三章，特別是第二八七至二九二頁，以及本編第十五章（五）。

「人類尊嚴遭到屈辱」的思想。就在發揮情致說的《論普希金》第五篇裡，他在強調現實社會根源的同時，也還是把個人性格看作人類精神的個別體現：

> 每個人都或多或少地生下**來就憑他的個人性格去實現那和永恆**（宇宙）**同樣無限大的人類精神的無限雜多方面的一方面**。個人性格的全部價值和重要性就在於這種**體現永恆**的使命上，因爲**它**（個人性格）**就是精神獲得存在和實現**，就是精神的現實。……
>
> 總之，詩人創作的源泉就在於表現在他個人性格裡的那種精神，所以他的作品的精神和性格**首先**應該從他個人性格裡去找解釋。

誰也無法否認在這番話裡，黑格爾的客觀唯心主義的幽靈仍在徘徊著。所以我們不能同意某些蘇聯美學家的說法，說別林斯基在「反抗現實」時期就已經轉到澈底的唯物主義。別林斯基的思想不是單線發展的，是深廣的，朝各個方向探險的，因而是充滿著矛盾，帶有很大發展前途的。可惜他死得過早，沒有能得到儘量發展。

4. 典型說

在近代美學家中，別林斯基是把典型化提到藝術創作中首要地位的第一個人。在他的一些重要評論裡，他都著重地討論了這個問題。他在評《現代人》（一八三九）裡說：「典型化是創作的一條基本法則，沒有典型化，就沒有創作」。他這樣重視典型，還是從他對藝術本質的基本看法出發的。這就是藝術是形象思維，是黑格爾所說的「理念的感性顯現」。隨著他對藝術本質的基本看法的發展和轉變，別林斯基的典型觀也有發展和轉變。由於發展都有個萌芽，以後變來變去，都很難把這萌芽所指定的趨向完全拋棄掉。我們已經看到別林斯基在藝術本質問題上的思想發展是如此，他在典型問題上的思想發展也還是如此。

這個萌芽在《文學的幻想》中「藝術是宇宙的偉大理念在它的無數多樣的現象中的表現」一語中已可見出。這個藝術的定義已包含著典型的定義。在《論俄國中篇小說》裡，這句話得到進一步的明確化：「每一個人都應該分爲兩方面：一般的與人類的，和特殊的與個人的」；果戈理所塑造的庇羅果夫「就是整個等級，整個民族，整個國家」、「整個世界只納到一個字裡面」。在評《現代人》裡，別林斯基早期的典型觀已成了定型：

> 創作中的典型是什麼？它同時是**一個人和許多人**，一副面貌和許多副面貌，這就是說，它是這樣一種對一個人的描繪，其中包括多數人，即表現**同一理念的一整系列的人**，姑舉實例來說明這個意思。奧賽羅是怎樣一個人呢？他這個人有偉大的靈魂，但是情欲還沒有受到教養的節制，還沒有由思想啓發，提升到情感，因此他就成爲一個**妒嫉的人**，只因爲疑心妻子不忠貞，就把她扼殺了。奧賽羅就是典型。過去有，現在也還會有，許多這樣的奧賽羅，儘管在形式上有所不同。（重點引者加）

在《評智慧的痛苦》裡他進一步把典型看成理想，把典型化看成理想化。「理想」是按黑格爾的辯證式來說明的：

> 理想是一般性的（絕對的）理念，否定了自己的一般性，以便變成個別現象，既變成了個別的現象，又重新回到它的一般性。

他仍舉奧賽羅爲例。奧賽羅所體現的理念是妒嫉。「這個理念……像是不知不覺地落到詩人心靈裡的種子，發展成爲奧賽羅和苔絲狄蒙娜兩人的形象」，從而具體的妒嫉人物就否定了「妒嫉」這個理念的一般性，由於這兩人的形象雖是個別的，卻是典型的，所以經過否定的否定，又重新回到「妒嫉」這個理念的一般性。至於理想化則是這樣解釋的：

> 對現實加以理想化，就是把一般的和無限的東西體現在個別的有限的現象裡，不是從現實中抄襲任何偶然的現象，而是塑造出典型的形象。……例如有一個人，任何人都可以從他身上認識出慳吝人，他就是一個理想，就是「慳吝」這個一般性的屬於同一類的理念的典型的表現，這個理念本來包含它所有的一切偶然現象；所以一旦成爲形象，一切人都可以從這個形象裡認識出不是某一個慳吝人而是任何一個慳吝人的畫像，儘管這任何一個慳吝人各有完全不同的面貌特徵。

不難看出，這種典型說是把黑格爾的典型即理想說，與賀拉斯和多數古典主義者的典型即類型說混合在一起的。

第一，像黑格爾一樣，別林斯基也是從理念出發，把典型看作體現一般理念的個別形象，例如奧賽羅體現「妒嫉」的理念，阿巴貢體現「慳吝」的理念，這種典型化是歌德說席勒所採用的「爲一般找特殊」，不是歌德自己所採用的「從特殊見一般」。這裡的分別在於前者是從概念出發而後者是從現實出發。從概念出發的典型化總不免有些抽象化。例如別林斯基把莎士比亞所寫的奧賽羅，本來是一位充滿想像、熱情、原始的生活力與高度民族感的英雄，看成只是一個妒嫉人，總未免是削作品之足來就理論之履。他是把莎士比亞式的典型化和莫里哀式的典型化看成等同的。其實這兩種典型化方式的不同，黑格爾早就指出過。㉟黑格爾主張每一個典型人物「都是一個完滿的有生氣的人，而不是某種孤立的性格特徵的寓言式的抽象品」。莫里哀所寫的阿巴貢，正是孤立的「慳吝」性格特徵的寓言式的抽象品，而莎士比亞所寫的奧賽羅卻不是這樣，而是「一個完滿的有生氣的人」。這個分別也正是馬克思在給拉薩爾的信裡所說的「席勒方式」和「莎士比亞化」的分別。馬克思和恩格斯都是贊許「莎士比亞化」的。別林斯基的「理想」只能說是「席勒方式」的典型。不能否認這畢竟還是一種典型，但不是最高意義的典型。

其次，像賀拉斯一樣，別林斯基同時又從類型出發，把典型看成代表性或同類事物的共同屬性，他說：

> 典型（原型）在藝術裡，猶如類和種在自然界裡。……典型是一般與特殊這兩極端的混合的成果。典型人物是全類人物的代表，是用專名詞表現出來的公共名詞。……只是赫列斯塔柯夫這

㉟ 黑格爾：《美學》，第一卷，第二九二至二九八頁。

一個鼎鼎大名就可以很妥貼地安到多少人身上啊！㊱

這種類型概念和黑格爾的理想概念是不同的。類型是總結現實經驗所得到的「統計平均數」。別林斯基在談果戈理寫群眾時曾稱讚他在平常的「統計平均數」裡顯出「不平常的」社會性格來。在論《俄國摹寫自然的作品》（一八四二）裡談到典型的本質說：「即使在描寫挑水人的時候，也不要只描寫某一個挑水人，而是要通過他這一個挑水人寫出一切挑水人。」「挑水人」這個類概念就不能是黑格爾的理念了，而是從直接現實經驗中概括得來的了。如果把概括的結果看成「統計的平均數」，把它再現於個別人物形象，所得到的必然是一種抽象的沒血沒肉的人物。從類型出發的典型觀的毛病正在於此。

應該承認，別林斯基認識到一般類型說的毛病。他不只是強調一般或理念，而且也重視特殊或個性。他要求「人物既表現一整個特殊範疇的人，又還是一個完整的有個性的人」㊲。要達到「這種對立面的調和」，就要通過集中與提高的理想化：

詩人從所寫的人物身上採取最鮮明最足以顯出特徵的面貌，把不能渲染人物個性的一切偶然

㊱《全集》，第五卷，第三一八至三一九頁。赫列斯塔柯夫是果戈理的《欽差大臣》裡的一個腐朽的小官吏，在俄國已成為貪汙枉法，招搖撞騙者的諢名。

㊲評《現代人》。

的東西都一齊拋開。

——《評智慧的痛苦》，《全集》，第三卷，第四六三頁

在自然界事物中，必然的和見出本質特徵的東西往往爲許多偶然的東西所掩蓋，因而很難見出典型，典型化的過程就是拋開偶然，揭示本質特徵的過程。因此，藝術的典型應該比自然的原型更眞實：

在一位大畫家所做的畫像裡，一個人比起在照像裡還更像他自己，因爲大畫家通過鮮明的特徵，把隱藏在這個人的內在世界裡，連對他本人也許是祕密的東西，揭露出來了。

——《全集》，第四卷，第五二六至五二七頁

這番話不免令人想起亞理斯多德的詩與歷史的比較，別林斯基有些見解是符合《詩學》的，特別是「可能性」這個概念在他的論著裡經常出現。他說：

理想隱藏在現實裡。……它不是對現象的抄襲，而是由理智探索和想像再造出來的某一現象的**可能性**。

——《全集》，第八卷，第八十九頁

詩的思想……只是**可能**的現實中一些事例。所以在詩裡「這是否曾經有過？」的問題從來沒

有地位；詩要正面回答的問題卻永遠是「這是否**可能**？這在現實中是否可能有？」

——《全集》，第四卷，第五三一頁

詩是對可能的現實所作的一種創造性的再現。所以在現實中不可能有的東西也就不可能是詩的。（以上重點均係引者加）

——《全集》，第七卷，第九四頁

這「可能性」究竟是什麼呢？他在《評智慧的痛苦》裡給了解答。「可能性之得到實現，是根據嚴格的不可改變的規律」，它「有合理性和必然性」。這就是說，可能的現實不一定就是已然的現實，而是按必然規律來推測是於理應有的現實。這就不但把再現現實和抄寫現實區別得很清楚，而且也把藝術的眞實和生活的眞實區別得很清楚了。

可能性就是「合理性和必然性」，也就是客觀規律性。按照客觀規律來創造典型，所以典型是近情近理的，可理解的。同時它又是經過創造想像的理想化的結果，拋開了偶然的東西，揭示出必然的東西，所以典型又是「不平常的」、「新鮮的」。就是在這個意義上，別林斯基把典型叫做「熟識的陌生人」㊳。熟識的是現實基礎，陌生的或新鮮的是藝術創造。他特別強調典型形象的獨創性：

㊳《論俄國中篇小說》。

在眞正的藝術作品裡，一切形象都是新鮮的，具有獨創性的，其中沒有哪一個形象重複著另一個形象，每一個形象都憑它所特有的生命而生活著。

——《評〈瑪林斯基的全集〉》

這樣，他雖有時從類型出發，卻克服了過去類型說的一般化的毛病。別林斯基對典型理論的重要貢獻還在於他多少已看出典型性格與典型環境的關係。他一開始就強調一切作品須「在精神上和形式上都帶有它那時代的烙印，並且滿足它那時代的要求」[39]。他認爲「要評判一個人物，就應考慮到他在其中發展的那個情境以及命運把他所擺在的那個生活領域」[40]。下面兩段話尤其足以說明他的看法：

像一切有生命的東西一樣，藝術應該屬於歷史發展的過程。……我們時代的藝術是用精美的形象去表現和實現當代的意識，對當代生活的意義和價值的看法，對人類道路和永恆的眞實存在的看法。

——《全集》，第六卷，第二八〇頁

現在俄國長篇和中篇小說所描繪的不是罪惡和德行，而是作爲社會成員的人，它們描繪了

㊴《全集》，第一卷，第九〇頁。

㊵ 同上書，第四卷，第二五七頁。

人，也就描繪了社會。正是因爲這個緣故，現在對長篇和中篇小說以及戲劇的要求是**每個人物都要用他所屬階層的語言來說話，以便他的情感、概念、儀表、行動方式，總之，他的一切都能證實他的教養和生活環境**。

——《全集》，第九卷，第三五一頁

上文我們已指出別林斯基始終抱有抽象的普遍人性的看法，但是與此同時，他也不但有歷史發展的觀點，而且已隱約有階級觀點了，這裡兩段引文可以爲證。典型應該體現時代精神的特徵，而且還要反映出人物所屬階層與生活環境，所以別林斯基還結合萊蒙托夫的小說名著，提出了「當代主角」㊶這一個重要的概念。主角應能體現時代的精神特徵，例如普希金的歐根·奧涅金，萊蒙托夫的畢巧林以及果戈理的死魂靈收購人乞乞科夫。

這種看法是深刻的，有獨創性的。但是它也還不能說明別林斯基已完全擺脫了永恆理念，抽象的人性以及典型從一般出發那些概念。在上面的引文裡，「藝術屬於歷史發展過程」之後還是拖著「永恆的眞實存在」的狐狸尾巴，就說明矛盾並未完全消除。

㊶ 參看評萊蒙托夫的《當代主角》（一八四〇）和評索洛古勃的《旅行馬車》（一八四五）兩文。《當代主角》一般譯為《當代英雄》，不妥，因為別林斯基指的是作品中能反映時代特徵的角色，可以是卑鄙惡劣的人物，例如乞乞科夫。

5. 內容和形式：美

像黑格爾一樣，別林斯基也把理念看成內容，表現理念的具體形象看成形式。理念也有時叫做「眞理」。「眞理是哲學的內容，也是詩的內容；單就內容來說，詩作品和哲學論文是一樣的」⑫。「因此，詩也是哲學，也是思維，因爲它也以絕對眞理爲內容」，所不同者哲學用概念和邏輯規律來思維，而「詩人用形象來思維，他不是論證眞理而是顯示眞理」。⑬所以「詩和思維（即哲學思考——引者注）畢竟不是一回事：它們在形式上是嚴格區分開來的」。詩和哲學既然只在形式上有區別，這兩種思維——形象思維和抽象思維——所用的心理功能也不一樣，「哲學或廣義的思維是通過理智起作用而且對理智起作用的」，一般「無須借助於情感和想像」；詩卻以「想像爲主要的動力」，因爲「任何情感和任何思想都必須用形象表達出來，才能成爲詩的情感和思想」。⑭

別林斯基在內容與形式的關係上前後有時矛盾，按照上引一些話看，詩和哲學的分別不在內容而只在形式，完全相同的內容可以表現爲完全不同的形式，內容和形式就可以割裂開來了。但是別林斯基在無數場合都強調過內容與形式的統一以及形式對內容的依存，例如：

⑫ 評《傑爾查文的作品》第一篇（一八四一）。
⑬《評智慧的痛苦》。
⑭ 同上。

「具體」是指這種情況：其中理念滲透到形式裡而形式表現出理念，消滅了理念也就消滅了形式，消滅了形式也就消滅了理念。換句話說，具體性就是形成一切事物生命的，沒有它任何事物都活不了的那種**理念與形式之間的祕奧的、不可分割的必然的融合**。

——《全集》，第二卷，第四三八頁

理念是一種**具體的概念**，它的**形式對它並不是外在的**，而是**它自己所特有的那種內容的發展**。

——《全集》，第四卷，第五九九頁

無內容的形式和無形式的內容都不可能存在。

——《全集》，第五卷，第三〇六頁

人們不禁要問：詩和哲學所共有的那種「眞理」或「理念」或那種「內容」有沒有形式呢？既然形式是內容本身的發展，同一理念何以時而發展爲哲學的概念，時而發展爲藝術的形象呢？既然經過了不同的發展，那原來共同的內容或理念改變了沒有？依別林斯基自己的內容形式一致的前提，能說詩和哲學在內容上一致而只在形式上才有區別嗎？

這些問題是別林斯基的美學思想的**基本矛盾**所在。詩和哲學就在內容上也不能看成同一的。他之所以把它們看成同一，是因爲他隨著黑格爾相信藝術是從理念到形象的。這理念在表現爲形象之前究竟是怎樣一種「內容」呢？能說它已經是「具體的理念」嗎？不能，因爲沒有表現爲形象，它就還不是「具體」的，而只能是抽象的，例如他所說的莎士比亞的奧賽羅表現「妒忌」⑮，普希金的「吝嗇騎士」，果戈理的潑留希金，以及莫里哀的阿巴貢都表現「吝嗇」。⑯這些實例都說明別林斯基心目中的藝術作品大半是從抽象概念出發的，而且他把「主題」和「內容」混為一事。過去許多作家所描寫的各種不同的吝嗇鬼怎能說在內容上都相同呢？不，在具體的內容上，不但詩和哲學不同，就在詩與詩之間也不能相同。

對內容與形式的看法的矛盾也就必然帶來對美的本質的看法的矛盾，美究竟在內容，在形式，還是在內容與形式的統一體呢？依別林斯基的看法，美有時在內容，有時在形式，有時又在內容與形式的統一體。姑先分析下面一段引文：

> **現實本身就是**美的，但是它的美在本質上，在它的要素上，**在它的內容上而下在它的形式上**。就這一點來說，現實是未經洗煉的埋在礦砂堆和泥土裡的原金：科學和藝術就現實的金子加以洗煉，**把它鑄成精美的形式**。所以科學和藝術並不虛構原來沒有的新的現實，而是從曾經有過的，現有的或將有的東西中採取現成的材料，現成的因素，總之，**現成的內容**，然後**給它一個妥貼的形式**，連同比例勻稱的各部分以及使我們從各方面都能看到的體積輪廓。
>
> ——《全集》，第四卷，第四九〇至四九一頁

⑮ 他談典型時最愛舉的例。

⑯《論普希金》，第十一篇（一八四六）。

在這裡別林斯基明確地指出兩點：(1)現實本身就美，現實美是在內容而不在形式；(2)現實提供現成的內容給藝術，這內容在藝術裡在本質上還和在自然裡一樣，猶如洗煉過的金子還是埋藏在礦砂裡的金子，**藝術只是**把自然「鑄成精美的形式」，所以藝術美只是在形式上。美既然可以單獨地在內容，也可以單獨地在形式，這兩種美究竟如何區別呢？它們之間有什麼關係呢？

別林斯基和車爾尼雪夫斯基一樣堅信現實本身就美。下面的話是經常在他的論著中重複出現的：

> 詩就是生活的表現，或則說得更好一點，**詩就是生活本身**。
>
> ——《全集》，第四卷，第四八九頁

> 詩就是現實本身。
>
> ——《全集》，第五卷，第五〇三頁

> **哪裡有生活，哪裡也就有詩，但是只有在有理念的地方才有生活**。
>
> ——《全集》，第四卷，第五三三頁

> 在詩的表現裡，**生活無論好壞，都是同樣美，因爲它是眞實的**；哪裡有眞實，哪裡也就有詩。
>
> ——《論俄國中篇小說》

對這幾句話稍加分析，可以看出這幾點：(1)「詩」字有時指文學作品（「詩是生活的表現」），有時指詩的特質，涵義近於「美」字（「哪裡有生活，哪裡也就有詩」）。藝術的詩反映生活的詩。(2)生活或現實之所以美，由於它眞實，美與眞是統一的。也就是在這個意義上，現實美在於內容。(3)在現實生活裡，醜惡儘管是眞實的，並不能因此而美；「生活無論好壞都同樣地美」，這句話只是就「詩的表現」或文藝作品而說的。由此可見，詩雖就是生活本身，畢竟有所不同。(4)問題在於別林斯基所了解的「生活」還不是一般人所了解的「生活」，因爲他說得很明確，「只有在有理念的地方才有生活」，所以他又說：「現實詩的任務在於從生活的散文中抽繹出生活的詩」㊼。這就是從一般人所了解的生活（即「生活的散文」）中揭示出「理念」（即「生活的詩」），也就是排除偶然而揭示「隱藏」的本質那種典型化或理想化的過程，也就是藝術賦予形式（即形象）於自然內容（即理念）的過程。

由(1)和(2)兩點看，藝術美反映自然美，美在於眞，都應只在內容上見出，所以他說，「只有內容才是衡量一切詩人的眞正標準」㊽。由(2)和(3)兩點看，藝術美只能在創造成的形式（即形象）上見出。藝術美在形式，上引煉金的例子也已說得很明確，此外別林斯基還說

㊼《全集》，第一卷，第二九一頁。
㊽《評波列查耶夫的詩》（一八四二）。

過，「形式屬於詩人，內容屬於他的民族的歷史和現實」[49]。「形式屬於詩人」就等於說形式屬於藝術創造。這兩種看法顯然有矛盾，而矛盾的根源在於**內容與形式的割裂**。

此外還須指出，俄文Жизнь一詞和一般西語中相應的詞一樣，包括「生活」和「生命」兩個意義；而「美」這個詞在俄文裡卻有Красивые和Прекрасные兩個詞，前者較低，相當於漢語中「漂亮」、「整潔」之類的美，後者較高，相當於漢語中眞正審美意義的美。別林斯基常強調這兩種美的分別，把前者擺在形體方面，後者擺在精神或生命方面。他有時強調自然美在內容（生命）而不在形式（形體），是就這個意義來說的。例如，他在討論普希金的詩時說過：

> 普希金的詩好比受到情感和思想灌注生命的那種人眼的美。如果去掉灌注生命的那種情感和思想，那副眼睛就會只是漂亮的（Красивые），不再是神光煥發地美（Прекрасные）了。
>
> ——《一八四一年俄國文學評論》

後來他討論到女性美時，把這個意思說得更明確：

> 有些女人生來就有一種罕見的美，但是她的面貌拘板地端方四正，卻給人一種枯燥的感

[49]《全集》，第二卷，第五十二頁。

> 覺；她的動作也不秀氣。這種女人也可以憑她的耀眼的光彩而引起驚贊，但是這種光彩卻不能使任何人感到一種難以名狀的情緒而心跳動起來；她的美不能引起愛，而沒有愛伴隨著的美就沒有生命，沒有詩。[50]

這種觀察是精細的，但是根據這種觀察所作的美只在內容的理論就還是把形式和內容割裂開來。「神光煥發的眼睛」畢竟有賴於「漂亮的眼睛」，而「伴隨著愛的美」也不是和「罕見的美」毫不相干。

如果說別林斯基經常都把內容美和形式美割裂開來，這話也不是正確的。他也很早就有上文所已提到的內容與形式一致的看法，因此他有時又以爲藝術美在內容與形式的統一體上，而形式美是由內容美決定的。這個看法在《論普希金》第五篇裡提得很明確：

> 這種理念在詩人的作品裡顯得不是抽象的思想，也不是死板的形式，而是一部有生命的作品，其中形式的精美正足以證明理念的神聖，而且其中沒有拼湊縫補的痕跡，沒有形式和思想的割裂，而是思想和形式融成一種整一的有機的作品。

在另一篇評論裡他談自己對一座女愛神雕像的欣賞體會，更具體地說明了美在統一體的

---

⑩《全集》，第七卷，第九十四頁。這種看法可能受到英國經驗派博克的影響。

道理：

> 這座雕像裡的這種**理念與形式**的生動的交融，這種**生命與大理石**的有機結合（重點原文有）的祕密究竟在哪裡？……除掉美麗，和諧與少女的羞態以外，我還在這座女愛神的面貌上，姿勢上以及她的整體上看出**某種**不可名狀的東西。……這座美的女愛神是既作爲理念而美，又作爲個體而美的。……這一切都很好地通過一種鮮明和精巧，一種聰慧而表現出來的，而同時它又那樣簡單和平常，使人不能指出哪一點來說，「瞧，嘴唇邊這個線條，腮幫上這種表情。」……別向我說這套話吧，如果你想把她的內在的生命分解爲某些線條和突出點，你就不懂藝術。……這個人物面貌，這個形象使我驚贊，是憑它的整體和一般表情，而不是憑某些部分的線條和突出點。生命不在眼睛上，也不在唇上，也不在腮上，也不在手上或腳上，而是在面貌和整個形體上，在那身體上一切線條，突出點，輪廓的圓滿以及四肢各部分的和諧。
>
> ——《全集》第二卷，第四二〇至四二一頁

總之，美是不可分解爲內容和形式（神和形）兩部分的。這座女愛神既作爲理念（神）而美，又作爲個體（形）而美，二者是不可分割的。這段話是別林斯基早年寫的，是在他在《評智慧的痛苦》和《傑爾查文的作品》兩文裡提出詩與哲學的分別只在形式說之前寫的。從此可見，別林斯基對於內容和形式以反對於美都持著一些互相矛盾的看法。內容與形式統一的看法愈到後來愈占上風，例如他討論普希金的詩作品時，總是強調他的特長在

於藝術性，而他的藝術性在於「內容與形式的生動的有機的結合」。在他的最後一篇名著《一八四七年俄國文學評論》裡，他既反對只重形式的「純藝術」，也反對宣傳抽象思想的教誨詩，要求思想性（傾向性）與藝術性的統一：

毫無疑問，藝術首先應該是藝術，然後才能成爲某一時代社會精神和傾向的表現，詩作品不管塞進去多麼美的思想，不管多麼有力地反映出當代問題，如果它裡面沒有詩，也就不可能有美的思想和任何問題：人們在它裡面所能看到的不過是意圖雖美而實現得很壞。

思想性與藝術性的一致歸根到底還是內容與形式的一致。

特別值得注意的是別林斯基在晚期從社會發展的觀點對於美提出了一種新的看法，他指出審美的世界是「一種不斷勞動，不斷行動和變化的世界，是一種未來和過去進行永恆鬥爭的世界」㊿。這就是說，審美的世界和現實世界一樣，永遠是在新舊鬥爭、推陳出新的發展過程中。在這過程中舊的根幹儘管龐大觸目，卻終將消失；而新的幼芽儘管脆弱，也終將繁榮，這就是下面一段話的意思：

在發展過程的頂點上，特別觸目的往往正是在發展過程終結時就應該消失的那些現象，而看

㊿《全集》，第七卷，第一九五頁。

不見的則往往正是後來應該作爲發展過程結果的那些現象。

——《全集》，第一〇卷，第四十三頁

這可以說是別林斯基是從當時俄國農奴解放運動的現實中得來的一種預感。在發展過程中終將消失的是沙皇專制社會，而終歸勝利的則是俄國勞動人民的革命理想。把這個歷史發展規律應用到美學上來，別林斯基得出下面一個深刻的結論：

> **精神的發展過程往往是不美的**，不過**這種過程的結果卻總是美的**。（重點引者加）
>
> ——《全集》，第十一卷，第四三〇頁

在另一個地方他斥責斯拉夫主義者的一段話可以做這段話的注腳：

> 像斯拉夫主義者一樣，我們也有我們的道德理想，……但是我們的理想不在過去，而在建築在現在基礎上的未來。……我們也承認年輕一代的商販比他們的堅持舊事物的父親們更爲離奇荒謬。……但是這年輕的一代卻表現出他們那個階層的轉變情況，從較壞的轉變到較好的，但是這個「較好的」之所以較好，只是作爲轉變過程的結果來看；如果單就轉變過程本身來看，它比起舊事物，與其說是較好的，無寧說是較壞的。
>
> ——《全集》，第十一卷，第四十三至四十四頁

這是辯證發展的看法，也是革命的看法。可惜別林斯基來不及進一步更具體地發展這裡所表現的哲學思想和美學思想。

最後，我們還須約略談一談對於現實美與藝術美的地位的看法。首先，他肯定了「生活永遠高於藝術，因爲藝術只是生活的一種顯現」⑫。「現實永遠高於理想的虛構」⑬這也是後來車爾尼雪夫斯基的論點，但是車爾尼雪夫斯基只停留在這個論點上。而別林斯基卻看到了問題的另一面，他說，

> 詩是生活的表現，或則說得更好一點，詩就是生活本身。還不僅此，**在詩裡生活比在現實本身裡還顯得更是生活**。
>
> ——《全集》，第四卷，第四八九頁

> 現在俄國的長篇和中篇小說已經不是虛構和拼合，而是在揭示現實界的事實，**這些事實既然提升到理想，即洗淨了一切偶然的和個別的東西，就比現實本身還更眞實**。
>
> ——《全集》，第九卷，第三五一頁

> **藝術中的自然完全不是現實中的自然**。
>
> ——《全集》，第八卷，第五二七頁

⑫《論普希金》。

⑬《全集》，第四卷，第一七〇頁。

從此可見，現實高於藝術，是就現實作爲藝術的源泉來說的；藝術高於現實，是就藝術拋開偶然，揭示事物本質，把形象提高到典型來說的。別林斯基的看法正符合毛主席關於生活美和藝術美地位高低的辯證的論斷，54也就因爲藝術對自然加以典型化，「藝術中的自然完全不是現實中的自然」，藝術的眞實也不等於生活的眞實。

總起來說，別林斯基的美學思想儘管還帶有思想發展中所難免的一些矛盾，卻建立了一套遠比過去爲完整的現實主義文藝的理論。這套理論否定了純藝術論和自然主義，而且在晚期的情致說中也顯示出現實主義與浪漫主義結合的可能。別林斯基用這套理論大大地促進了十九世紀俄國現實主義文學的輝煌的發展。

54 《毛澤東論文藝》，人民文學出版社一九五八年版，第六十四至六十五頁。

第十七章
俄國革命民主主義和現實主義時期美學（下）

三、車爾尼雪夫斯基

1. 車爾尼雪夫斯基與別林斯基的關係，他的哲學基礎

車爾尼雪夫斯基（一八二八－一八八九）的《藝術與現實的審美關係》（一八五五）在我國解放前是最早的也幾乎是唯一的翻譯過來的一部完整的西方美學專著，在美學界已成為一部家喻戶曉的書。它的影響是廣泛而深刻的，很多人都是通過這部書才對美學發生興趣，並且形成他們的美學觀點，所以它對我國美學思想的發展有難以測量的影響。但是如果把它當作一個孤立現象來看待，也難免有對它作窄狹的或片面的理解的危險。像任何一部有價值的著作一樣，它是一個歷史的產物。只有把它擺在美學思想發展史的大輪廓裡，才可以正確地理解車爾尼雪夫斯基所駁斥的和所建立的那些理論的意義，也才可以正確地估計他在美學上的貢獻和缺點。

車爾尼雪夫斯基是別林斯基的接班人。比起別林斯基，他的活動大約較晚二十年。處在俄國農民解放運動的較高的發展階段，他更積極地投身到實際鬥爭，他的處境也更艱苦，而他的思想活動也更多地面對現實，在文學批評和美學方面，他一方面繼承了別林斯基的工作，受了他的先驅者的很大影響；另一方面也和這位先驅者有些重要的分歧，把美學向前推進了一大步。總的來說，這兩位革命民主主義者在目標上是一致的，他們都要運用文學來為解放鬥爭服務；他們對文學創作方法的看法也是一致的，他們都反對浪漫主義，努力建立現實主義的文學理論和美學觀點。他們的分歧起於當時哲學的進展：別林斯基處在「黑格爾哲

學支配著俄國文學界」的「四〇年代末和五〇年代初」，像在前一章所已提到的，他始終沒有完全擺脫掉黑格爾的影響；車爾尼雪夫斯基則處在費爾巴哈批判黑格爾的著作開始在俄國流行的時代，他雖然也是一位「偉大的黑格爾派」，卻更相信費爾巴哈，他自認他的美學論文「就是一個應用費爾巴哈的思想來解決美學的基本問題的嘗試」①。所以別林斯基由客觀唯心主義到唯物主義的轉變不是澈底的，而車爾尼雪夫斯基卻一開始就堅決地站在唯物主義方面，儘管費爾巴哈式的唯物主義還是機械的。

先談車爾尼雪夫斯基和別林斯基在文學方向上的一致性。在前一章裡我們已略述別林斯基站在現實主義立場上，對當時流行的充滿幻想與感傷情調的消極浪漫主義文學以及純藝術論所進行的鬥爭。經過他的揭露和批判，浪漫主義頹風的聲勢雖然已經衰落，但是仍在作垂死的掙扎。車爾尼雪夫斯基在《果戈理時期俄國文學概觀》第五章裡把果戈理時期文學批評（主要指納傑日丁和別林斯基的）的主要功績歸之於「為反對浪漫主義而進行的無情而不間斷的論爭」，並且就這場論爭作了簡賅的敘述。他指出在這場論爭之後，「浪漫主義只做了一些表面上的讓步，……可是根本沒有銷聲匿跡」，「它在文學中還有許多繼承者」，它在攻擊果戈理和「自然派」的人們身上還活著。這樣估計形勢之後，車爾尼雪夫斯基下結論說，「反對生活中病態的浪漫主義傾向，是一直到現在都還是必要的，甚至一直到文學上的

①　參看《美學論文選》第三版序言。

浪漫主義這個名字被人忘卻的時候，也還是必要的。」②這個看法對於理解車爾尼雪夫斯基的許多斥責幻想、想像、理想和熱情的話是一把很好的鑰匙，因為在他的心目中，幻想、想像、理想和熱情這些因素都是浪漫主義的病態，這一點他在對美學論文所作的〈自評〉裡說得很明確。「熱病通常是感冒的結果，熱情就是道德上的熱病，也還是一種病」，「只有在現實中感到太無聊的時候，妄誕無稽的幻想才支配著我們」，最後，他把這些毛病統歸於浪漫主義：

就在這個概念上，可以見出產生超驗主義科學體系的陳腐的世界觀與現時的對自然和生活的科學觀點之間，有一個本質的區別。現時科學承認現實遠勝於幻想，認識到沉沒到幻想和空想中去的那種生活的貧乏無聊：而從前人們由於缺乏謹嚴的探討，卻認為想像所產生的幻想還比現實生活更高，更能引人入勝。在文學領域裡，這種對幻想生活的偏嗜就表現為浪漫主義。③

從此可見，車爾尼雪夫斯基在美學中抬高現實，貶低藝術想像的基本論點是與他在文學上繼別林斯基之後，從民主革命立場出發，為現實主義而反對浪漫主義所進行的鬥爭分不開的。

其次，我們須進一步研究一下車爾尼雪夫斯基的美學思想的哲學基礎，上文已經提到他

② 《選集》，上卷，第三九五至三九八頁。

③ 同上書，第一〇八至一〇九頁，譯文據原文略有校改。

自認這個基礎是費爾巴哈的哲學體系，從普列漢諾夫在一八九七年發表他的〈車爾尼雪夫斯基的美學觀點〉論文以來，蘇聯美學史家們對於車爾尼雪夫斯基在多大程度上是費爾巴哈的門徒，或是他的思想中有多少「人類學主義」這個問題一直還在爭論。④有一派強調他對費爾巴哈的繼承，有一派強調他的獨創性。其實這兩個觀點是不難統一的，因爲繼承理應包括獨創。首先應該肯定他從費爾巴哈那裡有所繼承。他自己就屢次強調了這一點。他的唯一的一部哲學著作《哲學中的人類學的原理》就接受了費爾巴哈的自然是人的基礎，物質是精神的基礎這些基本觀點，而特別著重人的有機的統一性，理性只是感性的提高，「牛頓在發現引力定律時神經系統內所發生的過程和雞在垃圾塵土裡找穀粒時，神經系統內所發生的過程是同一的」。人與自然也是服從同樣自然科學的規律。「自然科學所制定的關於人類機體統一性的思想，是哲學對人類生命及其全部現象的觀點的原則；生理學、動物學和醫學的觀察消除了一切關於人的二元論的思想。哲學所看到的人和醫學、生理學、化學所看到的人是一樣的」。所以人只是物質在運動中的一個個別事例。從自然科學觀點研究人的學問叫做「人類學」：人類學的原理是哲學的基礎：

④　別立克（Белик）在《車爾尼雪夫斯基的美學》（一九六一年莫斯科版）第十二章中對圍繞著車爾尼雪夫斯基的美學觀點所進行的爭論作了很詳細的敘述。

> 根據人類學的原理，⑤人這種存在應該看作只有一種本性，人的生命不應分割爲彼此不同的兩半，各有不同的本性；人的活動無論在哪一方面都應該看作只是他的從頭到腳的全部身體組織的活動；如果所涉及的只是人體中某一器官的功能，也應把這個器官和全體組織的關係擺在一起來看。

總之，人體器官決定一切，例如「要產生愉快的感覺就一定需要身體的一種活動」。人的一切活動都由一個原則出發：「怎樣做更愉快，人就怎樣做，他總是放棄較小的利益或滿足，去追求較大的利益或滿足」，所以「人的一切企圖的目的都在於獲得享受」。行善骨子裡還是爲著利己。⑥

不難看出，這種用「人類學的原理」所建立起來的一元論哲學是一種唯物主義，但也只是一種機械唯物主義，其所以是機械的，因爲它只從自然科學（特別是生理學）觀點，而不從社會科學觀點，來看人以及人和自然的關係，社會性的人也還是作爲動物性的人來看，因而或多或少地（費爾巴哈較多，車爾尼雪夫斯基較少）忽視了社會歷史發展的作用，有時不免墮入普遍人性論乃至於功利主義（在這一點上車爾尼雪夫斯基可能受到英國功利主義的影

⑤ 原譯為「人本主義原理」，應作「人類學原理」，參看本書下卷第十六章第五一八頁注。

⑥ 參看《選集》，下卷，《哲學中的人本主義原理》，譯文據原文略加校改。

響⑦）。它對於「人」、「自然」、「思維」和「存在」這些概念的理解往往是抽象的，即不含具體歷史內容的。所以列寧曾指出，費爾巴哈和車爾尼雪夫斯基的「人類學的原理」、「只是關於唯物主義的一種不確切的膚淺的表述」⑧。

車爾尼雪夫斯基的「美是生活」，一個基本思想在一定程度上還是依據他的「人類學的原理」，因為他所給的理由是「美的事物在人心中所喚起的感覺，是類似我們當著親愛的人面前時而洋溢於我們心中的那種愉悅」⑨，而人「覺得世界上最可愛的就是生活」，「凡是活的東西在本性上恐懼死亡，恐懼不存在，而愛生活」。這裡應該指出，俄文Жизнь一詞兼有「生活」和「生命」兩個意義，車爾尼雪夫斯基對這兩個不同的意義不加區別，有時指帶有社會意義的「生活」，有時指只有生理學意義的「生命」，在用作「生命」時，他就只從「人類學的原理」出發，例如說美由於健康，醜由於疾病，植物茂盛就美，枯萎就醜，魚游泳很美，蛙和死屍一樣冰冷，所以醜，如此等等。在〈自評〉裡他自問自答說，「人到底是本能地還是自覺地看出美與生活的關係呢？不言而喻，這多半是出於本能的。」車爾尼雪夫斯基曾批評過英國美學家博克，說他「陷入純粹生理學的說明」，生理學的說明在美學上本

⑦ 他在經濟學著作裡受到英國邊沁、穆勒等人的影響是很明顯的。
⑧ 列寧：《哲學筆記》，人民出版社一九六二年版，第七十三頁。
⑨ 這個看法在博克的美學著作中也見過。

來有地位，但是博克說得太拙劣。⑩他似乎沒有認識到他自己的觀點有時和博克的很相近，也往往陷入「純粹生理學的說明」，儘管沒有博克所說的那麼拙劣。

應該指出，車爾尼雪夫斯基雖然基本上還是普遍人性論的信徒，卻比費爾巴哈前進了一步，有時也流露一些歷史發展觀點。例如在歷史發展的動力是精神還是物質的問題上，費爾巴哈還寄希望於「愛」的宗教，想通過它來推進人類文化，車爾尼雪夫斯基卻明確地認識到物質生活條件在人類社會中起著首要的作用。再如費爾巴哈雖然也偶爾能從階級觀點看問題，⑪由於他沒有參加過實際階級鬥爭，他的階級的意識畢竟模糊，他的「愛」的哲學和階級鬥爭是不相容的；車爾尼雪夫斯基卻比較清楚地認識到人的階級性，知道「人是一定階級的代表」，每個哲學家都是「某一政黨的代表」，「一篇學術論文也是歷史鬥爭的反響」。⑫在美學論文裡他就舉農民階級和上流社會爲例來說美的理想隨階級地位而不同。列寧曾稱讚車爾尼雪夫斯基的著作「散播著階級鬥爭的氣息」。有些人（例如普列漢諾夫）認爲車爾尼雪夫斯基還沒有跳出費爾巴哈的窠臼，說他的美學論文「幾乎完全沒有發展觀點」⑬，這種估價不能說是很公平的。在《果戈理時期俄國文學概觀》第五章裡，他批判了德國哲學沒有

---

⑩《美學論文選》，第四十六至四十七頁。

⑪參看列寧：《哲學筆記》，第五十三至五十四頁引文。

⑫《選集》，下卷，第二一二至二一四頁。

⑬普列漢諾夫：《車爾尼雪夫斯基的美學理論》，載《文藝理論譯叢》，一九五八年第一期。

足夠地重視「人類物質生活方面所產生的實踐問題」，指出研究「人類生活的物質的和道德的條件，支配著社會生活方式的經濟規律」的重要性，「個人只是時代與歷史必然性的服役者」，所以「思想總是完全屬於它的時代的」。⑭沒有歷史發展觀點的人說不出這些話來。當然，這方面的思想在車爾尼雪夫斯基的頭腦裡還只露萌芽，沒有得到充分的發展。

車爾尼雪夫斯基對於哲學遺產的批判繼承的態度是很辯證的。他認為在每一種公認的見解裡都可以「找到某些哪怕是被歪曲的眞理，或對某些也許是被誤解了的眞理的暗示」，「在錯誤中揭示出眞理，或是指出錯誤是從哪種眞理引伸出來的，這就是消滅錯誤」。⑮這就是他對黑格爾所做的工作，他對黑格爾是一個無情的批判者，同時也表示高度的崇敬，他認為黑格爾反對「主觀的思維」，要求哲學思維從各方面觀察現實，探求依存於具體情境的「具體的眞理」這些辯證原則是正確的、深刻的，只是他根據這些原則所抽繹出的結論卻往往是褊狹的、錯誤的；他的病根在於不從自然科學出發，所以他的體系還是「形而上學的、先驗的、煩瑣的」。不過「作為從抽象的科學到生活的科學的過渡來說，黑格爾哲學永遠有它的歷史意義」。⑯車爾尼雪夫斯基還自認費爾巴哈和他自己的新觀點和黑格爾的舊觀點雖根本不同，畢竟還是那舊觀點的「必然的進一步的發展」。在下文我們還會看到，他的「美

⑭《選集》，上卷，第三八五至三九一頁。

⑮《美學論文選》，第六十七頁，原譯最後四字是「破除謬論」，據原文改。

⑯參看《選集》，上卷，第三八四至四三一頁。

是生活」的基本觀點一方面是對黑格爾美學的澈底批判，另一方面也還是受到黑格爾和他的門徒費肖爾的影響。列寧把車爾尼雪夫斯基稱爲「俄國的偉大的黑格爾派」⑰。也許會使《生活與美學》的某些讀者感到驚異，其實是指出一個確鑿不移的事實。

2. 車爾尼雪夫斯基對黑格爾派美學觀點的批判

車爾尼雪夫斯基的美學論文的標題是《藝術與現實的審美關係》，這個標題就界定了他所研究的範圍不包括美的全部問題，也不包括藝術的全部問題，而只抓住美學中的一個最中心的問題，即藝術對現實在審美方面的關係，因爲這個問題如果解決了，其他問題都可迎刃而解。他的基本論點是藝術反映現實，現實中原已有美，藝術才能把它反映出來，藝術美是現實美的摹本，而摹本總要比藍本稍遜一籌。在論文終結時，作者把他的意圖概括成爲一句話：「這篇論文的實質，是在將現實和想像互相比較而爲現實辯護，是在企圖證明藝術作品絕不能和活生生的現實相提並論。」這是一個新觀點，和當時流行的黑格爾派的觀點是對立的。實際上這個新觀點正是在批判黑格爾派的觀點而建立起來的。所以研究車爾尼雪夫斯基的美學觀點，應該從他的破與立兩方面來看。他的程式是先研究一般現實美，求出美的本質，然後再研究反映現實的藝術，就藝術美和現實美進行比較，來確定藝術的功用和價值。在破與立兩方面，他都大致按照這個程式。

・・先說破。由於黑洛爾的名字當時在俄國還是忌用的，車爾尼雪夫斯基很少直接提到黑格

⑰ 列寧：《唯物主義與經驗批判主義》，人民出版社一九五六年版，第三七〇頁。

爾本人，他拿來作爲批判對象的主要是黑格爾左派門徒費肖爾。依這派的看法，美的本質可以用兩個公式表達出：(1)美是理念[18]在個別事物上的充分顯現。(2)美是理念與形象的完全一致。應該趁便指出，拿這兩個公式來表達黑格爾的原意，是不很確切的，首先，任何人都可以看出這兩個公式實際上只是一回事，不必分開，黑格爾自己並不曾把它分開，他只說，「美是理念的感性顯現。」，他的定義所強調的是理性內容與感性形象的統一。其次，「充分顯現」和「完全一致」對於黑格爾只是美的理想，只有古希臘雕刻才達到過。他並不曾要求一切美的東西都達到理念與形象的完全一致，他所舉的古代東方象徵型藝術和西方近代浪漫型藝術，都恰恰是理念與形象不完全一致，所以在瞄準靶子時，車爾尼雪夫斯基就已稍微射偏了一點。他對上述兩個割裂開來而且略微改變原樣的公式進行批判，來證明它們都沒有抓住美的本質。按照他的看法，第一個定義其實是說，「凡是出類拔萃的東西，在同類中無與倫比的東西，就是美的」，但是「一隻田鼠也許是田鼠類中的出色的標本，卻絕對不會顯得美」，所以他認爲上述定義太空泛，不能說明事物何以有美醜之分；同時，它也太窄狹，因爲個別事物都顯出具體情境所帶來的許多偶然的性質，絕不能充分顯現它同類事物的理念。應該指出，車爾尼雪夫斯基是用理性主義者的「完善」和古典主義者的「類型」（同類事物的共同性）來理解黑格爾的「理念」（顯現於個別事物的理性內容）的，他指出上述定義「也含有正確的方面——那就是美是在個別的活生生的事物，而不在抽象的思想」。至

⑱ 這個詞一般譯作「觀念」，別林斯基和車爾尼雪夫斯基都沿用黑格爾的用法，因改譯為「理念」，下仿此。

於第二個美的定義，「美是理念與形象的一致」，他也認為一方面太窄，因為它只適用於藝術而不適用於現實，顯出輕視現實的毛病；另一方面又太泛，因為理念與形象的一致是「一般人類活動的特徵」，並不僅限於藝術。應該指出。自然美如果須使人「想起人以及人類生活」，像車爾尼雪夫斯基自己所肯定的，「理念與形象的一致」還是可以適用於現實生活。⑲

在批判了關於一般美的本質的兩個定義之後，車爾尼雪夫斯基接著就批判關於藝術美以及藝術美與現實美對比的「流行的看法」，特別是費肖爾所發揮的黑格爾的看法。這個看法可以用三個互相關聯的命題來表達：(1)藝術美彌補自然美的缺陷；(2)藝術起於人對美的渴望或本性要求；(3)藝術內容是美。應該指出：a.黑格爾並不是把藝術美和自然美擺在同一個靜止的平面上來看，說藝術美是用來彌補自然美的；而是從發展觀點來看，說自然只是自在的而不是自為的（自覺的），就精神的發展來說，它所現出的美還是不完滿的；等到精神發展到自在又自為的階段，即到了有自意識的人的階段，才能有藝術，所以藝術代表美的最高發展階段，也正因為這個道理，藝術美高於現實美。b.黑格爾從來沒有說「藝術起於人對美的渴望」，他只說，藝術體現人類精神的一個發展階段，而它具有美的特質。c.黑格爾也不曾說「藝術內容是美」，而只說藝術內容是「理念」（普遍力量或人生理想），感性形象就是形式，而美則顯現於內容與形式的統一體上。他倒有把藝術和美等同起來的毛病，因為「理念的感性顯現」適用於美，也適用於藝術。

⑲ 對美的定義的批判見《選集》，上卷，第二至六、二一四至二一五等頁；《美學論文選》，第三十七至六十二頁。

在批判第一個命題中，車爾尼雪夫斯基花了全書的大半篇幅，⑳他的批判主要針對著費肖爾。費肖爾曾指出自然美或現實美的一系列的缺點，例如說自然美不穩固，易遭偶然性干涉或破壞，具有流動性，轉瞬即逝：不出於意志，沒有意圖性或目的性；須從某一定觀點來看才見出美：生命過程常破壞自然美；自然美不是絕對的，只能接近美，達不到完全的美，如此等等。除掉意圖性（目的性，自覺性，這與黑格爾所了解的「自在自爲」或「絕對」有關）一點以外，這些指責本來是膚淺的、煩瑣的，只看浮面現象而沒有抓住本質的，不完全符合黑格爾本意的，值不得用那麼大的力量去批判，因而車爾尼雪夫斯基的批判往往是跟著被批判的對象轉，也流於膚淺煩瑣。他的總的結論是：自然美不見得有費肖爾所指責的那些缺點，那些缺點表現在藝術美上還更嚴重。但是在批判的過程中，他對於想像和虛構以及典型和個性幾個關鍵性的問題，提出了他自己的片面看法，這些待下文再討論。

關於「藝術起於人對美的渴望」的命題，車爾尼雪夫斯基是結合藝術起源的問題提出來進行批判的。㉑他並不完全反對這個命題而只是反對這命題中的「美」這個詞的流行的解釋。依流行的解釋，美是「理念與形式的完全吻合」，這就「混淆了『藝術』這個詞的兩種不同的意義：一，純藝術（詩、音樂等）和二，將任何一件事做好的技能或努力，只有後者是追求理念和形式的一致的結果」（這裡有些混淆，在《選集》第五頁裡作者說過「理念

⑳《選集》，上卷，第三十二至八十二頁。
㉑同上書，第一一八至一二〇頁。

與形象的一致」只是「藝術作品的美的觀念的特徵」，而在這裡，《選集》第八十四頁，他卻認爲這只是「一般人類活動」的特徵而不是藝術的特徵；在《選集》第九〇頁，他又說，「內容與形式的一致，並不是把藝術從人類活動的其他部門區別出來的一種特性」，因爲人類一切活動，包括藝術在內，都有這個共同性）。但是如果「把美（如我們所認爲的）理解成一種使人在那裡面看得見生活的東西，那就很明白，美的渴望的結果是對一切有生之物的喜悅的愛，而這一渴望被活生生的現實所完全滿足了」。換句話說，如果把美理解爲生活，「藝術起於美的渴望」還是「可以被認爲正確的」，「藝術起於美的渴望」就是藝術起於生活的渴望。這種用「生活的渴望」來解釋藝術起源的觀點又回到「人類學的原理」了。這一點從作者在《果戈理時期俄國文學概觀》裡所說的一段話裡可以看得更清楚：

……以一種特殊的美的觀念作爲藝術論的根據，這就會陷入片面性，而造成不符合現實的理論。在人的每一種行動中都貫串著人的本性的一切追求，雖然其中之一，在這方面也許特別使人感到興味。因此連藝術也不是因爲對美的（美的觀念）抽象的追求而產生的，而是活躍的人的一切力量和才能的共同行動。正因爲在人的生活中，例如對於像眞理、愛情和改善生活的要求，總是比對於美的追求更強烈，因此藝術不但一直是在某種程度上表現了這些要求，……而且藝術作品；……也幾乎總是在眞理……愛情和改善生活的要求的大力影響下產生的，因此對美的追求，照人的行動的自然規律說來，總是人的本性中某種要求的表達者。

——《選集》，上卷，第四五七至四五八頁

這段話最足以見出作者思想的矛盾。他一方面看到藝術的要求涉及「眞理、愛情和改善生活的要求」，有著廣泛的認識和實踐的意義，並不限於「對美的渴望」，這是他的思想中進步的一面，也是主要的一面。但是另一方面他卻把藝術和「人的每一種行動」都看成是爲著滿足「人的本性的要求」，而不是從社會歷史發展來看這問題，不是從社會基礎來看這問題，這不能不說是他的思想中落後的一面，儘管是次要的一面。他在精神和物質關係問題上是一個堅決的唯物主義者，而在涉及社會歷史科學問題時。他多少不免像費爾巴哈一樣，還保留著一些唯心主義的殘餘。

關於「藝術內容是美」的命題，車爾尼雪夫斯基是結合藝術內容問題提出來進行批判的。㉒其實這第三個命題已包含在上述第二個命題之中，批判了第二個命題，也就已批判了第三個命題，但是作者還是從另一角度把這個問題討論得更清楚些。他指出藝術作品在內容上大半不能歸入美（包含崇高與滑稽），「最反對把自己的內容歸入美及其各種因素的狹窄項目裡去的是詩㉓。詩的範圍是全部的生活和自然」，他接著追求這個錯誤見解的根源，說「眞正的原因就在於：沒有把作爲藝術對象的美和那確實構成一切藝術作品的必要屬性的美的形式明確區別開來」。這句話牽涉到內容與形式關係的問題，下文還要談到。現在只說車爾尼雪夫斯基的批判主要針對當時流行的「純藝術論」，來論證藝術不是專爲美而有更深

㉒《選集》，上卷，第八十三至九十四頁。

㉓作者用「詩」字指一般文學，像別林斯基一樣。

廣的現實意義。這個觀點卻是極端重要的，帶有革命意義的，因爲像托爾斯泰在《藝術論》（一八八九）所指出的，西方美學家中大多數人都認爲藝術的目的就在創造美，在替藝術下定義時都一定要把美的概念拖進來。托爾斯泰在否定藝術目的在美說這一點上，和車爾尼雪夫斯基的意見是一致的，儘管他在《藝術論》裡提了許多西方美學家的名字而沒有提到他本國的美學界先驅。他批判了一些用美來界定藝術本質的定義，然後提出他自己的著名的定義：

在自己心裡喚醒親身感受過的一種情感，然後運用動作、線條、顏色或用語言表達的形式，把那種情感傳達出去，以便旁人也可以感受到那種情感——這就是藝術的活動。

藝術是人的一種活動，它的要義在於：一個人自覺地通過某些外在的符號，把親身感受過的一些情感移交給旁人，使旁人受到這些情感的感染，也感受到那些情感。

——托爾斯泰：《藝術論》，第五章

他認爲藝術應該傳達的只是人類的最高尙的情感，這樣通過感染，才能起教育人類和團結人類的作用。這個定義裡根本沒有提到美，托爾斯泰的基本論點是藝術不僅爲美，而要對社會起良好的道德影響，所以和車爾尼雪夫斯基的觀點畢竟有類似之處。

黑格爾的美學思想是建築在他的客觀唯心主義的哲學基礎上的，所以要有力地澈底地批判他的美學思想，就必須從批判他的哲學基礎入手，而不只是批判他或他的門徒的某些個別美學論點。在批判黑格爾哲學基礎方面，車爾尼雪夫斯基在《果戈理時期俄國文學概觀》第五、六兩章裡也做了一些，但做的很不夠，說來說去，還不外說黑格爾的基本「原則」是正確的，只是他的「結論」是窄狹的甚至於錯誤的，在基本原則方面，他提到黑格爾提出了「思維的辯證方法」，把解釋現實看作哲學思維的根本責任，看出「眞理總是具體的」，總要依存於具體情境。這的確抓住了黑格爾的「合理內核」，但是他既沒有批判黑格爾的基本原則的錯誤方面，即從理念引生出自然那個客觀唯心主義的奠基石。也沒有指出他所認爲是錯誤的「結論」究竟是哪些，它們何以是錯誤的。在美學論文裡，作者在約略介紹了黑格爾派的美的概念之後，說過下面幾句話：

> 作爲黑格爾的基本觀念的結果和形而上學體系的一部分，上述美的概念隨那體系一同崩潰。……還要指出，黑格爾的美的定義，即使離開他的形而上學的現已崩潰的體系單獨來看，也仍然經不起批評。（重點引者加）
>
> ——《選集》，上卷，第二至四頁

他在論文裡所做的正是「離開黑格爾的形而上學的現已崩潰的體系，單獨來看」他的美的定義。如果黑格爾體系的崩潰以及何以要崩潰的道理都已爲一般人所理解，單獨來看他的美學定義固無不可；但是車爾尼雪夫斯基之所以斷定黑格爾體系的崩潰，只是由於過分天眞地相信費爾巴哈的批判就已完成了打垮黑格爾體系的任務，而實際上既打垮黑格爾體系而又發揚其中合理內核的偉大任務，是由馬克思和恩格斯出色地完成的，他們關於這方面的著作在車爾尼雪夫斯基寫美學論文之前就早已完成了，㉔可惜他並沒有注意到，他對自己的缺點是認識到而且勇於承認的，在〈自評〉裡說：

> 車爾尼雪夫斯基先生未免匆匆滑過了美學同自然觀和人生觀總體系相接觸的交點。在論述流行的美學理論時，他差不多沒有談及它是憑藉什麼樣的總論據，而只憑一片葉子去分析「思想樹」的枝椏。
>
> ——《選集》，上卷，第一〇五頁

由於這個緣故，他對黑格爾的破有時是零碎的、軟弱的、片面的，儘管他為現實辯護的總出發點是正確的、進步的。他沒有擊中黑格爾的要害，因為沒有從哲學基礎上批判「美是理念的感性顯現」這個定義。這個定義本來有兩方面，一方面是它從抽象概念出發，另一方面是它肯定在藝術裡理性內容與感性形式的統一，前者是錯誤的，而後者卻是德國古典美學在長期謀求統一大陸理性主義與英國經驗主義的努力中辛苦得來的一點可珍貴的成果。車爾尼雪夫斯基在批判之中把這一點合理內核也和從理念出發的錯誤觀點一齊拋棄掉了。他籠統地說這個美的概念和黑格爾的體系「一同崩潰」。

㉔ 馬克思和恩格斯批判黑格爾的工作在一八四八年就已基本完成，車爾尼雪夫斯基寫美學論文是在一八五三年。

3. 車爾尼雪夫斯基所建立的美學觀點

其次說立。車爾尼雪夫斯基在論文的總結部分所提出的十七條已經說得很簡要而明確。這裡只須介紹幾個要點。

首先是方法論。車爾尼雪夫斯基放棄了黑格爾派從概念出發去邏輯地推演出結論的「先驗的」和「超驗的」方法，而改用從現實事實出發去歸納出結論的科學方法，他說，「這些思想是在現實的基礎上發生的」、「尊重現實生活，不信先驗的（假設），儘管爲想像所喜歡的假設——這就是現在科學中的主導傾向的性質」；他「努力從分析事實以求得新概念。在他看來，這些新概念更符合於現代科學思想的一般特徵」。㉕這種方法上的轉變反映出哲學觀點的轉變，作者一開始就站在很穩實的唯物主義的基礎上。這就決定了他對許多美學問題採取了唯物主義的看法。

其次是美學的對象。問題在於美學是關於美的科學還是關於藝術的科學。車爾尼雪夫斯基說，「假如美學在內容上是關於美的科學，那麼它是沒有權利來談崇高的，……假使認爲美學是關於藝術的科學，那麼它自然必須論及崇高，因爲崇高是藝術的領域的一部分。」㉖從他著重地討論了崇高以及選擇「藝術對現實的審美關係」爲美學論文的題目來看，他是把美學看作「關於藝術的科學」的。他斷定藝術的目的不只在美，如果把美學看作「關於美的

㉕ 引文依次見《選集》，上卷，第八十五至九十三頁。

㉖ 《選集》，上卷，第一至二、一〇四頁。

科學」，這也就會違反他的基本美學觀點。

最中心的當然是他的美的定義。這個定義包括三個命題：(1)「美是生活」；(2)「任何事物，凡是我們在那裡面看得見依照我們的理解應當如此的生活，那就是美的」；(3)「任何東西（原文亦可譯爲「對象」或「客體」），凡是顯示出生活或使我們想起生活的，那就是美的」。這第三個命題的另一表達方式是「美是生活，首先是使我們想起人以及人類生活的那種生活」㉗。依上下文看，第一個命題是總綱，「生活」包括人的生活和自然界的生活，第二個命題指符合人的理想的生活，第三個命題指自然界事物中能暗示人的生活的那種生活。這三個命題都還只涉及現實美。這裡有幾點值得注意。

第一，定義肯定了現實本身美。所以作者在結論裡說，「客觀現實中的美是澈底地美的」、「客觀現實中的美是完全令人滿意的」。

第二，前已提到，「生活」還包括「生命」的意義。「生活」之所以是美的，因爲它是「世上最可愛的」、「凡活的東西在本性上就恐懼死亡」。所以定義有根據「人類學的原理」或生理學觀點的一面。

第三，定義並不排除美的理想性。作者並不認爲一切現實生活中的事物都是美的，他指責「美是理念在個別事物上的完全顯現」那個定義，就因爲它「沒有說明爲什麼事物和現

㉗ 同上書，第二〇至二十一頁。

象類別本身分成兩種，一種是美的，另一種在我們看來一點也不美」㉘。依他看，美的生活的區別點就在於應當如此。亞理斯多德早就作出「本來的樣子」和「應該有的樣子」的分別，認爲後者較宜於藝術摹仿。別林斯基也屢次提到這個分別，但是他主張藝術只再現「本來有的樣子」，不應該表現「應該有的樣子」。在這一點上車爾尼雪夫斯基似與亞理斯多德一致，而比別林斯基前進了一步。但是在他的論文裡這個極端重要的觀點沒有得到應有的發揮。

第四，定義表現出人本主義的精神，特別是第三個命題，自然只有在暗示到人的生活時才美。作者在《當代美學批判》裡把人本主義的精神表達得更清楚：

在整個感性世界裡，人是最高級的存在物；所以人的性格是我們所能感覺到的世界上最高的美，至於世界上其他各級存在物只有按照它們暗示到人或令人想到人的程度，才或多或少地獲得美的價值。許多個別的人結合成一個整體，就成爲社會；所以美的最高領域就在人類社會。㉙

他不滿意於沒有人在裡面的風景畫：「我們需要人，最低限度需要提及人的一點什麼，因爲

㉘《選集》，上卷，第六、十頁。

㉙《美學論文選》，第四十一至四十二頁，譯文據原文略有校改。

沒有人的自然生活對於我們未免太軟弱，太暗淡了。」㉚從此可見，車爾尼雪夫斯基並不把一般人所說的「自然美」擺在很高的地位，在這一點上，他還是和黑格爾一致的。

車爾尼雪夫斯基自認他的「新的概念（「美是生活」——引者）似乎是以前的概念（黑格爾派的——引者）的必然的進一步的發展」㉛，特別在提到第三個命題時，他說：

美是生活，首先是使我們想起人以及人類生活的那種生活，——這個思想我以爲無須從自然界各個領域來詳細探究，因爲黑格爾和斐希爾（即費肖爾——引者）都經常提到，構成自然界的美的是使我們想起人來（或者用黑格爾的術語來說，預示人格）的東西，自然界的美的事物，只有作爲對人的一種暗示才有美的意義。偉大的思想，精闢的思想！啊，假使這個在黑格爾美學中發揮得淋漓盡致的思想被提出作爲一種基本思想，以代替觀（理）念的完全顯現的虛妄探索，那麼黑格爾的美學會是何等高明呀！

——《選集》，上卷，第一〇頁

這段話對於車爾尼雪夫斯基繼承黑格爾的那方面的理解是極爲重要的。所做的正是把黑格爾的美離不開生活的思想「提出作爲一種基本思想」。不過他沒有足夠地注意到黑格爾所作的

㉚ 同上書，第六十三頁。
㉛ 《選集》，上卷，第四頁。

自在階段的生命（自然）和自爲階段的生命（人）的區別。黑格爾固然看重生命，但更看重處在更高發展階段的人的意識和思維。對意識和思維的片面強調固然導致他的唯心主義，但是如果用「生命」的概念來吞併或淹沒意識和思維的作用，畢竟也還不全面。恐怕這種「人類學的原理」正是車爾尼雪夫斯基的機械唯物主義的根源之一。這一點在他反駁費肖爾對自然美的無意圖性的指責中突出地表現出來了。有意圖性或目的性正是自在自爲的人的活動的特徵，也正是車爾尼雪大斯基在〈自評〉中提到黑格爾時所說的「無思想性和不自由性」的一個方面，他抱歉自己只反駁了費肖爾對無意圖性的非難，卻沒有反駁黑格爾對「無思想性和不自由性」的非難，㉜這就足以見出他對黑格爾的理解有時是膚淺的，他反駁對無意圖性的指責也是很牽強的，話是這樣說的：

這種傾向的無意圖性，無意識性，毫不妨礙它的現實性，正如蜜蜂之毫無幾何傾向的意識性……毫不妨礙蜂房的正六角形的建築。

——《選集》，上卷，第四十一至四十二頁

事情眞正很湊巧，馬克思也用過蜜蜂營巢的例子來說明蜜蜂和人在建築方面的勞動有實質的不同：

㉜ 同上書，第十二頁。

> 本領最壞的建築師和本領最好的蜜蜂從一開始就有所不同，這就在於人在用蠟製造蜂巢之前，先已在頭腦裡把蜂巢製造好。勞動所要達到的結果先以觀念的形式存在於勞動者的想像裡。勞動者之所以不同於蜜蜂，不僅在於他改變了自然物的形式，而且在於他同時實現了他自己的自覺的目的。㉝

這段話彷彿是針對車爾尼雪夫斯基的話來駁斥似的。馬克思所指出的分別也正是單純的「自在」和「自在又自為」的分別。這個分別是極重要的，對這個分別的理解會影響到對美的本質和藝術本質的看法。車爾尼雪夫斯基沒有認識到這個分別的重要性。

自然事物由暗示出人類生活而才顯得美，這個觀點由費肖爾父子加以發揮，後來成為瀰漫德國美學界的「移情作用」說。㉞車爾尼雪夫斯基的美的定義中第三個命題所指的現象，事實上就是「移情作用」，他可能受到費肖爾的影響。對於究竟如何解釋這種現象的問題，他的看法不是很明確的。他一方面用「令人想起」或「暗示」的字樣來解釋這類現象，這就只能歸入「類似聯想」，但另一方面又譏笑這是由於人的無知。㉟在列舉一系列移情現象事

㉝《資本論》，第一卷，第五章，引文據原文改譯。

㉞見本書第十八章。

㉟在美學論文裡他把認為「樹完全像人一樣會說話，有感覺，有快樂，也有痛苦」的人叫做「野蠻人或半野蠻人」，見《選集》，上卷，第二十五頁。

例之後，他下結論說：

> 一句話，知識不足的人認為大自然也像人一樣，或者用術語來說，他把自然人格化，認為自然界的生活也像人的生活一樣：對於他，河流是生靈，樹林有若人群。當人有所為，他定想把某一思想見諸實行，……或許大自然也是如此，當產生了點什麼，那是大自然在實行，實現自己的某一思想。㊱

我們不禁要問：知識豐富的人是否就失去了欣賞自然美的能力呢？車爾尼雪夫斯基自己不是批判過黑格爾的「思想發展得愈高，美也消失得愈多」的看法，而且肯定過「人的思想發展毫不破壞他的美的感覺」嗎？㊲事實上移情現象在近代浪漫派的作品裡經常出現，遠遠超過在古代的文藝作品裡；其次，承認自然美起於對人類生活的「暗示」，離開這種「暗示」就不能有自然美，我們又如何理解「美與崇高都離開想像而獨立」㊳之類論斷呢？總之，美的定義中第三個命題充分暴露了車爾尼雪夫斯基把美只歸在客觀一方面的看法的矛盾。第二個命題也起了同樣的作用，因為「依照我們的理解應當如此的生活」也畢竟有「我們的理解」

㊱《當代美學概念批判》，見《美學論文選》，第六十七至六十八頁。

㊲《選集》，上卷，第一一八至一一九頁。

㊳同上書，第三頁。

在內，有「應當如此」的理想在內。

在論證了現實生活本身就是美的之後，車爾尼雪夫斯基接著就討論藝術。這部分包括三個大問題：(1)藝術和現實的優劣；(2)藝術的起源和內容；以及(3)藝術的作用和功效。

關於**藝術和現實的優劣**的問題，車爾尼雪夫斯基在美學史裡可以說是唯一的重要的美學家，毫無保留地肯定現實高於藝術。他說：「我們的藝術直到現在還沒有造出甚至像一個柳丁或蘋果那樣的東西來。」、「彼得堡沒有一個雕像在面孔輪廓的美上，不是遠遜於許多活人的面孔的」、「詩的形象和現實中相應的形象比較起來，顯然是無力的，不完全，不明確的」。其原因在於藝術要憑想像，而「想像的形象比起感覺的印象來是暗淡無力的」、「想像不能想出一朵比眞正的玫瑰更好的玫瑰，而描繪又總是不及想像中的理想」[39]。然則何以有許多人認爲藝術美高於現實美呢？車爾尼雪夫斯基認爲藝術的價值一般是過分誇大的，其原因有三個：(1)人都以難能爲可貴，自然的東西不費人力，而創造藝術卻要克服困難；(2)藝術是人的作品，人都尊重人的力量；(3)藝術迎合人愛矯揉造作的趣味，不過這種要「美化自然」的願望是不應該滿足的，三者之外，藝術比起現實還有一個有利的條件：人走向藝術，目的就在欣賞，所以特別注意到它的美；人走向現實，目的只在實用，所以沒有心思去想它的美。說到這裡，作者作了一個很有名的比喻：

[39] 引文依次見《選集》，上卷，第十五頁。

> 生活現象如同沒有戳記的金條，許多人就因爲它沒有戳記而不肯要它，許多人不能辨出它和一塊黃銅的區別：藝術作品像是鈔票，很少內在的價值，但是整個社會都保證著它的假定的價值，結果大家都寶貴它，很少人能夠清楚地認識，它的全部價值是由它代表著若干金子這個事實而來的。
>
> ——《選集》，上卷，第八十二頁

這就要過渡到第二個問題，即**藝術的起源**問題。藝術既然遠遜於現實，有了現實就夠了，何以又要產生藝術？唯心主義者說，藝術起於人對美的渴望，現實美有缺陷，藝術的使命就在彌補現實美的缺陷，如前所說，車爾尼雪夫斯基批判了這個觀點。他認爲藝術的內容不是美而是「現實（自然和生活）中一切能使人——不是作爲科學家，而只是作爲一個人——**發生興趣**的事物」㊵。從此可知，並不是全部現實都可以成爲藝術內容，可成爲藝術內容的那部分現實的區別點在於「能使人發生興趣」，這個重視藝術的社會意義的看法是重要的，但是能使人發生興趣的現實原已存在，何必又要藝術來再現它呢？藝術再現現實，是要在現實不在面前時能成爲現實的「代替品」，使人看到它就可以回想起或想像到現實，例如描繪海的畫，「自然，看海本身比看畫好得多，但是當一個人得不到最好的東西的時候，就以較差的爲滿足，得不到原物的時候，就以代替物爲滿足」，所以無論看過海而現在不在

㊵《選集》，上卷，第四十一、六〇、六十四、六十九、七〇頁。

海邊的或是根本沒有看過海的人就滿足於看海的圖畫。「這就是大多數藝術作品的唯一的目的和作用」㊶。這樣，「藝術對現實的審美關係」就成了代替品和原物的關係。事實上無須用藝術作爲代替品時，即原物易得時，人還是要求有再現這原物的藝術；如果藝術的功用僅限於代替現實，有了照相術，繪畫和雕刻就變成多餘的了。這種代替說顯然是不圓滿的。問題的關鍵還不在此，而在於車爾尼雪夫斯基跟著他所批判的唯心主義者轉，只考慮到藝術的心理起源而不曾考慮到藝術的社會歷史起源。這是他和馬克思主義者的基本分野所在。如果他多從社會歷史發展而不是單從人的本性要求來看這問題，他就會看到藝術與勞動生產實踐的密切關係，因而是現實生活本身的一個重要組成部分，而不只是什麼與現實生活對立的「代替品」。在這一點上他還落後於黑格爾，因爲黑格爾還多少看到藝術與勞動的關係，「他看出了勞動的本質，把對象性的人，眞正現實的人，看作他自己勞動的產品」，儘管「他只知道而且只承認勞動的一種方式，即抽象的心靈的勞動」。㊷車爾尼雪夫斯基在他的小說《怎麼辦？》（一八六二—一八六三）裡屢次談到勞動在生活中的重要性。但是這個思想在他的美學裡還不曾得到發揮。在比較現實美與藝術美時，他提到人們把藝術創作須費勞力作爲抬高藝術的理由，卻沒有對它加以重視。

代替說本身在車爾尼雪夫斯基的美學系統中其實也是多餘的，因爲「代替」不僅涉及藝

㊶ 同上書，第九〇頁。

㊷ 馬克思：〈為《神聖家族》寫的準備論文〉。

術根源問題，也涉及藝術的作用與功效問題，而他接著提出的藝術的三大作用，即(1)再現生活；(2)說明生活；和(3)對生活下判斷，以及藝術作爲「生活教科書」的功效，就已經把這方面的問題概括無餘了，「代替」說不僅是多餘的，而且是和這三個命題不相稱的。關於藝術的作用和功效的幾個命題本身已很清楚，無須多加說明，作者自己所作的重要說明也不過是這幾點：第一，再現現實並不是「修正現實」或「粉飾（美化）現實」，其目的在於「幫助想像」而不在引起無聊的畢肖原物的幻覺，因而他的再現說不同於僞古典派的「摹仿自然說」（在這一點上他接受了黑格爾對「摹仿自然說」的批判）。第二，藝術說明生活本身所不說明的現象，「提出或解決生活中所產生的問題」，成爲「研究生活的教科書」，「其作用在準備我們去讀原始材料」，即從藝術回到現實。藝術判斷生活，憑這一點，它就「成了人的一種道德活動」。特別是在詩裡「有充分的可能去表現一定的思想。於是藝術家就成了思想家，藝術作品……獲得了科學的意義。不言而喻，現實中沒有和藝術作品相當的東西」。㊸

後來在〈自評〉裡作者自認「沒有更詳細地發揮藝術的實用意義」是一個「大錯」，但是他所補充的也只是藝術有利於傳播科學知識這一點。科學知識是「改造客觀現實」所必須的，「藝術最能夠把科學所獲得的知識普及於廣大民眾之中，因爲了解藝術作品總比了解科

㊸《選集》，上卷，第八十四至八十五頁。

學的公式和枯燥的分析容易得多而且更引人入勝」㊹。這個提法還是不圓滿的。第一，說藝術的用處在普及科學知識，這似乎是要藝術從概念出發，回到別林斯基早期的觀點，這是違背作者的藝術從現實生活出發的基本觀點的。其次，這還是片面強調藝術的知識作用（即所謂「藝術的力量就是注釋的力量」），沒有認識到藝術不必假道於科學，它本身就能起「改造客觀現實」的作用。

4. 車爾尼雪夫斯基在美學上的功績和缺點

車爾尼雪夫斯基對舊美學觀點的批判和他自己所建立的新美學觀點略如上述。在敘述的過程中，我們已約略提出一些批評的意見。現在再就他的美學的總體系進行一些分析，來檢查他的功績和缺點。先去僞，後存眞，所以先從缺點說起。

他的基本觀點是現實本身原已有美，美彷彿單純地是客觀事物的一種屬性；藝術對現實的關係只是摹本對藍本的關係，因此藝術所再現的不但不能多於現實，而且遠低於現實。爲著證明這個觀點，他儘量地縮小創造想像的作用以及藝術典型化的作用，儘量地誇大現實一方面的決定意義，因而混淆了生活的眞實與藝術的眞實以及割裂了內容與形式的關係。這就是他的缺點方面的總的情況。現在把這種情況說得較具體一點。

他雖然強調他的再現說不同於過去的摹仿說，卻經常把現實和藝術比作藍本和摹本或是

㊹ 同上書，第九十五頁。

原畫和複製品，㊺這種比譬卻只能說明在他的眼中，藝術畢竟是一種依樣畫葫蘆的摹仿。他認爲「現實中每分鐘都有戲劇、小說、喜劇、悲劇、鬧劇」、「現實生活對於一部戲劇來說，常常是戲劇性太多，對於一篇詩歌來說，又常常是詩意太濃」：現實生活中的素材就往往「具有藝術的完美和完全」，所以「不需任何改變」，就可以「重述」成爲戲劇和小說。㊻因此，「創造的幻想的力量是十分有限的」，「人絕對不可能想像出比現實中所碰見的更高更好的東西」，儘管「想像力拚命要去創造……現實中絕無倫比的東西，它就會力竭而垮臺，僅能給我們以模糊、蒼白、不明確的浮光掠影」㊼但是作者也「毫不懷疑詩歌作品中有許多人物不能稱爲肖像，而是詩人所『創造』的」，其實與其用「創造」這個「過於誇耀的名詞」，還不如用「虛構」，虛構的需要不是由於現實中缺乏藍本，而是由於詩人對藍本的記憶不清楚。即使是這樣，藝術中來自現實的總比來自「創造」的要多得多，而「虛構的人物差不多從來不會像活生生的人一樣在我們面前顯現出來」。這種虛構或「想像的干預」究竟能起什麼作用呢？依車爾尼雪夫斯基看，這只能限於兩點，也只有在這兩點上「詩歌作品可以勝過現實：一是能夠用一些精彩的細節來修飾事件，其次只是能使人物性格和他們

㊺《選集》，上卷，第一三〇至一三一頁。
㊻同上書，第七十二、八十五頁。
㊼同上書，第七十三至七十四頁。

所參預的事件協調」。[48]所謂用細節來修飾事件，指的是詩人從生活經驗中所選取的事件只是一個模糊的輪廓，細節還不夠明確，「爲著故事首尾連貫」，他從記憶中其他場景中去借取，來加以補充。但是他又認爲這種細節的塡補畢竟是「修辭的鋪張」，有傷敘述的簡潔明快。所謂人物性格與事件的協調，作者前後作了兩種不同的解釋，在《選集》第七十五頁裡他說，在現實中壞事往往不是壞人做的，「一個絕不能叫做壞蛋的人可以毀壞許多人的幸福」，至於在詩中壞事總是由壞人去做，好事總是由好人去做，榮辱分得很清楚，這種「理想化」、「有時是長處，但多半是缺點」。在第九十七至九十八頁裡作者卻給了另一個較圓滿的解釋：現實中許多事件糾纏在一起，爲著揭示事物的內在聯繫和保存事件的本質，詩人就須把不必要的事件「分解」出去，這就使原來事件的活的完整性之中顯出漏洞或空白，需要想像來塡補，這就是說，原來的事件既已「孤立化」，環境也就要加以剪裁，才能使二者協調。

車爾尼雪夫斯基對藝術形象思維的這種看法是混亂的，自相矛盾的。其中有合理的因素，那就在於他多少看出藝術創造要揭示事物的內在聯繫和本質。但是他把這種揭示看作「分解」和「塡補」，畢竟是把一種活生生的完整的發展過程看作一種拼湊的機械過程。更重要的是他根本上很看輕這個過程。能說雕刻繪畫中許多傑作都是「模糊、蒼白、不明確的浮光掠影」嗎？能說《戰爭與和平》、《紅樓夢》或是任何一部文學傑作中的人物「不會像

---

[48]《選集》，上卷，第一〇九至一一一頁。

活生生的人一樣在我們面前顯現出來」嗎？能說「莎士比亞之被讚美」就在於他的「修辭的鋪張」或「縟說繁詞」嗎？車爾尼雪夫斯基的「將現實和想像互相比較而為現實辯護」的意圖，在當時歷史情況下本來有很大進步意義，但是矯枉過正，他的看法往往不免是片面的，因而是形而上學的。例如「人絕對不可能想像出比現實中所碰見的更高更好的東西」這種提法就要排除一切理想，不但無益於文藝創作，而且有害於一切憑理想去改造現實的活動，包括革命在內。這種輕視理想的看法是與他反對浪漫主義的態度分不開的。由於他把浪漫主義的幻想，熱情和理想都看作「病態」，他就儘量縮小這些因素的作用。他要針對想像來「為現實辯護」，認為理想還是一種想像，於是就輕率地否定了理想。其實這種觀點不但和他的美的定義中「應當如此的生活」一句話的基本精神相違背，而且也被他自己的藝術實踐所否定了。在他的小說《怎麼辦？》裡，特別在其中「第四夢」裡，他就描繪了未來的理想社會和理想人物，充分表現出浪漫主義的熱情和幻想，這樣他就通過他自己的創作證明了浪漫主義和現實主義並不是如他原來所想的那樣絕對對立的，因為理想和現實也不是絕對對立的。

別林斯基說過，「沒有典型化，就沒有創作。」，這是一句一針見血的話。所以要衡量一位美學家的藝術觀，首先就要衡量他的典型觀。典型化在實質上就是理想化，「典型」和「理想」在許多西方美學著作中就是同義詞。理想畢竟還是一種對未來的或可能的情況的想像，一種比現實更高的要求。車爾尼雪夫斯基對於想像和理想既然有上文所述的鄙視，他的典型觀就必然要受到影響，而事實上它也還是充滿著矛盾的。他的典型觀之中有很多合理的因素，首先是他特別強調人物個性的鮮明生動。他指出黑格爾派的「美是理念在個別事物的完全的顯現的」定義「也含有正確的方面——那就是美是在個別、活生生的事物而不在抽象的思想」。他還根據他的「人類學的原理」舉出重視個性的理由：「人的一般活動不是趨向於『絕對』，……他心目中只有各種純人類的目的。……我們作爲不能越出個體性範圍的個體的人是很喜歡個體性的。」此外，「美是生活」的定義也要求藝術「盡可能在生動的圖畫和個別的形象中具體地表現一切」，「因爲在自然和生活中沒有任何抽象地存在的東西」。他指出典型的創造不是從抽象概念出發而是從生活出發：「詩人在『創造』性格時，在他的想像面前通常總是浮現出一個眞實人物的形象，他有時是有意識地，有時是無意識地在他的典型人物身上『再現』這個人。」其次，作者還認識到藝術不能用自然主義的方式創造出典型，必須抓住人物性格的特徵。「任何摹擬，要求其眞實，就必須傳達原物的主要特徵；一幅畫像要是沒有傳達出面部的主要的、最富於表現力的特徵，就是不眞實；但是如果面部的一切細微末節部被描繪得清清楚楚，畫像上的面容就顯得醜陋、無意思、呆板」。所以藝術家「需要辨別主要的和非主要的特徵的能力」、「須能夠理解眞人性格的本質……此外，還必須理解這個人物在被詩人安放的環境將會如何行動和說話」。這一切都說得非常好，實際上已經概括了現實主義的典型觀。在始終強調從現實生活出發這一點上，他比別林斯基徘徊於「理念」和「生活」之間，是邁進了一大步。

但是車爾尼雪夫斯基的典型觀也還有在實質上無異於否定典型化的一方面。他認爲「人能夠在現實中找到眞正的典型人物」，這種典型人物大半無須改變就可以從現實界搬到藝術作品裡去，結果所產生的藝術形象也不過是現實形象的一種「蒼白的、一般的、不明確的暗示」。這種典型形象往往是「作者自己的眞實畫像」或他的「熟人的肖像」。他反對「把一切個別的東西拋開，把分散在各式各樣的人身上的特徵結合成爲一個藝術整體」，例如「湊合一個美人的前額，另一個的鼻子，第三個的嘴和下顎成爲一個理想的美人」。作者沒有意識到這是很大一部分古典派藝術家的創作方式，雖然不是唯一的乃至於最好的創作方式，但有足夠的紀錄可以證明，這在大藝術家手中也往往是一種行之有效的方式。如果把這種方式理解爲機械的拼湊，那當然是應該反對的；如果把它理解爲有機的融合，從現實界選擇原來不在一起的因素聯繫在一起，這正是形象思維的作用之一，車爾尼雪夫斯基自己在談「想像的干預」時不也承認過詩人可以就記憶中從「別的場景中去借取」細節嗎？在典型的問題上他和多數美學家（包括別林斯基在內）有兩點顯著的差異：第一，多數美學家認爲典型化就是藝術創造，車爾尼雪夫斯基卻竭力縮小創造的作用；其次，多數美學家認爲藝術中的典型是經過集中和理想化的，所以高於現實中的典型；車爾尼雪夫斯基卻反對集中和理想化，認爲藝術中典型必然要遠遠低於現實中的典型。在這個問題上，眞理是在大多數人方面。

典型是「一般與特殊的統一」這個大原則下的一個個別事例。車爾尼雪夫斯基的病源在於他在這個問題上的思想方法是形而上學的：他要爲特殊而犧牲一般，因反對抽象化而拋棄概括化。他反對「詩人把眞人提高到一般意義」的提法——這本來是別林斯基的提法——，理由是「這提高通常是多餘的，因爲原來之物在個性上已具有一般的意義」。這句話有對的一面，因爲特殊與一般必然是統一的；也有不對的一面，因爲個體性之中有偶然的非本質的爲藝術形象所不必要的因素，就同類人物形象進行概括化是典型化所常用乃至必用的一項工作。車爾尼雪夫斯基反對集中與提高的提法是「事物的精華通常並不像事物的本身：茶素不是茶，酒精不是酒」。這話完全不錯，但是從此所得的結論可以不同乃至相反。多數美學家的結論是：藝術雖反映現實，卻不等於現實，藝術因爲經過提煉，所以高於現實，正如酒精之濃於酒；而車爾尼雪夫斯基的結論則是：藝術只是現實的「代替品」，用不著提煉，提煉就是歪曲現實，現實是酒，藝術要的還是酒，酒精不能作爲酒的「代替品」；而且酒從現實的壺裡轉注到藝術的壺裡，還必然要減少和沖淡。從此可知，車爾尼雪夫斯基之強調藝術美必然低於現實美，在很大程度上決定於他的典型觀。㊾

美學裡還有一個關鍵性的問題，那就是內容與形式的關係。車爾尼雪夫斯基的看法是把內容和形式割裂開來的。他反對「美在內容與形式的一致」的提法，這個「內容與形式統一」的大原則固然不足以見出美的特徵，卻仍然是美所必隸屬的一個原則。他把現實生活的美叫做「客觀的美或本質的美」，認爲這種美「應該和形式的完美區別開來，形式的完美在於理念與形式的一致，或者在於形象完全適合於它的使命」（結論三）。這就是說，他所討論的現實生活的美只是內容的美，須與一般技巧和純藝術所共有的那種理念與形象一致的「形式的完美」區別開來（參看結論十四和十五）。他沒有深究現實生活的美是否也還有形式的一面，但認爲藝術再現現實，藝術與現實的區別不在內容而只在形式。在論證藝術

㊾ 車爾尼雪夫斯基論典型的引文主要參看《選集》，上卷，第四十五、五〇、七〇至七十五、八十八、九十一至九十三等頁。

的內容不只是美時，他聲明他說的「是內容的性質，不是形式，形式任何時候都應當是美的」[50]：在談到藝術說明生活和對生活下判斷時，他又說：「在這一點上，現實中沒有和藝術作品相當的東西，——但只是在形式上，至於內容，至於藝術所提出或解決的問題本身，這些全都可以在現實生活中找到。」[51]他還沿用別林斯基的藝術和科學在內容上相同而只在形式有別的看法，並且進一步論證藝術和歷史在內容上也是同一的，都是現實。他彷佛以爲內容和形式並不互相影響，所以他說，在詩人用想像的細節來補充眞實的事件時，「事件被這些細節補充後並沒有改變，藝術故事和它所表現的眞事之間仍只有形式上的差別」[52]，這就是說，內容並不隨形式而變。從此可見，他對於「內容」和「形式」兩詞的理解都很不精確。藝術的內容不應指未經藝術處理之前已存於現實中的素材，而是指已經藝術處理之後的具體形象，只有在前一種意義上才可以說藝術和科學與歷史在「內容」上相同，而在後一種意義上，即在具體的內容上不但藝術和科學與歷史不同，而且這一具體藝術作品和另一具體藝術作品也不能完全相同。每一個具體作品都有它在形式方面的獨特性，因爲每一具體作品都有它在內容方面的獨特性。所謂藝術的「內容與形式的統一」只能理解爲這兩方面的獨特性的一致。但是按照車爾尼雪夫斯基的看法，內容和形式都是通套的，都是在藝術創作之前

---

[50]《選集》，上卷，第七十二至七十五頁。

[51]《選集》，上卷，第九頁。

[52]同上書，第九十五頁。

就已存在的，內容是通套的現實，形式是通套的「史詩」、「戲劇」、「小說」之類體裁，而「內容與形式的一致」不表示內容與形式兩方面的關係，只表示「形式的完美」一方面的性質（如他在結論三裡所明白規定的），而這個性質還不是藝術所特有的。這樣把內容和形式割裂開來，他在事實上也就把美割裂為兩種：內容的美（即「本質的美」，這種美與形式無關）和形式的美（這種美又與內容無關）。在討論藝術內容不只是美時，他所指的就只是前一種美而不是後一種美，如他自己一再鄭重聲明的。在論證美感不苛求時，他說：「只有缺乏美感的人才會不懂得賀拉斯、維吉爾、奧維德」等羅馬人的詩歌，在這類作品裡不是完全沒有內容，就是內容毫不足道。但是「這些詩人已經把形式提到了高度的完美，單是這一點好處，就已足夠滿足我們的美感」㊾。這不就已落到了形式主義的陷阱嗎？這當然不符合車爾尼雪夫斯基偏重內容的基本態度，但這畢竟是他對內容與形式的割裂在理論上所必然導致的結果。

對想像與現實，內容與形式以及典型化之類問題的看法都要涉及主觀與客觀的關係，車爾尼雪夫斯基在這方面的看法也有矛盾。他並不是完全沒有看到主觀因素的作用，他的美的定義中三個命題以及關於藝術作用的三個命題都充分地說明他實際上很重視人的主觀作用。他說得很明白，「人的生活充滿美和偉大事物到什麼程度，全以他自己為轉移。生活只有在

㊾《選集》，上卷，第九十七頁。

平淡無味的人看來，才是空洞而平淡無味的」㊺，在談到藝術再現不是複寫時，他說，「在藝術裡，人縱使想忠實地照實物抄寫，他也不能放棄他自己的作用（不用說，這種作用固然很小），不能放棄運用他的全部道德力量和心智力量（包括想像在內）的責任」㊻。但是與此同時，他卻說過一些完全忽視主觀因素的話，例如說，「我們覺得崇高的是事物本身，而不是這事物所喚起的任何思想」。「美與崇高都離開想像而獨立」，現實中就已有戲劇和小說，記錄下來就可成為藝術作品；縱使有所虛構，也改變不了在素材狀態的事物，㊼如此等等。他的矛盾突出地表現於他對崇高的看法，他替崇高所下的定義是：「一件東西在量上大大超過我們拿來和它相比的東西，那便是崇高的東西。」這個定義就假定了人的比較活動，事物不能離開人的這種比較活動而就產生崇高的印象，某些東西的大對於熟悉的人可能是很平常的，只有對於突然遇見而驚訝其大的人才引起崇高的印象。在這裡就不能說是沒有思想或心情的作用在內。作者雖不承認崇高的東西就是「可怕的」，但也承認「可怕的感覺也許會加強崇高的感覺」，儘管如此，他還是斷定崇高在事物本身，而「不是這事物所喚起的任何思想」。㊽這裡的漏洞是很明顯的。作者後來彷彿也意識到這個漏洞，在〈自評〉裡他的

㊺ 同上書，第四〇頁。
㊻ 同上書，第四十二頁，譯文據原文略有修改。
㊼ 同上書，第十五、二〇、七十三至七十四等頁。
㊽《選集》，上卷，第十二至二〇頁，參看普列漢諾夫的批評：《車爾尼雪夫斯基的美學觀點》最後一節。

提法就有所改變：「美與崇高其實就存在於自然與人生之中。同時也應該說，欣賞美與崇高的事物之能力，直接取決於欣賞者的能力……**美與崇高在現實中的客觀存在也要配合人的主觀看法**」[58]。這個改變是重要的，它多少顯出主客觀的統一。如果嚴格地按照這個新的提法，車爾尼雪夫斯基的美學系統就有重新調整的必要。

按照這個系統原來的樣子，人與自然、主觀與客觀、藝術與現實、典型與個性、內容與形式這一系列對立面的關係都是按照形而上學的方式來理解的。即過分地強調它們的對立而沒有充分認識到它們的辯證的統一。在辯證的統一體之中兩對立面是交互起作用的，而車爾尼雪夫斯基往往過分強調自然、現實、客觀、內容這一方面的作用，所以把藝術創造想像的活動和典型化的過程這一方面的作用估計得很不足。因此，藝術對現實的關係就被看成「代替」的關係。這樣一來，他就混淆了生活（包括歷史）的眞實和藝術的眞實。應該承認，他在這方面的思想也不是一致的。他也認識到「『**美麗地**描繪一副面孔』和『描繪一副**美麗的**面孔』是兩件全然不同的事」[59]、「**現實生活的描畫和現實生活並不屬於同一個範圍**」[60]。（重點引者加）。但是他的整個美學體系卻把「現實生活的描畫」和「現實生活」看作「屬於同一範圍」，把「美麗的面孔」（現實素材）和「美麗地描繪」出來的面孔（藝術作品）

㊽《選集》，上卷，第五頁。

㊾《選集》，上卷，第五頁。

㊿ 同上書，第九十八頁。

看作沒有本質的差別。所以藝術中的小說和戲劇彷彿就是現實中的戲劇和小說，「詩人差不多始終只是一個歷史家或回憶錄作家」、[61]「藝術對生活的關係完全像歷史對生活的關係一樣」。車爾尼雪夫斯基再三拿藝術和歷史作比較，就強調從生活出發這一點來說，有他的正確的一面，但他忽視了亞理斯多德在《詩學》第九章裡所指出的詩與歷史的分別，即歷史敘述已經發生的事而詩敘述可能發生的事，歷史敘述特殊的事，而詩則把特殊提到一般，所以比歷史更帶有普遍性。車爾尼雪夫斯基援引過這一段話，說它「深刻而精彩」[62]，卻沒有認識到亞理斯多德所要說明的正是藝術的眞實和生活的眞實之間的分別，而只認識到二者之間的聯繫。

別林斯基曾經把藝術對現實的關係比作純金對原金（或礦砂）的關係，指出分別在於提煉或典型化，並且就典型化這一點來斷定藝術高於現實生活。這個正確的觀點被車爾尼雪夫斯基輕率地拋棄了。他輕視典型化，因而忽視了藝術雖是現實的反映，卻不能因此就只是現實的代替，它是一種根據現實的虛構。和現實畢竟屬於不同領域。因此他把藝術和現實這兩種本來屬於不同領域的東西，擺在現實生活這個領域裡來比高低，斷定藝術美永遠低於現實美。他的理由之一是「詩人沒有現實生活所有的那些手段任他使用」，「我們的藝術直到現在還沒有造出甚至像一個柳丁或蘋果那樣的東西來」；但是他同時又否認再現就是能製造

---

[61] 同上書，第七三、九六、一二三至一二四頁。

[62]《美學論文選》，第一四一至一四三頁。

幻覺的「奴性摹仿」，而且還承認人類活動「產生了自然所不能產生的東西」，自然中沒有什麼可以比得上呢絨、鐘錶和房屋之類產品。[63]從此可見，單用自然的標準來衡量藝術的高低，或是單用藝術的標準來衡量自然的高低，同樣是不公允的。作爲藝術的源泉，現實生活是藝術無法完全再現的，藝術造不出可吃的蘋果來，在這一點上現實生活無疑地要比藝術高得多；但是作爲對現實生活加以提煉而形成一種新的和諧的完整的有機體，藝術也無疑地要高於現實生活中的素材，現實中並沒有歌德所寫的浮士德或貝多芬的第九交響曲。

我們指出了車爾尼雪夫斯基美學體系中的一些缺點，是否就要說明它竟像「七寶樓臺，拆碎不成片段」呢？我們並沒有這種企圖，而是鑒於對於車爾尼雪夫斯基的這樣重要的美學遺產，有必要來進行一番「去僞存眞」的工作，儘管這裡的嘗試還只是初步的。車爾尼雪夫斯基對黑格爾進行批判時，說他的基本原則大半正確而他的結論卻往往錯誤，這句話恐怕也正好適用於車爾尼雪夫斯基自己。正如黑格爾的錯誤結論埋沒不住他的基本原則中的「合理內核」，車爾尼雪夫斯基的藝術代替現實，藝術美永遠低於現實美，典型化是多餘的之類的結論也絕不能有損於他的基本原則的正確性和重要性。

車爾尼雪夫斯基的基本原則是他的美的定義中三個命題以及關於藝術作用的三個命題。在美的定義中，他不但肯定了美與現實生活的血肉聯繫，而且還肯定了美離不開人的理想（「應當如此的生活」），自然美也不能離開人類生活而有獨立的意義（「暗示人類生活的

[63]《選集》，上卷，第九十八、四十一、八十六至八十八、五十八至五十九等頁。（順引文次第）

那種生活」）。在關於藝術作用的三個命題中，他不但肯定了現實生活是藝術的源泉，而且也肯定了藝術家在說明生活和對生活下判斷中所必須發揮的主觀能動性。從這些基本原則中並非邏輯地必然地要達到藝術「代替」現實和藝術美永遠低於現實美，把個別事物提高到一般意義的典型化是「多餘的」那些錯誤的結論，相反地這些基本原則正足以揭示這些結論的錯誤。

車爾尼雪夫斯基在美學上最大的功績就在於提出了關於美的三大命題和關於藝術作用的三大命題。這些命題把長期由黑格爾派客觀唯心主義統治的美學移置到唯物主義的基礎上，從而替現實主義文藝奠定了理論基礎。車爾尼雪夫斯基拋棄了別林斯基所未能完全拋棄的藝術從理念出發的原則，而代之以藝術從生活出發的原則，這是德國古典美學以後的一個重大的發展。固然，「生活」的概念在歌德、席勒和黑格爾等人的著作中都已有了一些萌芽。但是堅決地明確地把生活提到首位的是車爾尼雪夫斯基。而且「生活」這一詞在車爾尼雪夫斯基心裡，比起在歌德、席勒或黑格爾的心裡，具有遠較豐富的涵義，當時俄國的農民解放鬥爭賦予「生活」這一詞以一種更深刻的社會內容，這就使現實主義文藝負有遠比過去更明顯的促進階級鬥爭的任務。在美學論文裡，車爾尼雪夫斯基作了運用階級觀點的初步嘗試，例如對農民女子美和上流社會女子美的分析。他經常提到實踐的重要性，說「實踐是個偉大的揭發者」、「實踐是判斷一切爭端的主要標準」，並且抱歉自己「沒有說明現代實際的或者說實踐的，世界觀對人的所謂『理想的』憧憬之關係」。⑭他的思想中孕育著許多這類極爲重要的，儘管還未得到發展的觀點的萌芽。美學論文是他在二十七歲時寫的。在〈自評〉裡他曾自認在「寫此論文時還沒有完成他所引申的思想的發展過程」⑮，由於他的注意力後來轉向更爲迫切的經濟學的研究，而且後半生都在流放中過著極端艱苦的生活，他終於沒有能完成這個發展過程，我們不能不爲此惋惜，而且痛恨反動統治對天才的摧殘！

⑭《選集》，上卷，第一一四、一三一等頁，參看同書第三八七至三八八頁。

⑮《選集》，上卷，第一三一頁。

第十八章

「審美的移情說」的主要代表：費肖爾、立普斯、谷魯斯、浮龍．李和巴希

一、移情說的先驅：費肖爾父子

近百年來德國主要的哲學家和心理學家之中，幾乎沒有一個人不涉及美學，而在美學家之中也幾乎沒有一個人不討論到移情作用。這個風氣由德國傳播到西方其他各國，提到移情說，人們總是把它聯繫到它的主要代表立普斯。有人把美學中的移情說比作生物學中的進化論，把立普斯比作達爾文，①彷彿這個學說是近代德國美學界的一個重大的新發現。這種估計當然是誇大的，但是移情說在近代美學思想中所產生的重要影響卻是無可否認的。

什麼是移情作用？用簡單的話來說，它就是人在觀察外界事物時，設身處在事物的境地，把原來沒有生命的東西看成有生命的東西，彷彿它也有感覺、思想、情感、意志和活動，同時，人自己也受到對事物的這種錯覺的影響，多少和事物發生同情和共鳴。這種現象是很原始的、普遍的。我國古代語文的生長和發展在很大程度上是按移情的原則進行的，特別是文字的引申義②。我國古代詩歌的生長和發展也是如此，特別是「托物見志」的「興」。最典型的運用移情作用的例是司空圖的《二十四詩品》以及在南宋盛行的詠物詞。

在西方，亞理斯多德也早就注意到移情現象。他在《修辭學》裡說到用隱喻格描寫事物應「如在目前」，並且解釋「如在目前」說：「凡是帶有現實感的東西就能把事物擺在我們眼前。」，然後舉荷馬爲例說：「荷馬也常用隱喻來**把無生命的東西變成活的**，他隨時都以

---

① 參看浮龍·李：《美與醜論文集》，第六十八頁。

② 讀者試翻閱段玉裁的《說文解字注》，注意一下文字的引申義，就可以明白這個道理。

能產生現實感著名，例如他說，『那塊無恥的石頭又滾回平原』，『箭頭飛出去』和『燃燒著要飛到那裡』，『矛頭站在地上，渴想吃肉』，『矛尖興高采烈地闖進他的胸膛』，在這些事例裡，事物都是由於變成活的而顯得是現實的」（重點引者加）。③從此可見，亞理斯多德不但注意到移情現象，而且已替它作了解釋：它是一種隱喻。我國漢代鄭康成把詩六義中的「興」解釋爲「興者托事於物」，唐孔穎達加以引申說：「興者起也，取譬引類，啓發己心；詩文諸舉草木鳥獸以見意者皆興辭也。」④，這也都是以「興」爲一種「隱喻」，可與亞理斯多德的看法參較。

我們不必列舉西方關於移情現象的一些較早的看法，單提一些近代美學家對這問題的注意。自從英國經驗派把美學的研究轉到心理學的基礎上，人們就不斷地討論到移情現象。哈奇生用類似聯想來解釋自然界事物何以能象徵人的心情；休謨用同情來解釋平衡感說，「一個擺得不是恰好平衡的形體是不美的，因爲它引起它要跌倒、受傷和痛苦之類的觀念。」；博克也用同情來解釋崇高和美，他說，「同情應該看作一種代替，這就是設身處在旁人的地位，在許多事情上旁人怎樣感受，我們也就怎樣感受。」，他並且把同情和摹仿聯繫起來，「正如同情使我們關心旁人所感受到的，摹仿則使我們仿效旁人所做的」⑤，對於移情問題

③ 亞理斯多德：《修辭學》第三卷，第十一章。
④《十三經注疏》，《詩大序疏》。
⑤ 參看〈英國經驗主義派美學思想〉章。

作出較大貢獻的是義大利的維柯，他把移情現象看作形象思維的一個基本要素，認爲「人心的最崇高的勞力是賦予感覺和情欲於本無感覺的事物」，並且舉出大量的實例來論證語言、宗教、神話和詩的起源都要用這個原則來解釋。⑥

在德國，對移情現象的重視，首先是與浪漫運動萌芽期和鼎盛期中所流行的泛神主義思想以及人與自然統一的思想密切聯繫在一起的。溫克爾曼在《古代藝術史》裡描繪他對一些古代雕刻（例如《拉奧孔》）的親身感受時，就經常涉及移情現象和內摹仿現象。康德在分析崇高時把移情現象稱爲「偷換」（Subreption）：

對自然的崇高感就是對我們自己的使命的崇敬，通過一種「偷換」的辦法，我們把這崇敬移到自然事物上去（對主體方面的人性觀念的崇敬換成對對象的崇敬）。

——康德：《判斷力批判》，第二十七節

他的一個基本的美學概念是「美是道德精神的象徵」，而這個概念也和移情現象有密切的聯繫：

我們經常把像是建立在道德評價基礎上的名詞應用到自然或藝術中美的事物上去，我們說建

⑥ 參看本書第十二章。

築物或樹木是雄偉或壯麗的，平原是喜笑的，乃至於顏色也是純潔的、謙遜的或柔和的，因爲它們所引起的感覺包含某種類似由道德判斷所引起的那種心情的意識。

——康德：《判斷力批判》，第五十九節

狂飆運動的領袖赫爾德進一步強調精神與自然的統一，他在《論美》裡把美看作生命和人格在藝術品和自然事物中的表現。例如「一條線的美在於運動，而運動的美則在於表情」，花的美在於它表現了生命力和欣欣向榮的氣象，聲音的美在於它傳出在運動中的物體的活力，抵抗力和哀傷。他並且指出：「古代一些最美的形式都由一種精神，一種偉大思想，灌注生命給它們，這種精神或思想採取這種形式，就像把它當作自己的身體，通過它把自己顯現出來」。黑格爾也說，「藝術對於人的目的在使他在對象裡尋回自我。」；「自然美只是心靈美的反映」。例如寂靜的月夜，雄偉的海洋那一類自然美是「感發心情和契合心情」的，它們的「意蘊並不在於對象本身而在於所喚醒的心情」⑦。此外，用「設身處地」和「外射」來解釋移情現象的，還有哲學家和《德國美學史》的作者洛慈（Lotze, 1817-1881）。他對移情現象曾作過這樣的描繪和解釋：

我們的想像每逢到一個可以眼見的形狀，不管那形狀多麼難駕馭，它都會把我們移置到它裡

---

⑦ 參看本書第十五章。

面去分享它的生命。這種深入到外在事物的生命活動方式裡去的可能性，還不僅限於和我們人類相近的生物，我們還不僅和鳥兒一起快活地飛翔，和羚羊一起歡躍，並且還能進到蚌殼裡面分享它在一開一合時那種單調生活的滋味。我們不僅把自己外射到樹的形狀裡去，享受幼芽發青伸展和柔條臨風蕩漾的那種歡樂，而且還能把這類情感外射到無生命的事物裡去，使它們具有意義。我們還用這類情感把本是一堆死物的建築物變成一種活的物體，其中各部分儼然成為身體的四肢和軀幹，使它現出一種內在的骨力，而且我們還把這種骨力移置到自己身上來。

——洛慈：《小宇宙論》，第五卷，第二章

洛慈在這裡已指出移情現象的主要特徵，把人的生命移置到物和把物的生命移置到人，所差的只是他還沒有用「移情作用」這個名詞。首先用這個名詞的也不是立普斯而是勞伯特・費肖爾（Robert Vischer）。這位美學家的父親弗列德里希・費肖爾（Friedrich Theodor Vischer, 1807-1887）是黑格爾派中一個重要的美學家，著有一部六卷本的《美學》巨著[8]。這是後來車爾尼雪夫斯基在美學上的主要批判對象，但是在移情觀念這一點上，對車爾尼雪夫斯基也產生過不容忽視的影響。[9]他從黑格爾的泛神論的觀點出發，強調「美是理

⑧ 據《馬克思恩格斯論文藝》法文本〈序文〉第六十五頁，馬克思在此書剛出版後，曾於一八五七至一八五八年仔細讀過這部巨著，並作過大量筆記。

⑨ 參看本書第十七章。

想與現實的統一」，而理想則是一種客觀存在的典型，須克服自然或現實界的「偶然機會的王國」，才能顯出事物的內在本質。他指出形象思維與抽象思維的分別說：「有兩種思想方式：用文字和概念或是用形狀，有兩種翻譯宇宙的方式，用字母或是用意象」。意象對於他像對於黑格爾一樣，是概念或理想的顯現。他晚年逐漸致力於心理學的研究，對過去的客觀唯心主義的觀點有所糾正，特別是在〈論象徵〉和《批評論叢》裡注意到移情現象，而且作出一些心理學的解釋，他把移情作用稱為「審美的象徵作用」，說這種作用就是「對象的人化」：

> 這種對每一個對象的人化可以採取很多的不同的方式，要看對象是屬於自然界無意識的東西，屬於人類，還是屬於無生命或有生命的自然。通過常提到的緊密的象徵作用，人把他自己外射到或感入到（fuhlt sich hinein）自然界事物裡去，藝術家或詩人則把我們外射到或感入到（fuhlt uns hinein）自然界事物裡去。
>
> ——費肖爾：《批評論叢》，第五卷，第九十五至九十六頁

值得注意的是他雖還未把「移情作用」用作名詞，卻已把它用作動詞（「感入到」）了。

費肖爾把這種象徵作用分為三級。第一級是神話和宗教迷信所用的象徵作用，例如埃及宗教用牛象徵體力和生殖力，這種原始的象徵作用是在無意識中發生的，用來象徵的形象和被象徵的觀念之間的關係還是曖昧的，從形象不一定就能看出觀念。第二級是寓言所用的象

徵作用，例如用天平象徵公道，這是由人有意識地把有類似點的兩件東西，形象（天平）與觀念（公道），聯繫在一起，這種聯繫是比較清楚的，從形象就可以認出觀念，另外一級就是審美活動中的象徵作用，這是第一級與第二級之間的中間級。在審美觀照中，形象與它所象徵的觀念融成一體，我們「半由意志半不由意志地，半有意識半無意識地，灌注生命於無生命的東西」，形象與觀念的關係也是若隱若現。費肖爾把這種審美的象徵活動叫做「黃昏」的心理狀態。費肖爾關於象徵的看法顯然是黑格爾的象徵藝術說的發揮。

正是從費肖爾的「審美的象徵作用」這個基本概念出發，他的兒子勞伯特．費肖爾在〈視覺的形式感〉（一八七三）一文裡發展出「移情作用」的概念。視覺到的外物的形式組織，據他的分析，並不是空洞無意義的，它們就是「我自己身體組織的象徵，我像穿衣一樣，把那形式的輪廓穿到我自己身上來」，例如「那些形式像是自己在運動，而實際上只是我們自己在它們的形象裡運動」，在看一朵花時，「我就縮小自己，把自己的輪廓縮小到能裝進花裡去」，反之，看龐大的事物時，「我也就隨它們一起伸張自己」。勞伯特．費肖爾從此下結論說：「這一切都會不可能，假如我們沒有一種奇妙的本領，能把自己身體的形式去代替客觀事物的形式，因而就把自己體現在那種客觀事物形式裡。」這就說明了移情作用中對象形式與主體活動之間象徵的關係。

勞伯特．費肖爾把這種「審美的象徵作用」改稱爲「移情作用」（Einfuhltlung，意思爲「把情感滲進裡面去」，美國實驗心理學家蒂慶納鑄造了Empathy這個英文字來譯它）。據他的分析，一切認識活動都多少涉及外射作用，外射的或爲感覺，即事物在頭腦中所生的印象，或爲情感，即主體方面的心理反應，如快感、不快感以及運動感覺之類。知覺起於知覺神經的刺激興奮，情感起於運動神經的刺激興奮。感覺分三級，第一級叫做「前向感覺」，在這一級感覺裡，眼睛還只注意到對象的光線和顏色，還沒有認出對象的形式，主要地是知覺神經在活動。這可以說是視覺的準備階段。等到進一步注意到對象的形式時，運動神經的活動就占優勢，因爲眼睛筋肉在追隨著對象的輪廓，所以這一級的知覺叫做「後隨感覺」。再進一步，知覺才達到完備階段，這時眼睛不「滿足於追隨對象的線條輪廓」，還要「試圖摹仿對象的全部形狀，把它的全部造型的生動性和鮮明性都摹仿到」、「感覺神經活動和運動神經活動也就結合在一起」。這叫做「移入感覺」，因爲觀照者已感覺到對象的內部而進行摹仿。到了這個階段才算進入「低級的感性的」審美的欣賞。

情感比起感覺，是「更深刻更親切的心理活動」。離開單純的感覺而進入情感時，我們才算進入了「想像的領域」。情感也分「前向情感」、「後隨情感」和「移入情感」三級，與感覺的三級相對應。情感的三級中的每一級都不過是感覺的三級中的對應級的濃化和深化；它們不同於感覺三級的在於都不只是追隨或摹仿對象的線條輪廓或全部形狀，而是都要涉及想像的活動和情感的外射。情感三級本身的差別就在外射的廣狹深淺上見出。「前向情感」的對象也是光和色方面的現象，例如月光、晨曦和黃昏可以象徵人的情調，紅色可以顯得熱，藍色可以顯得冷之類。「後隨情感」的對象也是事物的形式輪廓，它們被看成有生命，能活動的，顯得在奔騰、翻滾、蜿蜒，或跳躍。最後，到了「移入情感」（即移情作用），審美的活動才達到最完滿的階段，「我們把自己完全沉沒到事物裡去，並且也把事物沉沒到自我裡去：我們同高榆一起昂然挺立，同大風一起狂吼，和波浪一起拍打岸石」⑩。費肖爾反對用記憶或聯想來解釋這種移情現象，因爲移情現象是直接隨著知覺來的物我同一，中間沒有時間的間隔可容許記憶或聯想起作用。

從以上的介紹看，費肖爾父子已基本奠定了移情說的基礎，從此證明一切形式如果能引起美感，就必然是情感思想的表現，就必然有內容。當時德國美學分兩派：「形式美學」派與「內容美學」派，「形式美學」派以赫爾巴特（J. F. Herbart, 1776-1841）爲代表，專從抽象形式來研究美，「內容美學」派就是黑格爾派，以費肖爾父子爲代表，強調內容的重要性，反對形式主義，所以他們的移情說在當時有進步的意義。

二、立普斯

從上文可見，移情說並不是立普斯的新發現，但一般人卻總把移情說和他的名字聯繫在一起，這也足見他對這方面研究的貢獻較大。立普斯（Theodor Lipps, 1851-1914）原是一位心理學家，在慕尼黑大學當過二十年的心理學系主任。他研究美學，主要是從心理學出發的。他翻譯過英國休謨的《人性論》，他的移情說可能受到休謨的同情說的影響。他的研究對象主要是幾何形體所生的錯覺，他的移情說大半以這方面的觀察實驗爲論證，這也足以說

⑩ 勞伯特．費肖爾的移情說是在〈論視覺的形式感〉一文裡提出來的，原書未見到，這裡主要根據巴希在《康德美學的批判》一書中的援引和介紹。

明他繼承了勞伯特・費肖爾的衣缽，因為費肖爾也是著重研究空間形象感覺的。在美學方面他的主要著作有《空間美學和幾何學・視覺的錯覺》（一八九七）和一部兩卷本的《美學》（一九〇九）。此外，他在德國《心理學大全的文獻》中所發表的〈論移情作用，內摹仿和器官感覺〉（卷一，一九〇三）和〈再論移情作用〉（卷四，一九〇五）兩文裡對他的觀點作了簡賅的總結。

像一般德國美學家一樣，立普斯的文字是抽象的、艱晦的。要介紹他的移情說，我們最好用他在《空間美學》裡所著重討論的具體的例子，古希臘建築中多立克柱式石柱來說明，多立克柱式石柱支撐古希臘平頂建築的重量，下粗上細，柱面有凸凹形的縱直的槽紋。這本是一堆無生命的物質，一塊大理石。但是我們在觀照這種石柱時，它卻顯得是有生氣、有力量、能活動的。首先，朝縱直的方向看，石柱彷彿從地面上聳立上騰。這種聳立上騰或縱直伸延的活動就成為石柱所「特有的活動」。有這種活動，石柱才獲得它那一特殊模樣的存在。但是石柱顯出活動，不是沒有條件的：活動要在克服反活動中才能顯出。反活動就是石柱本身的和它所支撐的重量。順著這重量所施加的壓力，石柱就會倒塌。現在它不但不倒塌，而且顯得昂然挺立，這就是因為它抵抗住而且克服了重量壓力的反活動，才使人感覺到有直立上騰的力量和活動。其次，朝橫平的方向看，重量壓力本來會使石柱膨脹，以至於破碎成為一盤散沙，這種反活動卻不像在縱直方向那樣起伸延運動的感覺，而是引起石柱自己「凝成整體」，「界定範圍」的印象，即保持住形體，不致破碎的印象。所以朝橫平方向看，石柱所特有的活動不是聳立上騰而是凝成整體。在凝成整體之中，它彷彿就「壓住了」

掙扎著要衝破侷限（所界定的範圍）的那種重量壓力。無論是「聳立上騰」還是「凝成整體」，都是一種錯覺，都是活動與反活動的矛盾對立的統一的結果。這裡可以看出立普斯思想中的辯證因素。

立普斯把這種從力量、運動、活動、傾向等方面來看待對象的方式叫做「機械的解釋」，即運用動力概念（即運動、活動、力量之類概念）的解釋，名為「解釋」，實際上並不涉及意識活動，這一點待下文再談。「機械的解釋」只是移情作用的一方面，另一方面還有一種「人格化的解釋」，也就是以人度物，把物看成人的解釋。這種「人格化的解釋」之所以發生，是因為「我們都有一種自然傾向，要把類似的事物都放在同一觀點下去理解」、「我們總是按照在我們自己身上發生的事件的類比，即按照我們切身經驗的類比，去看待在我們身外發生的事件」。就是按照這種以己度物式的類比，我們才感覺到外物彷彿像我們自己一樣，在顯出一種變化（即發生一種事件）時，總是由「力量」和「活動」造成的，總有努力、成功、失敗、主動、被動之類活動感覺：

這種向我們周圍的現實灌注生命的一切活動之所以發生，而且能以獨特的方式發生，都因為我們把親身經歷的東西，我們的力量感覺，我們的努力，起意志，主動或被動的感覺，移置到外在於我們的事物裡去，移置到在這種事物身上發生的或和它一起發生的事件裡去。這種向內移置的活動使事物更接近我們，更親切，因而顯得更易理解。

——《空間美學》，第一章

這裡所說的就是「人格化的解釋」，就是把物化成人，也還是不涉及意識的。這兩種解釋或看待事物的方式雖可分辨，卻不可分割。它們不是先後承續而是一次進行的。再拿石柱爲例來說：

石柱的存在本身，就我所知覺到的來說，像是直接的（馬上就看到，不假思索——引者注），就在我知覺到它那一頃刻中，它已顯得是由一些機械的（即動力的）原因決定的，而這些機械的原因又顯得是直接從和人的動作的類比來體會的。在我的眼前，石柱彷彿自己在凝成整體和聳立上騰，就像我自己在鎮定自持，昂然挺立，或是抗拒自己身體重量壓力而繼續維持這種挺立姿態時所做的一樣。

——《空間美學》，第一章

這種以己度物的原因何在？立普斯在前段引文裡提到這種類比「使事物更接近我們，更親切，因而顯得更易理解」，這是一種理智方面的解釋（「易理解」），但是也已包括情感方面的解釋（「接近」、「親切」）。他在下結論時所側重的是情感方面的解釋：

這個多立克柱式石柱的凝成整體和聳立上騰的充滿力量的姿態，對於我是可喜的，正如我所回想起的自己或旁人在類似情況下的類似姿態對於我是可喜的一樣。我對這個多立克柱式石柱的這種鎮定自持或發揮一種內在生氣的模樣起同情，因爲我在這種模樣裡再認識到自己的一種符合

> 自然的使我愉快的儀表。所以一切來自空間形式的喜悅，——我們還可以補充說，一切審美的喜悅——都是一種令人愉快的同情感。
>
> ——《空間美學》，第一章

值得注意的是，立普斯在《空間美學》裡以及在較遲一年發表的《論喜劇與幽默感》（一八九八）裡都還只用「同情感」和「審美的同情」而沒有用「移情作用」，後者只是在後來的著作裡才採用的。不過前後用的名詞雖不同，實質仍是一事。

「一切審美的喜悅」既然「都是一種令人愉快的同情感」，同情感就成爲一切審美活動的必有條件了。但這並不等於說，一切移情作用都是審美的。我們看見一個人笑，自己也喜悅，也有笑的傾向。這種同情的了解就已涉及移情作用，立普斯把它叫做「實用的移情作用」，認爲它不是審美的移情作用，因爲審美的移情作用只有在忘去實際生活中的興趣和情調時才會發生。然則審美的移情作用的特徵究竟何在呢？這是理解移情作用所必須理解的基本問題之一。立普斯對這問題的前後解答不完全相同。在《空間美學》裡他從主觀反應和對象形式兩方面來界定審美的同情的特徵。從主觀反應方面來說，「向我們周圍的現實灌注生命的活動」以及這活動所伴隨的「一種令人愉快的同情感」是一個特徵。從對象形式方面說，審美的對象不是物質而是形式。再舉多立克柱式石柱爲例來說，使我們感覺到聳立上騰的，即使我們起審美的移情作用的，並不是「石柱所由造成的那大塊石頭」，而是「石柱所呈現給我們的空間意象」，即線、面和形體所構成的意象。不是一切幾何空間都是審美空間，「空間對於我們要成爲充滿力量和有生命的，就要通過形式。審美的空間是有生命的受到形式的空間。它並非先是充滿力量的，有生命的而後才是受到形式的。形式的構成同時也就是力量和生命的形成」⑪。這就是說，對象所顯出的生命和力量是和它的形式分不開的，二者的統一體才是意象，也才是審美的對象。

在《空間美學》裡，具體事例的分析多於理論的探討，在〈論移情作用，內摹仿和器官感覺〉（一九〇三）一文裡，立普斯才就他的理論系統作了一個簡賅的總結。他仍從審美的對象說起，仍認爲審美的對象是直接呈現於觀照者的感性意象。但是他指出審美欣賞的對象和審美欣賞的原因不是一回事，說「審美欣賞的原因是我自己，或是『看到』、『對立的』對象而感到歡樂或愉快的那個自我」，因爲在對著審美對象而感到愉快時，我還感覺到努力、使勁、抵抗、成功之類「內心活動」，「而且在這一切內心活動中我感到活力旺盛，輕鬆自由，胸有成竹，舒卷自如．也許還感到自豪之類。這種情感才是審美欣賞的原因」。這樣說來，美感的起因就不在對象而在對象所引起的主觀情感了，立普斯在這裡顯然墮入了主觀唯心主義，但是他又始終強調審美價值的判斷絕對依存於對象，不是一種個人的主觀的武斷，而是對象的一種正當的「權利要求」。⑫

立普斯在論文中費大力要說明的其實不過是一句很簡單的話：在審美的移情作用裡，主

⑪《空間美學》，第二章。

⑫參看《美學》，第二章，第三六八頁。據李斯特威爾在《近代美學批判史》中的介紹。

觀與客觀須由對立關係變成統一的關係。懂得這一點，我們就會懂得下面兩段話：

> ……在對美的對象進行審美的觀照之中，我感到精力旺盛、活潑、輕鬆自由或自豪。但是我感到這些，並不是面對著對象或和對象對立，而是自己就在對象裡面。……這種活動的感覺也不是我的欣賞的對象，……它不是對象的（客觀的），即不是和我對立的一種東西。正如我感到活動並不是對著對象而是就在對象裡面，我感到欣賞，也不是對著我的活動，而是就在我的活動裡面。……⑬（重點原文有）

和我對立的對象，乃至於我自己的活動（在和我對立時已變成對象），對於我都只能是一種觀念或印象，而審美的移情作用的內容卻不能只是一種觀念而是一種實際感受、經驗或生活，我需與對象打成一片，就活在對象裡，親身體驗到我活在對象裡的活動，我才能感受審美欣賞所特有的那種喜悅。所以立普斯說，

> 從一方面說，審美的快感可以說簡直沒有對象，審美的欣賞並非對於一個對象的欣賞，而是對於一個自我的欣賞（這就是說，不是欣賞一個和我對立物的觀念而是欣賞我在對象裡親身體驗到的生活本身——引者注）．它是一種位於人自己身上的直接的價值感覺！而不是一種涉及對象

⑬ 這部分幾段引文均見立普斯：〈論移情作用，內摹仿和器官感覺〉。

的感覺。無寧說，審美欣賞的特徵在於：在它裡面，我的感到愉快的自我和使我感到愉快的對象並不是分割開來成爲兩回事，這兩方面都是同一個自我，即直接經驗到的自我。（即在對象裡面生活著的自我——引者注，重點引者加）

自我和對象既已成爲一體，我們就不能說審美活動中所欣賞的只是對象或只是自我，而是既是對象又是自我的統一體。立普斯把審美的移情作用的主客之間這種辯證的關係界定如下：

審美快感的特徵就在於此：它是對於一個對象的欣賞，這個對象就其爲欣賞的對象來說，卻不是一個對象而是我自己（既是被欣賞著的，就是我自己在其中生活著的——引者注）。或則換個方式說，它是對於自我的欣賞，這個自我就其受到審美的欣賞來說，卻不是我自己，而是客觀的自我（即不是日常實用生活中的自我，而是「對象化」了的，生活在所觀對象裡的自我——引者注）。

總觀以上所述，立普斯從三方面界定了審美的移情作用的特徵，不過這三方面又不能割裂開來而要綜合在一起來看。第一，審美的對象不是對象的存在或實體而是體現一種受到主體灌注生命的有力量能活動的形象，因此它不是和主體對立的對象。其次，審美的主體不是日常的「實用的自我」而是「觀照的自我」，只在對象裡生活著的自我，因此它也不是和對象對立的主體。第三，就主體與對象的關係來說，它不是一般知覺中對象在主體心中產生一個印象或觀念那種對立的關係，而是主體就生活在對象裡，對象就從主體受到「生命灌注」那種統一的關係。因此，對象的形式就表現了人的生命、思想和情感，一個美的事物形式就是一種精神內容的象徵。所以在基本觀點上，立普斯和費肖爾父子還是一致的。

最後，我們還要約略談一下德國移情派美學家們內部所經常爭辯的一個問題：移情作用是否可以用觀念聯想的原則來解釋呢？是否因爲看到對象的某種形式而聯想到自己的某些生活經驗，就產生移情作用呢？以西伯克（H. Siebeck）爲代表的美學家們力持觀念聯想的解釋，以浮爾克特（J. Volkelt，立普斯以外，德國最重要的移情說的代表，《美學系統》的作者）爲代表的美學家們則竭力反對觀念聯想的解釋。立普斯在這個問題上的態度是有矛盾的。在《空間美學》裡，他肯定了對過去生活經驗的聯想在移情作用中確實發揮作用，不過認爲這種聯想作用是在下意識中進行的。他指出對象的活動有難有易，即所要克服的障礙有大有小，「這種情況就使我們回想起自己所經歷過的與它雖不同而卻相類似的過程，使我們回想起自己發出同樣動作時的意象以及自然伴隨這種動作的親身感到過的情感」⑭。這裡所談的正是「類似聯想」，不過立普斯又認爲移情作用與尋常的類似聯想有所不同：

過去經驗無疑地在我們心裡**不涉及意識**地發揮作用，它們在我們心裡發揮作用，並不是做爲個別孤立的東西，我們並不能把在過去經驗中所學習到的東西完全移到一個類似的新

⑭《空間美學》，第一章。

事例上來運用。凡是屬於同一範圍的過去經驗，只要積累得夠多，就會在我們心裡凝成一種規律。一旦凝成規律，這些過去經驗就不再個別孤立地在我們心裡發揮作用，而是像一般規律一樣，作為共同性或整體來發揮作用。我們無須意識到這種規律，也無須意識到其中個別事例。

——《空間美學》，第八章

過去類似經驗所凝成的規律，共同性或整體就是在觀照美的事物形象時心中所引起的「力量」、「活動」、「抵抗」、「掙扎」、「成功」之類的抽象的情感。它們就是「人格」或「自我」的基本組成部分。在審美活動中起作用的就是「自我」中這類抽象的情感，而不是過去經驗中某些具體細節的聯想。在〈再論移情作用〉（一九〇五）一文裡立普斯又進一步指出審美的移情作用與聯想作用的區別在於有無表現：

說一種姿勢在我看來彷彿是自豪的或悲傷的表現，這和說我看到那姿勢時，自豪或悲傷的觀念和它發生聯想，是很不相同的，如果我看到一塊石頭，硬軟之類觀念就和這一知覺發生了聯想：但是我絕不因此就說我所看到的石頭或是在想像中的石頭表現出硬和軟。反之……，說一種姿勢是自豪的或悲傷的，這就不過是說，它表現出自豪或悲傷。……姿勢和它所表現的東西之間的關係是象徵性的。……這就是移情作用。凡是只以普通意義的聯想的關係而與所見對象聯繫在一起的東西都不屬於純粹的審美的對象。浮士德的苦惱和絕望使我們感到不愉快（這是由於聯想——引者注），這件事實卻不妨礙我們對浮士德的苦惱和絕望的總的體驗是愉快的，由於這體驗中包括心靈的豐富化、開擴和提高。體驗到浮士德痛苦的不是實在的自我而是觀照的或觀念性的自我。

立普斯在這裡更強調的是同情而不是聯想。所以他說，「使我愉快的並不是浮士德的絕望，而是我對這絕望的同情。」他彷彿認為反面的人物很難引起審美的移情作用，因為它們不能引起同情：

表現給我看的一種心境如果要對我產生快感，那就只有一個條件：我須能贊許它，……「贊許」就是我的現在性格和活動與我所見的事物之間的實際諧和。正是這樣，我必須能贊許我在旁人身上發現的心理活動（這就是說，我對它們必須能起同情），然後它們對於我才會產生快感。

——〈再論移情作用〉

能引起同情共鳴的東西才能引起審美的移情作用，所以立普斯說美感就是「在一個感官對象裡所感覺到的自我價值感」。在《論喜劇與幽默感》裡，他說得更清楚：「一切藝術的和一般審美的欣賞就是對於一種具有倫理價值的東西的欣賞」。在這個意義上，美與善是密切聯繫著的。

立普斯的移情說主要是從心理學觀點提出的。在心理學觀點上他一向反對「身心平行說」，即反對從生理學觀點來說明心理現象，所以他反對用內摹仿的器官感覺來解釋移情作用。在這方面他的主要的論敵是谷魯斯。

三、谷魯斯

谷魯斯（Karl Groos, 1861-1946），像立普斯一樣，也是一位從心理學觀點出發去研究美學的德國學者。席勒在《審美教育書簡》裡所提出的藝術起於「遊戲衝動」說對他起了很大影響。如果藝術與遊戲在本質上是一回事，要研究藝術的原理，就不能不深入地研究遊戲。谷魯斯所以在這方面做了很多的觀察與分析的工作。他的研究結果都總結在兩部著作裡：《動物的遊戲》（一八九八）和《人類的遊戲》（一九〇一）。此外他還發表了一些美學專著，主要的有《美學導言》（一八九二）和《審美的欣賞》（一九〇二）。在他看來，藝術創造和欣賞都是「自由的活動」，遊戲也是「自由的活動」，藝術和遊戲是相通的。在審美中，這種自由的活動表現於內摹仿。他的內摹仿說實際上就是移情說的一個變種。爲了便於理解他的內摹仿說，先須約略介紹他的遊戲說。

遊戲說自從席勒提出以後，首先採用來加以發揮的是英國哲學家斯賓塞（H.Spencer, 1820-1903）。他認爲遊戲和藝術都是「過剩精力」的發洩，高等動物無須費全副精力來保存生命，而且在進行某種活動時，其他活動都暫時停止，使所需要的精力因休息而得到補充，所以它們有過剩的精力。這種過剩的精力既無須發洩於有用的工作，就發洩於無用的自由的摹仿活動，即遊戲或藝術活動。[15]接著德國藝術史家朗格（KonradLange, 1855-?）在《藝術的本質》裡進一步發揮了席勒的遊戲說。他也認爲藝術和遊戲一樣，都比實際生活提供人更多的而且更豐富的運用本能衝動而進行自由活動的機會。他特別從席勒以及其他德國古典美學家所指出的「存在」（Sein）與「顯現」（Schein）的分別中得到啓示，認爲藝術和遊戲都滿足於「顯現」或形象，把虛構的形象看成「彷彿是」眞實的，所以都是一種「有意識的自欺」或「有意識的自蹈幻覺」（Eine bewusste Selbsttauscnung），即明知其爲虛構而仍「佯信」以爲眞，雖是遊戲而仍以認眞的態度去進行。

谷魯斯反對斯賓塞的「精力過剩」說，因爲它不能解釋遊戲的方式何以隨種屬、性別和年齡而有差異。他提出所謂「練習說」，主張遊戲並不是與實用生活無關的活動，而是將來實用活動的準備和練習，例如小貓戲抓紙團是練習捕鼠，女孩戲餵木偶是練習做母親，男孩戲打仗是練習戰鬥本領。所以遊戲就是學習。除掉在低級階段，遊戲只是遺傳的本能衝動的滿足以外，較高級的遊戲「歸根到底是我們慣常感到的對力量的快感，覺得有能力擴張施展才能範圍的那種欣喜」以及連帶的「自我炫耀」的快感，由於遊戲產生快感，所以過了兒童的學習期，人還是繼續遊戲。在高級階段，遊戲總是帶著外在的目的，過渡到藝術活動。谷魯斯是不贊成「爲藝術而藝術」的，他說：

[15] 斯賓塞：《心理學原理》，第二卷，第九部分。

就連藝術家也不是只爲創造的樂趣而去創造；他也感到這個動機（指上文所說的「對力量的快感」），不過他有一種較高的外在目的。希望通過他的創作來影響旁人，就是這種較高的外在目的，通過暗示力，使他顯出超過他的同類人的精神優越。

——《動物的遊戲》，〈遊戲與藝術〉章

關於遊戲過程中的心理狀態，谷魯斯也不完全贊同朗格的「有意識的自蹈幻覺說」：『朗格似乎做得太過分，把這個（搖擺於自蹈幻覺和對這幻覺的意識之間的心理狀態）看成一切審美樂趣和遊戲樂趣的基本。根據自我檢查就可以看出：在長久繼續的遊戲裡我們所感到的高度快感之中，實在的自我總是安靜地隱在臺後，並不出面干預。……例如在看《浮士德》劇中監獄一場時。自始至終我們都在緊張地欣賞，完全忘去我們自己，只有在幕落後我們吸一口長氣，才回到現實世界中來。」⑯

遊戲不都是摹仿性的，例如貓戲捕鼠，犬戲毆鬥，都不一定要有範本，它們全憑本能衝動但是藝術總是屬於摹仿性的遊戲。在這一點上谷魯斯與席勒、斯賓塞和朗格諸人都是一致的。我們無須對這種觀點多加批判，只消說他們的共同錯誤在於由藝術與遊戲的部分類似，推論到它們的全部的等同，忽視了一個基本事實：藝術在反映現實，影響現實以及作出持久

⑯ 谷魯斯：《動物的遊戲》，〈遊戲與藝術〉章。參看普列漢諾夫《沒有地址的信》中第二封信對遊戲說的介紹和批判。

的作品等重要方面，都與遊戲有本質的不同。

谷魯斯把遊戲和摹仿都看作本能，而且認爲在一般審美活動中遊戲和摹仿總是密切聯繫在一起的。他指出凡是知覺都要以摹仿爲基礎，例如看見圓形物體時，眼睛就摹仿它作一個圓形的運動，看見旁人發笑，自己也隨之發笑。不過審美的摹仿雖建立在知覺的摹仿的基礎上，卻有它的特點。一般知覺的摹仿大半外現於筋肉動作，審美的摹仿大半內在而不外現，只是一種「內摹仿」（Innere Nachahmung）。「例如一個人看跑馬，這時眞正的摹仿當然不能實現，他不願放棄座位，而且還有許多其他理由不能去跟著馬跑，所以他只心領神會地摹仿馬的跑動，享受這種內摹仿的快感。這就是一種最簡單、最基本也最純粹的審美欣賞了。」[17] 谷魯斯把這種「內摹仿」看作審美活動的主要內容，正猶如立普斯把「移情作用」看作審美活動的主要內容。不過立普斯的「移情作用」並不完全排斥「內摹仿」，谷魯斯的「內摹仿」也不完全排斥「移情作用」。兩人只在側重點上有所不同：立普斯的「移情說」側重的是由我及物的一方面，谷魯斯的「內摹仿說」側重的是由物及我的一方面。由於側重點不同，「移情說」和「內摹仿說」就顯出一些重要的差異。

谷魯斯在界定「審美的同情」的特徵的同時，就已說明他和立普斯的分歧。他指出在當時流行的「審美的同情說」（即「移情說」）所討論的複雜過程裡，可以分辯出這些主要的特徵：

---

⑰ 谷魯斯：《動物的遊戲》，〈遊戲與藝術〉章。

la，人心把旁人（或物）的經驗看作彷彿就是它自己的。

lb，假如一種本無生命的對象具有和我們人類一樣的心理生活，它也就會經歷到某些心理情況，對這些假設它有的心理情況我們也親身經歷一遍。

2a，我們內在地參加一個外在對象的動作。

2b，我們也想到一個靜止的物體會發出什麼樣的運動，假如它們實在有我們所認爲它們有的那些力量（「形式的流動性」）。

3，我們把自己的內心同情所產生的那種心情移置到對象上去，例如說到崇高事物嚴肅，美的事物喜悅之類。

——《人類的遊戲》，第二部分，第三章

這可以說是立普斯派的移情說的一個简賅的敘述。谷魯斯認爲這些特徵並不足以概括全部審美的事實，還必須加上他所強調的遊戲，內摹仿和內摹仿所涉及的器官感覺。

他舉立普斯在《空間美學》所詳細討論的多克立柱式石柱爲例。立普斯用對象形式「提醒」我們自己的類似動作的「觀念」來解釋石柱的聳立上騰和凝成整體，實際上是把這種過程看作承續的聯想。但是「承續聯想在審美欣賞中並不是一個因素」，因爲連立普斯自己也承認審美過程不經過反思，「我們對自己的動作並沒有一個眞正的意象懸在眼前，我們實際上並沒有被『提醒』，因爲所說的過程是一種同時發生的『融合過程』」，即所謂「機械的解釋」和「人格化的解釋」的融合過程，由於這種融合，過去經驗和當前感官印象才融成一個和諧整體，我們才有石柱聳立上騰之類感覺。谷魯斯承認審美活動不能沒有這種融合，但是認爲它也不能止於這種融合，因爲如果它止於融合，它就還僅是一般的知識而不是具有特殊喜悅的審美的知覺。例如小孩和野蠻人聽到雷的吼聲，就產生一種宏壯聲音在盛怒中咆哮的印象而感到恐懼。這種恐懼情感還不是審美的，只有在人能以遊戲的態度，從雷的吼聲本身感到一種獨立的快感時，他才能對它有審美的欣賞。石柱的例子也是如此：

> 我們不可能想到石柱的上騰運動而不想到自己的過去經驗，這當然是不證自明的，但是我認爲在審美的知覺裡，當事人有意識地抱著這個印象（即石住上騰的印象——引者注）流連不捨，只是爲著它的一些產生快感的性質，這也就是說，他是帶著遊戲的態度而抱著這種印象流連不捨。

谷魯斯認爲這就足以證明遊戲是審美活動中的一個重要因素。在審美活動中，這種遊戲是一種「內摹仿的遊戲」。內摹仿頗近似戲劇表現中的摹仿，在戲劇摹仿中，演員「把自我轉移到另一個人的情境中和他同一起來」；內摹仿則「前進一步，走向把摹仿衝動加以精神化」，不一定實現爲外在的動作：

> 內摹仿是否應看作一種單純的腦裡的過程，其中只有過去動作、姿態等等的記憶才和感官知覺融合在一起呢？絕不是這樣。其中還有活動，而活動按照普通的意義是要涉及運動過程的，它要表現於各種動作，這些動作的摹仿性對於旁人也許是不能察覺到的。依我看來，就是對實際發

生的各種動作的瞬間知覺才形成了一個中心事實，它一方面和對過去經驗的摹仿融合在一起，另一方面又和感官知覺融合在一起。

從此可見，谷魯斯把內摹仿的運動知覺（即器官知覺）看作審美活動的核心，圍繞著這個核心，過去經驗的記憶和當前對形象的知覺才融合成爲整體。如依立普斯，則當前形象的知覺和過去經驗（如努力、掙扎、成功等）的記憶的聯想就形成了審美的移情作用。谷魯斯則認爲，「單是過去經驗的回聲絕不造成我所了解的內摹仿的遊戲」，因爲它不能解釋「審美性的同情所具有的那種溫熱親切的感受和逐漸加強的力量」，這種運動感覺究竟包含什麼內容呢？谷魯斯說它包含「動作和姿勢的感覺（特別是平衡的感覺）」，輕微的筋肉興奮以及視覺器官和呼吸器官的運動」。這些運動「只是一種象徵而不是一種複本」，這就是說，部分可以代替全體，例如看螺旋形並無須發出眞正的螺旋形的運動，只消眼睛和呼吸器官的一些輕微運動以及頸部喉部筋肉的輕微的興奮就行了。

谷魯斯和立普斯的基本分歧，就是內摹仿的運動感覺是否組成審美快感的要素這一問題上。立普斯並不否認移情現象中帶有內摹仿，只是否認這種活動能影響到審美的意識。他在〈論移情作用，內摹仿和器官感覺〉一文裡詳細地討論過這個問題。他認爲審美活動是一種聚精會神的狀態，我們既然凝神觀照對象的動作，就「意識不到我實際已在發生的動作，也意識不到我身體裡所發生的一切」，但是「仍然有一種活動、努力、成就或成功的感覺，仍然有一種內摹仿的感覺」。這內摹仿的感覺並不是器官感覺，因爲「對於我的意識來說，這種內摹仿只是在能見到的對象裡發生。努力、掙扎、成功的感覺就不再和我的動作聯繫在一起，而是只和所見到的那個客觀的物體動作聯繫在一起」：

> 總之，這時我連同我的活動的感覺都和那發出動作的形體完全融成一體。……我被轉運到那形體裡面去了。就我的意識來說，我和它完全同一起來了。既然這樣感覺到自己在所見到的形體裡活動，我也就感覺到自己在它裡面的自由、輕鬆和自豪。這就是審美的摹仿，而這種摹仿同時也就是審美的移情作用。
>
> ——立普斯：〈論移情作用，內摹仿和器官感覺〉

這就是說，物我同一中的聚精會神的狀態不容許我意識到自己眼睛頸項等部的筋肉運動或是呼吸的變化。所以立普斯下了這樣的結論：

> 任何種類的器官感覺都不以任何方式闖入審美的觀照和欣賞。按審美觀照的本性，這些器官感覺是絕對應排斥出去的。

很顯然，這種結論和谷魯斯的結論是完全對立的。

這種爭執在西方美學界至今還未得到解決。據一般心理學家的看法，人在知覺反應方面本來有「知覺型」與「運動型」之別。屬於「知覺型」的人在知覺事物時只起視覺或聽覺的意象。屬於「運動型」的人在知覺事物時，運動感覺或器官筋肉感覺才特別強烈。因此，「知覺型」的人在審美活動中也只起視覺和聽覺方面的意象，「運動型」的人才起器官感覺，這種器官感覺就大大加強視覺和聽覺方面的意象。谷魯斯自認屬於「運動型」，並且認爲如果只有「運動型」的人才有內摹仿的器官感覺，「審美欣賞中一個很重要的組成部分就會只限於這一部分人才有」，也就是說，運動型的人就有較高的欣賞力。不過谷魯斯後來部分地接受了立普斯的批評，承認他的理論只能適用於「運動型」的人，單憑靜觀的「知覺型」的人也還是可以有很高的欣賞力。⑱這就是承認運動感覺並不是審美欣賞中必然的普遍的要素了。

四、浮龍·李

在英國方面，移情說的主要代表是浮龍·李（Vernon Lee, 1856-1935）。這是文藝批評家佩吉特（Violet Paget）的筆名。她著有《美與醜》（一八九七）和《論美》（一九一三）等書。《美與醜》是她和湯姆生（C· Anstruther Thomson）合著的，其中例證大半是湯姆生對自己在審美活動中生理和心理反應的內省和描寫，理論大半是浮龍·李的分析和總結。湯姆生是屬於運動型的，在觀照雕刻、建築和繪畫時，有強烈的器官感覺，例

---

⑱ 見谷魯斯發表在《二十世紀初期哲學》（文德爾班編，一九〇七）裡的〈美學〉部分；參看李斯托威爾的《近代美學批評史》，第六十四至六十五頁。

如她觀照花瓶時如果「雙眼盯著瓶底，雙足就壓在地上。接著隨著瓶體向上提起，她自己的身體也向上提起，隨著瓶體上端展寬的瓶口的向下壓力，自己也微微感覺到頭部的向下壓力……有一套完整的平均分布的身體適應活動伴隨著對瓶的觀照。正是我們自己身上的這類動作的完整與和諧才是和感覺到瓶是一個和諧的整體這個理智的事實相適應的」。她甚至認爲「我們不可能聚精會神地圓滿地欣賞一座像《麥底契愛神》那樣身體微向前彎的雕像，如果我們昂首挺胸，全身筋肉緊張地站在雕像面前」⑲。

浮龍．李對審美現象富於敏感而不擅長於邏輯分析。她根據湯姆生的自省和自己的觀察所建立的理論是含糊的而且前後自相矛盾的。她在寫《美與醜》時還沒有接觸到立普斯和谷魯斯的著作。她的看法顯然很接近谷魯斯的內摹仿說，所不同者谷魯斯更側重內摹仿中筋肉運動的感覺，而她則更側重內摹仿中情緒反應所涉及的內臟器官感覺，如呼吸循環系統的變化之類。在這方面她吸收了當時流行的關於情緒的「詹姆斯—蘭格說」。情緒發動時身體器官上都要起變化，例如恐懼時面色變白，羞慚時面孔變紅，歡喜時喜笑顏開，悲哀時愁眉流淚之類。一般心理學家都以爲先有情緒而後有器官變化；情緒是因，器官變化是果。美國實用主義派心理學家威廉．詹姆斯和德國心理學家蘭格卻反對此說，認爲事物的知覺直接引起身體器官的變化，這些變化所生的感覺的總和就是情緒，所以器官變化是因而情緒是果，例如笑並不是由於喜而喜倒是由於笑，逃避並不是由於恐懼而恐懼倒是由於逃避。浮龍．李把

⑲ 浮龍．李和湯姆生：《美與醜》。

這個理論應用到審美欣賞上，例如上文所說的看花瓶時各種身體器官變化的總和就產生審美活動中所特有的那種喜悅情緒。她還認為採用詹姆斯、蘭格的情緒說，就有一個辨別美醜的標準：凡是對象能引起有益於生命的器官變化就美，能引起有害於生命的器官變化就醜。應該指出，詹姆斯、蘭格的情緒說由於把情緒化成感覺，已遭到心理學家們的拋棄；這個學說既不能成立，浮龍·李把審美的情感簡單化為器官感覺總和的理論也就要隨之倒塌了。

在接觸到立普斯和谷魯斯的著作之後，浮龍·李對於她早年在《美與醜》中所提出的看法做了一些修改。特別是在受到立普斯的批評之後，她放棄了「詹姆斯、蘭格情緒說」，承認審美的情感不能歸結為各種器官運動感覺的總和。在大體上她接受了立普斯的移情說。例如她所舉的「山立起來」的例子。山是一堆靜止的物質，我們何以覺得它立起來呢？她說，山的形狀「迫使我們要提起或立起我們自己，以便看得到它」，「山的立起是由我們意識到自己抬起眼睛、頭或頸時所引起的一個觀念」。「這個現時的特殊的『抬起』動作只是一種核心，圍繞著這核心凝聚著我對一切類似的『抬起』或『立起』動作的記憶」，成為一種「複合照像」似的一般「立起」觀念，在聚精會神之中，「被移置到那座山上去」。她把這種移情作用過程做了如下的總結：

由於我們有把知覺主體的活動融合於對象性質的傾向，我們從自己移置到所見到的山的形狀上去的不僅是現時實際進行的「立起」活動的觀念，而且還有一般「立起」觀念所涉及的思想和情緒。正是通過這種複雜的過程，我們才把我們活動的一些長久積累的，平均化過的基本形態

（即抽象化的「起立」感覺——引者注），移置到（這完全是不知不覺的）那座靜止的山，那個沒有身體的形狀上去。正是通過這種過程，我們使山抬起自己來。這種過程就是我所說的移情作用。

——《論美》，第九章

這種看法和立普斯在《空間美學》裡所提出的看法似並無二致，可是浮龍·李卻又反對立普斯的「移置自我於非自我」即「物我同一」的提法，說他「落到了隱喻的陷阱」，因為在移情作用中愈凝神觀照對象（「非自我」），也就愈意識不到「自我」。其實立普斯明確說過這種移置是在下意識中進行的，而且浮龍·李所說的平均化的或抽象化的活動觀念以及它所涉及的思想和情緒，也正是立普斯所說的「自我」或「人格」的組成部分。所以總的來說，浮龍·李對於移情說並沒有做出什麼新的貢獻，只是由於文筆流利，對宣揚移情說有些功勞。

五、巴希

移情說的法國代表是巴黎大學美學教授巴希（V Basch），他的主要著作是《康德美學批判》（一八九七）。這部巨著的內容並不完全符合它的名稱，除掉批判康德美學以外，還介紹了近代美學主要流派（特別是德國主要流派）的思想，並且闡明了作者自己的美學觀點。巴希接受了當時在德國盛行的移情說，他的來源主要是費肖爾父子而不是立普斯，同時他也接受了谷魯斯的內摹仿說。在這部書的中心部分題爲「審美的情感」的第五章裡，他著重地討論了美感的特點。他認爲審美的情感和一般的情感的區別在於：(1)來自視聽兩種高級感官；(2)起因是事物的形狀；(3)直接的，即不假思索的；(4)不受一般感官滿足的條件約制；(5)比一般情感較溫和，對起實際行動的意志影響較弱；(6)較易丟開；(7)它是一種同情的社會情感。在這些特點之中起主導作用的是最後一個，即同情感。

巴希追隨費肖爾父子，把審美的同情叫做「審美的象徵作用」，因爲在審美的同情裡，客觀的形象總是象徵主觀的思想和情感。他還聲稱這種審美的同情也就是費肖爾所說的移情作用和谷魯斯所說的內摹仿。他替同情所下的定義是：「灌注生命給無生命的事物，把它們人格化，使它變成活的，這就是和它們同情，因爲同情正是跳開自己，把自己交給旁人或旁物。」這個原則適用於對自然的欣賞，例如我們隨岩石一起昂然挺立，隨溪流一起濺浪花，都是由於同情而達到物我同一中的生命交流。這個原則也適用於對藝術的欣賞。在欣賞藝術作品時，「我們在過著藝術家所描繪的那些人物的生活」，既能分享荷蘭畫中的卑微的日常生活，也能分享近代文藝作品中的聖徒和英雄的生活；既能分享莫札特的微笑的靜穆，也能分享貝多芬的沉雄悲壯。不過欣賞藝術的同情要比欣賞自然的同情較爲複雜：

> 當我們對一件藝術作品起美感時，在我們身上發生的有一種雙重同情活動。一方面我們同情於所描繪的人物，他們的外貌以及他們的溫柔的或強烈的內心活動；另一方面我們的同情還由作品轉到藝術家，是他才把我們從日常猥瑣事務生活中解放出來，我們對他的敬慕使我們有一種傾

向，要從他的天才所放射出的人物中去尋找他自己的靈魂中的一丘一壑。

——《康德美學批判》，第五章

從此可見，審美的同情有解放自我和擴大心靈的作用。

巴希的結論是：「審美的情感（美感）主要在於對事物，或則說得更精確一點，對事物的形狀的同情活動。」他在美感裡分辨出三種不同的因素：第一種是由簡單的光和色直接引起的感官快感，叫做「感性因素」；其次是由形狀的形式引起的理性快感，叫做「形式因素」；第三種是由聯想到內容意義或與其他事物的關係而引起的快感，叫做「聯想因素」。巴希就美感的這三種因素逐一檢查，認爲每一種因素都可以歸納到審美的同情。就直接的感性因素來說，紅色使人感到熱烈興奮，並不是因爲眼睛構造是否習慣於看紅色，而是「因爲我們在某種程度上把自己和紅色同一起來，把血和火曾經使我們感受過的那些情感移交給紅色，使它具有人格」。就形式因素來說，巴希反對形式主義者的單憑形式就足以引起美感的主張，引用德國移情派美學家們所舉的一些事例來說明抽象的形式都須帶有某種象徵的意義才能引起美感：

我們先是把線條和輪廓轉化爲力量和運動，然後感覺到自己的身體也參預這種運動，把線條和輪廓看成活的，只有在這種時候，形式才變成眞正是審美的。

最後是聯想的因素。我們已經見到，移情作用是否可以用聯想來解釋，在德國移情派美學家之中有過熱烈的爭論。巴希肯定了「審美的象徵作用必然要有聯想作用爲前提」，但是也否認審美的象徵作用就可以歸結爲聯想作用，因爲使死物變成活物，變成有生命有靈魂的東西，須憑藉一種不同於聯想的活動，那就是同情活動。

在法國，巴希以外，柏格森的直覺說也是與同情說或移情說密切相聯的。在《創造進化論》裡，柏格森在日常知覺功能之外，又提出另一種功能，叫做「審美的直覺」，並且解釋說，這就是「一種同情」，憑這種直覺或同情，藝術家才能「設身處在事物的內部」。在《論意識的直接資料》一書裡，他還提出催眠暗示說，認爲藝術有催眠日常意識的作用，使人更馴服地接受藝術所創造的幻境，更好地同情於藝術所描寫的情感。移情說被吸收到柏格森的哲學系統裡，就成了反理性主義中的一個組成部分。

六、結束語

從十九世紀後半期以來，移情說在西方資產階級美學界一直在起著廣泛而深刻的影響，流派甚多，說法也不一致，我們在這裡只約略介紹了一些主要代表的主要觀點。

移情現象是原始民族的形象思維中一個突出的現象，在語言、神話、宗教和藝術的起源裡到處可以見出。所以美學家和文藝理論家很早就已注意到移情現象，亞理斯多德在《修辭學》裡所說的「隱喻」以及我國《詩大序》中所說的「興」都可以爲證。不過對移情現象進行比較深入的研究卻從十七世紀英國經驗主義派才開始。十八世紀義大利的維柯，在英國經驗主義影響之下，把這種研究又推進了一步，直到十九世紀後半期移情說才在美學領域裡取得了主導的地位。

移情說盛行於十九世紀，這是有社會歷史根源的。它是浪漫運動時期文藝思想的餘波。浪漫運動是上升資產階級要求自我解放與自我無限伸張的結果。它要衝破封建古典文藝所宣揚的那種理性的窄狹侷限，把想像和情感提到首位。憑想像與情感的指使，人把自我伸張到外在自然裡，從而衝破人與自然的隔閡。這種情況首先表現於一般浪漫詩人所信奉的泛神主義。所謂泛神主義，就是把神看作在自然中無處不在的一種周流不息的生命主宰。自然就是軀殼，神就是這架軀殼中的靈魂。很顯然，這種「擬人」的世界觀就是移情作用的虛構。神與自然的統一實際上就是人與自然的統一，或則用德國哲學家費希特的術語來說，也就是「自我」與「非自我」的統一。在浪漫派詩人的作品裡，特別是在詠自然景物的詩歌裡，移情作用的例子觸目皆是，從此就可以見出移情說與浪漫主義文藝實踐之間的密切關係。風氣既開，後來現實主義派作家也受了影響。巴爾扎克談自己觀察事物的經驗說：「就我的情況來說，觀察變成了直覺的，……它給我一種本領，能過它所涉及的那個人物的生活，使我變成了他。」[20]福樓拜在自述寫《包法利夫人》的經歷時，也說他「寫這部書時把自己忘去，創造什麼人物就過什麼人物的生活」，例如寫到她和情人在樹林裡騎馬遊行時，「我就同時是她和她的情人……我覺得自己就是馬，就是風，就是他們的甜言蜜語，就是使他們的填滿

---

[20] 巴爾扎克：《法西諾・侃》（Facino Cane），見德拉庫洛瓦：《藝術心理學》，第一一九頁引文。

情波的雙眼眯著的太陽。」[21]象徵派詩人也把物與物以及物與我之間的「感通」當作他們的基本信條。波特萊爾就說：「純藝術是什麼？它就是創造出一種暗示魔術，同時把對象和主體，外在於藝術家的世界和藝術家自己都包括在內。」[22]、「往往有這樣的境界：你的人格消失了，客觀性相（這是泛神主義的詩歌的特質）在你身上獲得反常的發展，以致對外在事物的觀照使你忘去你自己的存在，把你自己和那些事物混同起來。你注視一棵輪廓和諧，在風前彎曲的樹，……你先把你的情緒、欲念和愁思都移交給樹，然後樹的呻吟和搖曳也就變成你的，不久你就成了那棵樹。」[23]巴希的「審美的象徵作用」說也多少是爲當時流行的法國象徵主義文藝作辯護的。他說，「一切審美的感覺，儘管是很簡單的，也像是普遍和諧的象徵」，例如「在欣賞光和色的時候，我們隱約地意識到外在世界與我們的神經系統之間有一種預定的和諧」。從這些話我們也可以看出，移情說往往帶有很濃厚的神祕主義與唯心主義色彩。不過作爲浪漫主義文藝思想的結晶，它的總的精神是強調審美者的主觀能動性以及形式表現內容的必然性，反對當時美學上的形式主義，在這一點上它還是有積極意義的。

移情說引起了一個問題：是否一切審美欣賞和藝術創造都必然帶有移情作用呢？從立普

---

[21] 福樓拜：《通信集》，第二卷，第三五八頁。

[22] 波特萊爾：《論浪漫的藝術》，第一二七頁，參看他的十四行詩〈感通〉（Correspondance），這首詩是象徵派的信條。

[23] 波德萊爾：《人為的樂園》，第五十一頁。

斯、谷魯斯、浮龍・李和巴希等人的主要著作看，「審美的移情作用」和「審美的情感」幾乎成爲同義詞，而費肖爾父子則把移情作用看作審美活動的最高階段。這種看法是不盡符合事實的。我們已經見到，谷魯斯的內摹仿說在當時就引起了爭論，在審美中起移情作用和內摹仿作用的大半是屬於「運動型」的人，至於「知覺型」的人大半可以從冷靜的觀照中得到美感，谷魯斯到晚年也被迫承認了這個事實。後來德國美學家佛拉因斐爾斯（Müller Freinfels）在他的《藝術心理學》裡把審美者分爲「參預者」（Mitspieler）和「旁觀者」（Zuschauer）兩種類型，實際上是相當於「運動型」和「知覺型」的。「參預型」通常都起移情作用，「旁觀型」通常都不起移情作用。但是這兩個類型的人都可以享受美感。佛拉因斐爾斯舉看戲爲例，「參預者」說，「我忘去了自己，我只感受到劇中人物的情感。我時而跟奧賽羅一起發狂，時而跟苔絲狄蒙娜一起戰慄，[24]時而又想干預他們，挽救他們。」「旁觀者」卻說：「我面對著戲劇場面就像面對著一幅畫，我隨時都知道這並不是實人實事，我固然感到劇中人物的情緒，不過這只是對我自己的美感提供材料。……我的判斷力始終是清醒的。我也始終意識到自己的情感。」[25]從此可見，這個問題涉及狄德羅所談的兩種演劇方式。我們記得，狄德羅是力主冷靜觀察的，所以和「移情說」的宣揚者處於對立地位。這兩派人都抓住了眞理的片面，錯誤都在把片面的眞理當作全面的眞理。根據我們所能

㉔ 莎士比亞的《奧賽羅》中的主角因聽讒言扼殺了他的愛妻苔絲狄蒙娜。

㉕ 佛拉因斐爾斯：《藝術心理學》，第一卷，第六十六至七十一頁。

掌握的資料來看，移情作用本身也有深淺程度之別，它在審美活動中是一個相當普遍而也不是絕對普遍的現象，所以把「審美的移情作用」和審美活動等同起來是不妥的。

第十九章　克羅齊

克羅齊（Benedetto Croce, 1866-1952）是近代資產階級中一個發生廣泛影響的哲學家、文學批評家、歷史學家和美學家。他家住義大利南部那不勒斯，即維柯的故鄉。由於家境富裕，他沒有藉職業謀生的必要，能用畢生大部分精力於學術研究工作。在政治上他打著思想自由的旗幟，反對宗教。在墨索里尼建立法西斯政權以前，他擔任過教育部長，墨索里尼上臺以後，他拒絕發誓效忠法西斯政權，不但被撤去部長職，而且被義大利學院除名。他早年研究過馬克思的著作，後來成為馬克思主義的頑敵，著過誣衊馬克思主義的書籍。他的研究範圍原來側重歷史，後來轉到文學和哲學（包括美學）。在哲學上他被一般哲學史家列入「新黑格爾派」，但是他的基本觀點更接近康德，主觀唯心主義的成分更多。在美學上他受到維柯的影響較大，把維柯的關於形象思維的學說發展為他的「直覺即表現」說。這個學說可以說是對西方頹廢時代的「為藝術而藝術」的思想所作的有系統的辯護。在這個意義上他是帝國主義時期的西方美學思想的代言人。麥爾文·拉多（Melvin M. Rader）在《近代美學論文選集》裡介紹他說，「克羅齊在美學領域裡，比任何其他活著的作家影響都較廣泛」。他的影響之大，也正說明他反映出帝國主義時期美學的中心思想。

一、克羅齊的哲學體系

克羅齊的美學思想是建立在他的哲學系統上面的。

繼承黑格爾的客觀唯心主義，克羅齊把精神世界（心靈活動）和客觀現實世界等同起來，哲學如果揭示出精神世界的發展，同時也就揭示出現實世界的發展，所以哲學和歷史也被等同起來。因此，他的哲學只研究精神活動。他把精神活動分爲認識和實踐兩類。認識活動和實踐活動屬於低高「兩度」，但彼此迴圈相生，認識生實踐，實踐又生認識。這兩度又各分兩階段：認識活動從直覺始，到概念止；實踐活動基於認識活動，從經濟活動始，到道德活動止。這四階段的活動各有其價值與反價值，視其所產生的結果而定：直覺產生個別意象，正反價值爲美與醜；概念活動產生普遍概念，正反價值爲眞與僞；經濟活動產生個別利益，正反價值爲利與害；道德活動產生普遍利益，正反價值爲善與惡。這四種活動各有專門科學負責研究：直覺歸美學，概念歸邏輯學，經濟活動歸經濟學，道德活動歸倫理學。四門之外別無其他哲學性的科學，四門合起來就是哲學，也就是歷史。克羅齊自己寫了《美學》和《邏輯學》，還寫了一部《實踐活動的哲學》，把經濟學和倫理學都包括在內。克羅齊的哲學系統可如下表：

	兩度	四階段	產品	價值	哲學部門	全體
心靈活動=真實世界	1. 認識	1. 直覺	個別意象	美（醜）	美　學	哲學=歷史
		2. 概念	普遍概念	真（偽）	邏輯學	
	2. 實踐（情感）	1. 經濟	個別利益	利（害）	經濟學	
		2. 道德	普遍利益	善（惡）	倫理學	

注：→表示產生，例如認識→實踐，表示認識產生實踐：—(也表示內含，例如直覺—(概念，表示概念內含直覺（注意關係倒轉）。

這個系統裡有兩個大關鍵：一個是直覺的來源，一個是發展的辯證過程。克羅齊的思想的反動性正須在這個關鍵上見出。

先說直覺的來源。直覺是認識的起點，就是感性認識的最低階段，還只限於認識個別事物的形象，對這形象還不下肯否的判斷，這形象還是孤立的，還不與任何其他事物發生關係，所以還是沒有意義的。我們說「事物的形象」，就已肯定物質世界的存在。康德假定了「物自體」，也就是假定了物質世界的存在，不過康德以為物質只是現象方面可知，本體卻不可知；而對現象的認識則是心靈據「先驗範疇」賦予形式於物質的活動，因此人所認識到的現象世界畢竟是人用物質材料而鑄造出來的。康德的主觀唯心主義就在此。克羅齊部分地採取康德的心靈因賦予形式而鑄造現象世界的主觀唯心主義的論點，不過他邁進了一步：為著拋棄康德的二元論，他索性把康德的「物自體」也拋棄了，這就是說，他否定了「物質」的存在。「物質」這一詞在他的詞彙裡只有「材料」一個意義，而這「材料」並不來自物質世界而還是來自精神世界或心靈活動：它就是實踐活動所伴隨的快感、痛感、欲念、情緒等。他把這些「感動」的因素籠統地叫做「情感」，並且認為「情感」與「感受」、「被動」、「印象」、「自然」和「物質」（即「材料」）都是同義詞。他說：

在直覺界線以下的是感受，即無形式的物質。這物質就其為單純的物質而言，是心靈永不能察覺的。心靈要察覺它，只有賦予它以形式，把它納入形式才行。單純的物質對心靈為不存在，不過心靈活動須假定有這麼一種東西，作為直覺以下的一個界線，物質，在脫去形式而只是抽象概念時，就只是機械的被動的東西，只是心靈所領受的而不是心靈所創造的東西。

——《美學原理》，第一章 ①

單就字面看，這段話好像是從康德口中說出的，假定了「物自體」，並且說明了心靈的「先驗綜合」作用。但是懂得了克羅齊所說的「物質」只是與形式對立的「材料」，而且這材料就是心靈的實踐活動所產生的「情感」，我們就會懂得這段話就已根本否定了物質（我們一般人所了解的物質）的存在，因爲說來說去，直覺的來源還在心靈活動本身。直覺的來源是「情感」，而情感在未經直覺（還「在直覺界線以下」）時還是無形式的，一旦經過直覺，它才爲心靈活動所掌握，才得到形式，亦即轉化爲意象，「對象化」了。這意象是些什麼呢？就是大地山河草木鳥獸之類，也就是一般人所了解的客觀世界的事物。所以直覺這種「心靈綜合作用」不但表現了（即「對象化」了）情感，而且同時還創造了表現情感的意象，即客觀世界的事物。這些既然都只是意象，須由心靈創造，當然也就不能離開心靈而客觀存在。「主觀」與「客觀」在克羅齊的哲學中是無意義的一對詞，因爲對象（意象）只是主體（情感）的對象化。從此可見，克羅齊的認識論把主觀唯心主義推演到極端，比康德走得更遠。他的直覺說就是他的主觀唯心主義哲學系統的奠基石。

另一個關鍵是心靈活動的發展過程。在《黑格爾的哲學》一書裡，克羅齊著重地批評了黑格爾的辯證法，提出了「相異面」不同於「對立面」的看法，認爲黑格爾沒有看出「對立面」之外還有「相異面」。舉他自己的哲學系統中「美」、「眞」、「利」、「善」四個概念來說，其中每一個（例如「美」）既然是一個具體的共相，本身就要包含它的對立面，美必包含醜，美與醜須連在一起來想才各有意義，二者相反適以相成。純美（不含醜概念的美）與純醜（不含美概念的醜）都是抽象的，所以都是不眞實的，具體的美總是抽象的美與其對立面抽象的醜的統一，此外，眞與僞、利與害、善與惡的關係也是如此。

但是克羅齊認爲「美」、「眞」、「利」、「善」這四個概念彼此相望，只是相異的而不是相反的，例如「美」與「眞」和「善」都相異而不相反。因此，與這四個概念相應的四種心靈活動的發展不是對立面的矛盾和統一的發展，而是兩相異面中高一度內含低一度的統一。例如在兩種認識活動（兩相異面）中，直覺（美）是低一度，概念（眞）是高一度，由直覺發展到概念並不經過對立面的矛盾和統一，而是概念必須包含直覺：直覺可不依存於概念，概念卻必依存於直覺。直覺上升到概念是由低而高，仍是發展，但這種發展不來自對立面矛盾統一的辯證過程，而是由於心靈本身就不是靜止的而是發展的。

從此可見，克羅齊從兩方面閹割了黑格爾的辯證法。一方面是用「相異面」來代替「對立面」。心靈活動既和眞實世界等同起來，而心靈活動的四階段之間的關係既只是兩相異面中高度包含低度的關係，而不是對立面矛盾統一的辯證關係，那麼，眞實世界的發展也就不是依辯證的程式而進行了。這就無異於根本拋棄了辯證法。另一方面是用概念上的依存來代替實際發展中的兩對立面由矛盾鬥爭而達到的統一。克羅齊也承認每一個相異面（例如美）本身是與它的對立面（例如醜）的統一。但是他把這個關係理解爲在概念上這一面不能離開那一面而思議，而獲得意義，並沒有認識到這一面和那一面在實際上須經過鬥爭才達到統一，例如美雖包含醜爲其對立面，但美也須克服醜而後才能達到與醜的統一。所以克羅齊所理解的相異面本身的兩對立面的關係，仍只是高級包含低級的關係而不是眞正的辯證發展的關係。根據克羅齊的思想體系，無論是心靈世界還是眞實世界都不可能有發展，因爲根本沒有發展的推動力。「沒有推動力的發展」是一個自相矛盾的名詞。只說「心靈本身就是發展的」並沒有解決「何以有發展」的問題。問題的關鍵在於「相異面」與「對立面」的對立根本就是荒謬的。像毛澤東在《矛盾論》裡所指出的，「差異就是矛盾」②，差異可以「激化為對抗」。克羅齊的錯誤正是毛澤東所批判的德波林學派的錯誤，這種錯誤的社會歷史根源，就克羅齊的情況來說，在於帝國主義時期階級鬥爭日益激烈，統治階級為著鞏固現存秩序，必然要反對須經過矛盾鬥爭而後可以得到發展的學說。所以克羅齊提出「相異面」與「對立面」的分別來閹割黑格爾哲學的「合理內核」，即他的辯證法，在客觀效果上只能是為資本主義世界的現存秩序辯護。這是和他反對馬克思主義的歷史唯物主義的立場是一致的。如果我們研究一下他的唯心主義的歷史觀，就會對這一點看得更清楚，因為四種心靈活動的承續是迴圈的，如滾雪球，雖是在滾，雖是愈滾愈大，而滾來滾去，卻還停留在原地不動。③

二、克羅齊的基本美學觀點

既已這樣約略評介了克羅齊的哲學體系，現在就可以進一步來評介他的美學觀點。他的全部美學觀點都從一個基本概念出發：直覺即表現。為著使眉目醒豁，我們最好就這個基本

② 《毛澤東選集》，第二卷，第七七三頁。

③ 參看克羅齊的《歷史學》。

概念所肯定的東西和所否定的東西兩方面分開來談。先談他所肯定的一些原則。

1. 直覺就是抒情的表現：上文已經提到，直覺是最基層的感性認識活動，它所產生的是個別事物的意象，所以它其實就是想像（或形象思維），或意象的形成。例如直覺到太陽紅，心中就有了一個紅太陽的意象。我們對此並無異議。不過我們說，心中的紅太陽的意象是現實界紅太陽的反映，而克羅齊卻說，這紅太陽的意象就是紅太陽的存在，是由直覺創造出來表現人的主觀情感的。這「情感」就是物質（材料）、「感受」、「被動」或「自然」。還未成爲認識的對象，即還未經心靈綜合或直覺，還沒有形式。一旦心靈對它起了直覺，這直覺就初次顯出心靈的主動，這主動就施展在賦予形式於本無形式的情感上。在獲得形式的同時，情感就轉化爲意象或認識的對象。所以在克羅齊的詞彙中，說一種情感「被直覺到」、「被認識到」、「得到形式」、「成爲意象」、「被對象化」和「被表現」，其實所指的都是同一回事。

上文也已說過，問題的關鍵在於直覺的來源。我們說直覺反映客觀現實，克羅齊否定了客觀現實，於是就說直覺表現主觀情感。我們可以理解，因而可以接受，在特定的情況下，某些直覺到的意象可以表現情感，這就是一般所說的「情景交融」；但是我們無法理解和接受：在一切情況下，一有了直覺，有了意象，就有了情感的表現。我們對許多事物形象的察覺，心裡都要起意象，可是有些意象並不表現任何情感。我們尤其不能理解主觀情感如何能憑直覺創造出客觀事物的意象乃至於客觀事物的本身。這種憑心靈活動來產生現實世界的主觀唯心主義企圖是克羅齊的全部美學觀點的病根所在，這是我們不能接受的。

現在回到克羅齊的推演。既然直覺就是表現，既然直覺所表現的就是情感，一切直覺就當然是「抒情的表現」，從此就過渡到克羅齊的第二個肯定。

2. 直覺即藝術：邏輯的線索是很明顯的，直覺和藝術都等於「抒情的表現」，直覺當然就是藝術了。這個等式的涵義很多，其中一個涵義是藝術作品要完全在心中成就，這一點留到下文討論傳達問題時再談。另一個涵義是人在以直覺的方式認識一件事物或是對事物有了一個意象時，就已完成了一件藝術作品，一切基層感性認識活動都是一種藝術創造。我們既已否定了一切意象都是情感的表現，所以也就不能承認一切直覺或想像都是藝術活動。不過克羅齊從這個等式所推演出的另一結論卻有些片面的道理，那就是把藝術活動看作人盡皆有的一種最基本而且最普通的活動。人人既不能離開直覺，即不能離開藝術活動。人既是人，就必有幾分是藝術家。依克羅齊看，大藝術家和我們平常人在這一點上只有量的分別（他們是大藝術家，我們是小藝術家），而沒有質的分別（同用直覺）。「人是天生的詩人」。如果人類之中只有一小部分人是藝術家而大部分人不是藝術家，那小部分人的作品就無法使大部分人去了解欣賞。我們說，這個看法有片面的道理，因爲過去有許多文藝理論家（例如休謨在《論審美趣味的標準》裡，席勒在《審美教育書簡》裡）都認爲只有少數「優選者」才有眞正的判別美醜的本領，克羅齊拋棄了這種「精神貴族」的觀點。在這一點上他繼承了維柯的優良傳統，但是這道理也只是片面的，因爲量變到了一個限度必然要引起質變，不應忽視大藝術家與無藝術修養的人在創作才能上的距離。

3. 直覺與藝術的統一還包含創造與欣賞的統一。創造與欣賞的分別也還只是量的分別而不是質的分別，因爲二者都要用直覺。欣賞就是用直覺來再造藝術家所創造的抒情的意象，從而得到和作者本人大致相同的體會和感動，過去康德曾經把審美趣味或鑑賞力和天才對立起來，以爲創造須憑天才，而欣賞只憑鑑賞力。克羅齊把創造和欣賞統一起來，其實也就是把天才和鑑賞力統一起來。他描寫藝術創造過程說：

某甲感到或預感到一個印象（即感受、情感、「物質」——引者注）要設法表現它。……他試圖用文字組合M，但是覺得它不恰當，沒有表現力，不完善，醜，就把它丟掉了。他再試用文字組合N，結果還是一樣。他簡直沒有看見，或是沒有看清楚，所尋求的表現品還在閃避他。經過許多其他不成功的嘗試，離所瞄準的目標有時很近，有時很遠，可是突然間（幾乎像是不求自來的）他碰上了他所尋求的表現品，「水到渠成」。霎時間他感到審美的快感。

從此可見，創造裡也有欣賞，也需要鑑賞力。接著他描寫欣賞的過程說：

如果某乙要判斷某甲的表現品，決定它是美還是醜，他就必須把自己擺在甲的觀點上，借助於甲所提供給他的物理的符號（即見諸文字的作品——引者注），循甲的原來的程式再走一過。如果甲原來看清楚了，乙（既已把自己擺在甲的觀點）也就會看清楚，看得出這表現品是美的。如果甲原來沒有看清楚，乙也就不會看清楚，就會發現這表現品有些醜，正如甲原來也發現它醜。

——《美學原理》，第十六章

欣賞也用直覺，就是在不同程度上也要用創造或再造，所以也需要幾分天才。克羅齊說，「要了解但丁，我們就必須把自己提升到但丁的水準」，這就是要把我們自己擺在但丁的歷史情境，讓對但丁起作用的歷史情境對我們也起作用，但是那個歷史情境久已變更了，文學史家的任務就在把已經變更的歷史情境恢復到眼前來。儘管如此，那過去的歷史情境必須結合我們當前的歷史情境而起作用，所以藝術的「再造」也絕不是原「創造」的「複演」，每次「再造」的都是一件新的藝術作品。所以藝術是常新的，無限的。

應該承認，克羅齊的創造與欣賞的統一，亦即天才與鑒賞力的統一的觀點，在美學思想發展史上是一個新的貢獻。沒有鑒賞力的天才是一個自相矛盾的名詞，歷史經驗證明，天才的藝術家都有很高的鑒賞力。欣賞如果不「再造」出作者所「創造」的東西，它就會成爲被動的接受，就體會不到藝術作品的眞正的妙處。特別値得注意的是克羅齊對於欣賞者既要置身於作者的歷史情境，又要結合到自己的當前歷史情境的看法。不置身於作者的歷史情境，就無從了解作者以及他和他的作品與時代的關係：不結合到自己的當前歷史情境，也就不能憑實際生活經驗去體會作品，不能使作品對自己發生正當的作用。歷史的透視確實是文藝欣賞的一個重要條件。不過每次再造都是一個新的藝術作品的提法也有它的片面性，它會導致在文藝標準問題上的相對主義。不同的人欣賞同一作品，在體會上不能沒有個別差異，但欣賞的對象畢竟是同一作品，正確的欣賞總會達到大致相同的體會。

4. 直覺即表現的定義還包含著美即成功的表現一個等式。直覺的功用在賦予形式於本無形式的情感，使它因成爲意象而對象化。這種「心靈綜合活動」，就上文所引的關於創造過程的一段話看，是一種嘗試與摸索的過程，可能成功也可能失敗。所謂成功與失敗，指的就是情感是否能恰如其分地被意象表現出來。表現的成功，就效果方面來說，便生快感，就價值方面來說，便是美：表現的失敗，就效果方面來說，便生痛感，就價值方面來說，便是醜。美是成功的表現，是正價值；醜是失敗的或受阻撓的表現，是反價值。克羅齊還認爲不成功的表現就不能算是表現。所以美其實就是表現。成功的表現沒有多寡與優劣的分別，所以美是一種絕對價值。我們只能說此美彼醜，如果彼此都美，就不能說此比彼較美。例如莎士比亞的《哈姆雷特》是成功的表現，是美的，他的某一首十四行詩也是成功的表現，也是美的，我們就不能因爲內容廣狹或篇幅長短不同，說《哈姆雷特》比某一首十四行詩更美，因爲這兩部作品在各自的限度以內都已盡了表現的能事。醜卻不然，成功雖沒有程度之分，不成功卻有程度之分（例如某部分成功，某部分失敗，失敗可多可少，可大可小），所以美雖無比較而醜卻可比較。美是絕對的，醜卻是相對的；美就是整一，醜卻現爲雜多。

這種美爲絕對而醜爲相對的說法是新柏拉圖主義與萊布尼茲派理性主義的殘餘。它不能令人滿意，首先是因爲它對欣賞批評的實踐不能起任何指導作用。一切評價都須假定比較的可能以及規範或標準的存在。歷史事實和日常經驗都證明：人們常說這部作品比那部作品較好，那部作品又不如另一件作品好，並且還要舉出理由，克羅齊認爲「較美的美是不可思議的」④，就根本蔑視這種簡單的事實。其次，絕對美說就是美的絕對標準說，絕對標準是唯

④《美學原理》，第一〇章。

心主義者的虛構。文藝作品都是一定歷史情況下一定階級中一定的人的產物，美的標準就要隨時代、階級和不同的文化修養而有差異。同時，美的標準也必須根據事物本身的性質來衡量，有它的客觀基礎。這裡包含著主觀與客觀統一以及相對與絕對的統一的辯證道理。克羅齊不懂得這個辯證道理，所以時而走到上文已提到的相對主義，時而又走到絕對主義。第三，美與醜問題必然涉及內容與形式的關係問題。克羅齊在口頭上也強調內容與形式的統一，他卻把內容與形式這兩詞的意義弄得非常混淆；他時而說情感是內容而意象是形式，時而又把形式和直覺活動本身等同起來！

這物質，這內容，就是使這直覺品有別於那直覺品的；這形式是常住不變的，它就是心靈的活動；至於物質則爲可變的。

——《美學原理》，第十一章

這就是說，內容儘管可以千變萬化，形式卻只有一個，那就是直覺活動。這樣把形式和賦予形式的活動等同起來，顯然是離奇的混淆。這種混淆就把形式提高到唯一重要的地位。克羅齊說得很明白：「審美的事實就是形式，而且只是形式。」⑤、「詩人或畫家缺乏了形式，就缺乏了一切，因爲他缺乏了自己。詩的素材可以存在於一切人的心靈，只有表現，只有形

⑤《美學原理》，第二章。

式，才能使詩人成其爲詩人。」⑥由此所得出的結論就只能是這樣：藝術就是直覺，直覺就是形式，形式只有一個，所以價值也就只有一個，是美就絕對美，沒有什麼高低之分。這種絕對美的看法是克羅齊所特有的一種形式主義，一般形式主義把外表形式中某些因素（如平衡、對稱等）單提出來作爲美的因素，克羅齊的形式主義則把賦予形式於內容的直覺活動和美等同起來，並且把它看成絕對獨尊的。事實上我們說一件藝術作品完美，不僅是指它把內容表現得恰到好處，成爲完美的形式，更重要的還要顧到內容的好壞、大小和深淺。較健康較深廣的內容可以使我們對現實世界有較正確較深廣的認識，起更有益更深刻的教育作用，所以在美的價值上也就應該更高些，內容與形式固不可分，而決定形式的畢竟是內容。克羅齊否定了這個基本原則，所以實際上是替「爲藝術而藝術」的藝術觀作辯護。

5.最後，直覺即表現的定義還肯定了**語言就是藝術**，而**語言學也就是美學**。語言與藝術既同爲表現，即同爲心靈活動的創造，語言與藝術在本質上就只能是同一的，十九世紀流行的看法是「語言在起源時是一種心靈的創造（即語言學中所謂「哎喲說」，語言是思想情感的自然表現——引者注），但是後來藉聯想而擴充光大」（聯想說即約定俗成說，語言被看成公認的符號）。克羅齊反對此說，認爲「語言如果是心靈的創造，它就始終是創造；如果是聯想，它也就應從開始就是聯想」。「我們開口說新詞時，往往改變舊詞，變化或增加

⑥ 同上書，第三章。

舊詞的意義，但是這過程並非聯想的而是創造的」。⑦這就是說，我們儘管用的是舊的詞和語，卻不只是「複述」，而是不斷地隨著客觀情境與主觀思想情感的變化而賦予它們以新意義、新生命，也就是說，不斷地在憑直覺創造。所以語言與藝術都是常新的，無限的。「人說話隨時都像詩人一樣」，一般談話和詩文並無分別。這個看法與「人是天生的詩人」的看法都帶有一定程度的民主思想，從下面一段話可見：

詩人不應該不歡喜歸到一般平民的隊伍裡和他們團結一起，因為這種團結才能說明詩（就詩的最崇高和最精確的意義來了解）在一切人類心靈的力量。如果詩是另一種語言，「神的語言」，人們就不能懂；如果說詩能提高人，這也不是提高到人以上，而是正就人本身去提高：眞正的民主性和眞正的貴族性在這裡也還是統一的。

——《美學綱要》，第二章

語言與藝術既然同一，語言學與美學當然也就不是兩回事了。事實上克羅齊的《美學原理》有一個副題就是「表現的科學和一般語言學」。

在語言與藝術統一的觀點上，克羅齊是繼承維柯的語言起於形象思維說而加以發揮的。十九世紀德國洪堡（Humboldt）和史坦塔爾（Steinthal）一派學者對於語言學與美學的綜

---

⑦《美學原理》，第十八章。

合研究對他也有影響。這個觀點有它的革命性一面。過去一般學者都認爲語法與邏輯學是統一的，其要點在著重語言的邏輯性。克羅齊的語言與藝術統一說則著重語言的直覺性或形象思維性。但是語言既可表現形象思維，也可表現抽象思維。過去的說法使語言中抽象思維因素吞併了形象思維因素，這固然是片面的；克羅齊在指出這種片面性上是有功勞的，但是他又走到另一極端，讓形象思維因素吞併了抽象思維因素。他認爲概念必含直覺，必以直覺爲基礎，所以哲學也就必含藝術，必以藝術爲基礎，一個哲學家必同時有幾分是藝術家，「每一部學術著作都必同時是一件藝術作品」。「概念從來不能離開表現品而存在」。⑧克羅齊也強調思想與語言的統一，但是他所理解的「思想」只是形象思維或直覺的活動，至於概念或抽象的思考則因其須以直覺爲基礎，於是也就被納到直覺裡去，這顯然是一種離奇的混淆。直覺即表現亦即藝術的定義所包含的主要的否定也有五個。

1. 藝術不是物理事實。所謂「物理的事實」是指還未受到直覺或心靈綜合作用的客觀存在的事物，包括生糙的自然和人工製作品的物理的或機械的方面。所以這個否定又包含兩個否定，一個是否定「自然美」，一個是否認藝術美可以單從作品的物理方面見出。

既已介紹了克羅齊的哲學體系，就無須多費工夫來說明他對自然美的否定。美既然就是直覺或表現，還未經直覺掌握住的自然當然就無所謂美。「只有對於用藝術家的眼光去觀照自然的人，自然才現得美。……如果沒有想像的幫助，就沒有哪一部分自然是美；有了想像

⑧《美學原理》，第三章。

的幫助，同樣自然的事物或事實就可以隨心情不同，顯得有時有表現性，有時毫無意味，有時表現這個，有時表現那個，愁慘的或歡欣的，雄偉的或可笑的，柔和的或滑稽的。」⑨人們所說的「自然美」實際上「只是審美的再造所用的一種刺激品」，再造須假定先有創造，即先有直覺。

其次，否定藝術的「物理的美」，就是否定藝術傳達媒介（如線條、顏色、聲音或文字符號之類）可以單憑它們本身而美，這是可以理解的，甚至是可以接受的。不過克羅齊還更進一步，從否定傳達媒介的「物理美」，進而否定藝術傳達是藝術活動。我們一般都把藝術創造分為兩個階段：前一階段是構思，例如把一部小說的計畫先在心中想好；後一階段是表現或傳達，例如把大致已構思好的小說寫在紙上。克羅齊把直覺（構思）本身就已看成是表現，構思完成了，藝術作品便已在心裡完成，至於把已在心裡完成的作品「外觀」出來，給旁人看或給自己後來看，就只像把樂調灌音到留聲機片上，這種活動只是實踐活動而不是藝術活動，它所產生的也不是藝術作品，而是藝術作品的「備忘錄」，仍只是一種「物理的事實」，依克羅齊看，一個詩人只是「一個自言自語者」，作為藝術家，他沒有傳達他的作品的必要，作為實踐的人，他才考慮到發表作品的利害問題。傳達本身既有實益，即應受重視，但是這種實踐活動與藝術活動在本質上不同，不應相混。

克羅齊對於自然美或「物理美」的否定是從心靈活動創造現實世界那個主觀唯心主義的

⑨《美學原理》，第三章。

基本立場出發，這個基本立場是站不住的，因而從這個立場出發所得到的結論就不可能是正確的。他沒有認識到審美活動中人與自然或主觀與客觀的辯證的關係，以爲美單在人的主觀直覺活動一方面，這當然是極端錯誤的。但是他突出地強調了這一方面的重要性，對於把美單擺在自然那一方面的形式主義的看法也可以起些補偏救弊的作用。他對於這種看法的批判還是有些參考價值的。至於否定傳達爲藝術活動，也是他的主觀唯心主義立場所必然達到的結論，但是在這一點上他否定了公認的事實。我們對這一說的反駁可以歸納爲以下三點：

第一，構思與完成作品之間還有很大的距離，還要經過一段艱苦工作。我心裡可以想到許多美妙的意象，但是因爲沒有繪畫的訓練，我提筆來畫我的意象時，總是心手不相應，不能把它畫出，成爲一件藝術作品。從此可知藝術作品的完成不單是構思的事。

第二，在實際藝術創造中，想像和傳達並不是可以截然分開的。畫家想像人物模樣時，就要連顏色線條光影等在一起想；詩人想像一種意境時，也要連文字的聲音和意義在一起想。從此可知想像之中就已多少含有傳達在內，傳達不能說是純粹的「物理的事實」。從藝術史看，媒介和傳達技巧的變遷可以影響藝術本身的風格，壁畫、油畫和水彩畫在效果上不同，文言詩與白話詩也是如此。這也足以證明傳達的媒介和技巧對於藝術的重要性。

第三，蔑視傳達實際上就是蔑視藝術的社會性和社會功用。藝術是一種社會意識形態，同時也是一種社會交際工具，一方面要反映現實，對人有認識的功用，另一方面要促進改造現實，對人有實踐的功用。正是認識和實踐這兩方面的社會教育功用決定了藝術的存在，也決定了藝術的本質。否定了傳達，就否定了藝術。克羅齊所說的「詩人是自言自語者」那句露骨的話正是「藝術獨立自主」一個口號的另一個提法，反映了資本主義社會頹廢時期藝術脫離社會的實際情況，並且爲它辯護。

2. 藝術不是功利的活動。「藝術既是直覺，而直覺既是按照它的原義理解爲『觀照』的認識，藝術就不能是一種功利的活動：因爲功利的活動總是傾向於求得快感而避免痛感的，……快感本身不就是藝術的，例如飲水止渴的快感。」⑩藝術的快感須有別於一般快感，「既然承認藝術是一種特種快感，它的特質就不在快感上，而在它這種快感之所以區別於其他種快感的地方」。這個區別點正在於直覺到一個「抒情的意象」，直覺固然也有快感作爲「陪伴」，但是不應把陪伴混爲主體。克羅齊的這個否定是針對英國經驗派把美感和快感等同起來的「享樂主義的美學」而發的。單就這一點來說，他的批判是正確的。問題在於他所謂「功利的活動」就是「經濟的活動」，而「經濟的活動」是不能簡單化爲尋求快感與避免痛感的。如果按照正確的意義來理解「經濟活動」，它就是爲社會謀利益的活動。不過克羅齊把爲社會謀利益的活動歸到「道德的活動」，他把藝術與道德活動的關係也否定了。

3. 藝術不是道德的活動。這和藝術不是經濟活動的理由其實是一致的，因爲二者都屬於實踐活動，而藝術在克羅齊看，只是最單純的認識活動。他說得很清楚：

直覺，就其爲認識活動來說，是和一切種類的實踐活動相對立的。……藝術並不起於意

⑩《美學綱要》，第一章。

志。善良的意志可以形成一個好人，卻不能形成一個藝術家。……一個審美的意象顯現出一個在道德上可褒或可貶的行動，但是這個意象本身卻不是在道德上可褒或可貶的。世間沒有一條刑律可以定一個意象的死刑或是判它下獄；世間也沒有一個由理性的人做出的裁判可以用一個意象做它的對象。判定但丁的弗朗西斯卡是不道德的，或是判定莎士比亞的考狄利婭是道德的……就無異於判定一個方形是道德的，或一個三角形是不道德的。[11]

克羅齊從此就斷定過去美學家們「說藝術的目的在於引導人趨善避惡，改良風俗，還要求藝術家們為教育群眾，提高一個民族的民族精神或戰鬥精神，宣揚勤儉生活等理想作出貢獻」是白費力，因為「這些事是藝術所做不到的，正如它們是幾何學所做不到的一樣」。這就是完全否定了藝術的教育作用。但是克羅齊又說這只是從藝術觀點說話，如果從道德實踐觀點說話，藝術家既已在心中完成一件藝術品之後，「是否要把它傳達給旁人，傳達給誰，何時傳達，如何傳達等等都還是要待解決的問題，這些考慮就全要受效用與倫理的原則節制了」。[12]我們看不出藝術既不能做到對道德有益或有害的事，在傳達時何以又要顧到道德的效果。

---

⑪《美學綱要》，第一章。佛朗西斯是《神曲》中一段戀愛情節中的女主角，考狄利婭是《李爾王》悲劇中的被犧牲的孝女。

⑫《美學原理》，第十五章。

克羅齊否定藝術的道德功用是和他否定傳達為藝術創造的組成部分一致的，都是否定藝術的社會性和社會功用。對於他，藝術為誰服務和如何服務都不應成為問題，因為藝術根本談不到服務。他所了解的「道德」或「倫理」是包括政治在內的，所以否定藝術的道德功用同時也就必然否定藝術的政治標準，藝術既只關直覺，直覺既先於實踐活動，可離實踐活動而獨立，所以衡量藝術就只有一個標準，即藝術標準，而這個藝術標準也就只涉及形式，只涉及表現的成功或失敗。歸根到底，這還是「為藝術而藝術」，「藝術獨立自主」。「為藝術而藝術」可以有不同的理解，依克羅齊的理解，它就是「為個人的霎時的飄忽的情感或心境找到表現而藝術」。這種美學觀點一方面是頹廢時期資產階級藝術極端反理性的個人主義傾向的反映，一方面也是這種傾向的辯護。

4. **藝術不是概念的或邏輯的活動**。克羅齊把這個看作「在所有的否定中最重要的一個否定」，因為否定了藝術帶有任何概念，就否定了藝術與哲學和科學的聯繫。藝術既是直覺，直覺在定義上既然先於概念而不依存於概念，所以它不能同時是哲學的或科學的活動。根據這個觀點，克羅齊批判了近代一些主要美學流派的看法。

想把藝術解釋為哲學、為宗教、為歷史、為科學，在較小程度上為數學的理論侵占了美學史的大部分地位，而且擁有十九世紀一些最大的哲學家的名字來裝飾門面。謝林和黑格爾把藝術與宗教和哲學等同或混淆起來，丹納把藝術和自然科學等同起來，法國眞實主義者⑬把藝術和歷史證據的研究混淆起來，侯巴特派⑭的形式主義則把藝術和數學混淆起來。

——《美學綱要》，第一章

他特別攻擊康德、席勒和黑格爾等德國古典美學家所強調的「理念」。

據說在藝術的意象裡可以見出感性與理性的統一，這種意象表現出一個理念。但是「理性」、「理念」這些詞只能指概念。……所以這個藝術定義實在是把想像歸到邏輯而把藝術歸到哲學。

——《美學綱要》，第一章

從同一觀點，他否定了寓言是藝術，因爲寓言是「一個概念和一個意象的從外面強加上來的結合，也就是循陳規的勉強的拼湊」，概念與意象並沒有融合成爲一體。克羅齊也並不否認藝術作品裡可以含有概念、思想或哲理，但是認爲概念在藝術作品裡既已轉化爲意象，即已

⑬ 真實主義者（Veristes）指福樓拜一派要求蒐集證據的作家。

⑭ 侯巴特派指十九世紀後期與黑格爾派對立的形式主義派。這派專講形式的量的關係（如比例），所以說他們把藝術和數學混淆起來。

失其概念的功用。他借用了德國美學家費肖爾的一個譬喻，概念在藝術作品裡好比「一塊糖融解在一杯水裡，在每滴水裡都還存在著而且起著作用，可是人們再找不出那塊糖來」。克羅齊沒有認識到黑格爾所理解的「理念」，作爲理性與感性的統一體，正是如此。由於否定了藝術的邏輯性，克羅齊把欣賞和批評也對立起來了，認爲批評是概念的活動，而欣賞則純粹是直覺的活動，「詩人死在批評家裡」，批評是繼直覺之後的名理思考。

克羅齊在這裡所爭辯的確實是美學中的一個基本問題，即形象思維與抽象思維的區別和聯繫的問題。克羅齊把直覺或想像和概念或邏輯思維的對立加以絕對化，多少是受了維柯的影響。這正是他的美學觀點的基本特點所在，也是它的基本弱點所在。在德國古典美學裡，理性與感性的統一是一個基本觀點。克羅齊繼承康德和黑格爾的唯心主義的傳統，卻放棄了這個基本觀點，把直覺或形象思維提到獨尊的地位，把理性或概念因素就一筆勾銷掉了，因而就否定了藝術的思想性，拋棄了德國古典美學的合理內核。這還是和他的「藝術獨立自主」的總的觀點一致的。

5. **藝術不能分類**。藝術分類通常有兩種，一種以媒介爲標準，把藝術分爲詩歌、音樂、圖畫、雕刻、建築、舞蹈、戲劇等部門；一種以體裁爲標準，把每門藝術又分爲若干類，例如文學分爲抒情、敘事和戲劇，而戲劇又分爲悲劇、喜劇、悲喜混雜劇、正劇、滑稽劇等等。過去文藝理論家一直重視這種分類工作，並且仿亞理斯多德和賀拉斯的先例，替每門和每種體裁藝術找出一些經驗性和規範性的規律。克羅齊企圖把這種分類的工作一概推翻。他的理論根據是：藝術在本質上只是直覺，而直覺是整一不可分的，這是藝術的普遍性；直覺都是每個人在一定情境的心境或情感的表現，這是藝術的特殊性：

在普遍與特殊之間，從哲學觀點來說，不能插進什麼中間因素，沒有什麼門類或種屬的系列。無論是創造藝術的藝術家，還是欣賞藝術的觀眾都只需要普遍與特殊，或則說得更精確些，都只需要特殊化的普遍，即全歸結到和集中到一種獨特心境的表現上那種普遍的藝術活動。

——《美學綱要》，第二章

此外，他還指出一種經驗根據，那就是舊的門類和規律不斷地遭到破壞，新的門類和規律不斷地建立起來，如此輾轉翻舊更新，沒有止境。因此他就斷定：「如果把討論藝術分類與系統的書籍完全付之一炬，那也絕對不是什麼損失。」⑮根據同一理由，他也否定了審美範疇（例如秀美、崇高、悲劇性、喜劇性等）的分類。⑯

在否定藝術門類和規範的一成不變性上，克羅齊的觀點是正確的，但不能據此就否定藝術的分類與經驗總結，否定了這類工作就無異於否定科學方法在美學領域的運用。一切都在發展變化，但是科學並不因此就不能對所研究的對象進行分類和尋求規律。

⑮《美學原理》，第十五章。
⑯同上書，第十二章。

三、結束語

克羅齊的直覺即表現，亦即藝術，亦即美的基本美學觀點所包含的意義俱見於上述五個肯定和五個否定中。在介紹中我們已一再指出這種美學觀點剝奪去藝術的一切理性內容和一切實踐活動和社會生活的聯繫，把藝術降低到最單純的最基層的感性認識活動，亦即表現個人霎時特殊心境或情感的意象；這種意象的單純據說就保證了藝術的獨立自主。從此可見，這種美學觀點是資本主義垂死時期藝術脫離社會生活和自禁於作者個人感受的小天地那種頹廢情況的反映和辯護，是「爲藝術而藝術」的理論最極端的發展，也是唯心主義美學在德國達到頂峰以後的總結。這種美學觀點在本世紀一直在資產階級美學界得到普遍的重視，發生過廣泛的影響，這就足以說明它道出了這個時期資產階級中一般人的心事。

如果從十九世紀以來文藝發展的趨勢來看克羅齊的美學，我們可以說它是消極浪漫主義在理論上的迴光返照。克羅齊在《美學綱要》第一章裡說，他對藝術問題的答案乃是「浪漫主義與古典主義的巨大衝突所產生的結果」。「古典主義堅決地趨向再現，而浪漫主義則堅決地趨向情感」（從此可見，古典主義與浪漫主義的對立基本上就是現實主義與浪漫主義的對立）。他認爲第一流作品「絕大部分是既不能稱爲浪漫的，也不能稱爲古典的，既不能說單是情感的，也不能說單是再現的，因爲它們同時是古典的與浪漫的、再現的與情感的，都是一種活潑的情感變成完全是一種鮮明的意象。古希臘的藝術作品特別如此」。從這段話看，他彷佛認識到古典主義與浪漫主義統一的必要性，而且從他特別重視古希臘的藝術作品以及他的許多譏諷浪漫主義的話看，他彷佛在古典主義與浪漫主義之間，更偏向古典主義的

「整一性」。但是這些都是假象，因為他所理解的古典主義與浪漫主義的結合乃在於「一種活潑的情感變成一種鮮明的意象」，這就是說在於他所要求的「抒情的直覺」。在這個定義中，古典主義所要求的客觀現實的再現變成了主觀情感的表現，這仍然是片面的浪漫主義的藝術觀，至多也只能是浪漫主義的靈魂，披上古典主義的軀殼（形式的整一）。這樣理解的浪漫主義之所以是消極的，正如施萊格爾、叔本華和尼采諸人所理解的浪漫主義是消極的一樣，它把藝術最後歸結到孤立的個人的情感和幻想，放棄了積極的浪漫主義的改造人類社會的熱情和理想，甚至墮落到維護反動的社會秩序。

如果從十八世紀以來唯心主義美學發展趨勢看克羅齊的直覺說，我們可以說克羅齊從康德和黑格爾所達到的地方倒退了一大步。近代德國古典美學的基本課題始終是要求克服感性與理性的對立而達到統一，在解決這個課題中，康德、歌德、席勒和黑格爾逐漸發展了美學上的辯證觀點，看到了藝術必然是感性形式與理性內容的結合，儘管在如何結合這一問題上，他們囿於唯心主義的成見，還不能看得很清楚。克羅齊既然拋棄了黑格爾的辯證法，結果對於他所討論的各種「心靈活動」的關係，就只見到對立而見不到統一。他對於藝術進行了逐層剝奪的工作。首先他把認識活動和實踐活動的對立加以絕對化，把藝術放在認識活動這個鴿子籠裡，於是藝術就被剝奪了它與實踐生活（經濟的和道德的活動）的聯繫而「獨立」起來。其次他又把感性認識活動和理性認識活動（直覺和概念，形象思維和抽象思維）的對立加以絕對化，把藝術和直覺等同起來，於是藝術就被剝奪了一切理性的內容以及它和哲學、科學與歷史的聯繫而「獨立」起來。這樣逐層剝奪之後，美學就只剩下一個空洞的等式：

最基層的感性認識活動＝直覺＝想像＝表現＝抒情的表現＝藝術＝創造＝欣賞（＝再造）＝美（＝成功的表現）。

在這個等式裡，藝術內容等於個人的霎時的情感，藝術形式等於表現這情感的意象。無論是情感還是意象，都還停留在理性活動（概念）以下，所以藝術不能有什麼思想或意義。這一切都無異於宣告藝術的滅亡與美學的滅亡！

克羅齊可以使我們認識到唯心主義美學經過什麼道路走到了這種死胡同，以及它和近代資產階級頹廢主義藝術實踐的聯繫。但是他的貢獻也還不只這一點。在突出地提出形象思維與抽象思維的對立以及認識活動與實踐活動的對立之中，他強調認識活動中形象思維的一方面，對這方面的估價儘管是誇張的、片面的，卻還可以幫助我們認識到形象思維的重要性；同時，這一點是更重要的，他對過去許多美學流派對於形象思維與抽象思維的混淆，以及藝術活動與其他活動的混淆（總而言之，美與眞和善的混淆）所進行的批判往往有獨到見解、含有片面眞理的。例如他對美學上享樂主義、聯想主義、同情說、天才與鑒賞力的對立說、遊戲說以及美在平衡對稱之類形式因素的學說所進行的批判還是富於啓發性的。

丙　結束語

第二十章　關於四個關鍵性問題的歷史小結

在以上的敘述中，我們只就每個時代中挑選幾個重要的代表人物，對每個代表人物也只約略介紹他的主要觀點，掛一漏萬是勢所難免的。挑選的標準是他們要確實能代表當代的主要思潮而且可以說明歷史發展線索。我們希望通過他們可以窺見西方美學思想發展的大輪廓，爲進一步的較全面較有系統的研究打下基礎。我們的目的不僅在灌輸知識而在啓發思考，不僅在羅列古董而在古爲今用，所以對美學上的一些帶有普遍性和現實意義的問題，企圖作比較深入的探討。由於知識和思想水準的侷限，實際上所達到的比原來企圖要達到的當然還有很大的距離。

美學史可能有兩種寫法：一種是通史的寫法，順時代的次序，就各時代具有代表性的人物對各種美學問題的看法，作廣泛的敘述；另一種是專史的寫法，以專題爲綱，來追溯這個專題在不同時代和不同思想家的著作中的不同的提出方式和不同的解決方式。本編所寫的只是美學通史，所以比較著重的是每個時代的總面貌和派別源流的關係，對於某些專題（例如審美範疇、藝術種類、創作技巧之類問題）的歷史發展線索就照顧得不夠。這方面的研究就有待於美學專題史。但是即使在通史階段，對美學上一些關鍵性的問題在歷史上的發展，仍應有一些提綱挈領的認識，否則對通史的認識就難免是一盤散沙或是一架乾枯的骨骼。在結束之前，我們想挑選幾個這樣關鍵性的問題作爲樣本，對它們進行一種初步的專題史的研究，幫助讀者把分散在各章的敘述貫串起來，使所得到的知識多少能成爲一種有機整體。我們所挑選的問題只有四個：(1)美的本質；(2)形象思維；(3)典型人物性格；(4)浪漫主義和現實主義。我們將來會看到，這四個問題都是美學上的中心問題，不理解它們就不可能理解美學。這四個問題也是互相緊密聯繫在一起的，為著敘述的方便，我們才把它們拆散開來。

一、美的本質問題

美的本質問題不是孤立的。它不但牽涉到美學領域以內的一切問題，而且也要牽涉到每個時期的藝術創作實踐情況以及一般文化思想情況，特別是哲學思想情況，這一切到最後都要牽涉到社會基礎。像一般社會意識形態方面的問題一樣，美的本質問題的提出和解決方式也是受歷史制約的，因而同一問題在不同時代具有不同的歷史內容。這就叫做歷史發展。

專就美的本質問題的歷史發展來說，它主要是內容與形式的關係以及理性與感性的關係的問題。在西方很長時期之內，內容與形式，理性因素與感性因素都是割裂開來的，各個美學流派各有所偏重。到了十八九世紀，德國古典美學才企圖達到這些對立面的統一。美學流派甚多，對美的本質的看法也言人人殊。但是在一團亂絲中還是可以理出一些線索來。把次要的看法拋開，單挑出主要的看法就有五種：(1)古典主義：美在物體形式；(2)新柏拉圖主義和理性主義：美在完善；(3)英國經驗主義：美感即快感，美即愉快；(4)德國古典美學：美在理性內容表現於感性形式；(5)俄國現實主義：美是生活。這五種看法的出現大致順著時代的次序，在發展中當然有些交叉或互相影響。現在分述如下：

1. 古典主義：美在物體形式

美在物體形式的看法在西方是一個出現最早的看法，也是在很長時期內占統治地位的看法，一般所舉的理由是：美只關形象，而形象是由感官（特別是耳目）直接感受的，所以只有可憑感官感受的物體及其運動才說得上美。就藝術來說，古希臘人一般把美只侷限於造型藝術，很少有人就詩和一般文學來談美，因爲用語文來描繪形象是間接的，不是能憑感官直接感受的，而是須通過理智的。由於這個緣故，古代人就想到美只在物體形式上，具體地說，只在整體與各部分的比例配合上，如平衡、對稱、變化、整齊之類。古希臘人說「和諧」多於說「美」。和諧的概念是由畢達哥拉斯學派發展出來的。他們從自然科學觀點去研究音樂，發現音樂在質的方面的差異是由聲音在量（長短高低輕重）方面的比例的差異來決定的。如果只有一個單純的聲音在量上前後無變化，就不能有和諧；要有和諧，就須在量的差異上見出適當的比例。他們從此得到結論：「音樂是對立因素的和諧的統一，把雜多導致統一，把不協調導致協調。」這句話是古希臘辯證思想的最早的文獻，也是古希臘美學思想的最早的文獻。它也就是後來文藝理論家所常提到的「寓變化於整齊」或「在雜多中見整一」的原則。畢達哥拉斯學派還應用這個原則去研究建築和雕刻等藝術，想藉此尋出物體的最美的形式，「黃金分割」就是由他們發現的。

亞理斯多德基本上接受了畢達哥拉斯學派的看法。他的《詩學》主要是分析古希臘史詩和悲劇，很少用「美」字來形容這些類型的文學作品，他要求於文學的首先是眞；不過他談到和諧感和節奏感是人愛好文藝的原因之一，並且把文藝作品須是有機整體的原則提到最高的地位。他在《詩學》第七章裡明確地提到美：

一個有生命的東西或是任何由各部分組成的整體，如果要顯得美，就不僅要在各部分的安排上見出秩序，而且還要有一定的體積大小，因爲美就在於體積大小和秩序。

體積大小合適，才可以作爲由部分組成的整體來看，「秩序」就是部分與整體以及各部分彼此之間比例關係的和諧。從此可見，亞理斯多德也還是就物體形式來談美的。到了羅馬時代，西賽羅對他的美的定義作了一點補充：

物體各部分的一種妥當的安排，配合到一種悅目的顏色上去，就叫做美。

這個定義廣泛流行於古代和中世紀，聖．奧古斯丁和聖．托馬斯都接受了它。到了文藝復興時代，米開朗基羅，達文西以及杜勒等藝術大師都窮畢生精力去探求所謂最美的形式。當時論比例的專著特別流行。十八世紀英國畫家霍加斯所著的《美的分析》也完全是對物體形式的分析，他認爲最美的線形是蜿蜒形的曲線，因爲它最符合「寓變化於整齊」的原則。同時代的英國經驗派美學家博克在《論崇高與美兩種觀念的根源》的論美部分，也還沒有把「美」這個概念應用到文學上，另闢一專章來論文學。他指出美的主要特徵在於細小和柔弱，還是從形式上著眼。

在啓蒙運動時代，德國出現了兩部影響很大的書：溫克爾曼的《古代造型藝術史》和萊辛的《拉奧孔》，溫克爾曼認爲古希臘造型藝術所表現的最高的美的理想是「高貴的單純，靜穆的偉大」，單純到像「沒有味道的清水」，靜穆到沒有表情。這種最高的美的理想主要體現在形體的輪廓和線條上，所以他也辛苦鑽研古希臘藝術作品的線條，所得到的結論是：

> 一個物體的形式是由線條決定的，這些線條經常改變它們的中心，因此絕不形成一個圓形的部分，在性質上總是橢圓形的。在這個橢圓的性質上，它們頗類似古希臘花瓶的輪廓。

這就是說，美由曲線形成，但各部分曲線不宜圍繞同一圓心，也不形成完整的弧線而是「橢圓的」曲線。這還是「寓變化於整齊」的原則。溫克爾曼已認識到藝術美有理想或內容的一方面（如靜穆、單純、高貴、偉大），比較單講求形式的似稍前進一步，但是他所要求的畢竟是抽象的理想表現於抽象的線條或形式，而且他反對表情，所以形式仍然是首要的。萊辛在確定詩畫界限時，本來要駁斥溫克爾曼的古希臘藝術不表情的看法，而實際上仍和溫克爾曼站在同一個形式主義的立場上。《拉奧孔》的結論是：只有繪畫描繪各部分在空間裡同時並存的物體的靜態，才宜於表現美，詩則敘述在時間上先後承續的動作，不宜於描繪物體形狀，所以也就不宜於表現美；如果詩要勉強寫物體美，只有化靜為動，化美為媚（動態美）或是只寫美的效果而不寫美本身。足見萊辛還是以為美在物體形式。

德國古典美學的最大代表之一是康德。他的美學觀點中也有一方面是繼承這種形式主義的。他在《判斷力批判》裡所分析的美也只是由感官直接感覺到的美，也就是物體及其運動的形式美。他在美的分析部分根本沒有接觸到文學，甚至很少接觸到藝術。從對物體的感官接受的直接性出發，他作出美不涉及利害計較、欲望和目的，也不涉及概念或抽象思考的結論。美只在形式，不涉及內容意義，一涉及內容意義，美就不是「純粹的」而是「依存的」。他的《美的分析》可以說是形式主義美學的一套最完整的理論。他是後來德國「形式美學」派的開山祖，也是近代資產階級中各色各樣的形式主義（例如印象主義、超現實主義、結構主義等等）的最後理論根據。近代「實驗美學」也是從這種形式主義觀點出發的。

美學上的形式主義是怎樣產生和發展的呢？在古代，這是一種樸素的唯物主義的觀點。人們最初在物體上看到美，只憑感官而不假思索，便以為美是物體的一種屬性。這本是很自然的。古希臘人在藝術上的最高成就主要在雕刻，而雕刻一般很少表現動態，在各種藝術中表情的或敘述的因素降到最低限度。古希臘人從藝術欣賞和創作中於是形成一種看法，以為美只在「造型」上，而「造型」又主要靠線條的比例和形體輪廓的安排。所以古希臘人所愛好的美主要是所謂「造型美」，也就是形式美。而這種形式最好是莊嚴靜穆的，這裡就有階級根源，因為古希臘奴隸主認為精神上最高的享受是像日神阿波羅那樣，憑高俯視世界，無動於衷地靜觀世間一切事物的形象。這種理想正是溫克爾曼所說的「高貴的單純，靜穆的偉大」。

美在物體形式的看法發源於古希臘，與古典主義藝術理想有血肉的因緣，原因大致就在於此。這種看法之所以得到長遠的流傳，其原因大概有三種：一則古希臘傳統的習慣勢力在西方文化各部門都很頑強，古希臘人的文藝成就一直為後來人所景仰；二則美本來有形式這一方面的因素，而且形式因素是最易為人所直接感受到的；三則西方思想方法從古希臘以後長久處於形而上學的桎梏中，辯證思想發展得很慢。應該指出，同是形式主義在不同的時代卻有不同的具體內容。例如古代希臘人所理解的形式是與造型藝術和靜穆理想密切聯繫的；中世紀新柏拉圖派所理解的形式是與基督教神學中上帝賦形式於物質的概念密切聯繫的；至於近代形式主義的猖獗，則反映出資本主義社會生活各方面的分崩離析以及思想內容的貧乏和空虛。

2. 新柏拉圖主義和理性主義：美即完善

「美即完善」說與「美在物體形式」說是既有關聯而又有區別的：關聯在於持「美即完善」說者大半同時持「美在物體形式」說，區別在於「持美即完善」說者還要替形式美找出一種名爲「理性」的而其實是神學的基礎。這一說的創始人是新柏拉圖派。他們把柏拉圖的理式說和基督教神學結合起來，認爲每類事物各有一個「原型」，而這個原型是上帝在創造世間事物時所懸的一種「目的」。上帝創造每一類事物，都分配給它在全體宇宙中它所特有的一種功能，爲著盡這種功能，它就需要一種相應的形體結構。例如動物在功能上不同於植物，而在動物之中牛又不同於馬，因而在形體結構上各有不同的模樣。一件事物如果符合它那類事物所特有的形體結構或模樣而完整無缺，那就算達到它的「內在目的」，就叫做「完善」（新柏拉圖派有時把它叫做「適宜」），也就叫做美。所以「美即完善」說的哲學基礎是有神論和目的論。十七八世紀西方理性主義哲學家們，大半在新柏拉圖派的目的論的基礎上發展這種美即完善說。他們的領袖是萊布尼斯。他把世界比作一座鐘，其中每一部機器或零件各有各的功能，各有各的形式，安排得妥貼，具有一種「預定的和諧」，所以是美的。作這種安排的當然是上帝。他的門徒沃爾夫和鮑姆嘉通相繼發揮了他的這種美學觀點。鮑姆嘉通在《美學》第一章裡就說，「美學的對象就是感性認識的完善，這本身就是美」。所謂「感性認識的完善」即憑感官認識到的完善，與「理性認識的完善」是對立的。一條科學定理也是完善的，但是這種完善要通過理智思考才能認識到，至於美的事物所顯出的那種完善卻只須通過感官就可直接認識到。

理性派所說的「完善」實際上是指同類事物的常態。例如人既是人，就有人這類事物所共有的常態，五官端正，四肢周全，這就是完善，也就是美；完善的反面是殘缺不全或畸形，也就是醜。這一說主要仍從物體形式著眼，強調美的感性與直接性，所以理性派大半採取「寓變化於整齊」那條形式原則。但是它和「美在物體形式」說畢竟有所不同，認爲美的形象雖是感性的，還是有它的理性基礎。美的事物符合它按本質所規定的內在目的，在這一點上就有內容意義了，所以比單純的形式主義似乎進了一步。

但是理性派所理解的理性不是我們一般人所理解的理性，而是「天意安排」的合理性，所以它是先天的、先驗的。人生來彷彿就有一些與經驗無關的「理性觀念」，如康德的「先驗範疇」以及「德行」、「完善」，美醜善惡之類觀念。根據這些先驗的理性觀念，人才可能有理性認識。判別美醜善惡的能力也是先天的。例如英國新柏拉圖派美學家夏夫茲博里就把這種能力叫做「內在感官」或「內在眼睛」，認爲「從行動、精神和性情中見出美和醜」（即善惡——引者）和「從形狀、聲音和顏色中見出美和醜」在本質上是一致的，都是由內在感官掌管的。這樣，他就把美與善以及醜與惡密切聯繫起來，認爲它們都有「社會情感的基礎」，他認識到美的形式後面有內容意義，美不只是一種自然屬性，而且具有社會性，這是他的思想中的進步方面。不過他對美的社會性的認識還是很模糊的，他的主要論點還在於美符合天意安排的目的，目的論是與社會觀點不相容的。

這種根據目的論的美在完善說在西方也有長久的歷史。就連在科學上有很大成就的歌德也還相信這一說。在艾克曼的《歌德談話錄》（一八二七年四月十八日）裡他說，「我並不認為自然的一切表現都是美的。……但是使自然能完全顯現出來的條件卻不盡是好的」。他舉橡樹為例，如果土壤過於肥沃，長得太茂盛，經不起風吹雨打，橡樹就顯不出它所特有的那種堅實剛勁的美。艾克曼接著說：「事物達到了自然發展的頂峰，就顯得美。」歌德補充了一句說：「要達到這種性格的完全發展，還需要一種事物的各部分肢體構造都符合它的自然定性，也就是說，符合它的目的。」這段話是「美在完善」說的最簡明的說明。自然發展到頂峰，就是完善；這種完善見於各部分的安排，達到一件東西按照本質應該達到的目的。不過歌德是從自然科學觀點而不是從理性派的目的論來看這問題的，他所理解的目的是自然發展所走的方向。他總是把美和「健全」或「完滿」看作同義詞。所以他賦予傳統的唯心主義的「美即完善」說以一種新的傾向唯物主義的內容。

在美學上目的論還表現為「內外相應」說。畢達哥拉斯派和新柏拉圖派都認為「小宇宙」（人）與「大宇宙」相對應，人心裡本來有內在的和諧或美，碰到外在世界的和諧或美，「同聲相應」，所以才愛好它，才產生美感。這種內外相應當然還是上帝的巧妙安排。康德在很大的程度上還保留許多理性主義派的糟粕。他排除了「美即完善」那種目的論，所以他說美不涉及目的；但是他接受了「內外相應」那種目的論，所以他又說美雖不涉及目的而卻見出目的性，美的事物形式恰好讓人的認識功能（想像力和理解力）能自由地和諧地活動，所以才能產生美感。這裡還是隱約見出「天意安排」，所以說美無目的而有目的性。

從以上兩節可以看出：「美在物體形式」說在古希臘時代本是建立在樸素唯物主義的基礎上，而且反映古希臘造型藝術的理想；到了後來，在新柏拉圖派和理性派的手裡，這一說就和根據目的論的「美即完善」說和「內外相應」說結合在一起，因而就帶有神祕主義和唯心主義的性質了。

3. 英國經驗主義：美感即快感，美即愉快

英國經驗主義無論在哲學方面還是在美學方面，在西方思想發展史中都是一個重要的轉捩點。它標誌著近代自然科學的上升和經院派思辨哲學的下降。這種轉變不但表現在批判理性派的先驗的理性與理性觀念，從而確定一切知識來自感官經驗這個基本出發點上，而且也表現在把哲學和美學的對象從客觀世界的性質與形式的分析，轉到認識主體的認識活動這個基本方向上。它一方面導致主觀唯心主義（例如貝克萊和休謨），另一方面也導致機械唯物主義（例如博克）。

英國經驗派批判了美在比例平衡對稱，美在完善和適宜那些根據目的論的形式主義的看法，因爲這些看法都以先天理性爲根據，而不是從感性經驗出發。他們既然肯定感性經驗是一切認識的最後根據，所以把美的研究重點，從對象形式的分析轉到對美感活動的生理學和心理學的分析。他們一方面建立了「觀念聯想」律作爲創造想像的根據，另一方面又著重地研究人的各種情欲和本能以及快感和痛感，想從此找到美感的生理和心理的基礎。這是經驗

派美學的總的方向。就美的本質這個專題來說，經驗派美學家的意見也不完全一致，這裡姑且以休謨和博克爲代表。休謨首先駁斥了美是對象的一種屬性的看法，指出幾何學家歐幾里得曾說明了圓的每一屬性，始終沒有提到圓的美，「美只是圓形在人心上所產生的效果。這人心的特殊構造使它可以感受這種情感（美感——引者）。如果你要在這圓上去找美……你就是白費氣力。」他明確地把美感和快感等同起來，把美和美感等同起來：

美是（對象）各部分之間的這樣一種秩序和結構，由於人性的本來構造，由於習俗，或是由於偶然的心情。這種秩序和結構適宜於使心靈感到快樂和滿足。這就是美的特徵。美與醜（醜天然地產生不安的心情）的區別就在於此。所以快感與痛感不只是美與醜所必有的隨從，而且也是美與醜的眞正的本質。

美既然等於美感，而美感是一種主觀方面的心理作用，美就當然只是主觀的了。所以休謨說，「美不是事物本身的屬性，它只存在於觀賞者的心裡。每一個人心裡見出一種不同的美。」不過休謨並不否認美與「對象各部分之間的秩序和結構」有關，只是肯定對象的形式因素要適應人心的特殊構造，才能產生美感。這實際上還是「內外相應」說的一種變相，不過休謨反對理性派的有神論和目的論。

休謨進一步分析美感，認爲美感基本上是一種同情感。例如人對物體平衡對稱的喜愛就是同情感的表現。石柱要上細下粗，雕像要使人物保持平衡，才能引起美感，因爲這樣才能引起安全感。這裡的美感只是對對象的安全表示同情。這就說明了過去人所常談的形式美實際上畢竟有內容意義。休謨的同情說對近代美學思想發生過很大的影響（例如對立普斯的移情說），它有力地打擊了形式主義。

博克是從經驗主義走到機械唯物主義的。他主要從生理學觀點出發來探討美與崇高的根源。他認為人類有兩種基本「情欲」或本能，一是自我保存的本能，一是種族保存的本能。自我保存受到威脅就引起恐懼，恐懼就是崇高感的主要內容。種族保存的本能表現於對異性的愛，愛就是美感的主要內容。現在只說美，博克對美下了這樣的定義：

> 我所謂美，是指物體中能引起愛或類似愛的情欲的某一性質。我把這個定義只侷限於事物的純然感性的性質。

不過他同時指出，對美的愛和對異性愛畢竟有所不同，對異性的愛是一種欲念，是「迫使我們**占有**某些對象的那種心理力量」，對美的愛卻不涉及欲念，只是「在觀照任何一個事物時心裡所感覺到的那種喜悅」。像休謨一樣，博克也把美感和快感等同起來，而且也強調同情在審美中所起的作用。同情是一種「社會生活的情欲」，其中包括愛。不過他只把「社會生活」理解為社交生活，這只是一種本能的群居要求。藝術的作用在摹仿，而摹仿也只是一種變相的同情。摹仿的結果總抵不上被摹仿的藍本，例如悲劇不管對悲慘事件摹仿得多麼好，它所引起的同情遠不如殺人的場面。因此，博克的結論很類似後來車爾尼雪夫斯基的：

悲劇愈接近眞實，離虛構的觀念愈遠，它的力量也就愈大。但是不管它的力量如何大，它也絕比不上它所表現的事物本身。

這個看法的優點在把美與眞聯繫起來，缺點在於混淆藝術的眞實與生活的眞實。

博克不同於休謨，他一方面肯定美就是愛，另一方面又認為美是客觀事物的屬性。他找到美的主要客觀屬性是「小」以及與小相關的一些性質，例如柔滑、嬌弱之類。這些客觀屬性之所以美，因爲它們最能引起同情或愛。這種純粹生物學的觀點忽視美與社會生活以及與歷史發展的聯繫，顯然仍是片面的、機械的、簡單化的。

4. 德國古典美學：美在理性內容表現於感性形式

在十七八世紀的西方哲學中，英國經驗主義與大陸理性主義形成兩個鮮明的對立陣營，因而美學上內容與形式，理性與感性以及主觀與客觀這一系列的對立面的矛盾也就日益尖銳化。堅持某一片面而反對另一片面的立場也就日漸顯得站不住。因此，尋求達到這些對立面的辯證的統一就成爲近代美學的主要課題，而在這方面工作做得最多的要推十八九世紀的德國古典美學。

德國古典美學的眞正的開山祖是康德。他首先認識到鮑姆嘉通的理性主義的美學觀點和博克的經驗主義的美學觀點的尖銳對立以及每一派的片面性，並且努力尋求達到統一的路徑。他是由沃爾夫和鮑姆嘉通這一派教養出來的，在很大程度上還受到理性主義影響的束縛，但是同時又覺得休謨和博克的美學觀點也不無可取之處。他從這兩派都拋棄了一些，也都吸收了一些。他所拋棄的是鮑姆嘉通的「美即完善」說和博克的美感即快感說；他所吸收的是理性派的理性，先驗範疇和「內外相應」的目的論和一部分形式主義的觀點，以及經驗派的美的生理和心理的基礎，感覺的直接性以及美與崇高的對立。結果他所做到的只是拼合而不是統一。這就說明了他在《判斷力批判》上卷中所表現的一個突出的矛盾。這書分兩部分：〈美的分析〉與〈崇高的分析〉。在〈美的分析〉部分，他得到了一個形式主義的結論：美只在形式上，不涉及概念，目的和利害計較；這種形式美才是「純粹美」，絲毫不涉及內容意義。因此，他很少談到藝術，根本沒有談到文學。在〈崇高的分析〉部分，他才談到有內容意義的「依存美」，才談到文學和藝術。這時他卻得到一個完全相反的結論：崇高根本是無形式的，只憑數量或力量的無限大，在人心中先引起恐懼接著就引起崇敬，即人能不屈服於自然威力的人類尊嚴感。所以崇高感主要起於崇高對象所隱含的道德觀念和理性內容。康德的這種對崇高的看法就改變了他對美的看法，從前是美在形式，現在卻是「美是道德精神的象徵」了。不但如此，從前他所拋棄的「概念」、「目的」、「完善」等觀念，現在又跑回來了。他說從前那個形式主義的看法只適用於自然美，至於藝術美卻是有內容意義的「依存美」：

對象如果是作為一件藝術作品而被宣稱為美的，由於藝術總要假定一個目的作為它的成因，它究竟為什麼的概念就勢必首先定作它的基礎；而且由於一件事物的雜多方面與它的內在本質的協調一致，就是那件事物的完善，所以在評判藝術美時，也就必然要考慮到那件事物的完善。

這番話是言之成理的，但是問題在於康德把「純粹美」和「依存美」、「自然美」和「藝術美」都絕對對立起來，沒有找出達到這兩種美統一的通道，所以感性與理性、形式與內容，都仍然是彼此割裂開來的。他的企圖是失敗的，但是這種失敗卻成爲促進進一步研究的推動力。在這一點上他對美學的貢獻仍是重要的。

這進一步的努力首先來自德國文藝批評。我們需回溯到時代略早的溫克爾曼。上文已經提到他提出古希臘造型美的理想是「高貴的單純，靜穆的偉大」，這主要表現於「橢圓形的」即抽象的線條，所以他反對藝術裡有激烈的表情。他的看法在當時引起了一場大爭論。另一位研究古代藝術史的德國學者希爾特對溫克爾曼提出異議說：

> 古代藝術的原則不在客觀的美和表情的沖淡，而是只在個性方面有意義和顯出特徵的東西。

希爾特提出個性「特徵」來代替溫克爾曼的「理想」，這牽涉到藝術典型的問題，下文還要談到，現在只說他把藝術的重點從抽象理想和抽象形式上轉到個性特徵即具體內容上，這就標誌著近代美學對於美的本質問題的看法大轉變的關鍵。

這場爭論引起當時德國兩大詩人歌德和席勒的關心。歌德主張文藝從生活出發，也強調個性特徵，在這一點上他和希爾特是一致的；不過他也並沒有完全排除溫克爾曼的理想美。他對特徵與形式美的關係是這樣提的：

> 我們應從顯出特徵的東西開始，以便達到美。
>
> 古人（古希臘人——引者）的最高原則是意蘊，而成功的藝術處理的最高成就是美。

這裡「特徵」和「意蘊」指的都是藝術內容，美則是內容經過藝術處理成爲作品時的最高成就。這個看法一方面批判了溫克爾曼的古代藝術的「靜穆」排斥表情的形式主義的觀點，另一方面也糾正了希爾特爲強調特徵而排斥「客觀的美」（即對象形式的美）的片面性。這就已達到了內容與形式的統一，理性與感性的統一，對德國古典美學的發展起了很大的作用。

席勒本是康德的信徒，但對康德的主觀唯心主義的觀點甚不滿，認爲自己「已找到了美的客觀概念」。在〈給克爾納論美的信〉（一七九三年二月二十八日）裡，他提到「在一件藝術作品裡，材料必須消融在形式裡……現實必須消融在形象顯現裡」，就已隱約見到內容與形式的統一。在《審美教育書簡》裡他進一步發揮了這個思想。他認爲人有兩個相反的要求：一種要求是要使理性形式獲得感性內容，使潛能變爲現實，這叫做「感性衝動」，另一種要求是要使感性內容獲得理性形式，使千變萬化的現實現象見出秩序和規律，這就叫做「形式衝動」或「理性衝動」；把這兩種對立的衝動統一於「遊戲衝動」（其實就是藝術衝動，即使感性事物顯出理性的自由活動），人才獲得眞正的自由，才具有人格的完整，也才達到美。他說：

> 感性衝動的對象就是最廣義的生活，指全部物質存在以及凡是呈現於感官的東西。形

式衝動的對象就是形象，包括事物的一切形式方面的性質以及它對人類各種思考功能的關係。遊戲衝動的對象可以叫做活的形象，這個概念指現象的一切美的性質，總之，指最廣義的美。

席勒在這裡把生活看成藝術的內容，形象看成藝術的形式（這與過去人對形式的理解不同），美則在這兩對立面的統一體，即活的形象上面。不管他的語言多麼晦澀，他把藝術美看作內容與形式的統一、感性與理性的統一，則是顯而易見的。

黑格爾在《美學》裡曾指出康德所理解的藝術美的內容與形式的統一「只存在於人的主觀概念裡」，席勒卻能「把這種統一體看作理念本身，認為它是認識的原則，也是存在的原則」。這就是說，席勒認識到這種統一體不只存在於主觀的思維中也存在於客觀的存在中；「通過審美教育，就可以把這種統一體實現於生活」。

從此可見，席勒是德國古典美學由康德的主觀唯心主義轉到黑格爾的客觀唯心主義之間的一個重要橋樑。上文黑格爾所說的「把這種統一體看作理念本身」之中「理念」既是感性與理性的統一體，就已經不是抽象而是具體的了。「具體的理念」是黑格爾的客觀唯心主義的奠基石，黑格爾說席勒已認識到這種具體的理念，並且認為這是他的「大功勞」，這就是承認席勒是他自己的理念說的先驅。黑格爾自己的「美是理念的感性顯現」這一條美學基本原則，也正是發揮席勒的關於「理性與感性的統一體」的理論而得來的。他把理念看作藝術的內容，把「感性顯現」看作藝術的形式，這種對「形式」的新的理解也是從席勒那裡得來的。所不同者席勒用詞有時不統一，他有時把概念（一般）看作內容，有時又把生活（特殊現象）看作內容；有時把對形式的要求看作理性的，有時又把「活的形象」看作形式，足見他在思想上仍不免有些混淆。黑格爾的定義卻比較明確：理性內容（理念）顯現於感性形象（形式）。

這裡有必要說明一下黑格爾的「理念」。理念其實就是道理或宇宙間萬事萬物的原則大法。它是客觀存在的。這一點我們都承認。我們所難承認的是這種抽象的理念先於具體感性世界而存在，這就是他的客觀唯心主義所在。「理念」也近似柏拉圖的「理式」，但有一個重要分別。柏拉圖的「理式」是一切事物的原型或模子，是不依存於感性世界的，只有它才眞實，感性世界不過是它的幻影。黑格爾的「理念」處在抽象狀態時還只是片面的，不眞實的，它要結合到感性事物，否定了自己的抽象的一般性，同時又在這感性事物裡顯現出自己，否定感性事物的抽象的特殊性而又回到有具體內容的一般，經過這種否定的否定，才達成一般與特殊的統一體，亦即所謂「具體的一般」或「具體的理念」，只有「具體的理念」才是眞實的。在這種一般與特殊的統一體裡，理性與感性是互相否定而又互相肯定，即互相依存的。

我們不妨舉例來替黑格爾的理念作一種通俗的解釋。例如「勇敢」這個理念。抽象的勇敢還只是一個概念而不是眞實的勇敢，因爲還沒有體現於具體的行動。但是既有個別的具體的勇敢行動，就必有勇敢之所以爲勇敢的道理。黑格爾認爲這種道理（理念）**於理**是應該先就存在，儘管它在抽象狀態還是不眞實的。勇敢這個抽象理念如何轉化成爲具體的勇敢行動呢？黑格爾認爲這首先要取決於當時「一般世界情況」（即歷史背景），結合到具體「情境」和具體的「人物性格」，才能實現爲勇敢的行動。抽象的勇敢還是所謂「普遍的力量」，還是一種「客觀精神」，通過歷史環境的影響，成爲個人的生活理想，這種生活理想還須凝成「情致」（Pathos，也有譯爲「激情」的），成爲個人性格的組成部分和他的行爲的推動力，遇到具體情境，它才實現爲勇敢的行動。這是就現實生活來說，如果應用到藝術，一件藝術作品如果要表現一個英雄人物的勇敢，就必須通過事件和動作，塑造出一個具體的形象來。勇敢就是這件作品的理性內容，人物形象就是這個理性內容的感性顯現。這樣達到理性內容與感性形式的統一，就算是藝術作品，也就算是美。

從此可見，黑格爾的定義是只適用於藝術美的。自然還只處在自在階段，還不自覺，所以自然美只是低級美。使自然顯得美的是生命，生命才能使雜多的部分成爲有機整體。自然的頂峰是人，人才是自在自爲（自覺）的，既是認識的主體，又是認識的對象。這樣自覺的人才能有理想或理念，也才能有意識地把理念顯現於感性形象。這就是說，只有人才能有藝術，也只有人才能創造美和欣賞美。藝術美之所以高於自然美，也就因爲它是絕對精神（其實就是自覺的精神）的顯現。這是黑格爾美學觀點中的人道主義的一方面。

黑格爾的客觀唯心主義哲學系統，註定了他的美的定義要從抽象的理念出發，這是他的基本缺點所在：但是理性內容和感性形式的統一這個思想卻仍是他的美學的合理內核。此外，還須注意他把這個統一看成是由辯證發展來的一種理念不是懸空的，而是受「一般世界情況」和當時具體情境決定的。這種歷史發展的觀點是他對於美學的最重要的貢獻。他認識到藝術和美儘管都是「理念的感性顯現」，不同時代卻有不同的理念，也有不同的感性顯現，這都要隨歷史發展而發展，所以有象徵型、古典型以及浪漫型幾種各顯時代精神的藝術創作方法和風格。美的理想當然也就不會是一成不變的。

5. 俄國現實主義：美是生活

黑格爾以後，美學的重要發展是在俄國。結合到革命民主主義者所進行的農民解放運動的階級鬥爭以及在俄國新興的現實主義文學，別林斯基和車爾尼雪夫斯基都既批判而又繼承了黑格爾美學的某些方面，發揮了「美是生活」的大原則，從而爲現實主義文藝奠定了美學理論基礎。

別林斯基既是一個黑格爾的信徒，又是一個堅定的現實主義者，這就造成了他的思想中的許多矛盾。而且他在十九世紀四〇年代以後，思想上經過了一些轉變，所以前後的論調也不一致。例如他在前期爲擁護現實主義而反對浪漫主義，特別強調藝術的客觀性；在後期發揮了黑格爾的「情致」說，又特別強調藝術的主觀性。他對於藝術和美的本質都有兩個不同的提法。一個提法接受了黑格爾的美的定義：藝術是「理念取了觀照的形式」（即感性形象），藝術美當然只有在滿足了藝術的這個條件才能存在；另一個提法是從現實主義出發：「詩是生活的表現，或是說得更好一點，就是生活本身」、「在詩的表現裡，生活無論好壞，都同樣美，因爲它是眞實的，哪裡有眞實，哪裡就有詩」。別林斯基所理解的「詩」泛指一般文學，有時甚至包括藝術。他肯定了生活本身就美，而且把美與眞緊密聯繫在一起，這是符合他的現實主義立場的。他的矛盾主要見於他對內容與形式的看法。他認爲在內容方面，藝術和哲學並無分別，它們所處理的都是現實的眞實；它們的不同在於處理的方式，哲學通過抽象思維而藝術則通過形象思維。「現實本身就是美的，但是它的美是在本質上，在內容上而不在形式上」。現實好比金礦砂，藝術「把它加以洗煉，鑄成精美的形式」：藝術只是「用現成的內容，給它一個妥貼的形式」。「形式」仍照黑格爾的用法，指具體形象。從此可見，他把美分爲自然美和藝術美兩種，自然美只在內容（本質）而不在形式，藝術美只在形式而不在內容。這顯然是把內容與形式割裂開來了。但是在談自己欣賞一座女愛神的雕橡時，他卻說：「這座美的女愛神既作爲**理念**而美，又作爲**個體**而美。」，這裡「理念」是內容，「個體」是感性形象，是形式。他稱讚這座雕像是「理念與形式的生動的交融」、「生命與大理石的有機的結合」。這樣看來，藝術美又在內容與形式的統一體上了。他有時還認爲內容重於形式，曾舉面貌端方四正而呆板枯燥的女性美爲例，說這種「美不能教人愛，而沒有愛伴隨著的美就沒有生命，沒有詩」，在《一八四一年俄國文學評論》裡他討論普希金的詩時，也說過類似的話。

> 普希金的詩好比受到情感和思想灌注生命的那種人眼睛的美；如果去掉灌注生命的那種情感和思想，那副眼睛就會只有點美（Красивые），就不再有神光煥發的美（Прекрасные）了。

這裡應該注意的有兩點：第一，別林斯基在內容與形式的問題上，徘徊於內容加形式以及內容與形式的統一這兩個看法之間，統一的看法當然是他的正確的看法。其次，他在內容的問題上又徘徊於「生活」與「理念」之間，而且「生活」往往是作爲「生命」來理解的。記住這兩點，就可以更好地理解由別林斯基到車爾尼雪夫斯基的發展。在內容問題上，車爾尼雪夫斯基克服了別林斯基的矛盾，肯定了藝術的內容就是生活。在內容與形式的關係問題上，車爾尼雪夫斯基卻始終把內容和形式割裂開來，而且根本拋棄了「內容與形式一致」的提法。此外，還有一點是別林斯基所看到而車爾尼雪夫斯基所沒有看到的，就是「藝術中的自然完全不是現實中的自然」、「在詩裡，生活比在現實本身裡還顯得更是生活」。車爾尼雪夫斯基始終堅持藝術美低於現實美。

車爾尼雪夫斯基明確地指出「美是生活」，但是像別林斯基有時主張的一樣，他認爲現實生活的美只在內容本質上而藝術的美則只在形式上，藝術與現實的區別只在形式而不在內容。這種把內容和形式割裂開來的看法在一定程度上影響到他對藝術、藝術美以及藝術美與現實美的關係等問題的全盤看法。依他的看法，形式變，內容可以不變，作爲藝術作品的內容還是作爲藝術素材（現實）的內容，因此，藝術就可以成爲現實的「代替品」。他沒有認識到在藝術創作中，通過藝術家的創造想像和藝術錘鍊，內容與形式要經過既互相否定又互相肯定，既互相依存又互相轉化的辯證過程，因此，他過低地估計典型化的作用，單就現實一方面來看，將處在素材狀態的現實內容和已經藝術處理的藝術作品內容作比較，於是斷定藝術美遠低於現實美，猶如畫的蘋果之遠低於可吃的蘋果。這些結論顯然是不能言之成理的。

但是結論的錯誤並不妨礙所據原則的正確。車爾尼雪夫斯基的基本原則是「美是生活」

以及附帶的兩個命題：「美是按照我們的理解應該如此的生活」和「美是使我們想起人以及人類生活的那種生活」。他的藝術定義也是從這個美的定義發展出來的：藝術再現生活，說明生活和對生活下判斷，因此成爲研究生活的教科書。這些基本原則都是顚撲不可破的。提出這些基本原則，就是車爾尼雪夫斯基對美學的極大貢獻。作爲科學的定義，「美是生活」這句話固然過於籠統，但是它毫不含糊地指出藝術不應該從概念出發而應該從現實生活出發。這是德國古典美學以後的重大的轉變。別林斯基還徘徊於從理念出發和從生活出發之間而躊躇不決，車爾尼雪夫斯基卻斬釘截鐵地要從生活出發。這樣他就把長期以來由德國唯心主義統治著的美學移轉到唯物主義的基礎上，從而爲現實主義文藝奠定了堅實的美學基礎。歌德、席勒和黑格爾等人固然也已早就看到美與生活的密切聯繫，但是「生活」在車爾尼雪夫斯基的詞彙裡具有比過去遠較豐富的涵義。他是結合當時俄國革命鬥爭來考慮美與藝術問題的，因而賦予「生活」一詞以一種更深刻的社會內容。這就使現實主義文藝擔負起遠比過去更鮮明的促進階級鬥爭的任務。

二、形象思維：從認識角度和實踐角度來看

從毛澤東〈給陳毅同志談詩的一封信〉在一九七八年一月發表以來，文藝界一直在進行深入的學習和熱烈的討論，大家都體會到這封信指示出新詩和一般文藝今後發展的大方向，其中最重要的一點是肯定了形象思維在文藝創作中的重要作用。毛澤東說：「詩要用形象思維，不能如散文那樣直說，所以比興兩法是不能不用的。」毛澤東還指出不用形象思維

的弊病，「宋人多數不懂詩是要用形象思維的，一反唐人規律，所以味同嚼蠟。」聯繫到新詩，毛澤東同志指示說，「要作今詩，則要用形象思維方法，反映階級鬥爭與生產鬥爭，古典絕不能要。」這個關於文藝方針的一項極重要的文件解決了美學理論中一個在中國久經爭論的問題，澈底粉碎了「四人幫」所鼓吹的「從路線出發」、「主題先行」和「三突出」之類謬論及其在文藝界造成的歪風邪氣，爲馬克思主義文藝理論的發展和我國文藝創作的繁榮奠定了牢固的基礎。

編者多年來在介紹西方文藝理論之中不斷地述評情感與想像對文藝創作的重要性。凡是看過這部《西方美學史》近代部分的人都會看出述評的主題之一就是形象思維。在這部教材一九六三年出版之後不久，在一九六五年夏季曾有人大張旗鼓地聲討形象思維論，說「所謂形象思維論……正是一個反馬克思主義的認識論體系，正是現代修正主義文藝思潮論的一個認識論基礎」、「不過是一種違反常識，背離實際，胡編亂造而已」。當時北京文化界曾爲此舉行過一次座談會，由反形象思維論者說明他的論點，讓與會者討論。作爲形象思維的一個辯護者，編者也應邀參加討論，提出過一些直率的意見。幾個月之後，這篇聲討形象思維論的大文就在陳伯達控制的《紅旗》（一九六六年第四期）上最顯著的地位發表了，對座談會上的反對意見毫未採納。接著「四人幫」對知識分子實行法西斯專政，編者對此也就不再有談論的餘地了，但是心裡並沒有被說服。去年初讀到毛澤東〈給陳毅同志談詩的一封信〉，憋了十幾年的一肚子悶氣一下子就通暢了。接著在報刊上陸續讀到一些討論形象思維的文章，受到不少的啓發。看來意見也還有些分歧，似值得深入地討論下去，把這個問題弄個水落石出。問題的牽涉面很廣，這裡只能從美學史出發，從認識和實踐的角度來提出一些看法，請同志們批評指正。

首先來談一下反形象思維者控訴形象思維論的一個罪狀：「違反常識，背離實際，胡編亂造。」「形象思維」這個詞要涉及語言學的常識。它在英文和法文是Imagination，在德文是Einbildung，在俄文是Воображение；相應的字根是Image，Bild和Образ，意思都是「形象」，派生的動名詞就是「想像」，「形象思維」和「想像」所指的都是一回事：過去常用的是「想像」，到了十八世紀中期德國黑格爾派美學家移情說的創始人弗列德里希·費肖爾（見本編第十八章）在〈論象徵〉一文①裡說過：「思維方法有兩種：一種是用形象，另一種是用概念和文詞；解釋宇宙的方式也有兩種，一種用文詞，另一種用形象。」在俄國較早用「形象思維」這個詞的是別林斯基。這兩人都是用「形象思維」來詮釋「想像」。「名者實之賓」，先有事實而後才有把它標出的詞。無論在外國還是在中國，「想像」都是有事實可指的，字源很古的而且現在還是日常生活中經常運用的詞，絕不是什麼「違反常識，背離實際，胡編亂造」。漢語「想像」這個詞，屈原在〈遠遊〉裡就已用了（「思放舊以想像兮」），杜甫在《詠懷古跡五首》裡也用過（「翠華想像空山裡」）。漢語文字本身就大半是形象思維的產品，許慎〈說文解字序〉裡所說的六書之中「象形」、「諧聲」、「指事」和「會意」四種都出自形象思維。中國詩文一向特重形象思維，不但《詩經》、

① 〈論象徵〉，載在作者的《批評論叢》，德文本，第四卷，第四三二頁以下。

《楚辭》和漢魏《樂府》如此，就連陸機的《文賦》和司空圖的《詩品》也還是用形象思維而不是抽象說理。難道這一切都是「胡編亂造」嗎？

1. 從認識角度來看形象思維

認識論首先涉及心理學常識，人憑感官接觸到外界事物，感覺神經就興奮起來，把該事物的印象傳到頭腦裡，就產生一種最基本的感性認識，叫做「觀念」、「意象」或「表象」。這種觀念或印象儲存在腦裡就成爲記憶，在適當時機可以複現，單純的過去意象的複現是被動式的。文藝創作所用的卻是一種「創造性的形象思維」，就各種具體意象進行組織、安排和藝術加工，創造出一個新的整體，即藝術作品。哲學家和科學家對這種來自感性認識的具體事物的意象卻用不同於藝術的方式加以處理。那就是用分析、綜合、判斷和推理，得出普遍概念或規律的邏輯思維。邏輯思維是根據感性認識而比感性認識高一級的認識活動。這個道理毛澤東在《實踐論》裡說的再精闢不過了。「認識的感性階段就是感覺和印象的階段」，「社會實踐的繼續，使人們在實踐中引起感覺和印象的東西反覆了多次，於是在人們的腦子裡生起了一個認識過程中的突變（即飛躍），產生了概念。」「概念同感覺不但是數量上的差別，而且有了性質上的差別。」形象思維屬於感性認識範疇，在文藝方面強調形象思維，因爲文藝要從現實生活出發而不是從概念公式出發，所達到的成果也不是概念性的理論而是生動活潑的藝術形象。所以毛澤東諄諄教導文藝工作者必須深入工農兵群衆中去，深入工農兵的實際鬥爭中去，「到唯一的最廣大最豐富的源泉中去，觀察、體驗、研究、分析一切人、一切階級、一切群衆，一切生動的生活形式和鬥爭形式，一切文學和藝術的原始材料，然後才有可能進入創作過程。」②從此可見，文藝創作之前必須有深入現實生活，加深對現實生活的感性認識，積蓄文藝創作的原始材料。這正是根據馬克思主義的認識論和文藝觀點，反形象思維論者所提出的公式卻是「表象（事物的直接印象）→概念（思想）→表象（新創造的形象）」。這個公式並不符合馬克思主義的認識論和文藝觀點，其理由有二：第一，概念是邏輯思維的結果，是由感性認識到理性認識的一種飛躍，要經過分析綜合和判斷推理的複雜過程，表象能簡單地就「飛躍」到概念嗎？其次，第二個表象即文藝作品，據上述公式，它是由概念產生的，也就是說，文藝是邏輯思維的產品。邏輯思維既然擔負了文藝創作的任務，當然就不用形象思維了。這種論點和「主題先行論」倒是一丘之貉。提出這種論點的人反而叫嚷「現代形象思維論是現代修正主義文藝思潮的一個認識論的基礎」，大家試想一想，這頂大帽子究竟應該給誰戴上才最合適呢？

2. 從西方美學史來看形象思維

我們的主要課題是要從西方美學史角度來看形象思維問題。在西方，從古希臘一直到近代，奉為文藝基本信條的是「摹仿自然」。摹仿自然實際上就是反映現實，但這個提法也可能產生誤解，以為摹仿即抄襲，因而忽視文藝的虛構和創造作用。柏拉圖就有過這種誤解。從客觀唯心主義出發，他認為只有「理」或「理式」（Idea）才真實，具體客觀事物是理式的摹仿，離眞理隔了一層，只是眞理的「摹本」或「影子」，至於摹仿具體客觀事物的文藝

② 見《毛澤東選集》，第三卷，第八六二頁。

作品和眞理又隔了一層，只是「摹本的摹本」、「影子的影子」，也就是虛構的幻想。根據這種理由，柏拉圖要把詩人驅逐出他的「理想國」境外。他可以說是西方反對形象思維的第一個人，反對形象思維所導致的結果就是限制文藝的發展，甚至排斥文藝，〈理想國〉一書的結論正說明了這一點。他的門徒亞理斯多德是「摹仿自然論」的堅決維護者，他的《詩學》肯定了詩人要描寫的是「按照可然律或必然律可能發生的事」，描寫的方式是「按照事物應該有的樣子」，在《倫理學》裡他還肯定了藝術是一種「生產」、一種「創造」，作品的「來源在於創造者而不在對象本身」。因此，他認爲文藝作品雖要虛構，卻不因此就虛假；不但如此，它比起記載已然事物的歷史「還是更哲學的，更嚴肅的」，更「帶有普遍性」。亞理斯多德這些觀點已包含了形象思維和藝術創造的精義，儘管他還沒有用「形象思維」這個詞。③在《修辭學》裡他還討論了「隱喩」和「顯喩」，這就涉及「比」、「興」了。

西方古代文藝理論中想像或形象思維這個詞最早出現在住在羅馬的一位雅典學者斐羅斯屈拉特（Philostlratus, 170-245）所寫的《阿波羅琉斯的傳記》（*Life of Apollonius of*

③ 參看本編上卷第三章。他用過Phantasie這個詞，不過指的是被動的複現的幻想活動。參看英國Butcher的亞理斯多德的《詩學》英譯本評注，第一二五至一二七頁。不過在近代西文中Phantasie也往往用作Imagination的同義詞。

Tyana），④這裡涉及形象思維的一段話是文藝由著重摹仿發展到著重想像的轉捩點。阿波羅琉斯向一位埃及哲人指責埃及人把神塑造爲一些下賤的動物，並且告訴他古希臘人卻用最好的最虔敬的方式去塑造神像。埃及哲人就問：「你們的藝術家們是否升到天上把神像臨摹下來，然後用他們的技藝把這些神像塑造出來，還是有什麼其他力量來監督和指導他們塑造呢？」他回答說：「確實有一種充滿智慧和才能的力量。」埃及哲人問：「那究竟是什麼力量？除掉摹仿以外，我想你們不會有什麼其他力量。」接著就是以下一段有名的回答：

創造出上述那些作品⑤的是想像。想像比起草仿是一種更聰明伶巧的藝術家。摹仿只能塑造出見過的事物，想像卻也能塑造出未見過的事物，它會聯繫到現實去構思成它的理想。摹仿往往畏首畏尾，想像卻無所畏懼地朝已定下的目標勇往直前。如果你想對天神宙斯有所認識，你就得把他聯繫到他所在的天空和眾星中間一年四季的情況，菲狄亞斯就是這樣辦的。再如，你如果想塑造雅典娜女神像，你也就必須在想像中想到與她有關的武藝、智謀和各種技藝以及她如何從她父親宙斯的頭腦中產生出來的。⑥

---

④ 阿波羅琉斯是一位新畢達哥拉斯派學者，這部傳記的原文和英譯文載英國Loeb古典叢書中，參看第二卷，第七十七至八十一頁。

⑤ 指上文談到的一些著名的古希臘神像雕刻。

⑥ 據古希臘神話，雅典娜是智慧女神、工藝女神和女戰神，又是雅典城邦的女護神。她母親懷她時，她父親宙斯把她母親吞吃下去，雅典娜是從宙斯頭腦裡生出來的。

這裡值得注意的是「想像也能塑造出未見過的事物」，會「聯繫到現實去構思成它的理想」，而且在塑造人物形象時須聯繫到人物的全部身世和活動去構思，足見想像仍必須從現實生活出發，但不排除虛構和理想化。這裡也可看出典型人物的要義。涉及的題材是神話，據黑格爾對象徵型藝術的論述，古希臘衆神都是荷馬和赫西俄德兩位史詩人按照人的形象把他們創造出來的，每個神都代表一種人物，所以各是一種典型，也各是一種形象思維的產品。

菲羅斯屈拉特生在西元三世紀左右，基督教已在西方開始流行。基督教在歐洲統治達一千幾百年之久，到文藝復興才漸受衝擊。它對文藝在創作和理論兩方面都起過很大影響。單就形象思維來說，讀者不妨參考黑格爾的《美學》第二卷，特別是論象徵型藝術中涉及古希臘、中世紀歐洲以及古代埃及、印度和波斯的宗教和神話的部分。從此可見，形象思維是各民族在原始時代就已用慣了。

對於一般關心西方美學史和文藝批評史的人來說，注意力宜集中到由封建社會過渡到資本主義社會近代五百年這段時間裡。在這段時間裡社會制度和人類精神狀態都在隨經濟基礎和自然科學的發展起著激烈的變化，哲學界進行著英國經驗主義對大陸理性主義的鬥爭，文藝界進行著以英德爲代表的浪漫主義對法國新古典主義的鬥爭。這兩場意識形態領域裡的鬥爭是互相關聯的，都反映出上升資產階級對封建制度的衝擊以及個性自由思想對封建權威的反抗。十六世紀歐洲大陸上流行的是笛卡兒、萊布尼茲和沃爾夫等人的理性主義。當時所謂「理性」還是先天的、先驗的，甚至是超驗的，不是我們現在所理解的以感性認識爲基礎的理性認識。和大陸理性主義相對立的是當時工商業較先進的英國的培根、霍布斯、洛克、休謨等人所發展起來的經驗主義。他們認為人初生下來時頭腦只是一張白紙，生活經驗逐漸在這張白紙上積累下一些感官印象，這就是一切認識的基礎，他們根本否認有所謂無感性基礎的「理性」．肯定感性認識是一切認識的基礎，這是經驗主義的合理內核。形象思維在文藝創作中的作用日益受到重視是和經驗主義重視感性認識分不開的，也是和浪漫主義運動對片面強調理性的法國新古典主義的反抗分不開的。新古典主義的法典是布瓦洛的《論詩藝》。這部法典是從笛卡兒的良知（Bon sens）論出發的，強調先天理性在文藝中的主導作用：

「……要愛理性，讓你的一切文章
永遠只從理性獲得價值和光芒。」

——《論詩藝》，I，三十七—三十八行

全篇始終沒有用過「想像」這個詞，但在英國，比布瓦洛還略早的培根就已在強調詩與想像的密切關係。在他的名著《學術的促進》裡，培根把學術分成歷史、詩和哲學三種，與它們相適應的人類認識能力也有三種，記憶、想像和理智。他的結論是「歷史涉及記憶，詩涉及想像，哲學涉及理智」。從此可見，培根不但已見出形象思維和抽象思維的分別，把文藝歸入形象思維，而且還指出複現性想像（記憶）和創造性想像的分別，指出詩不同於歷史記載。在《論美》一篇短文裡他還指出：同出形象思維，詩與畫卻有所不同，詩能描繪人物動作，畫卻只能描繪人物形狀，這也就是後來萊辛在《拉奧孔》裡所得到的結論。此後英國文藝理論著作沒有不強調想像的。就連本來崇拜法國新古典主義的艾迪生就寫過幾篇短文鼓吹「想像的樂趣」。到了浪漫主義運動起來以後，想像和情感這一對孿生兄弟就成了文藝創作的主要動力。具體表現在抒情詩歌和一般文藝作品裡，也反映在文藝理論裡。這是上升的資產階級的自我中心、力求自由擴張的精神狀態的反映，後來雖有流弊，卻也帶來了一個時期的文藝繁榮。

十八世紀中美學研究也開始繁榮了，大半都受到英國經驗主義的影響。涉及形象思維要旨的有兩部著作值得一提。一部是義大利哲學家維柯的《新科學》。⑦維柯初次從歷史發展觀點根據古希臘神話和語言學的資料，論證民族在原始期，像人在嬰兒期一樣，都只用形象思維，後來才逐漸學會抽象思維。在神話研究方面，後來黑格爾在《美學》第二卷論象徵型藝術部分以及馬克思關於神話的看法多少有些近似維柯的看法。在美學和語言學方面受他影響最深的是他在義大利的哲學繼承人克羅齊。現代瑞士兒童心理家皮亞傑（Piaget）也從研究兒童運用語言方面論證了兒童最初只會用形象思維。⑧

⑦ 見本書上卷第十一章。

⑧ 皮亞傑（J.Piaget，一八七六年生），關於兒童心理學的著作有許多種，其中一種專從兒童語中研究形象思維，他在英國講過學，有些著作已譯成英文。

十八世紀另一部值得注意的著作就是初次給美學命名爲「埃斯特惕克」的鮑姆嘉通⑨的《美學》。作者明確地把美學和邏輯學對立起來，美學專研究感性認識和藝術的形象思維；邏輯學則專研究抽象思維或理性認識。

總之，「形象思維」古已有之，而且有過長時期的發展和演變，這是事實，也是常識，並不是反形象思維論者所指責的「違反常識、背離實際、胡編亂造」。這種指責用到他自己身上倒很適合。

3. 馬克思肯定了形象思維

反對形象思維論者不但打著「常識」的旗號，而且打著「馬克思主義的認識論」的旗號，說什麼形象思維論是「一個反馬克思主義的認識論體系」。上面我們已根據毛澤東的《實踐論》說明了形象思維所隸屬的感性認識的合法地位，現在不妨追問：究竟馬克思本人是不是一位反形象思維論者呢？梅林在《馬克思與寓言》一文裡論證了馬克思繼歌德和黑格爾之後，是「一位天生的寓言作者」（faisseur d'allégories né）。⑩寓言或寓意體詩文就是中國詩的「比」，黑格爾的《美學》第二卷結合象徵型藝術詳細討論過，它還是形象思維方式之一。馬克思在他的經典性著作裡也多次肯定了形象思維。最明顯的例子是《政治經濟學批判》的「導言」裡關於神話的一段話：

⑨ 見本書上卷第十章。

⑩ 參看法文本《馬克思恩格斯論文藝》，第三六九至三七〇頁的法譯文。

「……任何神話都是用想像和借助想像以征服自然力，支配自然力，把自然力加以形象化……古希臘藝術的前提是古希臘神話，也就是已經通過人民的幻想用一種不自覺的藝術方式加工過的自然和社會形式本身。這是古希臘藝術的素材。」⑪

接著談到社會發展到不再以神話方式對待自然時，馬克思說，這時就「要求藝術家具備一種與神話無關的幻想」。「想像」在原文中用的是Einfildung，「幻想」在原文中用的是Phantasie，這兩個字在近代西文中一般常用作同義詞，足見馬克思肯定了藝術家要有形象思維的能力，儘管神話時代已過去。在對摩根的《古代社會》的評注裡，馬克思也是就神話談到「想像」，把想像叫做人類的「偉大資稟」。毛澤東在《矛盾論》裡談到神話時也引了上引馬克思的一段話，並且結合到神話中的矛盾變化，指出神話「乃是無數複雜的現實矛盾的互相變化，對於人們所引起的一種幼稚的、想像的、主觀幻想的變化」、「所以它們並不是現實之科學的反映。」從此可見，毛澤東肯定形象思維，並不是從〈給陳毅同志談詩的一封信〉才開始，而是早就在這個問題上發揮了馬克思主義。毛澤東自己的詩詞就是形象思維的典範。

4. 從實踐角度來看形象思維

馬克思主義創始人分析文藝創造活動從來都不是單從認識角度出發，更重要是從實踐角

---

⑪ 見《馬克思恩格斯選集》，第二卷，第一一三頁。

度出發，而且分析認識也必然是要結合到實踐根源和實踐效果。早在一八四五年馬克思在《關於費爾巴哈的提綱》裡就反覆闡明實踐的首要作用，他指出：「人的思維是否具有客觀的眞理性，這並不是一個理論的問題，而是一個實踐的問題。」費爾巴哈的「主要缺點是：對事物、現實、感性，只是從客體的或者直觀的形式去理解，而不是把它們當作人的感性活動，當作實踐去理解，不是從主觀（應作「主體」——引者）方面去理解」、「費爾巴哈不滿意抽象的思維而訴諸感牲的直觀，但是他把感性不是看作實踐的、人類感性的活動。」⑫這些論綱是馬克思主義哲學的核心。毛澤東在《實踐論》裡更加透闢地發揮了《費爾巴哈論綱》的要旨。在這篇光輝的著作裡，實踐論取代了過去的認識論，對哲學做出正本清源的貢獻。可惜我們過去在美學討論和最近在形象思維的討論中沒有足夠地深入學習這些重要文獻，所以往往是隔靴搔癢。片面強調美的客觀性和片面從認識角度看形象思維，都是例證。最近哲學界還有人否認實踐是檢驗眞理的標準。這就說明馬克思主義在我們頭腦裡扎根還不深，値得警惕。

從實踐觀點出發，馬克思主義創始人一向把文藝創作看作一種生產勞動。生產勞動，無論就現實世界這個客體還是就人這個主體來看，都有千千萬萬年的長期發展過程。這道理恩格斯在〈勞動在從猿到人轉變過程中的作用〉一文裡已作了科學敘述。⑬馬克思著作中討論

⑫ 見《馬克思恩格斯選集》，第一卷，第十六、十九頁。

⑬ 見《馬克思恩格斯選集》，第三卷，第五〇八至五二〇頁。

文藝作爲生產勞動最多的是在一八四四年寫成的《經濟學——哲學手稿》⑭，這部著作裡研究了各種感官和運動器官的發展與審美意識的形成，研究了勞動與分工對人的影響，證明了在勞動過程中人類不斷地按自己的需要在改變自然，在自然上面打下了人的烙印（這就是對象或客觀世界的「**人化**」），同時也日漸深入地認識自己和改變自己（這就是作爲「主體」的人的「**對象化**」）。

馬克思後來在《資本論》第一卷第三編第五章裡扼要概括了《經濟學——哲學手稿》裡關於勞動過程對改造客觀世界從而改造作爲勞動主體的人這個道理：

「勞動首先是在人與自然之間所進行的一種過程，在這種過程中，人憑他自己的活動來作爲媒介，調節和控制他跟自然的物質交換。人自己也作爲一種自然力來對著自然物質。他爲著要用一種對自己生活有利的形式去占有自然物質，所以發動各種屬於人體的自然力，發動肩膀和腿以及頭和手。人在通過這種運動去對外在自然進行工作、引起它改變時，也就在改變他本身的自然（本性），促使他的原來睡眠著的各種潛力得到發展，並且歸他自己去統制，我們在這裡姑不討論最原始的動物式的本能的勞動，……我們要研究的是**人所特有**的那種勞動。蜘蛛結網，頗類似織工紡織；蜜蜂用蠟來造蜂房，使許多人類建築師都感到慚愧，但是即使最庸劣的建築師也比最伶巧的蜜蜂要高明，因爲建築師在著手用蠟來造蜂房以前，就已經在他的頭腦中把那蜂房構

⑭ 一九五六年出版過中譯本，譯文艱晦，後未見再版。聽說馬恩列斯編譯局在重譯中。

成了。勞動過程結束時所取得的成果已經在勞動過程開始時存在於**勞動者的觀念**中，已經以**觀念**（或理想）的**形式**存在著了。他不僅**造成**自然物的一種形態改變，同時還在自然中**實現**了他所**意識到的目的**。這個目的就成了規定他的動作的方式和方法的法則，他還必須使自己的意志服從這個目的。這種服從並不是一種零散的動作，在整個勞動過程中，除各種勞動器官都緊張起來以外，還須行使**符合目的**的意志，這表現爲**注意**，勞動的內容和進行方式對勞動者愈少吸引力，勞動者就愈不能從勞動中感到自己運用身體和精神兩人方面的各種力量的樂趣，他對這種注意的需要也就愈大」。⑮

馬克思的這番教導對於美學的重要性無論怎樣強調也不爲過分。它會造成美學界的革命。這段話不僅闡明了一般生產勞動的性質和作用，同時也闡明了文藝創作作爲一種生產勞動的性質和作用。建築是一種出現較早的藝術，已具有一切藝術活動的特徵。建築師用蠟仿製蜂房，不是出於本能，而是出自於意識，要按照符合目的的意識和意志行事。在著手創作之前，他在頭腦中已構成作品的藍圖，作品已以**觀念**（或理想）的**形式**（原文是副詞ideel）存在於作者的觀念或想像（原文是Vorstellung，一般譯爲「觀念」或「表象」，法譯本即譯爲「想像」）中，足見作品正是形象思維的產品，更值得注意的是，形象思維不只是一種認識活動而是一種既改造客觀世界從而也改造主體自己的實踐活動，意識之外還涉及意志，涉

⑮ 參看中文版《資本論》，第一卷（上），第二〇一至二〇二頁，校對過德文本對譯文稍作修改。

及作者對自己自由運用身體的和精神的力量這種活動的欣賞。也就是在這個意義上，勞動（包括文藝創作）會成爲人生第一必須。

從這個觀點來看形象思維，它的意義與作用就比過去人們所設想的更豐富更具體了。過去美學家們在感官之中，只重視視覺和聽覺這兩種所謂「高級感官」和「審美感官」，就連對這兩種感官也只注意到它們的認識功能而見不出它們與實踐活動的密切聯繫。馬克思在《經濟學——哲學手稿》裡五種感官都提到，特別闡明在人與自然的交往和交互作用的過程中，雙方都日益發展，自然日益豐富化，人的感官也日益銳敏化。五官之外馬克思還提到頭、肩、手、腿之類運動器官，恩格斯特別強調人手隨勞動而日益發展是由猿轉變到人的關鍵。「手變得自由了，能不斷地獲得新的技巧」，完善到「彷彿憑著魔力似地產生出拉斐爾的繪畫、托爾瓦德森的雕刻和帕格尼尼的音樂。」

5. 近代心理學的一些旁證

近代心理學的發展也給感性認識與實踐活動的密切聯繫提供了一些旁證。

第一個旁證就是法國心理學家夏柯（Charcot）、耶勒（Janet）和庫維（Coué）等人根據變態心理所發展出來的「念動的活動」（Ideo-motor acfivity）說。依這一學說，頭腦裡任何一個固定化觀念（或意象）如果不受其他同時並存的觀念的遏制作用，就往往自動機械似地轉化爲動作，例如人格分裂症和夢遊症之類情況。即在日常生活中，「念動的活動」的事例也不少，例如專心看舞蹈或賽跑，自己的腿也就動起來，看到旁人笑或打呵欠，自己也不知不覺地照辦。法國另一個著名的心理學家芮波（Th. Ribot）把「念動的活動」應用到文藝心理學裡，寫出了《創造性的想像》（*L'Imagination creatrice*）⑯一書。他從各方面研究了形象思維。另外一個法國著名的美學家色阿伊（G. Séailles）在他的《藝術中的天才》（*Le Génie dans l'art*）⑰裡也詳細討論了「念動的活動」與形象思維的問題，特別是其中第三章，這一類的著作對於研究形象思維問題的人們都是不可忽視的資料。

第二個旁證是關於**筋肉感覺**（Kiuetic sensation）或**運動感覺**（sense of motion）的一些研究。⑱過去只提五官，現在又添了一種感覺到運動的筋肉感官。感覺到運動也就要在腦裡產生一種意象，而這種運動意象也就要成爲形象思維中的一個因素。近代美學中費肖爾父子和立普斯派的「移情作用」以及谷魯斯派的「內摹仿作用」都是從研究運動感覺而提出的。⑲編者過去讀過一部評論義大利佛羅倫斯派繪畫的名著。作者是本世紀初還活著的英國人，可惜因自己年老，想不起他的名字了。這部評論特別著重繪畫作品對觀衆心中所產生的筋肉緊張或鬆弛的感覺。其實這種看法在我國早已有之。畫論中所提的「氣韻生動」，文論中所提的「氣勢」、「骨力」、「雄健」、「陽剛」和「陰柔」之類觀念至少有一部分與筋肉感覺有關。傳說王羲之看鵝掌撥水，張旭看公孫大娘舞劍，從而在書法上都大有進展。還

---

⑯ 一九二六年巴黎F.Alcan書店出版。

⑰ 一九二三年，同上書店出版。

⑱ 參看德國心理學家閔斯特伯格（H. Münsterburg）的《心理學》，有英譯本，在美國出版。

⑲ 參看本書下卷第十八章。

有一位名畫家畫馬之先，脫衣伏地去體驗馬的神態姿勢，這些都必然要借助於筋肉感覺。不過造型藝術（雕刻和繪畫）之類「空間藝術」，一般較難表現運動，所以溫克爾曼主要從古希臘雕刻入手，才得出偉大藝術必以「靜穆」爲理想的片面性結論。筋肉感覺起作用最大的是音樂、舞蹈和詩歌之類「時間藝術」。這一類藝術都離不開節奏，而節奏感主要是一種筋肉感或運動感。我們不妨挑選一些描繪運動的作品來體驗一下，例如：

「噫吁戲，危乎高哉！蜀道之難，難於上青天！」

李白〈蜀道難〉

「蕩胸生層雲，決眦入歸鳥，會當臨絕頂，一覽眾山小。」

杜甫〈望嶽〉

「昵昵兒女語，恩怨相爾汝，劃然變軒昂，勇士赴敵場。……躋攀分寸不可上，失勢一落千丈強。」

韓愈〈聽穎師彈琴〉

讀這類作品，如果不從筋肉感覺上體會到其中形象的意味，就很難說對作品懂透了。歷來在詩文上下工夫的人都要講究高聲朗讀，其原因也正是要加強抑揚頓挫所產生的筋肉感覺，從而加深對詩文意味的體會。

第三個旁證是關於哲學界和心理學界對「**有沒有無意象的思想**」（imageless thought）

問題的爭論。編者在歐洲學習時正趕上這場爭論，報刊上經常有報導，⑳一位英國學者（名字也記不起了）寫過一部書評價了這場爭論。所謂「無意象的思想」就是一般所謂「抽象的思想」。抽象思想的存在是不容否認的，堅持沒有「無意象的思想」的一派人的出發點，還是理性認識不能沒有感性認識的基礎這一基本原則。值得注意的是這派人也正是強調筋肉感覺的。記得他們所舉的事例之一是「但是」這個聯結詞。從表面看，這個詞及其所代表的思想是一般性的、無意象的。說它是「有意象的」，他們卻也拿出了心理學實驗儀器所記錄下來的筋肉感覺轉向的證據。筋肉在注意力強化、弱化或轉向時都產生不同的感覺，留下不同的意象。所以像「但是」、「如果」這類詞所代表的思想畢竟還不是完全無意象的。這一點旁證可以幫助我們更好地理解，馬克思在上引一段話裡所提到的「勞動器官緊張」和表現爲「注意」的「符合目的的意志」活動。

6.「藝術作品必須向人這個整體說話」

從以上所述各點可以看出形象思維這個問題是很複雜的，絕不能孤立地作爲一種感性認識活動去看，既不涉及理性認識，更不涉及情感和意志方面的實踐活動。這種形而上學的機械觀在美學界至今還很流行。病根在於康德的《判斷力批判》上部這一美學專著。康德在這裡用的是分析法。爲科學分析起見，他把人的活動分析爲認識和實踐兩個方面，認識活動又分爲感性和理性兩個方面，實踐活動又分爲互相聯繫的意志和情感兩個方面。接著他就在

⑳ 如果查本世紀二〇至三〇年代的英國哲學刊物〈Mind〉，可能還查得出。

這個體系中替審美活動或藝術活動找一個適合的位置，把它分配到感性認識那方面去。「界定就是否定」，康德的界定就帶來了兩個否定，一個是否定了審美活動與邏輯思維所產生的概念有任何牽連，另一個是否定了它與實踐方面的利害計較和欲念滿足有任何牽連。這樣，眞善美就成了三種截然分開的價值，互不相干。康德的出發點是主觀唯心主義和形而上學的機械觀。不可否認他在美學方面做出了一些功績，但是也應該認識到他的觀點所造成的惡劣後果，在文藝界發展爲「爲藝術而藝術」的風氣，在美學界發展成爲克羅齊的「直覺說」。從此，文藝就變成了獨立王國，擺脫了一切人生實踐需要的形象「遊戲」。一般對文藝活動沒有親身經驗和親切體會的美學學究們（包括編者本人），中這種形而上學機械觀的毒都很深，在十九世紀科學界的有機觀特別是馬克思主義的唯物辯證法日益占優勢已很久了，現在是澈底清算餘毒的時候了。

什麼是辯證的有機觀呢？歌德在《搜藏家及其夥伴們》中第五封信裡說得頂好：

「人是一個整體，一個多方面的內在聯繫著的能力（認識和實踐兩方面的——引者注）的統一體。藝術作品必須向人的這個整體說話，必須適應人的這種豐富的統一整體，這種單一的雜多。」

要「適應人的這種豐富的統一整體」，藝術活動（包括形象思維在內）就必須發動和發展藝術家自己的和聽眾的全副意識、意志和情感的力量和全身力量，做到馬克思論生產勞動時所說的「從勞動中感到運用身體和精神兩方面各種力量的樂趣。」這樣才不會對美、美感和形象思維之類範疇發生像過去那樣片面孤立因而仍是抽象的觀念。

這樣一來，美學的任務就比過去遠較寬廣，也遠較複雜了。藝術雖然主要用形象思維，既不以概念爲出發點，也不以概念爲歸宿，但是作爲人類古往今來都在經常進行的一種活動，藝術必然也有它自己的邏輯或規律，尋求這種規律是美學中一項比過去更艱巨的工作。過去從英國經驗主義派研究觀念聯想的工作，到近代心理學家們研究「移情作用」、「念動的活動」和運動中的「筋肉感覺」、「創造性想像」，以及兒童運用語言等等問題的工作，都各以某種片面方式在尋求藝術形象思維的規律。對這些工作我們絕不應持虛無主義態度，至少要弄清在現代世界美學方面人們在做些什麼。如果我們堅持從馬克思主義出發來對待美學方面批判繼承和推陳出新的任務，我們就應承認自己的落後。我們不應該浪費時間去發些空議論，而應該按規劃、分步驟地多做些踏實而持恆的研究工作，這樣才有希望在美學方面完成新時期的歷史任務。

三、典型人物性格

1. 從古代到黑格爾的演變

美的本質問題在歷史上一直是與典型問題密切聯繫在一起的，特別是在德國古典美學家和俄國現實主義美學家們的著作裡。別林斯基說過：「沒有典型化，就沒有藝術」，足見典型問題在實質上就是藝術本質問題，是美學中頭等重要的問題。

「典型」（Tupos）這個名詞在古希臘文裡原義是鑄造用的模子，用同一個模子托出來的東西就是一模一樣。這個名詞在古希臘文中與Idea爲同義詞。Idea本來也是模子或原型，有「形式」和「種類」的涵義，引伸爲「印象」、「觀念」或「思想」。由這個詞派生出來的Ideal就是「理想」。所以從字源看，「典型」與「理想」是密切相關的。在西方文藝理論著作裡，「典型」這個詞在近代才比較流行，過去比較流行的是「理想」；即使在近代，這兩個詞也常被互換使用，例如在別林斯基的著作裡。所以過去許多關於藝術理想的言論實際上也就是關於典型的。

從同一個模子脫出來的無數事物都具有一種普遍性，都具有模子所鑄的那種模樣。所以典型性與普遍性或一般性是密切相關的，許多關於文藝普遍性的言論也往往涉及典型。最早的而且也很精闢的典型說是亞理斯多德在《詩學》第九章裡提出來的。他指出詩與歷史不同，「歷史家描述**已發生**的事，而詩人則描述**可能發生**的事。因此，詩比歷史是更哲學的、更嚴肅的，因爲詩所說的多半帶有**普遍性**，而歷史所說的則是**個別的事**」，接著他解釋「普遍性」說：

> 普遍性是指某一類型的人，按照可然律或必然律，在某種場合會說什麼話，做什麼事。

但是這種普遍性還須透過「安上姓名」的個別人物表現出來。這裡所說的實質上就是典型，儘管他沒有用這個詞。這個典型說裡有三點要義：⑴亞理斯多德是從文藝的眞實性來看典型問題的，詩比歷史更眞實（即「更哲學的、更嚴肅的」），因爲詩揭示出普遍性或典型性；(2)詩所寫的仍是個別人物（「安上姓名」）。但是須見出普遍性，這是亞理斯多德所理解的一般與特殊的統一，是他在哲學上的一個大貢獻，也是他的典型說所依據的基本的辯證原則；(3)這種普遍性不是數量上的總結或統計的平均數，而是規律的體現，須符合「可然律或必然律」，所以典型所顯示的普遍性就是規律性。像一條紅線貫串在《詩學》裡的基本思想是：文藝作品必須是有機整體，而有機整體首先要見於動作或情節的前後承續現出必然的內在聯繫。所以在亞理斯多德心目中，典型是與文藝的高度眞實性（即普遍性或規律性）和整一性（即「三一律」中的動作的整一）分不開的。

亞理斯多德還見出典型與理想的密切關係。他認爲最好的創作方法是「照事物**應當有的**樣子去摹仿」。這樣的摹仿如果照浮面現象看，或許是「不可能的」；但是照本質和規律來看，卻仍是「近情近理的」或「可信的」。在《詩學》第二十五章裡有一段很深刻的話：

> 一種合情合理的（亦可譯爲「可信的」）不可能總比不合情理的可能還較好。如果指責宙克西斯所畫的人物是不可能的，我們就應回答說，對，人物理應畫得比實在的更好，因爲藝術對原物範本理應有所改進。

從此可見，亞理斯多德的看法是辯證的。他首先肯定文藝應以現實人物爲範本，其次他又強調文藝在現實基礎上應有所改進。「改進」就是「理想化」，也就是提煉、集中和概括。由於著重典型的理想化性質，他主張文藝所描述的不是按事實是已然發生的事，而是按規律是可能發生的事。「合情合理的不可能」指宙克西斯集中許多美人的優點所畫成的海倫後在事實上不可能存在。但仍然是現實基礎上的提高。「不合情理的可能」指偶然事故，雖然事實上可能發生，卻不符合規律。藝術應該排除偶然而顯示必然。亞理斯多德很清楚地指出了：藝術的眞實不同於生活的眞實，儘管它們有聯繫。

亞理斯多德在《修辭學》卷二裡還提出過與藝術典型有別的「類型」，典型的普遍性是符合事物本質的規律性，類型的普遍性只是數量上的總結或統計的平均數，其中不免帶有許多偶然的非本質的東西。亞理斯多德以年齡和境遇爲標準把人分爲幼年人、成年人、老年人以及出身高貴的人、有錢的人和有權的人幾種類型，並且對每一類型作了很有概括性的描繪。不過他的用意不在要文學家們如法炮製，去創造典型人物性格，而在要他們透懂聽衆的性格和心理，以便對不同的人說不同的話，才較易產生更好的說服效果。

但是在很長時期以內，在西方發生影響的不是亞理斯多德的《詩學》傳統，而是他的《修辭學》傳統，《詩學》裡的典型說沒有立刻發生影響，而《修辭學》裡的類型說卻成爲古典主義時斯關於人物典型的理論根據。首先發揮《修辭學》裡類型說的是羅馬詩人賀拉斯。他在《論詩藝》裡勸詩人說：

> 如果你想欣賞的聽衆屏息靜聽到終場，鼓掌叫好，你就必根據每個年齡的特徵，把隨著年齡變化的性格寫得妥貼得體。

接著他仿亞理斯多德的先例，把幼年人、成年人和老年人的類型特徵描繪了一番，最後下結論說：

我們最好遵照生命的每個階段的特點，不要把老年人寫成青年人，或是把小孩寫成成年人。

很顯然，不把老年人寫成青年人，或是不把青年人寫得像個老年人，這不能就算創造了藝術典型形象而只是概念化和公式化。概念化和公式化卻恰恰是與眞正的典型化相對立的。

類型之外，賀拉斯還提出「定型」說。原來古典主義者號召學習古典，不但要摹仿古人的創作方法，還要借用古人已經用過的題材和人物性格。古人把一個人物性格寫成什麼樣，後人借用這個人物性格，也還是應該寫成那樣，這就叫做「定型」。例如賀拉斯勸戲劇家寫「遠近馳名的」阿基里斯時，就要按照荷馬在史詩裡所寫的那樣，把他寫成一個「暴躁、殘忍和兇猛的人物」，這就像中國過去舊戲寫曹操，就要一定把他寫成老奸巨滑，不准翻案。這還是概念化和公式化的另一種表現方式。

新古典主義者所崇奉的鼻祖就是賀拉斯。替新古典主義定法典的是布瓦洛。他在《論詩藝》裡把賀拉斯的類型說和定型說又複述了一遍，例如：

寫阿伽門農應把他寫成驕橫自私。
寫伊尼亞斯要顯出他敬畏神祇。

寫每個人都要抱著他的本性不移。

這就是把典型看成定型，十七世紀西班牙戲劇家洛普．德．維迦也是一個新古典主義者，他為典型即類型說提供了例證，在《喜劇寫作的新藝術》裡，他勸告劇作家說：

如果是一位國王在說話，就須儘量摹仿王侯的嚴肅；如果是一位老年人在說話，就要顯出他謙虛，肯思考；如果寫男女相愛，就要寫出動人的情感。

這就是寫類型。與這種類型說密切相關的是美即類型而類型是事物的「常態」的說法。法國啓蒙運動領袖之一孟德斯鳩說過一段話可為代表：

畢非爾神父給美下定義，說美是最普通的東西的匯合。一經解釋，這個定義就顯得很精確。……他舉例說，美的眼睛就是大多數眼睛都像它那副模樣的眼睛，口鼻等也是如此。

所謂「最普通的」就是「最常見的」、「最有代表性的」，所以也就是同類事物的常態或類型。自然主義的文藝理論家丹納也認為凡是能很清楚地顯示「種類特徵」的就是美的事物。

類型說和定型說的哲學基礎都是普遍人性論。依古典主義者的看法，文藝要寫出人性中最普遍的東西才能在讀者或觀眾之中發生最普遍的影響，才能永垂不朽。寫最普遍的東西就是寫類型和定型。普遍人性論是脫離社會歷史發展和具體情境而抽象地看人的結果。所以類型說和定型說所著眼的也都是抽象的人，其結果當然寫不出具體生動，有血有肉的人。在類型說和定型說的擁護者的眼裡，一般和特殊是絕對對立的，為著顯出共性，就不得不犧牲個性。

類型說和定型說不但反對個性，而且反對變化，都要求規範化和穩定化。這裡可能畢竟有它的階級根源，反映出過去統治階級維持統治階級體統的願望。類型說和定型說在西方最流行的時代主要是封建時代，當時文藝所表現的主要是封建社會上層人物，類型和定型的人物描繪有利於維持他們身分的尊嚴。這從新古典主義時代所定的一些清規戒律中可以看出。十六世紀義大利詩論家穆粹阿反對把國王寫成是平民出身的，㉑十八世紀英國批評家責怪莎士比亞在《科利奧蘭納斯》劇本裡把一位羅馬元老寫成一個小丑，就連啓蒙運動領袖伏爾泰也責備莎士比亞在《哈姆雷特》裡不該把國王寫成一個小丑。約翰生針對這兩人的指責，從人性論的角度，替莎士比亞進行過辯護，可是他自己還是責備莎士比亞不該讓馬克白用「屠夫和廚子在最卑微的任務中所使用的一種工具」（刀）去「幹一種重要的罪行」（殺國王）．他們責備的理由都是破壞類型，違犯「合式」（Decorum）那條規則。從此可見，新古典主義者的「守住典型」的口號如果譯成具體的語言，就會是「不要讓統治階級的大人物喪失身分」。

㉑ 見斯賓：《文藝復興時代文學批評》，第八十七頁。

法國啓蒙運動本來是反對封建以及點綴封建場面的新古典主義文藝的，但是伏爾泰和狄德羅在典型觀點上；都還沒有完全擺脫新古典主義的影響。狄德羅在《談演員》裡很強調理想，而他的理想畢竟還是類型。他曾舉莫里哀所寫的《僞君子》喜劇爲例，來說明「某一僞君子（現實中個別的僞君子）與「准僞君子」（經過藝術典型化的僞君子）的分別，認爲理想的人物（即典型人物）形象應顯出同一類型人物的「最普遍最顯著的特點，而不是某一個人的精確畫像」。從此可見，狄德羅仍是把典型和個性對立起來，爲著典型，就寧願犧牲個性。他的看法如果作爲反映法國古典喜劇創作經驗來看，倒可以說是正確的，因爲法國喜劇寫典型人物一般都像莫里哀寫《僞君子》那樣，把同類人物的「最普遍最顯著的特點突出地表現出來。不過狄德羅對於典型說畢竟作出了新的貢獻。他認識到人物性格取決於導致衝突的情境（見《論戲劇體詩》第十三節）。這是主要的一點。其次，他認識到「理想（即典型）是藝術家先構思好的「內在範本」，然後體現於外在的作品，它是既根據現實而又超越現實的，所以理想總要比現實高一層。這就回到亞理斯多德的關於詩的普遍性和理想化的學說，對於打破新古典主義的類型和定型的窄狹圈套，畢竟起了一些推動作用。第三，他雖強調喜劇寫類型，卻主張悲劇須寫個性。

總的說來，十八世紀以前西方學者都把典型的重點擺在普通性（一般）上面，十八世紀以後則典型的重點逐漸移到個性特徵（特殊）上面。所以十八世紀以前，「典型」幾乎與「普遍性」成爲同義詞，十八世紀以後，「典型」幾乎與「特徵」成爲同義詞。這個轉變主要由於資產階級個人主義思想的發展。在美學領域裡，鮑姆嘉通就首先指出：「個別事物是完全確定的，所以個別事物的觀念（意象）最能見出詩的性質。」這句話就標誌著風氣的轉變。康德在典型問題上也已超越出過去古典主義派的類型觀。他在《美的分析》裡把典型叫做「美的理想」，「理想是把個別事物作爲適合於表現某一觀念的形象顯現」，其中包括「審美的規範意象」和「理性觀念」兩個因素。「理性觀念」的例是慈祥、純潔、剛強、寧靜之類道德品質，這些品質在藝術作品中要通過「審美的規範意象」表現出來。就他用「規範」這個字來看，他仍未擺脫「常態」或「類型」的看法，但是他已認識到只有類型還不夠，還要「足以見出特性的東西」。後來在《崇高的分析》裡，他又把典型叫做「審美的意象」，說這是「想像力所形成的形象顯現，它能引人想到很多的東西，卻又不可能由任何明確的思想或概念把它充分表達出來」。這就是說典型形象「寓無限於有限」，具有高度的概括性和暗示性，它是「最完滿的形象顯現」。承認典型形象所包含的意蘊遠遠超過某一明確概念所能表達出的東西，這就已不再是類型說或常態說了。康德對典型對於藝術作品的重要性有充分的估計，從他兩度認眞討論這個問題以及從他把表達審美意象（即典型形象）的能力看作天才所特有的本領，都可以看出。

近代典型觀轉變的關鍵在於上文已提到的希爾特對溫克爾曼的批判。溫克爾曼所宣揚的「高貴的單純，靜穆的偉大」那個古典理想所指的，不是個別人物性格而是整個民族在整個時代中的一種精神面貌，是一種最廣泛最抽象的典型。他反對表情和描繪個別人物的特點，所以他的典型觀還是屬於過去的。希爾特反對他的這種看法，提出「個性特徵」來代替他的抽象的「理想」，這樣就把典型的重點從一般轉到特殊上，這可以說是浪漫主義的典型觀的開始。

典型作爲「一般與特殊的統一」這條大原則之下的一種事例，從歷史發展的角度來看，包括著兩個問題：第一個是：重點是擺在一般上還是擺在特殊上？對這個問題歷史已提供了答案：到了近代，典型的重點已從一般轉到特殊。另一個問題是：典型化應該從一般出發還是從特殊出發？在這個問題上近代美學家們的意見是不一致的。歌德和車爾尼雪夫斯基都主張從特殊出發，而黑格爾和別林斯基都主張從一般出發。

首先把這問題突出地提出來的是歌德。他的語錄裡有這一段話：㉒

> 詩人究竟是爲一般而找特殊，還是在特殊中顯出一般，這中間有一個很大的分別。由第一種程式產生出寓意詩，其中特殊只作爲一個例證或典範才有價值，但是第二種程式才特別適宜於詩的本質，它表現出一種特殊，並不想到或明指到一般，誰若是生動地把握住這特殊，誰就會同時獲得一般而當時卻意識不到，或只是到事後才意識到。

這裡所指出的就是從概念出發與從現實出發的分別。在這個問題上歌德與席勒有明顯的分歧，席勒的辦法是爲一般而找特殊，即從概念出發；歌德的辦法是在特殊中顯出一般，即從現實生活出發。是否一切特殊都可以顯出一般呢？歌德說，「我們應從顯出特徵的東西

㉒ 參看本書第四九四頁引文。

開始。」、「詩人須抓住特殊，如果這特殊是一種健全的東西，他就會在它裡面表現出一般。」所謂「顯出特徵」就是排除偶然，見出本質；所謂「健全」就是「達到自然發展的頂峰」，是一件事物本質的「完滿顯現」。從此可見，歌德排除了自然主義，堅決站在現實主義方面。歌德在這裡所指出的分別是檢查典型理論的一個最穩實的標準，在歌德以後，凡是就典型問題發表過意見的美學家們，大概都不外從概念出發和從現實出發兩種。

上文已提到黑格爾所說的「美是理念的感性顯現」是美的定義也是藝術的定義，其實也就是典型的定義。典型在他的《美學》裡一般叫做「理想」，它是理性內容與感性形象的統一。黑格爾對此曾作如下的說明：

遇到一件藝術作品，我們首先見到的是它直接呈現給我們的東西，然後再追究它的意蘊或內容。前一個因素，即外在的因素，對於我們之所以有價值，並非由於它所直接呈現的，我們假定它裡面還有一種內在的東西，即一種意蘊，一種灌注生氣於外在形狀的意蘊，那外在形狀的用處就在指引到這意蘊。

這裡直接呈現的「外在形狀」就是感性形象，「意蘊」是沿用歌德的術語就是理念或理性內容。這二者的統一才是「理想」、典型或藝術美。這個看法也符合歌德所說的「成功的藝術處理的最高成就是美」一條原則。黑格爾始終認為，藝術的中心是自在又自為的人而不是只自在而不自為的自然，人物「性格就是理想藝術表現的眞正中心」，從此可知，典型人物性格在他的美學裡所占的地位是首要的。在這種人道主義的觀點上，黑格爾也還是和歌德一致的。

但是黑格爾和歌德在出發點上顯出基本的分歧。從歌德所指出的「爲一般而找特殊」和「在特殊中見出一般」的分別看，黑格爾所理解的創作方法顯然是「爲一般而找特殊」，即從抽象的概念出發。這是他的客觀唯心主義哲學體系所必然導致的結論，因爲在他體系中抽象的理念先存在，它否定了自己，結合到特殊，才成爲具體的理念。黑格爾的典型說，正如他的整個美學體系一樣，都錯在這個從概念出發而不從現實生活出發上面。

儘管如此，黑格爾對藝術典型的研究畢竟做出極其重要的貢獻，值得注意的有以下三點：

第一，黑格爾並不把人物性格看作抽象的東西，而是把它看成和歷史環境是不可分割的。他所要求的「理念」、「意蘊」或內容是某特定時代的一般文化生活的背景（他稱之爲「一般世界情況」），所形成的倫理、宗教、法律等方面的信條或人生理想（他稱之爲「神」或「普遍的力量」）。「普遍力量」或特定時代的人生理想在人物心中所凝成的主觀情緒，叫做「情致」，情致是「充塞滲透到人物全部心情的那種基本的理性內容」，例如「戀愛、名譽、光榮、英雄氣質、友誼、親子愛之類的成敗所引起的哀樂」。除了這個由客觀環境決定的主觀心理傾向之外，還要「一般世界情況」具體化爲揭開衝突，推動人物行動的具體「情境」（例如莎士比亞的《哈姆雷特》所反映的一般世界情況是文藝復興時代的文化背景，它的具體「情境」就是王子的父親暴死，母親和叔父結了婚），人物的「情致」才能體現於行動。

其次，黑格爾不但把人物性格和歷史環境聯繫起來，而且看出人物性格是矛盾對立的辯證發展的結果。這就是他的「衝突」說。人物處在具體情境中，發現了衝突，即成全某一理想就要破壞另一理想的兩難境遇。這種衝突就成爲他決定在行動上何去何從的「機緣」，這樣他才顯出他的性格。黑格爾說：「在這個情境和動作的演變中，他就揭露出他究竟是什麼樣的人，而在這以前，人們只能根據他的名字和外表去認識他。」，這就是說，還見不出他的性格。性格要見於動作，而「動作的前提」就是衝突，「人格的偉大和剛強，只有藉矛盾對立的偉大和剛強才能衡量出來。」以上這兩點是黑格爾的辯證發展的觀點在典型說上的運用。儘管他運用這種衝突說去解釋悲劇時還有不正確的地方，他把人物性格擺在歷史發展的辯證過程中去看，在當時還是一種獨創的新見解。從著重一般世界情況和具體情境對人物性格的決定作用來看，黑格爾已見出典型環境與典型人物的內在聯繫。

第三，「意蘊」或理念畢竟要通過感性形象來顯現。有了這種感性形象的顯現，才算有了藝術作品，也才算有了典型人物性格。所以黑格爾要求典型人物性格需是有血有肉的活生生的人物而不只是理念的象徵或符號。依他看，典型人物性格要具有三大特徵。第一是豐富性，說明如下。

> 每個人都是一個整體，本身就是一個世界，每個人都**是一個完滿的有生氣的人，而不是某種孤立的性格特徵的寓言式的抽象品**。

在舉例時黑格爾特別推尊荷馬和莎士比亞，而斥責法國戲劇的作法，只突出地描寫人物的某一孤立性格特徵，如《吝嗇鬼》和《僞君子》之類。第二個特徵是明確性。一個有血有肉的人在性格上是豐富的、多方面的。但是在這些多方面之中，「應該有一個主要的方面作爲統治的方面」，性格才明確。例如莎士比亞所寫的茱麗葉「只有一種情感，即她的熱烈的愛，滲透到而且支持起她的整個性格」。第三個特徵是堅定性，即人物須始終一貫地「忠實於自己的情致」。黑格爾不滿意於歌德所寫的維特，因爲維特是一個「軟弱的性格」。他特別斥責霍夫曼一派的消極浪漫主義的頹廢傾向。他說：「沒有人能同情這種乖戾心情，因爲一個眞正的人物性格必具有勇氣和力量，去對現實起意志，去掌握現實。」這裡可以見出黑格爾的人道主義精神，典型人物性格應該是健全的人，剛強的人而不是病態的人、頹廢的人。總觀這幾點要求，黑格爾雖然是從一般概念出發，卻仍把重點擺在個性特徵上，在這一點上他代表了近代藝術觀和典型觀的新趨向。

在黑格爾以後，對藝術典型問題最重視的是別林斯基。他說典型是「一種對一個人的描繪，其中包括多數人，即表現同一理念的一整系列的人」，例如莎士比亞的奧賽羅是一切妒嫉的人的典型。所以他的基本觀點是從黑格爾來的，但同時也受到古典主義的類型說的影響，其毛病在於歌德所說的「爲一般而找特殊」，即從概念出發。但是他也和黑格爾一樣，在重視一般的同時，卻強調個性特徵。在「熟識的陌生人」一個詞裡他生動地說明了典型是共性與個性的統一。他的特殊貢獻在指出典型性格應該體現時代精神的特徵，他已約略見出典型性格與典型環境的密切聯繫。他認識到典型就是理想，可以高於現實。例如「在一位大畫家所做的畫像裡，一個人比起在照像裡還更像他自己」。車爾尼雪夫斯基拋棄了黑格爾的典型說，認爲典型化必以現實的個人爲基礎，在這一點上他接近歌德的觀點，比別林斯基前進了一步。但是由於他力圖否認想像虛構以及理想化在藝術中的作用，他把藝術典型看成只是對現實中原已存在的典型的再現，從而得出藝術美永遠低於現實美的結論。他的事例生動地說明了一點眞理：對典型化如果沒有正確的理解，就不可能對藝術的本質有正確的理解，也就不可能對藝術美與現實美的關係有正確的理解。

如衆所周知，黑格爾的典型觀是馬克思主義創始人所批判繼承而加以澈底革新的。研究馬克思主義美學不是本編範圍以內的事，但是爲著更好地理解黑格爾的典型觀，研究一下馬克思主義創始人對它的繼承和革新，這仍然是必要的。

2. 馬克思主義的典型環境中的典型人物性格，學習馬克思和恩格斯關於典型的五封信的筆記

馬克思和恩格斯的典型觀是從歷史唯物主義的基本原理出發的，具體的資料有五封信：(1)一八五九年四月十九日馬克思給拉薩爾的信；(2)一八五九年五月十八日恩格斯給拉薩爾的信；(3)一八八五年十一月二十六日恩格斯給敏·考茨基的信；(4)一八八八年四月初恩格斯給哈克奈斯的信；以及(5)一八九〇年六月五日恩格斯給保·恩斯特的信。[23]如果把這五封信擺在一起來比較和分析，就可以見出馬克思和恩格斯的典型觀包括兩個基本原則，一是典型與個性的統一，二是典型人物與典型環境的內在聯繫。

[23] 均見《馬克思恩格斯選集》第四卷。

關於典型與個性的統一，恩格斯給敏·考茨基的信提得最爲簡明：

「對於這兩種環境的人物，㉔你都用你平素的鮮明的個性描寫給刻畫出來了；**每個人都是典型，而又有明確的個性**，正如黑格爾老人所說的『這一個』，㉕而且應當是這個樣子。」

從此可見，恩格斯所提出的典型與個性的統一的原則，是就黑格爾學說（這在《美學》第一卷論人物部分講得更清楚）加以發揮的。恩格斯指出們《舊人和新人》這部小說裡也還有缺點，例如主角阿爾諾德的性格就過多地「消融到原則裡去了」。這是因爲作者公開地表明了「自己的立場」或「傾向」。恩格斯聲明：「我絕不是反對傾向詩本身。」，他並且讚美了古今一些有政治傾向的大作家，不過問題在於如何表現傾向。恩格斯接著說：

「我認爲**傾向應由情境和情節本身產生出來**，**而不應特別把它指點出來**；作者沒有必要把他所寫的那種社會衝突在將來歷史上會如何解決預告給讀者。……依我看，一部有社會主義傾向的

㉔ 指敏·考茨基送請恩格斯提意見的小說《舊人與新人》中所寫的奧地利鹽礦工人和維也納上層社會人物。

㉕ 引黑格爾的《精神現象學》中的用語。原指個別具體的感性認識。參看本卷第十五章第七節，黑格爾原義不專指藝術中的典型，黑格爾用來論證藝術典型中個性與典型的統一。

小說如果能把現實關係忠實地描繪出來，從而打破對這種關係的流行的世俗幻想，使資產階級世界的樂觀主義受到動搖，使人必然懷疑到現存秩序能否長存下去，如果能這樣，縱使作者沒有直接提出什麼解決辦法，甚至不明確表示自己的立場，他也就完全完成了他的任務。」㉖（重點是引者加的）

這段話可能有兩種涵義：一、重申典型性格不應「消融到原則裡去」。「傾向」最好是由情境和情節暗示出來。脫離具體的典型環境（即「情境」、「現實關係」），見不出具體的人物性格及其政治傾向。二、文藝作品要描繪出豐滿而生動的具體形象，才可避免概念化和公式化。這兩個涵義在其他幾封信裡也反覆出現，足見它們是現實主義的基本要求。從打破幻想，引起人「懷疑現存秩序能否長存」來看，恩格斯所提出的正是揭露性的批判現實主義的理論基礎。

明確地提出「典型環境中的典型人物」，而且把這個要求和現實主義密切聯繫在一起的是恩格斯給哈克奈斯的信，這位英國女作家㉗在費邊社高唱資產階級民主的喧囂聲中，參加

㉖ 這部分摘自《馬克思恩格斯選集》第四卷的引文，大半據原文稍作校改。

㉗ 她的幾部小說是用約翰·洛（John Low）這個筆名發表的，《城市姑娘》之外，還有《曼徹斯特的鞋匠》（一八九〇年）、《在最黑暗的倫敦》（一八九一年）等。

過馬克思和恩格斯贊助的社會民主聯盟。她對東倫敦工人㉘苦況進行過一些調查，對他們持慈善家的態度予以同情。她的小說《城市姑娘》用了英國小說中常見的窮苦少女被富豪誘姦和遺棄的老故事，寫了一些工人階級貧窮落後、靠救世軍之類慈善機關賑救的情況。她把這部小說寄給恩格斯請提意見。恩格斯在覆信中說：

「這篇小說還不是夠現實主義的。照我看來，現實主義不僅要細節眞實，而且還要**眞實地再現典型環境中的典型人物**。你所寫的那些人物性格，在他們的限度之內，㉙是夠典型的，但是環繞他們而且促使他們行動的那種環境卻不夠典型……」（重點引者加）

因爲像哈克奈斯所寫的那樣麻木被動、靠上面賑救的工人只有十九世紀頭十年才有，而現在《城市姑娘》剛問世的一八八七年，工人階級在馬克思和恩格斯直接參加和指導之下已進行過五十年之久的不斷的鬥爭了，工人的覺悟已提高了。作者把促使工人行動的環境倒退五、六十年之久，所以對今天便不夠典型了。環境既不夠典型，人物性格（如作者所寫的那樣被動）也就不可能夠典型了。這個具體事例生動他說明了典型性格和典型環境之間緊密的內在聯繫，因爲促使劇中人物行動、推動情節發展的正是圍繞他們的具體環境。

㉘ 華僑碼頭工人居住區「唐人街」正在這一區。

㉙ 就如你所寫的那種麻木被動的工人而言——編者注。

接著恩格斯再次把典型問題和現實主義的傾向性聯繫起來，反對當時德國人把「傾向性小說」看作是作者本人政治觀點的寫照。他說：

「作者愈讓自己的觀點隱蔽起來，對藝術作品也就愈好。我所指的現實主義甚至可以違背作者自己的見解而表現出來。」

「違背」比「隱蔽」更進了一層，其實都是強調現實主義的客觀性。他舉現實主義大師巴爾扎克爲例，讚揚他的《人間喜劇》把一八一六至一八四八年時期法國上升的資產階級對貴族社會日盛一日的衝擊都描寫出來了。「在這幅中心圖畫的周圍，他彙集了法國社會的全部歷史。」儘管他自己屬於正統王權派，他卻「違反了自己的階級同情和政治偏見」、「看到了自己心愛的貴族必然滅亡」，而「毫不掩飾地讚賞自己的政治敵人」，即「眞正人民群衆的代表」。最後他下結論說：「這一切我認爲是現實主義的一種最偉大的勝利。」

這段極其深刻的話被不少的文藝理論家誤解了。他們想以此爲例來證明所謂「世界觀與創作方法的矛盾」。事關歷史唯物主義的基本原則，在此不可不置辯。

首先，什麼是「世界觀」？這主要是指唯心史觀與唯物史觀的分別，其次是指政治上反動（或倒退）與革命（或進步）的分別。再者，什麼是「創作方法」？這是現實主義與浪漫主義的分別。事物總是有矛盾的，不能要求一個作家無論在世界觀上還是在創作方法上都是「完人」或「赤金」。堅持辯證唯物主義就要看一個作家的主導方面。巴爾扎克的主導方面是什麼呢？不錯，他是個正統王權派，是同情貴族社會的，但他一生沒有參加過實際政治活動。他是個窮作家，住在巴黎一間小閣樓裡，每天進行十五到十八小時的寫作來勉強糊口，還負了一身債。他在二十多年中寫出了八、九十部劃時代的小說。所以他的主要活動是小說創作。他做過投機買賣，他是一個上升資產階級的俘虜。我們能拿貴族或正統王權派的大帽子把一個同情新興階級的大作家壓垮嗎？恩格斯沒有這樣做而是讚揚他對貴族男女的尖刻諷刺，對他的政治上死敵六月革命中的共和黨人的稱讚，而且「在當時唯一能找到的地方看到了眞正的未來人物」。這難道不是他的主導方面嗎？這和他的現實主義的創作方法有什麼矛盾呢？

恩格斯稱讚巴爾扎克的成就是「這一切是現實主義的一種最偉大的勝利」。這句話究竟應怎樣理解呢？修正主義陣營中最著名的匈牙利文藝理論家盧卡奇，在承認世界觀與創作方法矛盾的基礎上著重地討論過這個問題，其結論是巴爾扎克的勝利在於，「偉大的藝術、忠實的現實主義和人道主義三者不可分割地融成一體」，而「這個統一原則就是關心保衛人格的完整」。他並且說：「這種人道主義就是馬克思主義美學中最重大的基本原則。」㉚說句老實話，讀過這番議論之後，我仍覺如墮五里霧中。我的看法很簡單。世界觀和創作方法本來不應有矛盾。巴爾扎克的世界觀本身確實有矛盾，有發展，他原來確實是正統王權派，但是他「違反了（其實就是克服了——編者）自己的階級同情和政治偏見」。是什麼幫助他克

㉚ 盧卡奇：《美學史論文集》，原書是用德文寫的，一九五四年柏林版第二二二至二二五頁。

服的呢？正是現實主義。作爲現實主義的藝術家，他要忠實於現實，就得正視現實，把現實看眞看透，這樣就看清楚了貴族必然滅亡而工人階級必然是未來的主人這條歷史必由之路，所以恩格斯說：「這一切我認爲是現實主義的最偉大的勝利之一。」

在本編〈序論〉裡已介紹過恩格斯給恩斯特的信，爲著說明歷史唯物主義要求對具體問題作具體分析，切忌貼標籤和公式化，其實典型問題也正是這封信中一個最具體的問題。恩格斯一方面指責恩斯特把對德國小市民階層的看法強加在挪威小市民階層身上，沒有顧到工商業已很發達的挪威與貧窮落後還保存農奴制的德國在文化和思想覺悟上迥然不同，以德國的小市民來看待挪威的小市民，這就歪曲了雙方的典型環境，從而也歪曲了雙方的典型人物。另一方面恩格斯也批判了恩斯特的論敵巴爾的自然主義觀點，把婦女看成「雌性類人猿」、「失去了一切歷史發展的特點」，她的膚色既不是白的或黑的，也不是黃的或紅的，而只是一般人的，也就是說，只有類型而根本沒有個性。這是普遍人性論的變種，既談不上個性與典型的統一，更談不上典型環境中的典型人物了。這是極端的抽象化和公式化，絕對掌握不住藝術所要求的生動鮮明的具體形象。

五封信之中最重要的還是馬克思和恩格斯分別給拉薩爾的信。[31] 拉薩爾是黑格爾的門徒，馬丁・路德的崇拜者，工人運動中的老牌修正主義者，《哥達綱領》的幕後指揮者。他在一八五七年到一八五八年初寫了一部歷史劇《弗蘭茨・馮・濟金根》。一八五九年他把這

---

[31] 兩信都早於前三信，因為較前三信不但更重要而且也更難，所以放在最後介紹詳細一點。

部劇本寄給馬克思和恩格斯，還附了一篇《論悲劇觀念》的長文手稿。馬克思和恩格斯分別回了信，不約而同地提了一些基本一致的批評，特別是都責備他沒有抓住農民戰爭這個主要矛盾。接著拉薩爾又回了馬克思一封長信拒絕接受批評，甚至強詞奪理，試圖證明當時農民戰爭比騎士內訌「還更反動」。馬克思看到他不可救藥，就置之不理。這樣就結束了德國文學史上曾轟動一時的「濟金根論戰」。㉜

《濟金根》這部歷史劇的主題，是十六世紀宗教改革時代以濟金根爲首的在沒落中的封建騎士反對東歐各地區封建領主（羅馬教廷主管下的諸侯和天主教高級僧侶）的鬥爭。十六世紀是歐洲封建社會過渡到近代資本主義社會的重要轉捩點。關於這個時代的歷史背景和各階級力量對比的關係，恩格斯在他的名著《德國農民戰爭》裡已作了深入的分析和敘述，是研究「濟金根論戰」的首先應掌握的資料。當時社會分成三大陣營：由羅馬教廷操縱的天主教反動派，受路德新教影響的市民改良派，以及由閔採爾領導的農民和市民革命派。當時進行過兩場性質不同的鬥爭，一是一五二二年由低級貴族封建騎士濟金根和路德派貴族僧侶胡登領導的——爲維護騎士封建特權而發動的對封建諸侯和高級僧侶的戰爭，一是一五二四至一五二五年由閔採爾領導的反封建的農民戰爭。這兩場鬥爭都失敗了。失敗的原因在當時天主教反動派封建勢力雖已漸就衰朽，比起在沒落中的封建騎士和初登上歷史舞臺的窮苦農民

㉜「濟金根論戰」的全部資料載在一九五六年柏林出版的漢斯・邁耶（Hans Meyer）編的《德國文學批評名著》第二卷第五七九至六三六頁。東德里夫希茨（Lifschitz）編的《馬克思恩格斯論文藝》也選載了一部分。

和城市平民都還遠較雄厚。無論是騎士內訌還是農民聯合平民的起義都必須利用對方矛盾，爭取同盟軍來壯大自己的力量。所以濟金根曾試圖過利用農民，而濟金根失敗後，農民也想請濟金根的兒子漢斯來領導他們起義。但是這種聯盟是根本不可能的，因爲封建騎士要維護封建特權，就必須靠壓迫和剝削農民才能活下去，而農民卻要消滅封建剝削才能活下去，興旺起來。所以恩格斯指出，「這就構成了歷史的必然要求和這個要求的實際上不可能實現之間的悲劇性衝突。」這也就是當時應該「意識到的歷史內容」和典型環境。可是《濟金根》的作者對此卻毫無認識。他揚言他是在寫「革命悲劇」。寫革命悲劇，他第一步就走錯了，不以農民戰爭而以騎士內訌爲主題。至於騎士內訌之所以失敗，拉薩爾也看不出這是由於兩敵對階級之間的不可調和性，而認爲是下文還要談到的他在〈論悲劇觀念〉中所說的那個原因，即「目的無限而手段有限」，迫使悲劇主角作爲「實際政治家」必然要搞欺詐妥協之類的「外交手腕」所犯的過錯。這是他的唯心史觀和機會主義的大暴露。

馬克思在信中承認，導致一八四八至一八四九年歐洲革命必然失敗的那種悲劇性衝突，可以作爲一部現代悲劇的中心，但是懷疑拉薩爾「所選擇的主題是否適合於表現這種衝突」。他選的主題不是農民戰爭而是騎士內訌，而且把他的作品叫做「革命悲劇」，這是問題的要害所在。

拉薩爾寫《濟金根》，顯然受到他所推崇的歌德的名劇《葛茲．馮．伯利興根》的影響。在《葛茲》這部劇本裡，濟金根就已經是伯利辛根的親信助手。前後兩劇的歷史背景的情節也頗類似。都以十六世紀騎士內訌爲主題。馬克思在信裡所以就兩劇進行了比較，承認歌德選伯利辛根是正確的而認爲拉薩爾選濟金根卻是錯誤的。這兩劇主角都不是什麼英雄人物，伯利辛根是個「可憐的人物」，而濟金根也「不過是一個唐吉訶德」。爲什麼歌德選伯利辛根就對而拉薩爾選濟金根就不對呢？馬克思回答得很清楚（可惜在中譯文裡不易看出），因爲濟金根自以爲是革命的，而伯利辛根就不能說是自以爲是革命的。這就是說，歌德的目的很單純，只想寫一部以騎士內訌爲主題的悲劇，來表達狂飆突進時代的激情，而拉薩爾卻聲稱自己寫的是「革命悲劇」，所選的主角濟金根還是和伯利辛根一樣，都是騎士和垂死階級的代表，所不同者伯利辛根不自以爲在反封建，而濟金根卻打起了這面旗幟，實際上還是替封建制度作垂死掙扎和宣揚路德新教的妥協主義，在「濟金根論戰」開始時，拉薩爾還是社會民主陣營內部的人，馬克思和恩格斯在給他回信中都還以與人爲善的態度對他進行規勸，所以話都很委婉，偶爾還加以贊許，但仍堅持革命原則，根本否定了《濟金根》是部「革命悲劇」。革命志劇就應寫革命運動中的典型環境（農民戰爭）和其中的典型人物（閔採爾）。這是研究「濟金根論戰」中要首先抓住的一點。

拉薩爾是在一八四八至一八四九年歐洲幾次民主革命失敗之後寫出這部歷史悲劇的，他要用濟金根的失敗來影射當時民主革命的失敗，其結論是一切革命都必以失敗而告終。這就充分暴露了他的機會主義的世界觀。在這方面我們須研究一下他附寄給馬克思的〈論悲劇觀念〉那篇冗長而晦澀的手稿，原來他是把亞理斯多德的悲劇主角須有過錯的論點，和黑格爾的悲劇起於衝突雙方各有正確的一面和錯誤的一面，因而導致否定雙方的論點雜糅在一起的。在他看，悲劇的衝突起於過度的革命激情與現實條件之間不適應，他把這種情況叫做「目的無限」而「手段有限」的矛盾。就是這種矛盾迫使悲劇主角以「現實政治家」的態度，想方設法施展「外交手腕」，不惜「欺騙」和「妥協」。這就說明他對革命力量的信心還不足，對「外交手腕」的信心卻過分，所以結果發現自己後面沒有軍隊，他已被軍隊遺棄了，而敵人卻仍舊站在面前，他只得以失敗而告終。這就是拉薩爾的「革命悲劇」的「理想」，他認爲濟金根就恰好體現了這個「理想」。馬克思在回信裡著重地指出：「濟金根的失敗並不是由於他的欺詐，而是由於他作爲騎士和垂死階級的代表來反對現存制度」（即封建制度）。這一句話就戳穿了拉薩爾的〈論悲劇觀念〉中的基本觀點。拉薩爾還把他的基本觀點定爲一個永遠適用的公式，說：「這種悲劇衝突並不僅屬於某一次革命，而是在過去和未來的一切革命中都要複演的，例如一八四八至一八四九年乃至一七九二年那些革命都是如此。」他閉目不看這些革命，特別是法國大革命，都起了推動歷史前進的作用，都不能說是完全失敗。拉薩爾想借散布關於革命的悲觀論調來勸人不要革命。他不把革命看成階級鬥爭而看成個人野心家爭權奪利的工具，爲著達到這個目的，就有必要施展「現實政治家」的欺騙妥協之類「外交手腕」。他本人不過是工人運動中一個濫竽充數的領導人物，到後來竟賣身投靠當時歐洲反革命頭目俾斯麥，替他當間諜。這種不是悲劇而是滑稽劇的命運在他的那篇〈論悲劇觀念〉裡就已露出苗頭了。

聯繫到他的機會主義的政治觀點，應特別提出他的反現實主義的文藝觀點。〈論悲劇觀念〉充分說明了他先有一套關於「革命悲劇」的公式概念，於是就選濟金根和胡登作爲體現這套公式概念的角色。他在《濟金根》劇本原序裡也說他原想把他的思想「寫成一篇學術論著」，後來改變了意圖，「決定寫這樣一個劇本」。這種寫作程式證明了在他眼裡文藝不是具體現實的反映，而是主觀抽象概念的圖解，這正是近來「四人幫」所吹噓的「主題先行論」。恩格斯所以在回信裡直率地告訴他說，「你的觀點在我看來是非常抽象而又不夠現實主義的。」

在劇本原序裡拉薩爾還拋出了他「長久以來十分醉心的一種美學的信念」，他「認爲德國戲劇通過席勒和歌德取得了超越莎士比亞的進步……特別是席勒戲劇中的更偉大的思想深度。」針對這種「美學信念」，馬克思和恩格斯提出了在文藝理論上具有頭等重要意義的批評。馬克思首先指出如果寫農民戰爭：

……你就能在高得多的程度上把最近代的思想按其樸素形式表現出來，而現在你在劇本裡除宗教自由之外，主要思想就是公民的（法譯作『政治的』）統一（這就不像農民戰爭那樣能代表『最近代的思想』——引者注）。既然如此，你就當然更要莎士比亞化，可是我認爲你的最大過錯在於採取了席勒方式，把一些個別人物轉化爲時代精神的單純的傳聲筒。」

恩格斯也指出拉薩爾的創作方法是席勒的而不是莎士比亞的：

「……你不無理由地拿來記在德國戲劇功勞薄上的那種較大的思想深度和意識到的歷史內容，須同莎士比亞戲劇情節的那種生動性和豐滿性達到圓滿的融合。這種融合只有到將來才會實現，大概不會由德國人來實現」（這就是說，你的《濟金根》還談不上實現了這個理想——引者注）。

接著恩格斯就指出了拉薩爾的病根在不從現實生活出發，以抽象的說教代替了生動的形象思維：

「……但是還要前進一步，應該讓動機通過情節發展本身生動活潑地彷彿自然而然地表現出來，使那些辯論式的論證反而逐漸顯得是多餘的，儘管我很高興在這種論證中又看到了你過去在法庭和群眾大會上慣施展的那種雄辯才能。」

這就是過分信賴「席勒方式」而忽略了莎士比亞在戲劇發展史上的重大意義。所以恩格斯又進了一次中肯的忠告：

「按照我對戲劇的看法，不應該爲了觀念而忘記了現實主義，爲了席勒而忘記了莎士比亞。」

馬克思和恩格斯在信裡都強調指出的「莎士比亞化」和採取「席勒式」的分別在實質上是什麼問題呢？它就是文藝應從具體現實生活出發，還是從抽象公式概念出發的問題，也就是文藝是否要反映現實，走現實主義道路的基本問題。馬克思和恩格斯都堅持文藝要走現實主義道路，他們對《濟金根》的批判也主要針對他的反現實主義的創作方法，誇誇其談地宣揚「偉大的思想深度」，卻「採取席勒方式」，把一些個別人物轉化為「時代精神的單純的傳聲筒」，因此，「在性格描寫方面看不到什麼特徵的東西」（據原文，這句應改譯為「在劇中人物身上看不到什麼顯出特徵的東西」）。「顯出特徵的」（Charakteristische）這個詞是由德國藝術史家希爾特提出而由歌德加以闡明，接著在文藝理論中得到廣泛採用，實際上就是「典型的」，「特徵」總是與「個性」聯在一起，稱為「個性特徵」。㉝所以馬克思指責拉薩爾寫的人物「沒有顯出特徵的東西」、「濟金根也被描寫得太抽象」，都是說他沒有寫出典型的人物性格。恩格斯總是把「典型環境中的典型人物」連在一起來說的，沒有典型環境，就不可能有典型人物，因為促使劇中人物採取具體行動的是典型環境。拉薩爾對此根本沒有認識，在農民戰爭是主要矛盾的時代，他卻盡力把「當時運動中所謂官方分子（即當時的貴族代表）寫得淋漓盡致」、「對非官方的平民和農民都沒有給予應有的注意」。其實如果「介紹當時五光十色的平民社會，就會提供完全不同的材料使劇本生動起來」，而且「會把當時貴族的民族運動」「擺在正確的角度來看」，看出它的本來的反動面目。拉薩爾沒有這樣做，是不足為奇的，因為他從唯心史觀出發，把古往今來的一切革命都看成是按照一個公式概念進行的，怎麼能有「典型環境中的典型人物」呢？

㉝ 參看黑格爾：《美學》第一卷，第二十二至二十三頁，和本書下卷第十三章第二節。

典型人物必具有生動鮮明的個性，而拉薩爾是反對個性化的。在劇本原序中他聲明他要「把轉折時代的偉大文化思潮及其激烈鬥爭作爲戲劇的眞正對象，因此，在這樣一齣悲劇中，問題不再是關於個人。他只不過是這種普遍精神的最深刻的對抗性矛盾的化身罷了。」接著他攻擊「近來在我們藝術中很流行的拙劣的細節描寫法」，並且誇口說，「在我這樣一個主要靠古代文藝及其光輝作品的哺育而獲得藝術觀的人看來，這種描寫法對於本劇是完全不適用的。」恩格斯在回信裡彷彿肯定了他反對現在流行的惡劣的個性化，不過把「惡劣的」三字加了著重號，足見個性化有惡劣的與不惡劣的之分。恩格斯並不是在否定他自己在給哈克奈斯信裡所強調的典型與個性的統一，而只是反對自然主義派所愛好的細節氾濫和惡劣的個性化。至於拉薩爾攻擊個性化，是和他的公式概念化分不開的，同時他也在爲他自己寫不出生動鮮明的個性開脫責任。恩格斯還說：「一個人物的性格不僅表現在他做什麼，而且表現在他怎樣做。」接著他就勸拉薩爾在人物描繪方面「稍微多注意莎士比亞在戲劇發展史上的意義」。這幾句話特別值得深思。它可能有幾層意思，一層意思是接著就提出來的「如果把各個人物用更加對立的方式彼此區別得更加鮮明些」。這就是「反襯法」。例如把濟金根一夥人和閔採爾一夥人對比，就可以烘托出雙方的眞正的動機和性格。另一層意思也是下文接著就提出的「莎士比亞在戲劇發展史上的意義」，這就要回到「莎士比亞化」和「席勒方式」的區別。那就是要使人物採取行動的「動機」「更多地通過劇情本身的進程生動活潑地，彷彿自然而然地表現出來」，而不是通過辯論式的論證使「一些個別人物轉化爲時代精神的單純的傳聲筒」。

以上這五封信是馬克思主義創始人運用歷史唯物主義對文藝作品進行具體分析的範例。根據這些具體分析，他們對革命的現實主義奠定了一些基本原則。其中所涉及的一些問題，例如文藝應從現實生活出發，還是應從公式概念出發，形象思維與抽象思維在文藝中起什麼樣的作用，文藝要不要思想性或傾向性和對它如何處理，歷史劇和歷史小說在現代的地位如何以及如何處理等等，在我國文藝界也經常引起探索和爭論。爲了澄清這類問題，進一步深入鑽研馬克思主義創始人關於這類問題的明確教導是絕對必要的。編者希望這個初步嘗試能引起較深入的討論。

四、浪漫主義和現實主義

浪漫主義和現實主義這兩種創作方法的區別和聯繫，牽涉到美的本質和藝術的典型化問題，所以在美學上是一個基本問題。不但創作實踐，就連美學本身也有浪漫主義與現實主義的兩種不同的傾向。例如法國啓蒙運動派和德國古典美學以及由它派生的「移情」說是側重浪漫主義的，俄國革命民主主義派美學則是側重現實主義的。如果就古代來說，柏拉圖和朗吉弩斯都有浪漫主義的傾向，亞理斯多德和賀拉斯則基本上是現實主義的。美學理論和創作實踐本來是密切配合的。

浪漫主義和現實主義作爲一定歷史時期的文藝流派運動，應該與浪漫主義和現實主義作爲在精神實質上有區別的兩種文藝創作方法分別開來。前者是文藝史的問題，後者才是美學的問題。這二者有聯繫，但仍必須區別開來，因爲前者侷限於一定歷史時期，而後者則是帶有普遍性的問題。忽視這個區別，就容易造成認識上的混淆，例如在十九世紀三〇年代以後現實主義與浪漫主義的論爭中，站在民主革命立場的別林斯基和車爾尼雪夫斯基，以及站在無產階級革命立場的馬克思和恩格斯，都堅決反對當時消極的浪漫主義而支持新起的現實主義，因爲當時消極的浪漫主義派所代表的是反動的勢力，而現實主義派所代表的則是進步的勢力。他們把文藝戰線上的鬥爭和政治戰線上的鬥爭結合起來，這是完全正確的。但是不能因此就得出結論：在任何時代，浪漫主義都是必須反對的，只有現實主義才是唯一正確的創作方法。如果這樣做，那就是抽去作爲流派運動的浪漫主義與現實主義論爭中的具體歷史內容，根據別林斯基和車爾尼雪夫斯基以及馬克思和恩格斯針對那種具體歷史內容所發的言論，來判定作爲一般創作方法的現實主義和浪漫主義的優劣，因而片面地強調現實主義。事實上這種偏向至今還是存在的。有些人不但在理論和創作實踐上都片面地強調現實主義，而且在文學史和文藝批評著作中，在許多歷來公認爲浪漫主義的作家和作品上都貼上「現實主義」的標籤。這個問題關係到我們的文藝創作方法的基本路線，所以值得作進一步的探討。

1. 浪漫主義與現實主義作為文藝流派運動

作爲文藝的流派運動，浪漫主義和現實主義都是十八九世紀西方資本主義社會的產物，各有不同的歷史背景和階級內容，起著不同的作用，顯出各自的歷史侷限性。

浪漫運動的鼎盛時期是在法國資產階級大革命前後約莫三、四十年光景，即從十八世紀九〇年代到十九世紀三〇年代，這個時期西歐各國政治經濟發展不平衡，英國資產階級已基本掌握了政權，主要的矛盾是大資產階級與中小資產階級的矛盾：法國資產階級力量雖已上升，但還不夠雄厚到足以壓倒根深柢固的封建勢力，法國革命的爆發和失敗就說明了這種階級力量對比的關係；德國還沒有統一，政治上分裂，經濟上落後，資產階級力量很軟弱，占統治地位的還是封建勢力，德國人民所想望的還不是政治革命而是民族統一。法國革命震撼了全歐洲，各國浪漫運動都或多或少地受到它的影響，它是考驗當時各國文藝界人士政治態度的試金石，例如積極的浪漫派與消極的浪漫派的重要區分標誌之一就是對法國革命的態度：歡迎、憎恨，或是搖擺不定。雨果、拜倫、雪萊以及荷爾德林和約翰·保爾都歡迎，夏多布里昂、維尼、拉馬丁以及諾伐里斯、克萊斯特等人都憎恨，歌德、席勒和華茲華斯表現出不同程度的搖擺不定。在這一點上浪漫運動有一個值得注意的現象，就是消極的浪漫主義多半來在積極的浪漫主義之前，在英國先有湖畔詩人而後有拜倫和雪萊，在法國先有夏多布里昂而後有雨果，在德國先有施萊格爾兄弟、諾伐里斯等人而後有荷爾德林、約翰·保爾和海涅。這都反映出法國革命後馬上接著來的是反動勢力的抬頭以及稍晚一些時候民主力量的逐漸上升。

浪漫運動並不是突然起來的，十八世紀各國啓蒙運動在政治上爲法國革命作了思想準備，在文藝上也爲各國浪漫運動作了思想準備，㉞就流派的演變來說，浪漫主義是對法國十七世紀新古典主義的「反抗」，這次「反抗」的旗幟首先是由啓蒙運動的領袖們豎起的。法國新古典主義是封建統治勢力聯合上層資產階級的妥協局面的產物，雖然也反映出一些資

㉞ 這並不妨礙浪漫主義者對啓蒙運動所宣揚的「理性的勝利」感到失望和起反感。

產階級的生活理想，主要地還是宮廷文藝，所以基本上仍是封建性的。文藝上的新古典主義反映政治上的中央集權，所以它尊重權威，要求規範化，強調服從理性，遵守法則，摹仿古典，用「高貴的語言」寫偉大人物和偉大事蹟的大排場。高乃依、拉辛和莫里哀在新古典主義的範圍裡也做出輝煌的成就，但是他們所投合的主要是社會上層少數有教養的人物的矯揉造作的趣味，忽視了人民大衆；而且清規戒律的束縛也使他們流於拘板和乾枯，到了十八世紀。資產階級的力量日漸壯大起來了，要求有爲資產階級服務的新型文藝。啓蒙運動者所掀起的反新古典主義的浪潮，就是爲這種新型文藝鋪平道路。這種「反抗」雖然不是很澈底的，但是終於推進了接著起來的浪漫運動。

浪漫運動不是一個孤立的現象。上文已提到它與法國革命前後歐洲政局的聯繫，現在還要提到它與處在鼎盛時期的德國古典哲學（包括美學）的聯繫。德國古典哲學本身就是哲學領域裡的浪漫運動，它成爲文藝領域裡的浪漫運動的理論基礎。德國古典哲學的基調是唯心主義，其中主觀唯心主義（康德和席勒都有這一方面，斐希特是典型的代表），把人的心靈提到客觀世界的創造主的地位，強調天才、靈感和主觀能動性：客觀唯心主義（謝林、黑格爾）則把客觀精神提到派生物質世界的地位，並且把人提到精神發展的頂峰，闡明人不僅是自在的，而且是自爲的（自覺的），在自在自爲這個意義上，人才是絕對的、自由的、無限的。這些哲學觀點反映出近代資本主義社會中日益發展的個人主義。它的積極的一方面在於它提高了人的尊嚴感，喚起了民族的覺醒，促進了對自由獨立的要求。在美學方面，康德和席勒等人對美、崇高、悲劇性、自由、天才等範疇的研究，歌德對個性特徵的強調，以及赫爾德和黑格爾等人把文藝放在歷史發展大輪廓裡去看的初步嘗試，都起了解放思想的作用，深化了人們對於文藝的敏感和理解，使人們對文藝要求深刻的情感思想和偉大的精神氣魄。這些都是對於浪漫運動的積極的影響。德國古典哲學的消極的一方面在於它是唯心的，對精神與物質關係的看法是首足倒置的，把主觀能動性擺在不恰當的高度，馳騁幻想，放縱情感，到了漫無約束的程度。特別是斐希特把「自我」提到創造一切和高於一切的地位。這種主觀唯心主義的哲學第一步產生了施萊格爾的「浪漫式的滑稽態度」說，把世間一切看作詩人手中的玩具，任他的幻想擺弄，第二步就產生了尼采的「超人」哲學，把人類一切善良的品質都鄙視爲「奴隸的道德」，只有憑暴力去擴張個人權力才是「主子的道德」或「超人的道德」；而文藝則是酒神式的原始生命力的發洩，或是日神式的對人生世相的賞玩。這樣就產生了一種雙胞胎：政治上的法西斯主義，文藝上的頹廢主義。這是消極的浪漫主義的最後下場。

浪漫主義有積極的和消極的之分。這就引起了一個問題：有沒有一種統一的浪漫主義風格呢？「消極的」和「積極的」浪漫主義之分始於高爾基，他的話是這樣說的：

> 在文學上主要的「潮流」，或者是傾向，共有兩個：這就是浪漫主義和現實主義，對於人類和人類生活的各種情況作眞實的赤裸裸的描寫的，謂之現實主義，浪漫主義的定義，過去曾經有過好幾個，但是所有的文學史家都同意的正確而又完全周到的定義在目前還沒有，這樣的定義也沒有制定出來。在浪漫主義裡面，我們也必須分別清楚兩個極端不同的傾向：一個是消極的浪漫

主義，——它或則是粉飾現實，想使人和現實相妥協；或者就使人逃避現實，墮入自己內心世界的無益的深淵中去，墮入「人生的命運之謎」，愛與死等思想裡去。……積極的浪漫主義則企圖加強人的生活的意志，喚起人心中對於現實，對於現實的一切壓迫的反抗心。

——高爾基：《我怎樣學習寫作》

這是一個很簡賅明確的總結，完全符合浪漫運動的歷史實況。這種傾向上的差別主要起於政治立場上的差別：進步的或是反動的，朝前看的或是朝後看的。如果只把浪漫主義看作一個沒有階級內容的統一的流派，沒有「積極的」和「消極的」之分，像資產階級文學史家們所做的那樣，那是極端錯誤的。

但是作爲十八世紀末到十九世紀三〇年代的流派，浪漫主義中積極的與消極的之分雖是重要的，卻也不是絕對的。積極的浪漫主義派作家們多半也還有消極的一面，其原因在於上文所已指出的浪漫運動時期西方各國階級力量的對比，社會主要矛盾還存在於大資產階級與中小資產階級之間（英），資產階級與封建貴族之間（法），或封建貴族與被剝削階級特別是農民之間（德），無產階級雖已逐漸興起，但是無產階級與資產階級的矛盾尚未上升爲社會的主要矛盾。所以浪漫主義文藝所反映的是前幾類的矛盾，而不是後一類的矛盾。消極的浪漫派多半還是封建殘餘勢力的代言人（法、德）或小資產階級的代言人（英）；積極的浪漫派也還只是資產階級中民主力量的代言人。因此，我們不能同意某些文學史家的一種看法，以爲十九世紀進步的浪漫主義「就其性質而論是反資產階級的」；「革命的浪漫主義的優秀作品，不能看作資本主義基礎的上層建築」。㉟難道十九世紀初期的積極的浪漫主義文藝就已經是社會主義基礎的上層建築，而拜倫、雪萊、雨果這些浪漫派詩人就已經是無產階級的代言人？這種違反馬克思主義的對於當時階級力量對比的錯誤的估計，以及對於社會基礎與上層建築關係的錯誤的認識，是把浪漫主義的「積極的」與「消極的」之分加以絕對化的最後根源。這種錯誤的看法，忽視了積極的浪漫派都有消極的一面這個歷史事實。姑舉一點來說，他們毫無例外地都從資產階級的人道主義出發，宣揚博愛和階級合作。怎麼能說他們「不是資產階級的上層建築」呢？

把積極的浪漫派和消極的浪漫派區別開來是必要的，但是如果把這種區別加以絕對化，就會違反歷史事實。姑舉一個明顯的例子。華茲華斯屬於消極的浪漫派，雪萊屬於積極的浪漫派，一個厭惡革命，一個同情革命，在政治主張上，兩人的界線是劃得很清楚的。但是雪萊不但在詩歌創作上有一個學習華茲華斯的階段，早期作品風格見出華茲華斯的顯著的影響，而且在思想上也還有些共同之點，例如兩人都宣傳博愛，都有泛神論的色彩，都深信大自然對人的神祕力量，都認爲解決社會矛盾須通過改革人心，在較小的程度上，雨果與夏多布里昂的關係也是如此。

因此，我們不能同意上述文學史家們的「沒有也不可能有一個統一的浪漫主義」的看法。這顯然不是高爾基的看法。高爾基明確地指出浪漫主義和現實主義是文學上兩個不同的

㉟ 參看伊瓦肖娃：《十九世紀外國文學史》，第一卷，第二十八頁。這是混淆上層建築與意識形態的一個實例。

潮流，浪漫主義本身又分積極的與消極的兩種不同的傾向。積極的是浪漫主義，消極的也還是浪漫主義，兩者都是一般之下的特殊。過去資產階級文學史家們只看見一般而看不見特殊，上述文學史家們只看見特殊而看不見一般，出發點雖不同，失之於片面性則一。既然同叫做「浪漫主義」，就應該具有浪漫主義的共同特徵，即既有別於前此的古典主義和後此的現實主義的特徵。這種共同特徵正是我們所應該確定的。如何確定呢？只有根據當時文學流派發展與轉變的歷史事實，定義從來是抽象的，特徵卻是比較具體的。從歷史事實看，作為流派運動的浪漫主義具有下列三種顯著的特徵。

第一，浪漫主義最突出的而且也是最本質的特徵是它的**主觀性**。這種主觀性反映上升資產階級的個人主義的進一步發展，受到德國唯心主義哲學的直接影響，同時也是對新古典主義的一種「反抗」。浪漫主義派感到新古典主義派所宣揚的理性對文藝是一種束縛，於是把情感和想像提到首要的地位。他們的成就主要在抒情詩方面，就是小說和戲劇也帶有濃厚的抒情色彩。所以法國文學批評家們有時把浪漫主義叫做「抒情主義」。由於主觀性特強，在題材方面，內心生活的描述往往超過客觀世界的反映。以愛情為主題的作品特別多，自傳式的寫法也比較流行。由於當時作家個人大半和社會處於矛盾對立，比起過去古典作品來，浪漫派的作品一般富於感傷憂鬱的情調，所以席勒把「浪漫的」和「感傷的」看作同義詞。這些特點在歌德的《少年維特的煩惱》、夏多布里昂的《阿達那》和《越勒》、拜倫的《哈樂德遊記》以及雪萊的抒情短詩裡，都可以找到典型的例證。這種自我中心的感傷氣息在消極的浪漫主義作品裡更為突出，有時墮落到悲觀主義和頹廢主義。個人與社會的對立往往使浪漫派作家們在幻想裡討生活，所以這時期的作品比起過去其他時代，都較富於主觀幻想性。積極的浪漫主義派多半幻想到未來的理想世界。例如雪萊的《普羅米修斯的解放》；消極的浪漫主義派則幻想過去的「黃金時代」，例如梯克的仿歌德的《威廉．邁斯特》而作的《弗蘭茨．希特巴爾德的漫遊記》。

其次，浪漫運動中有一個「回到中世紀」的口號，這說明浪漫主義在接受傳統方面，特別重視中世紀民間文學。浪漫主義（Romanticism）這個名詞就起於中世紀一種叫做「傳奇」（Roman）的民間文學體裁。在德國和在英國，浪漫運動的活動都從蒐集中世紀民間文學開始。德國的赫爾德、阿爾尼姆、布倫坦諾和格林兄弟，英國的麥克浮森、珀西和司各特等人在這方面都做過辛勤而卓越的工作，對浪漫派詩歌起了深刻的影響。中世紀民間文學不受古典主義的清規戒律的束縛，其特點在想像的豐富、情感的深摯、表達方式的自由以及語言的通俗。這正是浪漫主義派所懸的理想。此外，對中世紀的崇拜也還有民族因素和民主因素在內：民間文學是各國自己的民族傳統，有助於喚起民族的覺醒：它的對象是廣大人民，符合當時的民主要求。海涅把「回到中世紀」看作浪漫主義的定義，足見這是浪漫主義作爲流派運動的一個重要的特徵，在消極的浪漫主義派的口裡，「回到中世紀」卻有一個反動的涵義，就是回到中世紀封建制度和天主教會的統治。

第三，浪漫運動中還有一個「回到自然」的口號。這個口號是盧梭早已提出的。盧梭的「回到自然」有回到原始社會「自然狀態」的涵義，也有回到大自然的涵義。浪漫主義派繼承了這個口號，主要由於他們對資本主義社會的城市文化和工業文化的厭惡。崇拜自然的風氣是產業革命的一種反響，產業革命在英國先發生，所以英國浪漫主義有一個感傷主義的前奏曲（後來在其他國家裡也有類似情況），感傷主義的詩歌和小說大半是對農村破產的哀挽，對城市腐化的詛咒和對於大自然的歌頌。從此自然景物的描繪成爲浪漫主義文藝的一個特點。崇拜自然在當時還是一種新風氣，據說在拜倫的《哈樂德遊記》問世以前，歐洲人從來不曾歌頌過大海的美，也很少有人去遊覽威尼斯。自然景物的描繪替浪漫主義作品帶來了絢爛的色彩和「異方的」情調。自然崇拜也和當時流行的泛神論（神在大自然中無處不在）有密切的聯繫，人與自然在情感上的共鳴（移情作用）在浪漫派詩歌中也是一個突出的現象。在消極的浪漫主義裡，泛神主義往往流爲神祕主義，「回到自然」也成爲逃避現實的另一種說法。

浪漫主義的特徵當然還不僅此，不過上述三點是主要的，其中首要的是第一點，即反映資產階級個人主義的對主觀情感和幻想的側重。這些特徵是積極的和消極的浪漫主義派所共有的。所以還是有一種統一的浪漫主義的風格，這並不妨礙這兩派在顯出這些共同特徵之中仍各有不同，不能因特殊各不相同而就否定一般。

作爲流派，浪漫主義在西歐各國都有過很長的尾聲，或是作爲傳統而成爲其他流派的組成部分，不過到了一八三〇年以後，它的鼎盛時期便已過去。資產階級已取得了統治權，浪漫主義就已完成了它的歷史使命，讓位給現實主義了。

作爲流派，現實主義在西歐是靜悄悄地走上歷史舞臺的，不像浪漫主義那樣經歷過一場轟轟烈烈的運動，和它的敵對派別（新古典主義）進行過長期的激烈的鬥爭。它的最大成就是在小說方面，而它的發展達到最高峰是在法英俄三國，法國第一部重要的現實主義作品是司湯達的《紅與黑》，出現在一八三一年，英國第一部重要的現實主義作品是狄更斯的《匹克威克外傳》，出現在一八三六到一八三七年，俄國第一部重要的現實主義作品是果戈理的劇本《欽差大臣》，出現在一八三六年。所以十九世紀三〇年代可以確定為批判現實主義的奠基時期。不過在批判的現實主義出現之前，還有一個素樸的現實主義的前奏曲。例如在英國，菲爾丁和珍·奧斯汀在小說方面，喬治·克拉布在詩歌方面，就已顯出現實主義傾向，對後來的批判現實主義起過直接的影響。被尊為批判現實主義大師的司湯達爾和巴爾扎克、狄更斯和薩克萊以及果戈理，都不曾用「現實主義」這個名詞來標明他們的新型文學。原來「現實主義」這個名詞在哲學領域裡雖然從中世紀起就經常出現，而在文學領域裡，它首次出現是在席勒的〈論素樸的詩與感傷的詩〉（一七九五）論文裡，在這部論文裡「現實主義」是作為「理想主義」的對立面而提出的，現實主義與理想主義的對立就是「素樸的詩」與「感傷的詩」的對立，也就是古典主義與浪漫主義的對立。所以席勒所理解的現實主義就是古典主義，而不是十九世紀的批判現實主義。「批判現實主義」這個名詞是到高爾基才提出的。就連用「現實主義」這個名詞來標明流派也是很晚的事。在一八五〇年，當批判現實主義高潮已開始過去的時候，有一位法國小說家尚普夫勒里（Chamfleury）才初次用「現實主義」（Realisme）來標明當時的新型文藝。法國畫家庫爾貝（Courbet）和杜米埃（Daumier）等人附和他的主張，辦了一個叫做《現實主義》的刊物，才出了六期就停刊了。㊱當時主要口號是「不美化現實」，多少受到倫勃朗等北歐大畫師的影響，福樓拜也常用「現實主義」這個名詞，他的《包法利夫人》的出版（一八五七）被過去文學史家們稱爲現實主義在法國的勝利．其實法國現實主義到福樓拜已接近尾聲而過渡到左拉的自然主義了。從這番對名詞起源的說明，可以見出現實主義作爲一個流派運動，是由自發的逐漸變成自覺的。

這種由自發到自覺的情況在幾個主要國家裡也不盡相同。英國現實主義運動幾乎自始至終都是自發的，它不曾和敵對派浪漫主義進行過公開的鬥爭，沒有提出過明確的綱領，也見不出有什麼哲學思想的基礎。法國現實主義從早期就受過孔德的實證哲學和當時的自然科學的影響，綱領比較明確，自覺的程度較高。俄國現實主義由於結合到當時農民解放運動，一開始就以對浪漫主義和「純文藝」進行鬥爭的姿態出現，別林斯基、赫爾岑和車爾尼雪夫斯基等人，制定出一套旗幟鮮明的現實主義的文藝理論和美學體系，所以一開始就是一種自覺的運動。關於俄國現實主義文藝思想的發展，我們已有專章介紹，現在只以法國爲例來說明批判現實主義的性質和它的發展。

在法國，現實主義雖然是作爲對浪漫主義的反抗而出現，但遠不如前一時期浪漫主義對新古典主義的反抗那樣尖銳而明確。一般地說，法國現實主義派作家並沒有完全和浪漫主義劃清界線，他們有許多人是由浪漫主義轉到現實主義的。例如第一個現實主義的代表司湯

㊱ 參看麥克杜威爾（A.McDowall）的《現實主義》，倫敦版，第二十二頁。

達的〈拉辛和莎士比亞〉曾被某些文學史家稱爲「現實主義作家的宣言」。[37]其實這部論文是攻擊新古典主義而維護浪漫主義的。他的小說無疑地有現實主義的一面，但是也還有浪漫主義的一面。巴爾扎克也是如此。所以在法國人自己寫的文學史裡（例如朗生的《法國文學史》），司湯達爾和巴爾扎克都歸到〈浪漫主義的小說〉章；丹麥文學史家勃蘭德斯在《十九世紀歐洲文學主潮》裡也把他們歸到〈法國浪漫派〉一卷裡。

其次，法國現實主義不但朝過去看沒有和浪漫主義劃清界線，朝未來看也沒有和自然主義劃清界線。福樓拜有一段話足以說明這個問題：

> 大家都同意稱爲「現實主義」的一切東西都和我毫不相干，儘管他們要把我看成一個現實主義的主教。……自然主義者所追求的一切都是我所鄙視的，我所苦心經營的一切也是他們漠不關心的，在我看來，技巧的細節、地方的資料以及事物的歷史精確方面都是次要的，我所到處尋求的只是美。[38]

從此可以看出兩點：第一，法國現實主義到了福樓拜時代才正式當作一面旗幟打出，才多少成爲一種自覺的運動，他的門徒要推他爲「主教」。其次，這個現實主義是與自然主義混爲

[37] 參看伊瓦肖娃：《十九世紀外國文學史》，第一卷，第一〇二頁。

[38] 夏萊伊（Challaye）：《藝術與美》，法文版，第一一五至一一六頁的引文。

一事的。福樓拜所說的：「他們」是指在他的《包法利夫人》的影響之下所形成的以左拉爲首的自然主義派。這個自然主義派還自認是現實主義派。這也並不奇怪，因爲法國現實主義一開始就有自然主義的傾向。過去法國人一般都把現實主義看作自然主義。朗生在《法國文學史》裡就把福樓拜歸到〈自然主義〉卷裡，他根本不曾用過「現實主義」這個名詞。夏萊伊在《藝術與美》裡介紹現實主義時劈頭一句話就是：「現實主義，有時也叫做自然主義，主張藝術以摹仿自然爲目的。」

爲什麼法國人竟把現實主義和自然主義混淆起來呢？因爲在法國，這兩個應該區別開來的流派具有共同的哲學和美學的思想基礎，這就是孔德的實證哲學以及丹納根據實證哲學發展出來的自然主義的美學觀點。孔德強調實證科學的任務在通過觀察和實驗，研究現象界的「事實」，從其中找出規律。所謂規律只是休謨所說的「事實」或現象之間並存和承續的關係。事物的本質以及內在的因果關係都是不可知的，毋庸深究的。他在科學系統之中添了一門「社會學」，但是社會學也還是要用自然科學方法去研究。他還宣揚一種以「人道」代替上帝的，「以愛爲原則，秩序爲基礎，進步爲目的」的宗教。他是一個階級調和論者，曾寫信呼籲巴黎工人階級不要參加一八四八年的革命。他要通過博愛，來維持資本主義社會的秩序和促進它的進步的企圖是明顯的。丹納把實證主義應用到文藝理論上去，提出一種決定論：文藝取決於「種族、社會氛圍和時機」三因素。[39]在《藝術哲學》裡他把普遍人性論作

㊴ 丹納：〈英國文學史序文〉。

爲他的美學的支柱，認爲文藝要表現人性的「特徵」（注意：這和歌德所強調個性「特徵」恰恰是相反的），人的最本質的特徵是他的長久固定不變的特徵，這當然只能指原始人的動物性本能。他也是孔德的「人道」教的信徒，聲稱人性中對社會最有益的特徵是愛。㊵很顯然，這種運用庸俗化的生物學觀點於文藝領域的企圖最後還是爲調和階級矛盾服務的。這種美學觀點之所以稱爲「自然主義」的，是因爲他不但打著自然科學的招牌，而且把社會人還原到「自然人」來追求人的本性。

這種要把文藝納到自然科學範圍的思想在十九世紀法國現實主義派之中是相當普遍的。當時最大的文學批評家聖博甫就用自然科學的方法處理他所研究的作家和作品，聲稱自己得力於早年的醫學訓練。巴爾扎克在〈人間喜劇序文〉裡認爲「社會類似自然」，自然中有許多「動物種類」，社會中也有許多「社會種類」，於是提出一個問題：

> 如果布豐（法國生物學家）在試圖把全體動物都在一部書中描繪出來之中，寫出了一部輝煌的作品，㊶是否也可以就社會來寫一部這種作品呢？

他承認他自己的「《人間喜劇》在他腦裡初次動念……就由於對人道與獸性所作的比較」。

㊵ 丹納：《藝術哲學》，第五編，第三五〇至三五七，三七五至三七七頁。

㊶ 指布豐（Buffon）的《自然史》。

所以左拉要運用貝爾納的《實驗醫學研究》來建立實驗小說，並不是創舉而是繼承法國現實主義的老傳統：

在每一點上我都要把貝爾納作靠山。我一般只消把「小說家」這個名詞來代替「醫生」這個名詞，以便把我的思想表達清楚，使它具有科學眞理的精確性。

——《實驗小說》，法文版，第二頁

從此可見，法國現實主義所具有的一套哲學思想基礎和一套明確綱領是與自然主義一致的。要使文學具有「科學眞理的精確性」，是左拉的理想，也是他的現實主義派前輩的理想。這個理想就註定了現實主義派對文藝客觀性的側重。客觀性是現實主義的一個基本特徵。這有不同的提法，最突出的是帕爾納斯派詩人所提的「不動情感」（Impassibilité）和福樓拜所提的「取消私人性格主義」（Impersonaalisme）。這就是說，作家應像一面鏡子那樣很客觀地如實地反映現實，不流露自己的情感，甚至不讓自己私人性格影響到對事物的描繪。

問題在於如何理解「科學眞理的精確性」。現象的精確性和本質的精確性是兩回事，自然主義者所看重的是前者，而眞正的現實主義者所看重的卻是後者。這是現實主義與自然主義的基本分野所在。但是法國現實主義派是按照孔德的「現象界的事實」來理解現實的，所以往往片面地強調細節的精確性。例如司湯達爾認為聽衆所要求於作家的是「關於某一種情欲或某一種生活情境的最大量的細小的眞實的事實」⑫；巴爾扎克說得更明確：「只有細節才形成小說的優點。」⑬過分看重細節往往使作品流於法國美學家居約（Guyau）所說的「繁瑣主義」，特別是在，丹納的自然主義美學思想的影響之下，法國現實主義派作家們往往就家族世系、自然環境以及人物生理特點這些方面的細節，進行冗長的描繪。這個毛病連最傑出的代表巴爾扎克也在所不免，到了左拉就發展到極端。典型的例子是左拉的《盧貢－馬卡爾家族》，其中有一處作者離開主題，寫了一個一百四十三頁的插曲，對普拉桑鎭市和盧貢家族的起源作了極其繁瑣的描述，細節的堆砌總不免要掩蓋事物的本質。

但是法國現實主義派大師司湯達爾和巴爾扎克畢竟在小說方面作出輝煌的成就，創造出一些令人難忘的典型人物性格。他們的思想也還有另一方面，就是藝術的眞實不等於自然或現實的眞實，藝術的眞實要通過典型化或理想化來表現。關於這一點，巴爾扎克是說得很明確的：

> 在現實裡一切都是細小的、瑣屑的；在理想的崇高境界裡一切都變大了。⑭

---

⑫ 司湯達爾：〈給巴爾扎克的信〉，一八四〇年十月三〇日。

⑬ 維亞爾和鄔尼斯：《十九世紀文論選》，第二五一頁的引文。

⑭ 巴爾扎克：〈給伊波立特・卡斯提爾的信〉，據上引《十九世紀文論選》，第二六一頁的引文。

他並且提到自己創造典型的方法是通過「許多同類人物性格特徵的組合」㊺，這也就是通過集中、提煉、概括化和理想化。

現實主義的最大貢獻之一在於它擴大了文藝題材的範圍。由於它在十九世紀主要是批判性或揭露性的，它拋棄了過去古典主義和浪漫主義都遵守的避免醜惡的戒律。現實主義派所描繪的無寧說絕大部分都是社會醜惡現象。法國美學家塞阿依甚至把現實主義叫做「醜惡的理想主義」㊻，這就是說，把醜惡提升到理想。其次，由於反映當時廣大人民的民主力量的興起，現實主義派也拋棄過去專寫偉大人物和偉大事蹟的習尙，有意識地描寫社會下層人物。在俄國現實主義作家之中，寫「小人物」是作爲一個正式的口號提出來的。

但是現實主義在擴大題材方面的最重要的成就，還在於使小說成爲整個時代各階層的生活各方面的活動畫片，而不只是像過去那樣只限於某一主角的描繪或某一主要情節的敘述。巴爾扎克把這種範圍擴大到整個時代的小說叫做「人情風俗史」。在自序《人間喜劇》的意圖時，他說：

偶然機緣是世界上最偉大的小說家：要求豐產，只消去研究偶然機緣。法國社會將會是一個歷史家，我只應做它的祕書。通過編制善惡行爲的清單，蒐集各種情欲的主要事實，描繪各種人

㊺ 巴爾扎克：〈人間喜劇序文〉。

㊻ 塞阿依（Séailles）：《藝術中的天才》，第一六一頁。

物性格，選擇社會中的主要事件，用許多同類人物性格特徵的組合來塑造典型人物，我也許終於能寫成許多歷史家們所遺忘了的歷史，即人情風俗的歷史。㊼

《人間喜劇》就寫出十九世紀前期的整個法國社會，所以恩格斯在給哈克奈斯的信裡曾給以很高的評價，說「從這部歷史裡，就連在經濟細節上我學到的東西也比從當時專門歷史家、經濟學家和統計學家的所有著作裡學到的還要多」。在不同程度上，狄更斯和果戈理這些現實主義派大師也都寫出了整個時代的人情風俗史。最光輝的例子也許是托爾斯泰的《戰爭與和平》。

十九世紀批判現實主義派作家雖然比起過去各流派的作家有遠較廣闊的視野，對社會現實表現出遠較嚴肅的關注，但是對社會矛盾的本質卻沒有明確的認識，因而見不到解決社會矛盾的出路。這也決定於他們的階級根源。批判現實主義之代替浪漫主義，是在一八三〇年七月革命以後，當時資產階級勢力雖已鞏固，而資本主義社會的病態卻也日益惡化，無產階級與資產階級的矛盾已日漸上升爲社會中主要矛盾了。現實主義派作家們已喪失了浪漫主義派作家們的那種熱情，也拋開了浪漫主義派作家們的那種主觀幻想，把當時社會黑暗現象赤裸裸地揭露出來，可以激起廣大人民要求民主改革的義憤和鬥志，所以他們起了一些進步的

㊼ 巴爾扎克：〈人間喜劇序文〉，引文頭一句的「偶然機緣」（hasard）指一切事件所難免受影響的偶然事故，它在這裡人格化了。

作用。但是他們大半還是站在資產階級或小資產階級的立場上，對工人階級的新生力量毫無認識或認識不夠，所以除掉感覺到自己所屬的那個垂死階級軟弱無能以及自己所經歷的那種社會生活毫無意義之外，束手無策，看不見有什麼出路，至多也只是隨著孔德宣揚博愛，企圖通過階級合作來緩和階級矛盾。高爾基曾把批判現實主義派作家們稱為「資產階級的浪子」，肯定了他們「對現實的批判態度具有很高價值」，但是也一針見血地指出他們的局限性：

> 資產階級的「浪子」的現實主義是批判的現實主義，這個主義除揭發社會的惡習，描寫家族傳統、宗教教條和法規壓制下的個人的「生活和冒險」外，它不能夠給人指出一條出路。它很容易就安於現狀了，但除了肯定社會生活以及一般「生存」顯然是無意義的以外，它沒有肯定任何事物。㊽

因為這個緣故，批判現實主義派作家們一般是悲觀的或是終於走到悲觀主義的；他們對社會醜惡現象的憎恨與厭惡與其說是控訴性的，無寧說是諷刺性的。諷刺態度可以說是批判現實主義的靈魂。

以上所述主要限於法國批判現實主義，但是它所顯出的一些特徵，大體上也適用於其他

㊽ 高爾基：《和青年作家談話》。《論寫作》，人民文學出版社一九五五年版。

各國現實主義文藝。它的一個帶有普遍性的基本特徵就在於它的客觀性，在這一點上它是對浪漫主義的反抗。在忠實地赤裸裸地反映現實這條原則的指導之下，批判現實主義派作家們創造出一些反映整個時代面貌的偉大作品，使小說這種體裁達到近代的發展高峰，這些成績是不可磨滅的。但是批判現實主義畢竟是資本主義社會走向沒落時期的意識形態，這一派作家們一般都還站在資產階級立場，雖然揭露了社會矛盾現象，卻既沒有看出矛盾的根源，也沒有看出解決矛盾的路徑。個人脫離社會的情況，還使得他們之中有些人（例如福樓拜）走上了「爲藝術而藝術」的道路。

2. 作為創作方法，浪漫主義與現實主義的結合

從上文可以見出，浪漫主義和現實主義作爲文藝流派運動來看，它們都只限於十八世紀末期到十九世紀末期的西方，它們所反映的都是資本主義社會的生活，就意識形態的性質來說，它們都是資產階級性的。因此，它們不應與其他歷史時期的其他類型社會中的某些在創作方法上，具有浪漫主義傾向或現實主義傾向的文藝混爲一事，我們不應把浪漫主義派或現實主義派的標籤貼到它們上面去。例如就中國文學來說，屈原、阮籍、李白這類詩人具有較多的浪漫主義傾向，陶潛、杜甫、白居易這類詩人具有較多的現實主義傾向，但不能因此就把前一類詩人列入浪漫主義派，後一類詩人列入現實主義派。有些文學史家愛在中國古典文學代表人物身上貼這類標籤，這是反歷史主義的。

但是在一定歷史時期的浪漫主義和現實主義，作爲文學創作方法來說，是否在精神實質上各有基本特徵，而這種基本特徵卻帶有普遍性，可適用於其他歷史時期呢？上文已說明了

浪漫主義側重表現作者的主觀情感和想像，主觀性較強；現實主義側重如實地反映客觀現實，客觀性較強。這是基本特徵上的差別。這種差別在過去各時代中都是普遍存在的。浪漫主義與現實主義的爭論是比較晚起的。在過去，西方文學史家和文學批評家們討論得較多的是浪漫主義與古典主義的區別，直到現在在資產階級學術界中還是如此。浪漫主義與古典主義的爭執，在實質上就是浪漫主義與現實主義的爭執，因爲古典主義作爲創作方法來說，在實質上就是現實主義。所以爲著更好地理解浪漫主義與現實主義的區別，回顧一下過去浪漫主義與古典主義的爭論是有用的。

浪漫主義與古典主義的爭論在整個啓蒙運動時期一直在進行著，例如在法國表現爲狄德羅和盧梭等人，針對法國新古典主義片面強調理智與法則而宣揚情感與想像的重要性，在德國表現爲萊比錫派與蘇黎世派關於新古典主義的大辯論，以及古典美學對情感、想像、個性、自由和天才的重視。不過結合到創作實踐，把這種爭論眞正提到理論高度的是德國詩人歌德和席勒。據艾克曼的《歌德談話錄》（一八三〇年三月二十一日），「浪漫主義」一詞以及浪漫主義與古典主義對立的概念就是歌德和席勒首創的：

> 古典詩和浪漫詩的概念現已傳遍全世界，引起許多爭執和分歧。這個概念起源於席勒和我兩人。我主張詩應採取從客觀世界出發的原則，認爲只有這種方法才可取，但是席勒卻用完全主觀的方法去寫作，認爲只有他那種方法才是正確的。爲了針對我來爲他自己辯護，席勒寫了一篇論文，題爲〈論素樸的詩和感傷的詩〉，他想向我證明：我違反了自己的意志，實在是浪漫的。

歌德在這裡指出古典主義與浪漫主義的基本分別是客觀與主觀的分別。他自己在狂飆突進時代本是一個浪漫主義者，後來在義大利接觸到古典藝術作品，看到近代浪漫主義已變成消極的，想提倡古典主義來挽救頹風，在自己的創作中力求走古希臘人的道路。於是他又指出「古典的就是健康的，浪漫的就是病態的」一個分別。這裡「浪漫的」當然只指當時流行的消極的浪漫主義。在他的論文和語錄裡他到處強調藝術的「客觀性」。所謂客觀性就是「從客觀世界出發的原則」，他認爲這是古典主義的原則、健康的原則，所以他懸此爲理想。談到自己的詩創作時，他說：「我的全部詩都是應景即興的詩，來自現實生活，從現實生活中獲得堅實的基礎。」㊾從此可見，歌德所理解的和所追求的古典主義正是現實主義，至於席勒說歌德實在還是一個浪漫主義者，這也並不是沒有根據，歌德是浪漫時代的產物而且是第一流大詩人，就不可能不達到浪漫主義與古典主義（即現實主義）的結合。他的詩劇中浮士德與海倫后的結婚也正象徵這種結合。

席勒在創作實踐上雖有像歌德所說的從主觀概念出發的傾向，在理論上卻因受到歌德的影響，也時常強調藝術的客觀性。在〈論素樸的詩和感傷的詩〉裡，他從歷史發展觀點，全面深入地探討了古典主義（素樸的詩）與浪漫主義（感傷的詩）的起源和區別，他把注意集中到人與自然亦即主體與客體的關係上。在古代較單純的社會裡，人與自然還處在和諧的統一體中，如莊子所說的「如魚與水之相忘於江湖」，所以古代詩人能以素樸的方式直接

㊾《歌德談話錄》，一八二三年九月十三日。

反映自然。但是到了近代，工商業文明造成了人與自然的分裂和對立，人成爲孤立的主體，自然成爲對立的客體，在人已喪失去自然這種情況之下，詩人只能在理想中追尋已喪失的自然，因而產生出感傷的詩。這就是席勒所看到的古典主義與浪漫主義的歷史根源。至於這兩種創作方法的區別則在於古典主義是「盡可能完滿的對現實的摹仿」，而浪漫主義則是「把現實提升到理想，或則說，理想的表現」。席勒有時把前者叫做「現實主義」（這是「現實主義」一詞在文藝領域裡最早的出現），後者叫做「理想主義」，[50]足見他把古典主義看作現實主義，這當然不指後起的批判現實主義。席勒的觀點有三點值得特別注意。第一，他雖然比較同情於古典主義，但是承認浪漫主義在近代的產生有它的歷史必然性，不應因爲它是「感傷的」就對它加以否定。其次，就流派來說，席勒雖然把古典主義和浪漫主義劃歸古今兩個不同的時代，但是就創作方法的精神實質來說，他承認古代可以有感傷的或浪漫主義的詩，例如羅馬的賀拉斯；近代也可以有素樸的或古典主義的詩，例如莎士比亞和歌德。第三，古典主義與浪漫主義雖有本質的區別，席勒卻仍認爲二者有結合的可能。

席勒的歷史觀仍然是粗枝大葉的、唯心主義的，但是他看出古典主義（現實主義）直接反映現實，而浪漫主義則把現實提升到理想來表現，卻抓住了問題的本質，這其實也就是歌

---

[50] 別林斯基的「現實的詩」與「理想的詩」的分別可能受到席勒的這種區分的影響，他的提法更明確：在理想的詩裡，詩人「按照自己的理想來改造生活」，在現實的詩裡，詩人「按照生活的全部真實性和赤裸裸的面貌來再現現實」。

德所指出的客觀性與主觀性的分別。這個區別是普遍存在的，並不限於西方十八九世紀，但是這個區別也並不是絕對的。

先說這個區別是普遍存在的。例如就西方來說，在荷馬史詩之中，《伊利亞德》較多地傾向於現實主義，《奧德賽》則較多地傾向於浪漫主義。就中國古典來說，屈原、阮籍和李白較多地傾向於浪漫主義，陶潛、杜甫和白居易則較多地傾向於現實主義。就連在同一作家身上，某一部分作品的浪漫主義色彩較濃，另一部分作品的現實主義色彩較濃，這也是常有的事，例如陶潛的〈詠荊軻〉、〈讀山海經〉、〈桃花源記詩〉之類作品就不能說沒有浪漫主義因素。

但是更重要的是第二點：浪漫主義與現實主義的區別並不是絕對的。同一作家可能兼有浪漫主義與現實主義的因素，就足以說明這一點。我們在上文只說杜甫**較多**地傾向於現實主義，李白**較多**地傾向於浪漫主義，這並不等於說杜甫就沒有浪漫主義因素，而李白就沒有現實主義因素。關於這一點，高爾基說得頂好：

> 在講到像巴爾扎克、屠格涅夫、托爾斯泰、果戈理……這些古典作家時，我們就很難完全正確地說出，他們到底是浪漫主義者，還是現實主義者。**在偉大的藝術家們身上，現實主義和浪漫主義時常好像是結合在一起的。**
>
> ——《我怎樣學習寫作》

所舉到的幾位作家是現在一般文學史都公認為現實主義者，而高爾基卻說這未必「完全正確」，就如說他們是浪漫主義者不完全正確一樣。從此可見，在大作家身上簡單地貼一個「現實主義者」或「浪漫主義者」的標籤，像某些文學史家所愛做的那樣，總不免犯片面性的毛病。我們已見到法國現實主義大師們多半帶有浪漫主義因素。歌德晚期是一個自覺的古典主義者（現實主義者），卻是一個不自覺的浪漫主義者。莎士比亞的戲劇是近代浪漫運動的一個很大的推動力，過去許多文學史家都把它看作和「古典型戲劇」相對立的「浪漫型戲劇」，而近來有些文學史家們則把莎士比亞尊為偉大的現實主義者，對於拜倫和普希金的看法也有類似的分歧。究竟誰是誰非呢？高爾基早就已解決了這個問題，現實主義和浪漫主義在偉大的藝術家們身上總是結合在一起的。

這種結合不但是文學史所已證明的事實，而且也是正確的美學觀點所必然達到的結論。一切眞正的藝術都必然要反映現實，要有客觀基礎，浪漫主義藝術也不能是例外。同時，一切眞正的藝術也都必然要表現理想，具有一定的教育目的和傾向性，現實主義藝術也不能是例外。浪漫主義與現實主義的區分，起於對客觀現實與主觀理想各有所側重，側重並不是對另一方面就完全排斥。如果浪漫主義只表現主觀理想而排斥客觀現實，或是現實主義只抄襲客觀現實而排斥主觀理想，結果就都會失其為藝術，因為前一種情形拋棄了藝術反映現實的基本任務，後一種情形拋棄了藝術通過教育人來改造社會的基本目的。情感和想像之類主觀因素在浪漫主義文藝裡比重固然較大，但是它們畢竟還是依存於客觀基礎的，所以浪漫主義的主觀性並不應等於主觀主義，不是與現實主義的客觀性完全相對立的。現實主義固然側重忠實地反映現實，卻也不能只是被動地依樣畫葫蘆似地反映現實，把現實和盤托出，而是要就現實所提供的素材加以選擇，提煉和重新組織，而這種典型化的過程必然要或多或少地，自覺地或自發地，反映出作者的世界觀和人生觀，這就是說，反映出他的主觀理想，所以現實主義的客觀性也並不應等於客觀主義，不是與浪漫主義的主觀性完全相對立的。歷史上偉大文藝作品所體現的浪漫主義與現實主義的統一，正足以證實美學中主觀與客觀的統一。

只有消極的浪漫主義才堅持自我中心，蔑視客觀現實，完全陶醉於主觀情感和幻想而落到主觀主義。歌德、黑格爾和車爾尼雪夫斯基都對這種「病態」的傾向進行過中肯的批判。只有流於自然主義的現實主義才堅持對現實中浮面現象作依樣畫葫蘆似的抄襲，蔑視主觀理想，完全沉埋到瑣屑細節裡而落到客觀主義。這種傾向在歷史上也遭到過不斷的批判。但是法國帕爾納斯派所提的「不動情感」和福樓拜所提的「取消私人性格主義」之類荒謬的口號似乎還有廣泛的市場。這些口號之所以是荒謬的，因為取消了作者的私人性格，就等於取消了他的情感和思想，他的世界觀和人生觀；作者「不動情感」，也就無法打動讀者的情感，像賀拉斯早就指出的。這也就等於取消了藝術所應有的教育功用和實踐意義。

問題的關鍵在於對於藝術本質的認識。藝術在本質上是一種創造，而創造是一種自覺的有目的的活動。這種活動必須根據自然或客觀現實，不能是無中生有；但也必須超越自然或客觀現實，不能是依樣畫葫蘆，而是能動地反映現實。用達文西和歌德都說過的話來說，藝術須是一種「第二自然」，一種由人創造而且為人服務的產品，一種既反映客觀現實又表現主觀理想的產品。就在這個意義上，浪漫主義和現實主義是藝術在本質上都不可缺少的因素。

浪漫主義與現實主義之間並沒有不可調和的矛盾，只有自然主義才既與浪漫主義又與現實主義有不可調和的矛盾，因爲自然主義是藝術的否定。自然主義有由現實主義蛻化來的一種，也有由浪漫主義蛻化來的一種。現實主義如果落到客觀主義，它就會蛻化爲自然主義，十九世紀後期法國文藝流派的演變可以爲證。浪漫主義如果落到主觀主義，使文藝創作成爲主觀情感和幻想的漫無約束和剪裁的傾瀉，它也會流爲自然主義，所以拉法格在《浪漫主義的起源》裡把近代自然主義稱爲「浪漫主義的尾巴」[51]。這種自然主義之惡劣並不下於由現實主義蛻化來的那一種，氾濫於現代資產階級和修正主義文壇上的赤裸裸地發洩色狂和投合動物性本能的詩歌和小說可以爲證。

現實主義與浪漫主義的結合是藝術的唯一的康莊大道。這當然只能就這兩種創作方法的精神實質而言，並不是把十八九世紀在西方流行的兩個文學流派揉合在一起，讓它們在今天復活起來，儘管它們的遺產有些足資借鑒的地方。我們不能這樣做，因爲它們畢竟是一定歷史時期的資本主義社會的意識形態，不能適應我們的社會主義社會的現實基礎。歌德、拜倫和雪萊的愛情詩不能表現我們今天的主觀理想，巴爾扎克和果戈理的揭露性的小說所反映的也不是我們今天的客觀現實，藝術的內容變了，藝術的形式就得隨之而變。雙結合的原則是可以肯定而且必須肯定的，至於這個原則的具體運用，則只能從長期實踐中探索得來。這

[51] 拉法格：《文學論文選》，人民文學出版社一九六二年版，第二〇七頁。

可能還要經過一種辛苦而曲折的過程，但是文藝的將來成就應該遠遠超過歌德時代或巴爾扎克時代的成就，正因爲我們的理想和現實遠遠超過他們那些時代的理想和現實，在我們的時代，文藝必須是爲無產階級革命服務的；所以毛澤東的革命的現實主義與革命的浪漫主義相結合的文藝創作方法的方針，是最能適應全世界無產階級革命要求的方針。

附錄：簡要書目

1. 西方美學史

西方美學史的研究是由黑格爾的門徒開始的。最早的著作有以下兩種：

粹姆曼（Rudolf Zimmermann）的《作爲哲學科學的美學史》，一八五八，維也納。

夏斯勒（Max Schasler）的《美學批評史》，兩卷，一八七二，柏林。

這兩種均係用德文寫的。另外一種是用西班牙文寫的比較詳細的資料書：

麥嫩德茲（Marcelino Menéndezy pplayo）的《西班牙的美學思想史》，五卷，一八八三—一八九一，但四五兩卷所敘述的是法德英三國的美學思想史。此書在一九四六年由桑坦德（Santander）修改過。

以上三書除第二種以外，編者都未見過。較流行的西方美學史有下列幾種：

鮑桑葵（Bernard Bosanquet）的《美學史》，一八九二，倫敦。這本書從新黑格爾派立場出發，著重形式主義與表現主義的對立，作者有獨到的見解，但敘述不夠全面，文字有些艱晦。

克羅齊（Benedetto Croce）的《美學史》，附在他的《美學原理》後面，一九〇二，巴里。這是用義大利文寫的，有昂斯里（Donglas Anslie）的英譯本，一九〇九，倫敦。《美學原理》部分曾由編者譯出，一九五八，作家出版社，《美學史》部分未譯。此書也是從新黑格爾派立場出發，目的在證明作者的藝術即直覺的基本論點，所以對形象思維的學說敘述較詳。

賴伊特（William Knight）的《美的哲學》第一卷敘述美學思想史，一八九五，倫敦。這是一部通俗書籍，對古代敘述甚略，對近代德、法、英各國分章敘述，羅列代表人物較多，對關鍵性問題注意不夠，

第二卷分論詩歌、音樂、建築、繪畫、雕刻、舞蹈各門藝術，還約略評介了俄國和丹麥的一些美學家。

吉爾博特和庫恩（K.Gilbert and H.Kuhn）的《美學史》，一九三九，紐約，有增訂本，一九六〇。資料蒐集得很多，但作者缺乏分析力，時而以代表人物爲綱，時而以問題爲綱，敘述也很雜亂。

李斯托威爾（Earl of Listowell）的《近代美學的批評史》，一九三三，倫敦。這部書把近代各流派歸納爲「主觀」和「客觀」兩派加以扼要敘述，作者是持「移情說」的法國巴希的門徒，對「移情說」的敘述較詳。

萊蒙·伯葉（Raymond Bayer）的《美學史》，一九六一，巴黎Colin書店出版。作者是巴黎大學教授，在序文裡說，「這部美學史——正如美學本身一樣——一方面越界到了哲學領域，另一方面又越界到了藝術史領域。」他結合文藝作品的比較多，結合到哲學思潮的方面則比較薄弱。第五部分有六章專講二十世紀的美學史，法、德、英、意、美、蘇各占一章，頗有用。

奧夫襄尼柯夫（М. Ф. Овсников）和斯米爾諾娃（З. В. Смирнова）的《美學簡史》，一九六三，蘇聯藝術科學研究所出版社出版，古代部分較簡略，近代俄國部分較詳，約占全書四分之一強。最後一章（第十一章）敘《馬克思主義·列寧主義的美學的興起》。全書面鋪得很廣，不夠深入。

美學史和文學批評史與藝術批評史是有密切聯繫的，較流行的書有下列幾種。

聖茲博里（George Saintsbury）的《文學批評史》，三卷，一九〇〇—一九〇四，倫敦。這部書開創了研究文學批評史的風氣，但作者充滿著學究的成見，文字亦不易讀，只可作爲參考資料看待。

斯賓（J.E.Spingarn）的《文藝復興時代文學批評》，一八九九，紐約。文藝復興時代是近代美學思想開始發達的時代，這部書作了簡賅的敘述。

勞伯特生（I.G.Robertson）的《浪漫派理論的生長》（*The Genesis of Romantic Theory*）介紹十八世紀法、意、英一些美學家及其影響，涉及形象思維的較多，一九二三，劍橋大學出版。

韋勒克（René Wellek）的《近代文學批評史》，一七五〇－一九五〇，四卷，第一卷，十八世紀後期；第二卷，浪漫主義時代；第三卷，十九世紀後期；第四卷，二十世紀。一九五四－？；紐約。編者只見過第一二兩卷。作者是捷克人，書是用英文寫的。在文學批評史著作中，這部是後來居上的，作者所掌握的資料很豐富，敘述的條理也很清楚，但是觀點仍然是資產階級的，過分著重每個時代的個別代表人物，而對每個時代的總的精神面貌則往往沒有抓住，對一些關鍵性的問題也沒有足夠地重視。

文屠里（Lionello Vcnturi）的《藝術批評史》，一九三六，紐約。這是唯一的一部書敘述西方各時代的藝術理想，但仍嫌粗略。

2. 西方美學論著選集

過去文藝理論的選集甚多，近來才有美學論著的選集陸續出現，現在略舉幾種常用的：

聖茲博里（George Saintsbury）：《批評論著摘要》。這是作者的《文學批評史》的附編。嫌簡略，英國部分較詳。

卡裡特（E.F.Carritt）：《美學文獻》，一九三一，牛津，這是比較全面的一種美學論著選本，也是對英國部分較詳。作者是克羅齊的英國門徒，著有《美的理論》，一九二八，介紹幾種主要流派的美學理論，亦可參考。

阿朗（Allan）和吉爾博特（K, Gibert）：《文學批評文獻》，兩卷，一九四〇，紐約。這部書的好處在選的較全面，入選的文章篇幅也較長，割裂的痕跡較少。

維亞爾和鄧尼斯（Francisque Vial et Louis Denise）：《十六世紀至十九世紀文論選》，共三冊，一九二八，巴黎，這是專門介紹法國文藝理論的一部書，以文學流派爲綱，以文學體裁爲目，眉目清楚；但常把一篇文章割裂開來，分載於不同的綱目之下，有些斷章取義。十九世紀部分有嚴重的遺漏，例如丹納、福樓拜、左拉和波特萊爾都沒有入選。

漢斯·瑪約（Hans Mayer）：《德國文學批評名著選》，一九五四—一九五六，柏林。這部書分兩卷，上卷選啓蒙運動到浪漫運動，下卷選海涅到梅林。每卷有長序，後附注釋。入選的大半是全文，沒有割裂的毛病，但入選的不全是代表性較大的文章。

阿斯木斯（Acmyc）：《古代思想家論藝術》，一九三七，莫斯科。這部書專選古希臘羅馬時代的文藝理論名著，選的比較全面，但沒有選朗吉弩斯，是一個嚴重的遺漏。

麥爾文·拉多（Melvin Rader）：《近代美學論文選集》，一九〇三，紐約。以流派爲綱，分選重要的代表作，較詳於英美。

博干姆（E.B.Burgum）：《新批評》，附題是《近代美學和文學批評論文選》，一九三〇，紐約。性質與上引麥爾文·拉多的選本很相近。

奧夫襄尼柯夫（M. Ф. Овсников）主編的《美學史·世界美學思想文獻》，按計畫要出五冊，第一冊已出版，一九六二，蘇聯藝術科學研究所出版社，包括古代、中世紀和文藝復興，選擇面較廣，但重點不夠突出。每時期附有參考書目錄，先列蘇聯方面的，後列西歐各國的，西歐各國方面的目錄較片面，但在這兩方面都注意到最近文獻，對美學史研究者頗有用。

3. 重要美學名著

美學史的基本訓練要求從頭到尾地精讀幾部精選的名著，現在推薦下列十八種，其中加「★」的四種最重要：

★(1) 柏拉圖：《文藝對話集》，一九六三，人民文學出版社。

★(2) 亞理斯多德：《詩學》
(3) 賀拉斯：《詩藝》。
（(2)、(3)）合訂本，一九六二，人民文學出版社。

(4) 朗吉弩斯：《論崇高》。

(5) 普洛丁：《論美》。

(6) 李奧納多．達文西：《筆記》。

(7) 布瓦洛：《論詩藝》，一九六〇，人民文學出版社。

(8) 狄德羅：《談演員》，李健吾譯，載戲劇理論譯叢。《論美》。

(9) 萊辛：《拉奧孔》，編者已譯出，由人民文學出版社印行。

(10) 鮑姆嘉通：《美學》。

(11) 博克：《論崇高與美兩種觀念的根源》，參看《古典文藝理論譯叢》，一九六三年第五冊。

(12) 維柯：《新科學》，編者準備譯出。

★(13) 康德：《審美判斷力批判》，宗白華譯，一九六四，商務印書館。

(14) 艾克曼：《歌德談話錄》，編者已譯出，人民文學出版社印行。

(15) 席勒：《審美教育書簡》，參看《古典文藝理論譯叢》，一九六三年第五冊。〈論素樸的詩和感傷的詩〉，參看《古典文藝理論譯叢》，一九六一年第二冊。

★(16) 黑格爾：《美學》，共四卷，商務印書館印行。

(17) 車爾尼雪夫斯基：《藝術與現實的審美關係》（附第三版序言），《選集》，上卷，一九六二，三聯書店。

(18) 葛塞爾：《羅丹藝術論》，一九七八，人民美術出版社。

凡是能讀西文的最好參看西文原文本。

想深入研究的人們如果要看較詳的書目，可查看上引鮑桑葵、克羅齊、吉爾博特、韋勒克、麥爾文·拉多和奧夫襄尼柯夫諸人的編著中所附載的書目，以及哈蒙德（William Hammond）所編的《美學和藝術哲學的文獻目錄》（從一九〇〇年起），一九三四年增訂本，紐約。

名詞索引

一劃

二劃

四劃

五劃

六劃

七劃

九劃

十劃

十一劃

十二劃

十三劃

十五劃

十六劃

十七劃

十八劃

十九劃

二十劃

二十一劃

二十三劃

二十五劃

朱光潛年表

年代	生平記事
一八九七	九月一九日，出生於安徽省桐城縣。自幼接受父親的私塾教育。桐城中學畢業後進入武昌高等師範學校（今武漢大學文學院）中文系學習。入學後，考取北洋政府的教育部派送生資格。
一九一八	至一九二二年，（二十一到二十五歲），就讀於香港大學，奠定其一生參與教育和學術的方向。 受胡適五四白話文學運動影響，改寫白話文，用白話文發表美學研究的第一篇著作〈無言之美〉。
一九二三	夏，香港大學畢業到吳淞中國公學的中學部教習英文課程，兼校刊《旬刊》的主編。
一九二四	江浙戰爭中吳淞中國公學關閉，隨即到浙江白馬湖春暉中學教書。結識朱自清、匡互生、夏丏尊、豐子愷、葉聖陶等好友。
一九二五	由匡互生、豐子愷、朱光潛等人在上海創辦立達學園。學院以《論語》「己欲立而立人，己欲達而達人」為校名及辦學宗旨。 另籌辦開明書局（以中學生為對象的出版社）和雜誌《一般》（後改名《中學生》）。 考取公費留學英國，到愛丁堡大學選修英國文學、哲學、心理學、歐洲古代史和藝術史等。畢業後至倫敦大學學院聽莎士比亞課程，同時在巴黎大學註冊。 期間受巴黎大學文學院長德拉庫瓦教授所講授的藝術心理學啓發，寫下《文藝心理學》。
一九二七	為《一般》雜誌撰稿的文章輯成《給青年的十二封信》（散文集）出版。
一九二八	與友人一起創辦的立達學園因經費拮据停辦。
一九三〇	進入法國史特拉斯堡大學，完成《文藝心理學》初稿。
一九三二	《文藝心理學》的縮寫本《談美》（理論）出版。

年代	生平記事
一九三三	獲史特拉斯堡大學博士學位，以論文《悲劇心理學》獲博士學位。出版《悲劇心理學》英文版（史特拉斯堡大學出版社）。 在歐洲留學期間，《變態心理學派別》、《變態心理學》及陸續問世，《詩論》初稿形成。 返國任教，被聘為安徽大學文學院院長，後結識胡適，委聘為北京大學西語系教授、主任。教授西方名著選讀和文學批評史以外。在北京大學中文系、清華大學中文系、中央藝術學院講授《文藝心理學》和《詩論》等。 胡適、楊振聲等人組織朱光潛、沈從文、周作人、林徽因等人組成編委會，籌辦《文學雜誌》。朱光潛擔任主編。抗日戰爭爆發後停刊。
一九三八	抗日戰爭期間，任四川大學文學院院長。
一九四二	出任教務長調和武漢大學校內湘皖兩派內訌。 抗日戰爭勝利後，不願去安徽大學當校長，回北京大學文學院任代理院長。 《詩論》出版。
一九四七	譯自克羅齊的《美學》原理部分成書：《美學原理》出版。
一九四八	十二月，為國民政府派專機送赴臺灣的學人名單之一，朱光潛決定留居大陸，一直擔任北京大學教授，居住於燕東園二七號。
一九五七	鑽研辯證唯物主義和歷史唯物主義。開始學習俄文。
一九五九	黑格爾《美學》第一卷翻譯完成、出版。
一九六三	《西方美學史》出版。
一九六六	五月，中國無產階級文化大革命爆發。《美學》第二卷譯出不久，被紅衛兵抄走。

年代	生平記事
一九七六	十月，文革結束後，恢復教授職務。致力於學術研究和教育領域，積極翻譯各類外文名著，撰寫文稿，發表演講及指導研究生。
一九七八	黑格爾《美學》譯文全三卷完成。
一九八三	三月（八十六歲），應邀赴香港中文大學講學，聲明自己的的思想定位：「我（雖然）不是一個共產黨員，但是一個馬克思主義者。」
一九八四	夏（八十七歲），出現腦血栓，健康狀況轉差。
一九八六	仍舊勤於執筆寫作，執意要趕在死前把《新科學》的注釋部分完成。三月六日在北京病逝，終年八十九歲。

大家講堂 019

西方美學史（下）

作　　者 —— 朱光潛
發 行 人 —— 楊榮川
總 經 理 —— 楊士清
總 編 輯 —— 楊秀麗
叢書企劃 —— 蘇美嬌
封面設計 —— 姚孝慈
出 版 者 —— 五南圖書出版股份有限公司
地　　址 —— 台北市大安區 106 和平東路二段 339 號 4 樓
電　　話 —— 02-27055066（代表號）
傳　　眞 —— 02-27066100
劃撥帳號 —— 01068953
戶　　名 —— 五南圖書出版股份有限公司
網　　址 —— https://www.wunan.com.tw
電子郵件 —— wunan@wunan.com.tw
法律顧問 —— 林勝安律師事務所　林勝安律師
出版日期 —— 2018 年 8 月初版一刷
—— 2022 年 1 月二版一刷
定　　價 —— 620 元

本書爲作者後人姚昕先生授權五南圖書出版股份有限公司
在台灣出版發行繁體字版本

國家圖書館出版品預行編目資料

西方美學史（下） / 朱光潛著 . -- 二版 . -- 臺北市：五南圖書出版股份有限公司 · 2022.01
面；公分 . --（大家講堂；19）
ISBN 978-626-317-437-5（上冊：平裝）. --
ISBN 978-626-317-438-2（下冊：平裝）. --

1. 美學史　2. 西洋美學

180.94　　110020392